城市土地利用与规划

董黎明 著

科学出版社

北 京

内 容 简 介

本书集合了董黎明教授学术生涯中公开发表的 43 篇论文。按内容将其划分为地理学、城市与区域规划、城市土地利用和房地产四部分：地理学部分的文章包括地理学在工业布局中的应用、城市地理学、地理学与城市规划的关系等内容；城市规划部分的文章包括城镇体系规划、不同时期城市及城市规划发展趋势等；城市土地利用部分的文章包括了在城市土地有偿使用制度下土地经济评价、分等定级以及提高土地利用效率等；房地产部分文章主要内容是房地产估价和我国住房制度等。

本书不仅体现了董黎明教授的主要研究成果和学术思想，同时也反映了 30 年来我国地理学学科紧密结合社会经济发展形势，在城市土地利用和规划方向的演变，可供城市规划、土地利用、人文地理等专业的科研人员和高校师生阅读。

图书在版编目（CIP）数据

城市土地利用与规划／董黎明著 . —北京：科学出版社，2012

ISBN 978-7-03-033629-3

Ⅰ.①城 Ⅱ.①董… Ⅲ.①城市土地 – 土地利用 – 中国 – 文集②城市土地 – 土地规划 – 中国 – 文集 Ⅳ.①F299.232-53

中国版本图书馆 CIP 数据核字（2012）第 029971 号

责任编辑：王 倩／责任校对：朱光兰
责任印制：徐晓晨／封面设计：耕者设计

科 学 出 版 社 出版
北京东黄城根北街 16 号
邮政编码：100717
http://www.sciencep.com

北京中石油彩色印刷有限责任公司 印刷
科学出版社发行 各地新华书店经销

*

2012 年 3 月第 一 版 开本：787×1092 1/16
2017 年 4 月第二次印刷 印张：20
字数：480 000

定价：160.00 元
（如有印装质量问题，我社负责调换）

序

任何一门学科的形成和发展都与所处的社会经济及地理环境背景相关联，一个学者的成长也是如此。董黎明教授于 20 世纪 50 年代进入北京大学学习，直至成为本专业博士生导师，在其成长过程中，一直参与探讨经济地理学的发展方向，同时在拓展学术理论及培育人才等方面作出许多贡献，其创建性思维大部反映在基础学术研究与教学、社会实践与学科创新、理论总结与规范应用三大方面的科研成果上。

本论文集收录了董黎明教授的四十余篇论文，大体可归纳为四个篇章：地理学在城市规划中的应用；城市规划；城市土地利用；房地产。其中若干论文具有一定的开拓性和应用价值。

地理学在城市规划中的应用：从地理的视角出发，首先，城市是一定地域范围的政治、经济、文化中心，城市的形成发展、性质、规模和空间布局，离不开一定地域范围的地理条件；反之，作为地域的中心，通过城市对外辐射，又起到引领区域城乡发展的作用。其次，城市不仅是一个物质实体，同时也是一个经济实体、社会实体以及生态系统。城市的规划建设和土地利用除了要面对房屋建筑、基础设施等物质要素之外，还涉及资源、环境、人文、经济及国家的方针政策等诸多因素。当代城市规划已不再是建筑学的一个分支，而是一门综合性很强、与地理学关系十分密切的学科。

在城市规划中，风向频率和风速对工业布局具有重要影响。受原苏联规划思想的影响，传统的规划布局原则提出：将有污染的工业区布置在居住区主导风向的下风侧，居住区位于其上风侧，可以最大限度减少大气污染。这种布局模式在欧洲全年只有一个盛行风向的气候条件下是可行的，但不适用于我国国情。针对这一问题，《关于风象在城市规划和工业布局中的运用》一文对工业区和居住区的相对位置提出了新的见解。鉴于我国是季风气候国家，东部地区全年有两个风频相当、风向相反的"主导"风向，冬季以偏北风为主，夏季盛行偏南风，按一个主导风向布局的原则并不能消除工业对居住区的污染。该文建议采用最小风频原则进行规划布置，即有害工业区不宜摆在居住区下风侧，而应布置在全年风频最小风向的下风侧。这一新的布局模式获得我国城市规划界的认同，并被选入我国高校普遍采用的《城市规划原理》教科书中。

城市规划：改革开放以来，社会经济的迅猛发展和快速城市化为区域规划、城乡规划、土地利用等学科提供了良好的发展平台。作者与经济地理专业的师生在 20 世纪 70 年代通过若干城市规划实践的经验总结，并根据淄博城镇群的规划，首次在我国提出将一定地域范围内许多既有分工又有联系的城镇群体称为"地域城市系统"的概念，提出要从区域的角度去研究城市的发展模式、城市的性质、规模与结构，避免城市规划就城市论城市的弊端。这一基本观点和北京大学之后城市规划的实践经验，已被国家城市规划主管部门采纳。20 世纪 80 年代中后期以来，各地普遍编制了城镇体系规划，在此基础上，我国城乡规划法和城市规划编制办法已将城镇体系规划作为规划的一个重要内容。

城市土地利用：鉴于城市与区域的发展具有相辅相成、不可分割的有机联系；而土地利用既是地理学也是城市规划的核心内容，在改革开放大好形势的促进下，经济地理学完全有可能以此为突破口，探索这门古老传统的学科在城市规划、城市土地利用等领域中发挥的作用。循此思路，北京大学地理系从 20 世纪 70 年代开始，先后参加了承德、淄博、泰安、济宁、芜湖、温州等数十个城镇的规划和研究，同时又与国土资源相关部门合作，在厦门、济南、深圳、福州、北京等若干城市开展了城市土地分等定级、节约集约利用和土地利用总体规划等方面的研究和工作。

土地利用自古以来就是一个永恒的话题，特别在改革开放之后，如何打破传统的土地无偿使用制度，运用级差地租的经济杠杆引导土地资源的合理开发利用，不断提高城镇土地的使用效率，就成为土地使用制度改革和合理使用土地的关键。20 世纪 80 年代初，董黎明教授以巢湖市为案例，首次尝试用多因素综合评价法划分城市土地等级。此后通过若干城市的实践，经过不断地充实完善，城镇土地分等定级的理论方法已被原国家土地局吸收，作为确定城市基准地价的重要依据，广泛应用于我国各地城市土地的出让、转让；并在此基础上，我国地价工作者又创造性地设立了独一无二的基准地价修正评估法，用于城市宗地的地价评估。《城市土地经济评价初探》、《城市土地综合经济评价的理论方法初探》、《南平市土地等级划分》、《从城镇土地分级到基准地价修正法》，均为这一阶段的重要研究成果。此外，为了适应在全国范围收取城镇土地使用费的需要，董黎明教授又与他的团队对全国城市土地分等的理论方法进行了两次系统的研究，终于完成国土资源部交付的全国城市土地分等任务，用多因素评价方法揭示了全国 2000 多个市县土地经济价值的差异，为按市县不同的等别收取土地使用费提供了科学依据。论文《中国城市土地有偿使用的地域差异和分等研究》，反映的正是早期的研究成果。

城市土地经济评价的目标除了前面所述的"按质论价"之外，还要实行土地优质优用、高效使用土地的利用方式。针对我国城市用地在无偿使用条件下的粗放的经营管理模式，早在 1994 年，《加强宏观调控机制，提高土地使用效率》一文就针对"房地产热"和"开发区热"大量圈占土地的现象，提出要运用极差地租的经济杠杆，根据土地的质量和级别合理使用土地、不断提高土地使用效率的建议。此后，在参加国土资源大调查有关城市土地集约利用潜力评价实践的基础上，董黎明教授及其团队又在这一领域进行了大量的调研，《集约利用土地——21世纪中国城市土地利用的重要方向》、《我国不同职能类型城市的用地水平分析》便是其中的理论研究成果之一。

　　房地产：在城市化进程中，城市人口急剧增长与住房供给短缺的矛盾尖锐化。董教授从人地关系角度研究住房政策，在实践中发表许多论文。其中《加强研究建立我国房地产估价的理论方法体系》、《中国住房分配制度的机制转换》等论文都具有重要参考价值。

　　总之，董黎明教授既能从宏观的城市综合规划深入到土地实体定级，又能对微观的房地产政策进行理论分析，表述了土地作为城市发展的重要要素的巨大作用及其对策。这种从整体上对城市进行全面研究的理论成果实属少见。

　　城市规划的编制和土地利用的研究综合性强，涉及面广，仅依靠一个人是难以完成的，因此这本文集实际上也是董教授和他的同行、学生，以及协作单位共同劳动的成果。它反映了团队的精神，集体的力量。这种合作模式，有利于带动年青一代的成长，将经济地理学在这一领域的探索继续进行下去，不断创造出更辉煌的成绩。

2011 年 12 月

目　　录

序

第三部分　城市土地利用

第四部分　房地产

后　记

第一部分 | 地理学在城市规划
  中的应用

关于风象在城市规划和工业布局中的运用[*]

摘要： 本文讨论了风象在城镇布局规划和工厂总平面设计中的作用，并认为所谓"主导风向"不过是盛行风向的特例，因而将其应用于规划布局中往往引起不良后果。文中结合规划布局工作，分析了我国季风区风向的几个特征，进行了中国风向的地理区划。最后提出了与风向相适应的城市与工业区典型布置图式，并建立了污染系数的新概念。

风象是与规划布局工作有密切关系的地面大气水平移动特征，包括风向、风速、污染系数等方面。新中国成立后，我国已将风象应用于城镇、工业区规划和工厂总平面设计中，由于照搬国外经验，造成不少恶果（北京大学城市地理小组，1974）。我们在电力、冶金、城建等部门总结设计经验的基础上，结合我国地理－气候条件，对比外国有关理论的形成背景，提出有关风象的几个新看法，供讨论与指正。

一、规划布局工作中的主导风向和盛行风向问题

第一次世界大战后，欧洲许多城市和工业区重建过程中，开始考虑到风对环境的影响。苏联吸取了西欧的理论，一直采用主导风向原则进行城市规划布局和工业企业总平面布置。新中国成立后，这个原则流传我国，即把某地一年中最大风向频率的风向定为"主导风向"，然后在其上风安排居住区、下风安排工业区，或上风布置嫌忌烟污的建、构筑物，下风布置污染源。后来，越来越发现按此原则规划布局的城市和工业区，生活居住用地有些不仅仍被污染，有时还十分严重，这就使广大规划设计人员对这一布局产生了怀疑。

在气候学中，将某地风频最多的风向称为盛行风向。但如出现两个或三个方向不同、但风频均较大的风向，都可视为盛行风向。西方和苏联规划布局中所采用的主导风向，不过是只有单－优势风向的盛行风向而已。从这一点来看，主导风向仅是盛行风向的特例。

对比欧洲与中国的自然条件，我们发现两者的盛行风向有显著差别。

欧洲位于中高纬度的欧亚大陆西岸，地势平坦，大部分地区处于盛行西风带，全年以及各季普遍盛行西风或西南风，盛行风的频率占全部风频的 40% ~ 60%（图1）。在欧洲，特别是西欧和北欧，把这种单一的盛行风向称之为主导风向并应用于规划布局中，是同它的地理－气候条件基本相符的；从这里也看出，主导风向的概念是从一定地区的局限环境

* 杨吾扬，重黎明．1979．关于风象在城市规划和工业布局中的应用．中国科学，11：1101-1107

中产生的。

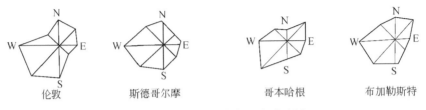

图1 欧洲几个城市全年风向玫瑰图

中国位于低中纬度的欧亚大陆东岸，特别是位于行星风系的西风带，被青藏高原和中亚山丛阻隔、并受到季风环流的破坏，盛行风向与欧洲截然不同。我国广大东部季风区冬季受蒙古高压控制，除黑龙江、吉林两省盛行西南风外，其他地区普遍盛行偏北风；夏季受太平洋、部分受印度洋高压影响，普遍盛行偏南风；春、秋两季由于季节及气压场的变化，南北气流往返交替，盛行风向具有过渡性质：春季由偏北到偏南，秋季由偏南到偏北（朱炳海，1962）。

从规划布局的观点来看，我国季风区的风向具有以下值得注意的特征：

（一） 多数城市和地方拥有两个盛行风向，即偏南风和偏北风

图2列举的分属南北方的四个城市，虽纬度相差很大，但均具有两个盛行风向。例如，沈阳北风频率占17％，南风占24％；北京北风占18％，南风占14％；上海东南风占19％，西北风占15％；广州北风占25％，东南风占15％。其他许多城市，盛行风向特点与此相仿。这样一来，在城市和厂区规划布局中采用主导风向概念就发生了问题。我国季风区无论偏南风或偏北风都具有较大风频，一个在暖季起控制作用，一个在冷季起控制作用，但均不可能在全年各季起主导作用。鉴于此，在规划设计中以盛行风向的概念代替主导风向，更切合我国实际。

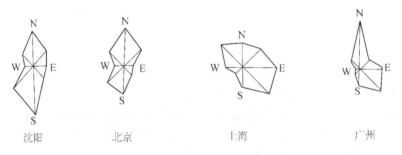

图2 中国东部几个城市全年风向玫瑰图

附带指出，由于我国是一个多山国家，许多河谷或山间盆地的静风频率超过30％，这些地方的盛行风向应作具体分析（中央气象局研究所，1977）。另外，在地形的阻碍，海陆风、山谷风等地方风系的叠加、干扰下，也有少数城市全年只有一个或有两个以上的盛行风向。

（二）在同时存在偏南、偏北盛行风向的情况下，往往二者风频相近、方向相反

从图2几个城市看出：沈阳、北京、上海三地两盛行风向恰好相差180°，广州为135°。在此场合，冬季盛行风的上风侧正是夏季盛行风的下风侧，反之亦然。如果不根据具体地理情况，笼统用上风、下风原则规划布局，无论把工业区布置在哪个盛行风的下风侧，无论把生活区布置在哪个盛行风的上风侧，都不可避免地产生严重污染。这种教训，在我国真是不胜枚举。因此，在两盛行风方向对应时，以风频最小的方向（即最小风频）作为规划布局的指标，反而较有参考价值。

（三）多数城市和地方的盛行风向随季节变换，呈现出规律性变化

变化的趋势有两种类型。

（1）逐步过渡型（类型Ⅰ）盛行风向随季节变化逐渐转动角度，由偏北风过渡到偏南风，再由偏南风过渡到偏北风。图3是三个城市盛行风向皆随季节变换逐步过渡，但形式略有差异。北京自冬至夏，盛行风向由N→NNW→SSW→S；自夏至冬，则盛行风向直接由S→N。天津自冬至夏，盛行风向由NNW→SW→SSW→SE，呈反时针旋转；自夏至冬正好相反，呈顺时针过渡。北京与天津的过渡形式亦可称为左旋，很明显，杭州的过渡为右旋。

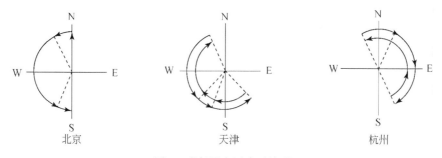

北京　　　　　　天津　　　　　　杭州

图3　盛行风向逐步过渡型

（2）直接交替型（类型Ⅱ）在全年内盛行风向由冬季偏北直接转为夏季偏南，春秋两季无逐步过渡性质（图4）。

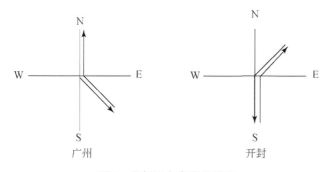

广州　　　　　　开封

图4　盛行风向直接交替型

上述两种过渡类型对于规划布局的影响显然是不同的。在盛行风向直接交替的城市，有气体污染的工业可摆在盛行风向两侧中风频最小的一侧，总之工业用地有较大的选择余地。对于盛行风向逐步过渡的城市，工业与生活居住区的布局除应避开两盛行风的影响外，还应注意盛行风向旋转。在左旋情况下，有害工业宜布置在两盛行风向轴右侧风频较小的位置，右旋则与此相反。

二、中国的风向地理区划

根据大气环流形势和气压场位置等地带性因素，以及全国地势阶梯和大地形单元分布等非地带性因素，可将中国领域分为三个风向大区（高由禧等，1956）；其中东部和南部季风区，又可结合地带性和非地带性原则，再分为五个风向带和一个静风地域类型。这样，就从地理－气候方面找出了风向在全国范围的地域分异规律性，以作为城市规划和工业建设布局的借鉴（风向区划以图5和表1说明）。

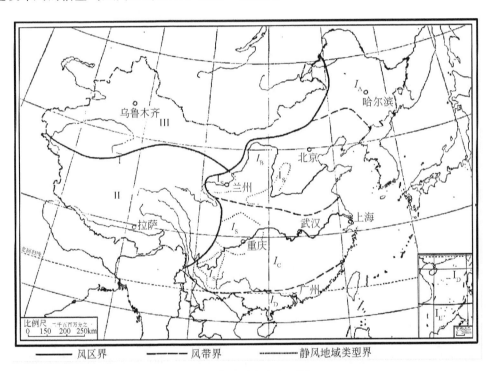

图 5　中国风向地理区划

表 1　中国风向地理区划表

风向区名		主要分布地区	盛行风向大势
I 东南季风区	全区	我国东南大半壁，受夏季风充分影响的地区	冬季受蒙古高压、夏季受太平洋高压控制，一年中有两个盛行风向
	I_A 温带季风带	松嫩平原，大兴安岭东坡，小兴安岭	冬季在蒙古高压之东，因地形槽作用风向以西南和西为多；夏季受地球偏转影响，风向在南与西南之间

续表

风向区名	主要分布地区	盛行风向大势
I_B 暖温带季风带	辽河平原，华北平原，辽东和山东半岛，黄土高原	内地和山前冬季受寒潮路径影响，风向北或偏西；夏季受地形隔阻和地球偏转影响，风向南或偏西。沿海冬季风偏转东北，夏季南或东南
I_C 亚热带季风带	长江中下游及两侧丘陵、山地，北至淮河，南抵南岭	冬季蒙古高压反气旋影响显著，风向北和西北为主；长江中游和南岭山地位于高压楔转角，以东北为主。夏季风向沿海偏东南，内地为西南或南
I_D 热带季风带	南岭以南华南地区，台湾、海南岛，南海中的东沙、西沙群岛，云南、广西南部	隆冬位于蒙古高压正南，偏北风；盛夏在太平洋和印度洋两高压之冲，以南、西南风为主
I_E 赤道季风带	南海中的南沙、团沙等岛礁	冬季受东北信风控制，夏季受西南季风控制。风向恒定，冬夏对应
I_S 静风地域类型	四川盆地，川滇高原峡谷，汾渭河谷，黄河上游谷地及其他山间盆地、山地河谷	因我国地形崎岖，风向被隔阻造成。全年静风频率皆在30%以上，许多地方达50%~70%
II 青藏高原风区	青藏高原本部及四周高山带，海拔3000~5000m	冬季属西风带，气流受阻折南转东；寒潮南下受挡而西。夏季孟加拉气流北上绕而向西。高原本身成为天然静风区，但大风日数亦多。全年无显著盛行风向，西风较多
III 西北内陆风区	内蒙古大部，甘肃、宁夏北部，新疆天山南北	应属常年西风带，但已是强弩之末。冬季东部以西、西南风为主，夏季全区风向零乱。风向受地形影响显著，多风口。南疆风向偏西为主

注：左侧第一列标示 I 东南季风区，涵盖 I_B、I_C、I_D、I_E、I_S 各带。

三、风向与城市和工业区布置图式

考虑风向，对城市和工业区总平面图的基本要求是：使生活居住用地受到因气流传递而引起的污染达到最小，而排出烟气的厂区则应处在或邻近这种污染范围；城市其他用地（如绿地、商业服务设施、仓库等）可位于过渡地带内。工厂内部散发烟污的设施同嫌忌污染的建、构筑物的关系，也是如此。有些工厂或车间更有进一步的具体要求，如防冻、防火、防尘等亦可按此要求，变通执行。

作者根据风向类别，运用盛行风向、风向旋转、最小风频等指标，将城镇功能区布局分为10个类型，以便在设计中应用（图6和表2）。

以上图式的阐述均以全年风频为依据。在有些情况下，须将全年分为寒季（日均温<5℃的时期）和暖季（日均温>5℃的时期）而分别计算其风频。我国暖温带和亚热带，居民暖季户外活动长，室内开帘机会多，居住区的布局能估计暖季风频往往效果更好。在温带和暖温带北部，专门考虑寒季风频，对建筑和设备的防冻、朝向颇有意义。

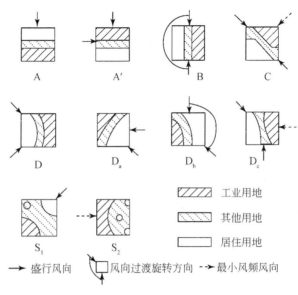

图6 城市布局典型图式

表2 风向与城市功能区的布置

风向类别	符号	沿风向功能区格局	指标	生活区	工业区
单一盛行风	A	纵列式	盛行风向	上风	下风
	A′	横列式	最小风频	下风	上风
对应盛行风180°	B	横列式	风向旋转	本侧	对侧
	C	横列式	最小风频	下风	上风
夹角盛行风 90°	D	混合式	风向夹角	内侧	外侧
45°	D$_a$	大体纵列式	盛行风向	上风	下风
135°	D$_b$	大体横列式	风向旋转	本侧	对侧
	D$_c$	大体横列式	最小风频	下风	上风
静风为主	S$_1$	工业区集中，生活区分散	次大风频	上风	下风
	S$_2$	工业区集中，生活区分散	最小风频	下风	上风

四、关于污染系数的新概念

各种点、线、面污染源对下风侧的影响，除方向上取决于定向风频外，在程度上主要由以下各因素共同作用：污染物总量、风速、大气稳定度、排气口高度等（Berry B J L and Horton F E, 1974）。水平污染的性质主要取决于污染物排放总量 W 和风速 v。增加总排放量，其在条件相同下，污染面积 A 会相应有所扩大，二者关系可以污染面积增加率即 $\mathrm{d}A/\mathrm{d}W$ 表示。又已知一地区受污染程度，与污染物总量成正比变化。根据流体力学试验，在风速达到的界限范围内，挟带烟污颗粒能力随其速度一次方变化，因而风速与污染程度

成反比变化。于是，我们可用以下关系式描述水平污染的性质，即

$$\frac{dA}{dW} \approx K(v)\,\frac{1}{W} \tag{1}$$

$$\int_{W_0}^{W} \frac{1}{W}dW \approx \int_0^A \frac{1}{K(v)}dA \tag{2}$$

解之得

$$A = K(v)\big[\ln W - \ln W_0\big] = K(v)\ln\frac{W}{W_0} \tag{3}$$

式中，$K(v)$ 为常数项说明主要受风速影响，污染面积扩大的情况，K 值尚内含有一定条件下的时间和污染物颗粒重量等因子。与风速相比，污染物总量的加大，对污染面积扩大的影响小得多。

　　因而，在规划布局实践中，考虑烟气污染，可以只利用风频和风速两项风象因素，因其属基本气象资料，故可简化工作。新中国成立后，有关部门自苏联引入污染系数的概念，即污染系数＝定向风频/平均风速，并在设计中广泛应用。该系数虽有一定指标意义，但量纲不明确，且当风速为 0（静风）时，系数为 ∞，故从物理和数学上看均不理想。

　　鉴于此，作者从理论和实用的角度，提出新的污染系数的概念和计算方法。设 V 为某地全年平均风速，v 为该地定向平均风速，f 为定向风频，则污染系数为

$$c_p = f \cdot \lambda \tag{4}$$

　　其中风速系数，即

$$\lambda = \left[\frac{1}{2}\left(1 + \frac{v}{V}\right)\right]^{-1} = \frac{2V}{V + v} \tag{5}$$

式中，除反映污染与风速的一次方呈反比这一基本要求外，还较原污染系数的计算有以下优点：就 λ 值而言，①λ 的界限范围为 $0 < \lambda < 2$；②当 $v = V$ 时，$\lambda = 1$；③与 $\lambda < 1$ 时相比，$\lambda > 1$ 时，此公式较灵敏。

　　显然，当 $v \to 0$ 时，$\lambda \to 2$，$c_p \to 2f$；$v = V$ 时，$\lambda = 1$，$c_p = f$；$v \to \infty$ 时，$\lambda \to 0$，$c_p \to 0$。

　　我们认为，一般场合下，用新的污染系数代替一般风频进行规划布局工作，效果会更好。具体布置格局，仍可按上节探讨的图式。

　　本文得到北京大学陈传康、朱德威两位同志大力帮助，并蒙王营新、张瑞兴同志绘图，作者深表感谢。

参 考 文 献

北京大学城市地理小组 . 1974. 风与城市规划 . 环境保护，2：16 - 23

高由禧，徐淑英 . 1956. 东亚季风若干问题 . 北京：科学出版社

中央气象局研究所 . 1977. 全国应用气候会议论文集 . 北京：科学出版社

朱炳海 . 1962. 中国气候 . 北京：科学出版社

Berry B J L, Horton F E. 1974. Urban Environmental Management-planning for pollution control. New Jersey: Prentice-Hall Inc

在实践中蓬勃发展的城市地理学[*]

一

对城市的描述远在古代就已在地理著作中出现，但城市地理学作为经济地理学的一个独立分支则是相当年轻的，在我国仍处在幼年阶段。科学的发展来源于实践。城市地理学的发展也离不开城市规划建设的实践。

现代城市是由工业、交通、农业、行政经济机构、商业服务、文教卫生等各种要素组合的复杂系统。新中国成立以来的实践表明，凡是有了规划，且规划依据比较充实的城市，其建设和发展就可以做到统筹兼顾，布局合理，有利生产，方便生活。相反，城市没有规划，或规划缺乏必要的科学依据，则要出现一系列严重的问题，给国家和人民造成极大损失，因此城市规划越来越受到党和国家的重视。现代城市结构的复杂性，使城市规划具有综合性强、涉及面广的特点。在规划中常遇到下列问题：城市为什么在某特定的地点形成发展？如何运用区域观点分析拟定城市的性质规模？怎样评价选择城市建设用地？怎样合理布局，才能把城市各要素在空间上组成一个统一和谐的整体？不同类型城市的发展和布局各具什么特点？等。这是城市规划建设向城市地理学提出的课题。积极参加城市规划建设实践，研究和回答这些问题，是城市地理工作者义不容辞的责任。在国家建委和地方城建部门的大力支持下，短短四年，我校先后参加了邯郸、平谷、承德、淄博、泰安、临清、芜湖等七个城镇的城市规划与区域规划工作，在实践中，我们应用地理学的基本理论和方法，解决了不少生产实际问题，有的已被国家和有关设计部门批准采纳，如承德市风景游览城市性质的确定及其总体布局方案；邯郸市铁路编组站的选址；我国城镇与工业区布局应用风象的新见解等。在此期间，其他兄弟院校和科研机构也参加了大量的规划实践和调查研究，取得了一批可喜的成果。有这么多地理工作者参加城市规划工作，这是新中国成立以来所没有过的，这对我国城市地理学的发展必将起到促进作用。

在大量实践的基础上，地理工作者有必要认真总结这几年所走过的道路，进一步明确城市地理学的对象任务及今后的发展方向，逐渐形成和丰富这门学科的理论体系，建立自己的方法论基础，以便更好地指导今后的实践，适应四个现代化建设的需要。

---

  * 董黎明，周一星．1981．在实践中蓬勃发展的城市地理学．见：中国地理学会经济地理专业委员会编．工业布局与城市规划：中国地理学会1978年经济地理专业学术会议文集．北京：科学出版社，63 – 69

二

现代城市的建设和发展面临许多复杂问题，如城市规模的控制、城市土地利用、城市环境、工业布局、城市交通、住房、副食品供应、城市景观、旅游开放等。上述问题非一个学科专业能解决，它需要在统一的规划指导下，由许多学科和部门相互协作，共同完成。根据这几年的初步实践，我们认为城市地理学可在以下三方面发挥自己的作用。

（一）城市形成发展的地理条件

城市是人类利用改造自然的产物，总是在某一地域特定的地理条件下形成发展的。地理条件虽然不是城市发展的决定因素，但无论过去、现在、将来都是城市发展不可忽视的条件，在一定的政治经济条件下，有时它甚至可以起决定性的作用。充分利用有利的地理条件，避免其不利的影响，因地制宜地拟定规划布局方案，是多、快、好、省地建设社会主义城市的重要原则之一。相反，城市建设若不顾地理条件的影响，即使在科学技术高度发达的社会，人类驾驭自然的能力空前提高，仍必须付出高昂的经济代价，甚至带来十分严重的后果。因此，把地理条件作为研究城市的基础是并不过分的。

影响城市发展的地理条件主要有以下四个方面。

1. 城市发展和建设的自然条件

自然条件对城市发展与建设的影响，新中国成立以来已为大量的实践所证明。例如，有的城市在水资源未落实的情况下，就急于建设耗水量大的工厂，结果被迫从远处引水，耗费大量投资；有的城市单纯考虑"节约用地"，把泄洪所必需的河漫滩列为建设用地，导致洪水淹没之虞；有的大型骨干工程按所谓"山、散、洞"的理论盲目上山进沟，不仅耗费大量人力物力修筑道路，平整土地，而且使生产与生活都无法组织，长期形成不了生产能力。

自然条件包括矿产资源、地质、地貌、气象气候、水文、土壤、植被和生态系统等。城市地理学应侧重分析评价与城市发展关系密切的那些条件，研究它们对城市的影响程度以及利用改造的措施。例如，在地震带上的城市对地质构造条件要特别重视；河湖水网密布的平原城市应侧重考虑防洪排涝；作为搬运输送有害气体的风象条件，是现代城市规划布局的重要依据。过去城建部门由于缺乏对地理条件的研究，忽略了我国东部季风气候区全年拥有两个频率大体相同方向基本相反的盛行风向的特点，一直搬用欧洲城市的主导风向布局原则，并不能有效防止大气污染。在实践中，我们提出按盛行风向原则布局的观点，同时不仅考虑风向还要考虑风速，既要参考城郊气象台站的常规观测资料，也要重视城区的环流状况，这些见解已受到规划设计部门的重视。

2. 经济条件

城市原有经济基础，劳动资源的数量及技术素养，生产的部门结构，水、电、路等"先行"部门的状况，城市周围地区生产力的发展水平及地域分工、一定时期的国民经济计划等经济条件，是分析拟定城市性质、规模、发展方向的重要经济依据。上述诸条件可归纳为现状及发展计划两类。在城市规划中，掌握国民经济计划提供的基建项目和有关指标固然十分重要，但只根据这一条，还不能回答某个城市今后应怎样发展。特别是一些非重点建设城市，在国民经济计划中安排的大中型基建项目不多，单纯据此就更难找到答案。我们认为，应把侧重点放在对城市现状经济条件进行综合分析的基础之上。分析研究那些地域性强而又较稳定的经济因素，正是城市地理学应发挥的专业特长。根据我们的体会，城市远期发展的许多设想，不完全以国民经济计划为依据，有相当部分是通过对现状经济条件深入细致的综合分析而产生的。例如，建于 1958 年的芜湖钢铁厂（中型），是目前该市最大的企业之一，芜钢今后是否应继续扩建，成为该市工业发展的重点，对城市发展影响很大，一直是个有争论的问题。分析研究表明：芜钢扩建的矿石原料不落实，劳动生产率等各项经济指标远低于与其毗邻的马鞍山钢铁厂，而本市原有基础、技术、原料条件较好的工业部门是机械、纺织和食品。经综合分析比较，今后与其以大量投资用于芜钢扩建，不如集中力量发展马钢，今后芜钢不应作为城市的主导工业发展，而以挖潜改造完善现有设备能力为宜。

3. 地理位置

众所周知，有利的地理位置往往成为城市的生长点及其进一步发展的动力。城市的数理地理位置（经纬度）和自然地理位置通常是比较稳定的，但其经济地理位置则随地域生产力、特别是对外交通运输业的发展不断变化，如经济腹地的扩大、经济中心的转移等。因而在生产发展的各阶段城市地理位置具有不同的内容。这些内容的变化又直接影响城市的性质规模和城市用地的发展方向。仍以芜湖市为例，历史上芜湖的城址随着水运业的发展，从青弋江上游向下游河口逐步移动，终于占据了长江、青弋江、裕溪河汇口的优越的地理位置，扼守了盛产稻棉的皖南地区、巢湖平原与长江中下游广大地区物资交流的十字路口，成为一个水运交通枢纽，一度是全国著名的"四大米市"之一。在此基础上芜湖城的布局亦是沿青弋江由西向东转而沿长江由南向北贴着江河发展。近代淮南、芜宁、芜铜和皖赣铁路相继在此接轨，芜湖进一步成为重要的水陆交通枢纽城市，其经济腹地进一步扩大；由于广大县镇普遍发展了粮食加工工业，芜湖昔日的"米市"地位已不复存在，这些变化，又对城市的经济结构、城市的发展方向及布局产生新的影响。

4. 历史地理条件

我国绝大多数城镇的形成、发展都具有悠久的历史，这些城市为什么在特定的地点成长起来？又是什么条件、因素使其发生兴衰变化？在长期的发展过程中有何规律可循？弄清这些历史地理特点，对研究现在城市的性质、旧城区的改造以及城市今后的进一步发展都有指导意义。例如，承德这座北方著名的风景城市，拥有规模宏大、风景秀丽的避暑山庄，有强烈政治历史意义和独特建筑艺术风格的外八庙。研究承德的历史地理条件，发现当年清康熙帝在此选址造园，除利用这里优越的自然条件外，还有反对老沙皇入侵的重要历史背景；同时还发现这个城市的兴起、盛衰与避暑山庄的兴衰有着十分密切的关系。了解这一客观存在的规律，在城市规划建设中，有助于我们正确处理风景区与城区的关系，以及如何根据继承历史遗产，取其精华、去其糟粕的原则去改造旧城，使其在社会主义阶段重新焕发出夺目的光彩。

（二）城市的性质规模与城市总体布局

城市的性质规模与城市总体布局是城市总体规划的核心。它们虽是两个不同范畴的问题，但彼此关系密切。城市的性质决定了城市的发展方向及主导部门，为总体布局指明空间组合的主次关系；城市规模则决定城市的用地范围，为总体布局提供必不可少的数量依据。同时这两部分内容都具有综合性地域性强的特点，从研究城市的个体而言，城市地理学科从中可发挥积极的作用。

城市性质反映其有别于其他城市的基本特征，不同性质的城市，在国家或地区的政治、经济、文化生活中承担的任务和发挥的作用是不同的，目前通常以城市的主要职能来划分城市性质。确定城市性质的目的，绝不限于进行城市分类，为描述服务；更重要的是，通过对城市性质的分析，有助于在总体布局中进一步明确什么是城市发展的主要矛盾？如何正确处理这些矛盾？例如，承德市的性质是社会主义风景游览城市，其主要职能是对外开放旅游，同时还兼有工业、交通、行政、文化等其他职能。显然，城市总体布局首先要正确处理风景游览与发展生产、风景区与工业区的合理布局这一对主要矛盾。由于风景游览是矛盾的主要方面，城市总体布局首先应满足风景区布局的特殊要求，其他部分不仅不应妨碍、破坏其发展，而应与风景区结合成一个有机的整体。如果把主次关系颠倒，就不可能真正发挥这个城市的作用。可见城市性质是因地制宜拟定城市总体布局方案的重要前提。正确拟定城市性质，需要作大量的分析研究工作，我们既反对将城市的所有职能都列为城市性质的简单作法，也反对单纯把社会主义城市都具有的生产职能这一共同特征视为每个城市的性质。这种不分主次的划分，必将掩盖城市发展的主要矛盾，给城市规划布局带来种种问题。

城市规模通常指城市的人口及与此相应的用地规模，拟定某个时期的人口规模，不仅直接涉及城市规划范围及用地面积，对城市总体布局也有一定影响。规模过大，易产生城市拉大架子、布局松散等弊病；规模过小，城市远期发展往往被现状束缚，无进一步发展的余地。推算一定时期的城市人口规模，目前已有许多方式方法，如劳动平衡法、劳动比例法、带眷系数法、综合平衡法等。但上述方法并不是一个简单的数学问题，无论采用何种计算公式，都要掌握城市人口发展、分布的规律、全面分析城乡人口的历年变动，自然增长与机械增长，人口的性别、年龄、职业构成及带眷比例，流动人口等影响人口发展的因素。这些内容由建筑、工程等专业的城市规划人员进行研究是困难的，它需要从事大量的城市人口地理研究，才能为拟定城市规模提供可靠依据。

需要指出，每个城市的发展方向、速度并不完全取决于本身的发展条件，在很大程度上受生产力的地域组合、地域资源条件及经济发展水平等因素的影响，因此分析城市的性质规模，绝不应就城市论城市，单纯从城市观点出发。在这方面，需要发挥经济地理学的传统特点，大力开展区域规划及城市群体的研究。

城市总体布局是在确定城市性质、规模的前提下，将城市各要素落实到地块，使每一部分在城市中占据最优位置，充分发挥其功能作用。各要素彼此保持密切的相互依存相互制约的关系，一处布局不当，往往互相牵动，整个城市的建设和生活就会出现混乱的局面。因此有人将其比喻为城市建设的战略部署。城市总体布局是一项复杂的综合性工作，需要不同的学科共同协作。过去城市地理学多停留在城市形态的描述上，很少接触城市的具体布局。通过这几年的实践，地理工作者突破描述的框框深入到城市内部，应用本学科的特长解决城市各功能部分的合理布局问题，这是城市地理学理论联系实际，逐渐向纵深发展的一个趋向。根据我们的体会，应侧重研究以下三个问题。

1. 城市土地利用

在城市范围内，根据各要素的性质和功能，可将用地分为工业、对外交通、仓库、生活居住、郊区农业、风景绿化等用地类型。实践表明，一个合理的规划布局方案，首先应建立在城市土地合理利用的基础上，使地尽其用，各得其所。城市土地利用的主要任务是：①分析研究城市土地利用现状的特点及存在问题；②研究各类用地，特别是工业、对外交通、生活居住、仓库用地对规划布局条件的特殊要求；③研究各类城市用地的相互关系；④根据城市土地资源的自然、经济特征，提出新的土地利用改造方案。上述内容，几乎涉及地理学的许多研究领域。

如何正确地评价利用城市土地，仍是一个尚待研究的问题。目前城建部门侧重从工程地质和地貌等角度，绘制城市用地评定图，用是否适宜进行城市建设的指标，评价城市用地。这种方法对城市用地选择具有一定的参考价值，但不完全能满足城市总体布局的要求，因为仅从自然条件评价，只反映土地利用的一个方面。例如，有些用地（如山丘、坑塘水面）似乎不宜建筑，却是良好的风景园林用地；而有的用地虽自然条件很好，因经济价值不同，亦存在不同的利用途径。因此需要城市地理学在今后的实践中，创造出新的城市土地利用综合评价的理论方法，以适应城市布局的需要。

2. 城市结构

城市的结构，既反映城市要素组合的空间关系，也反映城市要素组合的数量关系，其内容包括城市的空间结构、人口结构、用地结构、国民经济部门结构等。由于每个城市的发展条件及性质不同，城市结构必然存在差异。例如，在承德市区的用地结构中，风景园林用地占城市建成区面积近40%，工业用地仅占5%，反映了风景游览城市独特的用地结构；在北京远郊平谷的城镇人口结构中，农业人口占57%，非农业人口仅占43%，亦反映出一般县镇共同的特点。因此研究城市结构，对分析拟定城市性质具有重要意义。一个合理的城市总体布局方案，应使城市具有良好的结构，即要保证各城市要素按照相对稳定的比例关系进行组合，如果打破城市结构的平衡，如过多地安排工业生产，而忽视必要的配套部门和生活文化服务设施的建设，即使城市平面布局再"合理"，亦要导致城市畸形发展，产生有碍生产，不便生活等恶果。可见，城市的结构与其合理布局是关系十分密切的。

3. 城市环境质量的评价与利用改造

在城市现代工业、交通日益发展，三废排放量及噪声不断增加的情况下，城市环境已成为人们十分关注的问题。现阶段防止环境污染的措施是多方面的，但在尚不可能完全消除污染源的条件下，通过合理的规划布局，是减轻环境污染最经济有效的手段之一。因此某块城市用地环境质量的优劣及其利用改造途径，就成为影响城市规划布局的一个重要因素。例如，邯郸市插箭岭地区，从各方面条件分析，均属理想的城市建设用地，原拟摆生活居住区，因其南部与严重的污染源邯钢厂毗邻，北接化工区，同时处于南北两盛行风向的下风地带，检测表明该地环境质量较差，二氧化硫等有害气体浓度超过国家标准，故最后放弃了作为主要生活区的方案。鉴于环境因素的重要性，我国几乎每一个城市在比较城市总体布局方案的优劣时，都将环境质量作为一把重要尺子。环境质量评价虽属于环境科学的范畴，但其最终成果应落实到对环境的合理利用改造上，"全面规划，合理布局"，正是我国环境保护的重要方针。城市地理学既研究城市的地理环境，又着眼于城市用地的合理布局，它应成为一座桥梁，将环境科学与城市规划紧密地联在一起，以适应现代城市建设的需要。

（三）地域城市系统

前已提及，每个城市都不能脱离一定地域范围内的条件孤立存在，因此城市地理学仅仅研究城市单体是远远不够的。有人说得好：城市地理学一方面把城市作为一个区域来研究，另一方面研究一个区域里的城市。我们把一定地域范围内许多既有分工又有联系的城镇群体叫做地域城市系统。随地域大小，城市系统有不同的内容和等级。一个较大的中心城市和它的郊区县镇工业点可组成一个系统，长江三角洲、京津唐地区、辽宁中部的城市群也是一种城市系统，各级经济区的城市群体显然也可视为不同的城市系统。

通过各类城市系统中诸城市形成发展条件、性质规模、城市布局及相互联系等方面的研究，可以概括出许多城市发展模式，如城市人口模式、结构模式、经济模式、空间布局模式等，这将揭示地域城市系统形成的规律性，最终为生产力和居民点的合理布局提供理论依据。目前我国城市地理学的研究基本上还未进入这一领域，但我们相信，在不久的将来，随着我国区域规划和经济区划工作的开展，随着对更多城市单体的深入研究，必将使地域城市系统的研究大大向前推进一步。

可以设想，在对地域城市系统有深刻研究的基础上来制定单个城市的规划方案，将会把城市规划的科学性提高到新的境界。我们在山东淄博市的规划实践中，曾尝试先从区域城镇调查和粗线条的区域城镇规划着手，以此来指导新兴的石油化工城镇——辛店的总体规划。淄博市是一个独特的城市系统，它是由 7 个万人以上、9 个 5000～10000 人的小城镇和工业点组成的"大"城市；这里没有大的中心城市，各城镇均沿铁路干线分布，接近工业原料地，一般相距 10km，成葡萄串式布置格局；系统内工农交错，城乡结合，城镇性质多样，相互联系紧密，分工明确，共同组成以燃料、原材料生产为主的工业体系。由于事先对这个城市系统的发展条件、现状特点、发展趋势作了初步调查研究，因此在作辛店总体规划时，开阔了规划的视野，在确定城镇性质、规模、发展方向、城市总体布局的过程中避免了"就辛店论辛店"的倾向，而是以整个城市系统的合理发展为前提来考虑问题，对某些原计划摆在辛店的重点建设项目，也在更大的范围内进行了多方案的比较，提出了新的选址意见。同时我们也体会到，由于淄博市是山东省的重要工业基地，它与省内外其他城镇还有着紧密的联系，因此对某些重大问题的研究不应束缚在这一城市系统内，还应从更高一级的城市系统的角度来考虑。

我们对山东淄博城市系统的探索仅是一次初步尝试，仍有许多理论、方法有待实践总结，今后城市地理工作者除继续参加城市规划工作外，还应积极参加区域规划和区域城镇调查的实践，不断充实填补地域城市系统研究的空白，以便为我国城市规划建设提供更具有地理特色的理论和方法论。

三

以上内容，仅仅是我们几年来参加城市规划实践的粗浅体会。实际上城市地理学的研究领域还相当广阔，许多理论和方法论问题还要通过长期的、多方面的努力，才能得以完善。包括以下四个方面。

（1）城市地理学的对象、任务、基本理论和方法论是什么？城市地理学与城市规划学科的关系？这些问题目前尚未明确，甚至像"城市"、"城市人口"、"建成区"等许多基本概念仍缺乏确切的定义。

（2）资本主义世界的城市化经历了一条曲折的道路，暴露出许多灾难性的后果。资本主义世界城市化的规律是什么？我国社会主义城市化的道路是什么？

（3）由对城市单纯的形态描述进入多因素的综合分析是城市地理学的一个飞跃，但是我们还必须实现从经验性的定性分析研究进入精确的定量化的理论和方法论这一飞跃。

（4）遥感技术的应用，对研究城市分布、城市形态、城市规模及人口迁移具有很大的优越性，利用卫星照片还能制作城市土地利用图，研究城市的空间结构等。这是当前地学科学技术现代化的主要方向之一，我国城市地理学也要急起直追，迅速填补这方面的技术空白。

回顾历史，城市地理学在西方地理学中也是相对年轻的分支，直到 20 世纪初它才奠定成为一门独立分支科学的初步基础。第二次世界大战后，地理学家积极参加欧洲城市的重建和发展规划，曾经大大刺激了这门学科的发展，后来工业、农业和交通的现代化过程伴随了高度的城市化，使城市地理学进一步获得了长足的进展，至今已成为地理学中特别发达的部分。我国作为一个有 9 亿人口的大国，在辽阔的土地上分布有近两百个城市和三千多个城镇，在向四个现代化发展的新长征中，原有城镇需要进一步发展改造，新的城市将不断涌现，这一新的形势，要求我国城市地理学迅速改变目前的落后状态，突飞猛进。让我们大家用不懈的努力和新的成果来迎接它的光辉前程吧！

淄博市城镇居民点体系的结构与类型[*]

地域城镇居民点体系生产力是地域组合的一个重要组成部分。体系中的每一个城镇，在长期的历史发展和劳动地域分工中，都承担着一定的任务，具有不同的性质和职能；各城镇居民点之间相互依存、相互制约，具有密切的联系；在空间组合上是一个完整的有机体。从区域的角度研究城镇居民点体系形成发展的规律，研究城镇群的结构和组成特征，城镇群的类型、相互关系，不仅有助于城市总体规划中确定每个城镇中的性质、规模、发展方向等问题，而且对如何控制大城市的规模、走什么样的城市化的道路，同样具有重要意义。

淄博市拥有 2900km² 的辽阔土地，居住着 156 万农业人口及 58 万非农业人口，后者绝大部分集中在 20 余个城镇居民点中。从城市地理学的角度分析，淄博市实际上是一个独特的城镇居民点体系。它有许多特征使我们感兴趣。

（1）全部由小城镇组成，体系中没有人口超过 20 万人以上的大中城市。

（2）工业发展具有较高的水平，淄博市城市人口总数居全省第三，工业产值在山东仅次于青岛，超过省会济南。许多工业产品在省内外占重要地位：氧化铝产量居全国之首；石油加工能力居全国前列；医药、农药、硫酸、陶瓷、耐火砖、电机、发电能力占全省 1/3 ~ 1/2 以上，为华东区重要的原材料生产及加工基地。

为了探索城镇居民点体系的组合规律对于发展小城镇、控制大城市规模有何意义？是否可作为我国城市化道路的一个模式？本文在分析淄博市区域发展条件的基础上，对城镇居民点体系的规模等级、城镇类型作一初步分析。

一、城镇体系的规模、结构

在一个城镇体系内，城镇居民点的数量和规模总是按一定的比例有规律地组合在一起。根据 1979 年的统计资料，淄博市非农业人口超过 2000 人的城镇 22 个，人口总数 54.6 万，其中非农业人口超过 1 万人的城镇有 10 个，平均 290km² 拥有一个万人以上的城镇，与欧洲比较，比利时为 76km²，西德 365km²，这表明淄博具有较高的城镇密度。淄博城镇体系规模最大的城镇博山，非农业人口 15.2 万，最小的城镇临淄城关，非农业人口只有 2200 多人。据此，我们将淄博城镇按非农业人口规模分为 6 个等级（表1）：

Ⅰ级：非农业人口 >10 万；Ⅱ级：非农业人口 5 万 ~ 10 万；Ⅲ级：非农业人口 2 万 ~

* 董黎明．1982．淄博市城镇居民点体系的结构与类型．经济地理，3：213－221

5万；Ⅳ级：非农业人口1万~2万；Ⅴ级：非农业人口0.5万~1万；Ⅵ级：非农业人口0.2万~0.5万人。按此标准，淄博不同规模的城镇数量见表1。

表1 淄博城镇体系的人口规模

城镇规模等级	城镇数量	城镇名称
Ⅰ	1	博山
Ⅱ	2	张店、周村
Ⅲ	3	南店、胜利石化总厂、昆仑
Ⅳ	4	洪山、辛店、淄城、罗村
Ⅴ	7	龙泉、岭子、寨里、湖田、中埠、王村、福山
Ⅵ	5	黑旺、大武、南博山、马尚、淄博城关

如用几何图形表示，淄博城镇居民点按规模等级排列，大体呈一金字塔形。淄博"金字塔"的基底为0.5万~1万人的城镇，这一级的城镇数量最多，随着人口规模的增加，城镇数量逐级递减；从第Ⅵ级开始，为一等差级数。

淄博城镇居民点体系的等级系统（图1），反映了城镇群体组合的基本规律，即城镇规模越大，其数量越少。美国地理学者贝利（Berry）根据著名的中心地域理论，用数学模式阐述了城镇等级与人口规模的关系：

$$P_r = \frac{PL}{r^q} \tag{1}$$

式中，P_r 为第 r 级城市的人口；PL 为第一级城市的人口；r 为城市级别；q 为指数。

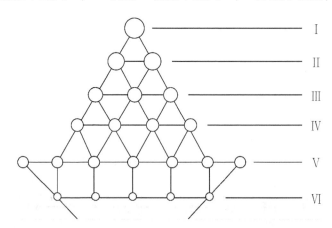

图1 淄博城镇居民点体系的规模等级结构

式（1）表明，第一级城市拥有最多的人口，其他城市的人口规模只能是第一级城市人口的一部分。其原因是，城镇人口规模与它的吸引范围成正比。在城镇体系中，第Ⅰ级城镇的吸引范围最大，往往构成该地区的政治经济中心，它在生产、消费等方面吸引着腹地内次一级的城镇和农村；次一级城镇因腹地小，数量显然比第一级城镇多，它们一方面处于中心城镇的引力范围内，同时又吸引着比它规模更小的一级城镇，在经济上起着承上启下的补充作用。

当然，不能由此推断，城镇规模越小，其数量越多。从图 1 中看出，淄博"金字塔"的基底并非是人口规模最少的第Ⅵ级城镇，事实是，淄博非农业人口 0.5 万 ~1 万人的城镇最多，有 7 个；0.2 万 ~0.5 万人的城镇减为 5 个；0.1 万 ~0.2 万的居民点仅 3 个[①]。这种"反金字塔"的现象，固然有种种原因，但其中一个重要因素是，当城镇的非农业人口小于 5000 人时，不利于组织最基本的生活服务设施，特别是对于一厂一个生活区的孤立居民点，由于居民人数过少，又与农村居民点分离，不可能配备较齐全完善的生活服务设施及市政设施，居民生活不便，缺乏小城镇的优越性。由此看出，城镇居民点体系的等级有一个合理的最小规模，在淄博以 >5000 人为宜，低于此限，在布局上将出现过于分散的问题。

在一个城镇居民点体系中，各级城镇人口规模相差的倍数，特别是人口最多的城市与第二大城市人口相差的倍数，对小城镇的发展、城市化的水平有一定的关系。总的来说：最大的两城市人口相差越小，对小城镇的发展越有利，并在一定程度上表明城市化具有较高的水平。贝利曾利用 20 世纪 50 年代初期的人口资料，研究 36 个国家城市体系的等级，发现最大一级城市人口远远超过第二大城市的国家，多为经济不发达、城市化过程较短的国家。相反，经济较发达的国家两者一般相差不大。我国目前属于经济水平较低的国家，在现有的生产发展水平下，城市规模的差异，在一定程度上反映城镇之间物质条件及生活服务设施水平的差异，大城市之所以比小城镇具有吸引力，正因为他有较好的物质文化条件和技术力量，因此大城市像一块"磁铁"，对周围的工业、城镇产生一股强大的吸引力，结果，大城市的工业人口很难向外疏散，同时又把周围地区更多的工业、人口吸引到这里来，城市越滚越大，而周围的小城镇则很难发展起来。相反，若各城镇的规模相差不大，地区经济发展便具有多个"小磁力中心"，则有利于发展小城镇。

淄博城镇体系属于后者。它最大的城镇博山与第二大城镇张店人口只差 0.5 倍，目前两城的工业基础、生活服务设施等方面的水平相差无几；另外，像周村、淄城、南定、辛店、洪山等城镇，人口规模及物质生活条件与最大的城镇相差不大，对周围也具有一定的引力，可视为小的"磁力中心"。这种多中心的城镇结构，使淄博的小城镇发展保持着相对平衡的状态。

二、城镇类型

淄博面积虽小，但由于自然资源、城市建设的自然条件、开发历史及经济地理等条件的差异，形成了不同的城市发展基础，从而使淄博城镇居民点体系拥有多种类型的城镇，这是它有别于性质单一的矿业城镇或农村集镇等居民点体系的重要标志。

目前我国划分城市类型尚无统一标准，本文主要根据城镇的性质、主要职能，将淄博城镇居民点体系划分为：Ⅰ、具有综合职能的城镇；Ⅱ、工业城镇；Ⅲ、农村集镇。每大类又可分为若干亚类。

划分城镇类型不应局限于区分城镇的特征，对城镇进行描述；更重要的是，应针对不同类型城镇的特点以及在发展中面临的共同问题，在区域规划或城市总体规划中，因地制

[①]　人口 <0.2 万的居民点图表未列出

宜提出各类城镇发展的规划方案，避免在城镇发展中采用"一个模子"的弊病。下面，本文针对淄博三种主要城镇类型的特征及问题，提出发展意见。

淄博城镇居民点体系
- Ⅰ 具有综合职能的城镇
  - Ⅰ_A 全市政治、经济、文化中心、综合性的工业城镇（张店）
  - Ⅰ_B 地区政治、经济、文化中心、以某项工业为主的工业城镇（博山、周村）
  - Ⅰ_C 地区政治、经济、文化中心交通枢纽（辛店、淄城）
- Ⅱ 工业城镇
  - Ⅱ_A 以大型骨干工业为核心的工业城镇（胜利石油化工总厂、南定、大武）
  - Ⅱ_B 地方工业城镇（昆仑、福山、马尚、南博山）
  - Ⅱ_C 采矿与加工工业混合工业城镇（洪山、湖田、王村）
  - Ⅱ_D 采矿工业城镇（罗村、龙泉、岭子、寨里、中埠、黑旺）
- Ⅲ 农村集镇（临淄城关）

（一）具有综合职能的城镇

多数城镇是在原有居民点基础上发展起来的，历史悠久如博山、淄城；有的处于交通枢纽，地理位置优越，如张店、辛店、周村，因而构成全市或地区的政治经济中心。上述城镇规模较大，具有一定工业基础，生活服务设施及市政施较完善，布点均匀，各自有相应的吸引范围，在发展中遇到的共同问题包括以下三方面。

（1）城镇已有相当规模，周围多是高产农田，农民人多地少，平均每人只有几分地，城镇今后进一步发展，势必要继续占用农田，解决相当数量农民的生活出路问题，另外城乡用水也很紧张，工农业竞相在水源地频频打井，如博山、梁庄水源地 $0.19km^2$ 范围内已打井 14 眼，致使水源枯竭。总之，用地、用水成为城镇发展的一大障碍。

（2）旧城占有较大的面积，且又处于城镇中心显要位置。这里的房屋鳞次栉比，工厂住宅相互交织，道路狭窄弯曲，市政设施较差，环境质量低劣，亟待改造。特别是旧城内还混杂居住了大量的农户，由于城乡生产资料所有制、居民生活习惯（农民多养猪、积肥）等方面的差异，更增加了对旧城改造的艰巨性。

（3）因具有多种职能，交通地理位置适中，往往是城乡联系的纽带，对外交往密切，交通频繁，有大量过境车辆穿越城镇中心，干扰较大，在规划中应严格区分道路功能，加强管理，尽量把过境交通引至城外。

综上所述，具有综合职能的城镇在发展中应侧重正确处理工业与农业、城市与乡村的矛盾，大力扶植城区及近邻社队工副业的发展，因地制宜建立农、工、商联合企业，为农民提供广泛的就业机会，只有从根本上采取措施，才能妥善解决用地、用水的矛盾，使城乡都获得蓬勃的发展（图2）。

（二）以大型骨干工业为核心的工业城镇

属于这类城镇有南定、胜利石油化工总厂等。虽数量少，但在淄博城镇体系中占有重要地位。例如，其非农业人口仅占全市14%，而工业产值占全市近一半。它们具有以下四个特点。

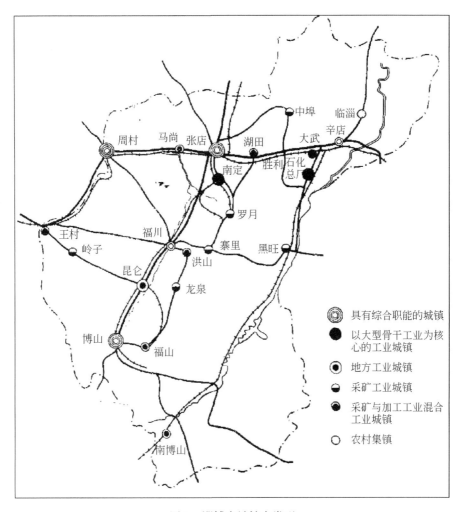

图 2 淄博市城镇点类型

（1）历史短、城镇新。南定在胶济铁路修建前原是一小村，20 世纪 50 年代在此兴建大型铝厂、火电厂、砂轮厂、水泥厂以后逐渐形成的。胜利石油化工总厂的年龄则更短，城镇的兴起始于 1967 年炼油厂第一套装置投产，至 1976 年第二化肥厂建成基本定型，只有几年的历史。新建城镇人口劳动构成与年龄构成很不稳定，表现为：基本人口比例高达55%～68%，服务人口及被抚养人口数偏低，特别服务人口仅占 4.3%～10.5%；青年工人为城镇人口的主体，劳动年龄组比例高达 67% 左右，老年人及儿童数量少。

根据城镇发展的一般规律，再过若干年后，新建的"青年"城市将逐渐过渡到"中年城市"，人口的结构也将趋向于平衡。对这类城镇，规划部门应按相对稳定的人口结构，安排住宅、学校以及其他的服务设施，适当提高服务人口比重，否则将导致生活服务设施缺口过大，生产与生活比例失调等问题。

（2）职能单一，工业在城镇中占有突出地位，大型骨干工业的厂址选择，工业布局方案的优劣对城镇发展有举足轻重的影响。

从工业的部门结构中，可看出这类城镇的核心是大型骨干工业。南定大小工矿企业52个，仅铝工业的职工就占43%，工业产值占59.2%，加上与它协作配套的工业，则比重更高。胜利石化总厂的工业结构更简单，全部是单一的石油化学工业（表2）。

表2　南定工业部门结构（按1978年工业产值）

工业项目	铝工业	电力	化工	机械	煤炭	其他	合计
占工业总产值/%	59.2	15.6	9.3	4.6	1.3	10.0	100

根据以上特点，这类城镇总体规划的关键，取决于工业，特别是大型骨干工业的合理布局。它直接影响城镇的格局、集中与分散的程度、生活居住的布置方式、城镇环境质量等。例如，南定的铝工业在"一五"期间采取成组布局的方式，工业区集中紧凑，那时城镇的布局也较集中紧凑；以后因缺乏统一规划管理，工业布局满天飞，城镇架子越拉越大。胜利石化总厂各分厂则散布在河谷山麓，城镇布局显得狭长分散。

（3）无论石油化工及铝工业，都是"三废"排放最大、污染物种类多，影响范围广，对环境及人体健康的危害甚大。

胜利石化总厂生产过程中向大气排放的污染物有硫化氢、二氧化硫、酚、氰化物、氨、硫醇、烃类，致癌物3，4-苯并芘等数十种，其中硫化氢、二氧化硫严重超标，使处于其下风侧的辛店镇深受大气污染之害。炼油厂排放有毒废水，通过就地渗漏，排入淄河等方式，使淄河冲积扇地下富水区及淄河流域受到严重污染。

造成上述严重恶果的主要原因是工业布局忽视了环境保护。对这类城镇的规划布局，应吸取胜利石化总厂及南定的教训，把环境保护作为规划布局的一条重要原则，不仅要妥善处理城镇内部污染工业与生活居住区的关系，还要考虑工业对周围农村、城镇及整个生态系统的影响。

（4）在体制上，大型骨干企业属中央或省领导，从开始建设的那一天起，在生产、生活方面就与地方脱离，以厂代镇。工厂既要抓生产，又要负责全面生活，必然顾此失彼，生产、生活都搞不好。例如，南定铝厂其中的非生产人员占总职工人数26.53%，胜利石油化工总厂厂内仅医务人员就有840人，教师近1000人。这类城镇如果不彻底改革现行体制，即使人口规模已达到城镇标准，实质上仍是一个工人村，各种市政、商业设施均不及一般城镇（表3）。

表3　几个城镇商业服务设施比较

城镇类型	城镇名称	城镇总人口/万人	商业职工数/人	商业网点数/个
IB	周村	7.4	2236	127
IC	淄川	3.2	2309	156
IIB	南定	5.2	798	34

（三）采矿工业城镇

淄博向斜盆地蕴藏有丰富的煤、铁、铝矾土、耐火黏土、瓷土、石灰石等矿产资源，据历史记载，早在战国时期，金岭镇的铁矿就已被开采，宋朝以后，随着博山、淄川煤炭的开采，利用当地丰富的瓷土，在博山、昆仑等地发展了陶瓷工业。明清期间，手工开采的小煤窑已相当普遍，在已发现的 3100 个古井中，属于百年以前的占 30%。在采矿的基础上，形成了许多的矿工业城镇，如早期的博山、洪山；以后相继有罗村、龙泉、岭子、寨里、中埠、黑旺等。

采矿业受资源分布的影响，生产较分散，城镇居民点的布局也具有分散的特点，在一定程度上影响了生活服务设施的配置，同时也增加职工的上班距离。为解决这一问题，可采取两种方式。一种方式是在矿井附近就近布置矿工单身宿舍，缩短矿工上下班距离，在几个矿井适中的位置建立中心居民点，设置规模较大的生活居住区及成套服务设施。位于罗村公社的洪山煤矿，职工 6800 人，有三个矿井及一个运输平台，每个矿井相距 3～5km，居民点的位置采取分散与集中相结合的原则，在每个生产点安排单身宿舍，家属生活福利区位于交通方便、位置适中的洪五。

另一方式将矿区行政管理机构、中心居民点与农村公社居民点共同布置在一起（金岭铁矿中埠镇）。加大居民点规模，城乡居民可共同使用生活服务设施，利于工农结合、城乡结合（图 3）。

采矿工业由于生产的特殊性，一般不使用女工，城镇男女比例相差悬殊。淄博矿务局所属的 9 个煤矿的职工中，女工仅占 6.7%；黑旺铁矿职工 3300 人，带眷职工仅 150 人。多数职工家在外地或农村，每到节假日，大量回家探亲，增加了区域交通流量。对于矿工业城镇男女不平衡产生的社会问题，有人主张在矿区发展吸引女工的轻纺工业，使男女就地平衡。作者认为这种意见固然有一定道理，但实施中往往遇到很多困难，主要是矿区附近缺乏轻纺工业原料，更无轻纺工业基地，不考虑当地条件在此发展轻纺工业，等于搞无米之炊。较现实可行的措施是，矿业城镇应从周围农村招工，男的务矿，女的务农，既解决社会问题，又促进工农、城乡结合。

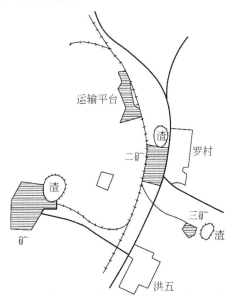

图 3 洪山煤矿工人镇分布示意图（罗村）

三、结　语

淄博城镇居民点体系规模不大，但其特点及存在问题对今后我国的小城镇建设具有普遍意义。

（1）淄博城镇体系的结构、居民点的布局及组合方式，特别是城镇规模等级的微小差异，有利于小城镇的发展。按淄博模式，我国广大地区即使不搞集中的大城市，也可以使工、农、交通运输业蓬勃发展，达到较高的城市化水平。

（2）淄博各类城镇的发展面临不同的问题，要根据它们不同的特点，因地制宜拟定规划措施，在建设中切忌生搬硬套，规划方案一般化。

（3）现行的一些管理体制，不利于密切城镇之间的经济联系，也易产生布局混乱、过于分散、生活服务设施不配套等问题，今后必须逐步改革。

（4）今后淄博城镇发展仍有很大潜力。淄博城市化水平的进一步提高，关键在于要正确处理工业与农业、城市与农村的关系，妥善解决城乡发展争地、争水的矛盾。只有壮大农村经济，建立雄厚的农业基础，才能使城镇建设获得更快的发展。

参 考 文 献

李薰枫 . 1973. 经济地理 . 台湾：大中国图书公司

江西省赣州市主要经济职能及发展方向[*]

城市主要职能，是城市地理与城市规划研究的基本内容，也是城市发展的重要依据。一个城市的建设，首先要明确建设什么样的城市？如何发挥自身的优势？怎样体现地方特色？这就需要根据城市的主要职能，合理拟定城市性质及发展方针。

新中国成立以来我国的城市发展表明，由于缺乏科学的分析研究，并非所有城市都根据自身特点，选择一条正确的发展道路，不少城市在"大而全"、"多中心"的思想指导下，不顾条件，不讲合理分工，盲目发展，越滚越大，最后带来一系列很难挽回的严重后果。造成这个问题的原因是多方面的，作者认为主要有两方面：

（1）城市规划界及地理学界一度对此重视不够，认为城市的职能、性质和发展方向只需根据领导意图确定，无需下工夫研究；

（2）长期以来，在实践中缺乏一套完整的理论方法。例如，我国地理及规划界对城市职能、城市性质、城市发展方向的基本概念及内在联系仍未取得统一认识，不少人将三者视为一体，混为一谈。在具体分析时，往往从城市局部范围考虑得多，区域分析少；单一分析多，综合技术经济论证不够；偏重定性分析，定量分析依据不足。

在四化建设中，为了充分发挥城市的特长，我们在赣州城市总体规划的基础上，试图从定性及定量两方面对城市的主要经济职能及发展方向作一简要分析。

一、区分城市主要职能的理论依据

城市的职能（功能），是指一个城市在国家或地区政治、经济、文化生活中承担的任务和作用。

随着生产力水平的提高，社会劳动分工越来越细，城市的职能也由简单趋向复杂。现代城市都具有众多职能，它既是某级政府机构所在地，在一定范围内发挥行政管理作用；又有工业、商业、铁路、公路、科技、文教等众多部门，分别在经济、科学文化等领域起着不同作用。就我国而言，工业生产是多数城市发展的基本要素，对这类城市，可以把城市的主导工业视为主要经济职能。

城市主导工业实质上就是城市的经济优势。主要标志是：

（1）对城市以外产生较大影响和发挥重要作用的部门，其产品主要为外区服务，而且数量多，外调量大；

---

* 董黎明，王缉慈．1982．江西省赣州市主要经济职能及发展方向．经济地理，（4）：300－305

（2）在本区工业部门的结构中占有较大的比重，对城市发展起支配作用；

（3）在大体相同的技术条件及管理水平情况下，具有较好经济效果。

城市主导工业的形成，是社会劳动地域分工的结果。众所周知，城市是地域生产力组合不可缺少的一部分，它不能像大海的孤岛一样，可以脱离周围地域单独存在，它总是与区域内的其他城市、工矿点及广大农村发生密切的经济联系，成为地域城镇居民点体系中的一员。体系中的每个城镇，根据国家多方面的需要及本身的发展条件，进行必要的分工协作，选择最有利的方向，充分发挥自己的优势。有的城市在丰富的矿产资源基础上突出地发展了采矿工业及原材料生产，有的则利用优越的地理位置、便利的交通条件侧重发展加工业。社会需要的多样性，地区经济发展条件的差异性导致了不同的分工，在一定范围内形成各种类型的城市。

在一个城镇居民点体系中，每个城市的分工及承担的主要任务，都是在长期的发展中逐渐形成的，一个合理的劳动地域分工体系一般不以人的主观意志轻易变更，在较长的时间内保持相对稳定的状态，也就是说，现今的城市主要经济职能，与历史的发展有着密切的关系。随着地域自然、经济条件的改变，未来城市的主要经济职能也会发生相应的变化。现有的主要经济职能既可能是将来的发展方向，也可能变为次要职能。在进行分析研究时，必须把城市摆在地域城市体系分工的基础上，加强现状基础资料的调查研究。应采取历史的、发展的观点，探索在长期的发展过程中，哪些部门是限制城市发展或促进城市发展的主要因素。从这点出发，就能为定性分析城市主要经济职能打下良好基础。

二、影响赣州发展的主要因素

赣州位于江西南部，扼赣江上游章贡两江之咽喉，控制赣南 4 万 km^2 的经济腹地，两千年来一直是赣南的政治、军事、经济中心。赣州市现有人口 17 万，大小企业 200 余个，1980 年工业产值 3.36 亿元，属中小城市之列。

历史上，有利的交通地理位置是赣州形成发展的重要因素。在铁路未出现以前相当长的一段时间，"梅岭道"是沟通我国南北重要的水陆交通干道之一，它由鄱阳湖的两岸向南，循赣江河谷直溯章江上游，翻越低矮的大庾岭（梅岭），抵达广东。从隋唐至鸦片战争的一千多年间，古梅岭道承担着我国南北商业贸易及国际交往的重要使命，明清期间最盛时，梅岭道上"商贾如云，货物如雨，万足践履，冬无寒土"。赣州处于梅岭道的要冲，是水陆交通的中转站，大量的商品在此汇集，"广南金、银、香、药、犀、象、百货陆运至虔州（今赣州），而后水运"。庞大的贸易经济促进了城市的发展，清乾隆年间赣州"城厢烟火不下数万家"，建成区面积达 $3km^2$，城市已达相当规模。

近代随着京汉、粤汉、浙赣等铁路的修筑，梅岭道的交通地位一落千丈，赣州市作为南北交通要冲的有利位置已不复存在。相反，与拥有现代铁路运输手段的外区比较，赣州则显得位置偏僻，交通运输不便已成为现今城市发展的重要障碍，通过昂贵的公路运输及效率不高的水运，赣州工业产品的运输费用通常比省内其他地区高出 10% ~ 30%。例如，赣州玻璃厂用本省乐平煤为燃料，当地售价 52.4 元/t，运到本市价格高达 105 元/t，每吨煤的价格比南昌玻璃厂高出 40 元。本区河道因水土流失，严重淤积，航运条件日益恶化，导致水运周期长，效率低、运价高，每吨公里运价比铁路高 2.2～2.5 倍，丧失了水运价廉的优越性。

不过也要看到，赣州交通地理位置虽发生较大变化，但它仍有赣南 4 万 km² 的经济腹地，在此分布着丰富的有色金属、森林、水力资源。"一五"期间配合本区有色金属工业的发展，国家投资兴建了上犹水电站（6 万 kW），为赣州工业的发展提供了廉价的动力，上述有利因素，促进了赣州工业的发展，20 世纪年代末，随着许多工厂的兴建，赣州市工业产值已超过 1 亿元，比 1949 年增长 20 倍，这些企业现在仍是赣州工业的骨干。

从以上简要分析可看出：

（1）赣州的交通地理位置对城市发展具有举足轻重的影响，历史上有利的交通条件促进了城市的发展，近代交通闭塞又成为阻碍城市发展的重要因素；

（2）在交通条件未基本得到解决之前，赣州不宜发展运量大、耗能多的工业部门；

（3）赣州工业要取得一定的优势地位，必须充分利用赣南地区丰富的资源，尽量减少长途运输，同时也要利用原有企业的基础和技术特长。

三、主导部门初探

根据国家需要及赣州经济发展条件，下列工业部门可以在较大的区域范围内发挥重要作用，成为主导工业部门。

（一）有色金属工业

赣南地区蕴藏着丰富的有色金属矿藏，其中尤以钨矿具有独特意义。钨主要分布在大余、定南、余都、宁都等地，储量大，品位高，矿石中伴生有锡、钼、铋、钪、铌、钽等多种金属，有利于综合利用。自第一次世界大战期间首先在大余西华山开采钨矿之后，我国钨的产量一直垄断世界市场，一向有"钨王国"之称。目前我国钨的保有储量超过世界各国总和，钨精矿产量占世界一半。赣南地区钨藏量占全国 1/4，钨精矿产量更占 50 %，具有世界意义。

"一五"时期国家对赣南有色金属基地的重点建设，为赣州市有色金属工业的发展打下了良好的基础。此期间赣南钨矿（西华山、大吉山、岿美山）和上犹水电站被列在国家重点建设项目之内，为适应赣南其他中小型钨矿的精选，又在赣州建立了精选厂，以后陆续兴建了冶金化工厂、冶金汽车修理厂、冶金机修厂、钨钼材料厂等配套服务工业；此外，赣州还拥有江西冶金学院及有色金属研究所等教学科研机构；以上各部门共同组成精选、冶炼、综合利用、金属加工，科学研究比较齐备的生产科研体系。其产品无论在本市或省内外都占有举足轻重的地位，按产值计算，1958 年有色金属及其配套工业占全市工业总产值一半以上，1980 年比重虽有所下降，仍居全市工业之首。其中赣州钨钼材料厂是全国 19 个钨丝厂之一，产品质量尚佳。精炼厂生产的钨精矿 60% 出口国际市场，40% 供国内几家大型硬质合金厂。

在分析有色金属的优势地位时，也要看到不利的一面。首先从运输上分析，钨的精选、冶炼接近原料地固然可节省原料运费，然而加工 1t 钨氧，需消耗 1.5t 钨精矿，同时还需要 3t 盐酸、1t 烧碱及氧化钠、氯化钙、硫酸钠等其他化工原料和煤炭。赣州交通闭塞，化学工业落后，供有色冶炼的化工产品大部分靠外地输入，势必增加产品成本。其次，有色金属冶炼工业一般具有严重污染，超标的工业废水直接排入贡江，使河水及浅层地下水受严重污染。在三废处理、综合利用未过关前，继续扩大有色金属生产有可能使城市环境质量进一步下降。

（二）木材加工与造纸工业

赣南是我国 12 个重点林区之一，森林总面积 2800 万亩（1 亩 = 666.7m²，本书余同），木材蓄积量 8400 万 m³，每年木材采伐量约 70 万 m³，占全省 1/3。大量木材从林区通过水运及轻便铁路在赣州集中扎排，沿赣江而下，销往各地。上述资源为赣州市的木材加工、综合利用、造纸工业提供了丰富的原料。赣南的林木约一半为马尾松，其特点是纤维长，生长快，投资省，一般 20 年即可采伐，宜用于制浆而不适合做建筑材料，是造纸、人造纤维的上等原料。除马尾松外，赣州造纸工业还可利用本区小山竹、稻草及制糖工业的甘蔗渣为原料。

赣州现有纸厂三个，生产能力合计约 90t/d，属中小型企业。造纸工业在市内虽占有重要地位，在 1980 年市属工业 600 万元的总利润中，仅赣南纸厂一家就占有一半，然而，由于纸厂设备陈旧，缺乏固定原料基地，不能充分利用当地丰富的森林木材资源；质量不算很高。赣南纸厂每年生产的 7000t 薄型纸中，高档纸只占 20%，加上造纸用的化工原料由外区调入（占产品总成本的 30%），影响了产品销售价格；在一定程度上降低了造纸工业的竞争能力。

随着科学技术和文化教育事业的发展，我国纸张供不应求，每年相差 200 万 t，尤其缺少以木材为原料的高档纸。目前世界造纸原料的结构，木材原料已占 93%，我国因森林资源不足，造纸中木材原料只占 28%，仍有相当部分靠外汇从国外进口木浆，这一落后状况今后必须逐步扭转，尽量增加国产木浆纸的比重。对照赣州造纸工业现状，更感到差距大，但仍有潜力。例如，世界一些国家造纸用木材通常占采伐量的 40% ~ 60%，我国为 9%，处于赣南木材集散中心的赣州造纸用材每年仅 8000 ~ 10 000m³，占林区总采伐量 25%。最不合理的是有的纸厂舍近求远，每年从国外进口数百吨木浆造纸，浪费国家资源、资金。我们认为：建立在丰富原料基础上的赣州造纸工业具有广阔的发展前景，利用木浆制造高档纸大有潜力可挖。因为除整材外，赣南还有大量木材"下脚料"，包括加工剩余物及采伐剩余物，如能充分利用这些"废料"，赣州造纸工业不仅能大大提高木浆纸的比重和产量，甚至可专门生产木浆供应外地。

赣州木材加工工业也有一定基础，现有两个木材加工厂，生产人造板、锯材、纸浆片等产品。随着森林工业的日益发展，交通运输条件的改善，木材加工及木材综合利用将发挥更重要的作用。

赣南地区高温多雨，无霜期长，>10℃ 的年积温超过 6000℃，无霜期 300 天以上，适宜甘蔗生长。1980 年甘蔗总产占全省 70%，是江西主要的蔗糖生产基地，赣州现有日榨 1000t 的糖厂一座，糖产量占全省 1/4。赣州虽具备发展制糖工业的有利条件，目前也有许多限制因素，主要是赣南地区人多地少，人均耕地面积不足一亩，尚需由外区调进粮食，继续扩大蔗田面积，势必要调入更多的粮食，总的经济效果不佳。每个糖厂都有一定的原料运输半径（一般 30km），赣州及其周围已集中三个规模较大的糖厂，它们相距不远，常产生争夺原料现象。今后赣南地区即使继续扩大蔗糖生产，新建的糖厂也要相应分散到其他蔗区，不宜把厂址摆在赣州。

就企业数量及职工人数而言，赣州机械工业居全市工业之首，在市区占有一定地位，从产品服务范围分析，大部分机械产品为本市及赣南地区的农业、矿山、交通运输、轻工业等部门服务，产品质量一般，技术水平偏低，同类产品很难与外区竞争，可见它并不是赣州的主导工业部门。

四、主要经济职能的定量分析

在定性分析的基础上，运用定量分析的方法进一步确定城市的性质、职能，已成为城市地理学的重要手段。从国外的发展趋势看，定量分析甚至上升到主要地位，分析方法日趋复杂，运用的指标、参数有时达数十种，最后求助计算机获取答案。我国目前采用的定量分析方法比较简单，有些城市常以工业产值、职工人数作为衡量主要经济职能的标志。我们认为这种分析方法虽有一定的参考价值，同时也存在一些严重的缺陷：

（1）产值大小、职工人数多少只能在一定程度上表明某工业部门在某市工业中所占的地位，却无法说明该部门在劳动地域分工中的作用和地位。往往会遇到这种情况：在省内或更大范围内发挥重要作用的部门，其产值及职工人数在城市工业结构中并不占很大比重。例如，赣州造纸工业产量居全省前列，若按产值计算分别低于该市有色金属、机械制造、食品工业等部门，据此很可能导致"造纸工业是赣州次要工业部门"错误结论；

（2）当各生产部门比值相近时，不易判断城市主要经济职能。例如，按 1978 年工业产值计算，某市工业结构出现三个工业部门不相上下的局面：纺织工业占 18.77%，食品工业占 18.50%，机械工业占 18.45%。凭上述数值，难以确定该市主导工业。

为克服单因素分析出现的弊病，在赣州市主要经济职能的定量分析时，我们运用了指数方法进行综合评价，其基本原理是将各种反映城市主导工业部门的参数通过一定换算，变成无量纲的评价指数，经适当加权处理，最后累计为总的工业指数。计算公式如下：

$$Q_i = \frac{C_i}{S_i} \tag{1}$$

$$Q = \sum_{i=1}^{n} W_i Q_i \tag{2}$$

式中，Q 为工业总指数；Q_i 为 i 因子的评价指数；C_i 为 i 因子的实际数；S_i 为 i 因子的评价标准；W_i 为相对权重值。

采用指数法，首先应选取与城市主导工业关系密切的因子作评价指标。根据赣州具体情况及资料掌握的程度，本文采用以下参数：①产品外调量（调出赣南地区以外的产品）；②生产利润；③工业产值；④职工人数；⑤工业用地面积。

从各类工业产品外调量的结构中，可看出哪些工业部门为本市及本地区服务，哪些承担区域性的任务，哪些部门具有较高的专门化水平，间接反映某工业部门在劳动地域分工中的地位。生产利润是工业生产综合经济效果的标志之一，在大体相同的技术管理水平下，生产利润的高低除受工业性质影响外（一般加工工业利润率高于原材料生产部门），在很大程度上还与某地的发展条件有关。以赣州机械工业为例，该部门职工人数占全市近1/4，但生产利润比重仅占全市工业4%，在重工业系统中分别低于有色金属、建材、化工等部门。造成这个局面的主要原因首先是，机械工业的发展缺乏有利的交通地理位置、原料燃料全部来自外区、销售市场有限、原有基础薄弱、生产协作条件较差等。工业产值、职工人数、工业用地面积分别从不同的方面反映各类工业在城市中的地位，它们常被用于城市性质及城市工业结构的分析，已为大家熟知，不再赘述。

另一值得注意的问题是，对每个参数的评价应有统一标准，否则在不同的基础上得出的评价指数可相差悬殊，以致失掉可比性。本文的定量分析均以工业部门的各类结构为标准：即第一工业部门的各种数值占整个工业部门的比重。根据我国统计口径，一般将整个工业分为十类，每类工业平均比值应为10%（1/10）。以此作为统一的评价标准，并假定10%的比值等于一个评价指数，则每个工业部门不用量纲的参数都可以用同一标准的评价指数表示。例如，赣州市有色金属外调量占全市工业外调量的52.07%，该项因子的评价指数为5.21；其产值占全市工业总产值28%，评价指数相应为2.8。

最后需要指出：反映城市主要经济职能的各类参数的意义是不同的，有的指标较能说明问题（如"产品外调量的比值"），有的只能在一定程度上说明问题（如"工业用地结构"）。为了使各项评价结果比较接近，有必要进行加权处理。基本原则是，重要参数的权值应大于次要参数。在本文选取的参数中，我们认为能反映劳动地域分工的比较重要，最高权值为2，次要参数的权值为1，其余为1~2。

根据公式（1）与公式（2），将赣州有关数据代入，便得出各类工业的评价指数及总指数，详见表1。

五、结　语

（1）计算表明，赣州市主导工业部门，即主要经济职能的定量分析与定性分析的结果是基本一致的。在赣州各类工业中，有色冶金的工业总指数最高（21.30），其次为木材加工与造纸工业生产系统（7.91 + 8.60 = 16.51），以上两项可视为赣州市主要经济职能，机械工业指数8.64，居第三位，说明它在赣南地区及本市工业中也占有重要地位。

（2）运用指数方法分析城市主要经济职能仅为初次尝试，其中也有许多不足之处：①只限于工业部门分析，未能将城市各经济职能——工业、交通运输、商业等进行分析比较；②资料数据不够，使参数的选取受一定限制；③各项参数的权值凭经验给定，依据不足，尽管存在一定问题，我们认为它仍比单因素分析说明问题，今后可进一步将其完善。

（3）城市主要经济职能反映了城市的本质特征及各部分的主次关系，是拟定城市性质及发展方向的重要依据。在上述定性、定量分析工作的基础上，我们将赣州市的城市性质定为赣南地区的政治、经济、文化中心，是以有色金属、木材综合利用为特色的工业城市（表1）。

表 1　赣州市主导工业分析表（1980 年资料）

指数工业部门	产品调量		生产利润		工业产值		职工人数		工业用地		工业总指数
	Q_1	$Q_1 \cdot W_i$ ($W_1 - 2$)	Q_2	$Q_2 \cdot W_2$ ($W_2 - 1.5$)	Q_3	$Q_3 \cdot W_3$ ($W_3 - 1.2$)	Q_4	$Q_4 \cdot W_4$ ($W_4 - 1.2$)	Q_5	$Q_5 \cdot W_5$ ($W_5 - 1$)	$Q = \sum\limits_{i=1}^{n} W_i Q_i$
有色冶金（注）	5.21	10.42	0.90	1.35	2.80	3.36	1.91	2.29	3.78	3.78	21.30
机械制造	0.78	1.56	0.40	0.60	1.50	1.80	2.41	2.89	1.79	1.79	8.64
电力	0	0	0	0	0.02	0.02	0.02	0.02	0	0	0.04
化工	0.92	1.84	0.46	0.69	1.02	1.22	0.66	0.79	0.41	0.41	4.95
建材	0	0	0.82	1.23	0.14	0.16	1.17	1.40	0.11	0.11	2.90
木材加工	0.40	0.80	1.54	2.31	0.81	0.97	1.09	1.31	2.52	2.52	7.91
食品	0.49	0.98	1.71	2.57	1.25	1.50	0.58	0.69	0.54	0.54	6.28
纺织	0.85	1.70	0.79	1.19	0.98	1.17	0.84	1.01	0.13	0.13	5.20
造纸	1.29	2.58	2.06	3.09	1.19	1.43	0.81	0.97	0.53	0.53	8.60
其他	0.08	0.24	1.32	1.98	0.30	0.36	0.60	0.72	0.18	0.18	3.48

注：有色冶金工业还包括为其配套、服务的部门。

在交通、动力条件未得到彻底改善前，赣州的发展应侧重于对原有企业的调整、充实、改造，在本区丰富资源的基础上，进一步发挥主要经济职能的优势。有色冶金工业要加强资源的综合利用，解决低品位矿砂的冶炼问题，积极发展钨钼材料加工，逐步改变以输出原料为主的局面。木材加工工业除继续发展各种板材、日用家具外，今后还要发展林产化工，同时为造纸工业提供充沛原料，使赣州成为重要的木浆造纸基地。本市机械制造等工业部门主要面向赣南地区，为本区中、小城镇及广大农村"四化"服务。

中心城市吸引范围划分的理论与方法[*]

一、中心城市吸引范围的内涵

我们通常所说的中心城市，主要是指经济中心所依托的城市。经济中心是随着商品经济的发展而形成的，它是生产、交换、分配和消费等各种经济活动较集中的场所。经济中心有大小和等级的不同，因而，中心城市也被划分成不同的层次，但无论城市的规模和等级如何，在一定范围内，凡是对其周围的小城镇和农村经济活动起到中心组织作用的城市，即为该地区的中心城市。因此，从这个意义上理解，中心城市的吸引范围是指处于城市外围，其经济和社会的发展受着城市作用的区域，而且城市与该区域间存在着经常的有机联系和相互的依存关系。

中心城市对区域发展作用可以从不同方面分析。一方面，从城市对区域的向心吸引作用看，区域属于中心城市的吸引范围；另一方面，中心城市作为区域对外流通联系的门户和贸易中心，城市要向区域提供多种职能的服务，那么，区域则成为城市（职能的服务）腹地；同时，中心城市的作用常常是通过扩散和辐射进行的，故又是一个辐射中心，像电极或磁极一样，形成一个具有核心与许多节点和明显的社会经济联系网络的城镇影响地区——城镇场（Friedmann J，1965），从而产生具有密切联系和经济一体的城市经济区。吸引范围、腹地和城市经济区是从不同方面去刻画中心城市对其影响地区的作用，由于注重的方面不同，三个概念在严格的释义上是不尽相同的，但从其内涵分析，则它们是基本一致的。

二、吸引范围的性质及划分原则

中心城市吸引范围的性质表现在四个方面。

（1）吸引是综合性的。城市有许多职能，从大的方面可分为经济、政治、文化等职能，在经济职能中又可分为工业、交通运输、外贸、商业、金融等职能，工业还可进一步按部门或行业进行更详尽的划分。城市上述的每一职能都会对一定区域产生吸引，但是，作为中心城市的吸引范围，主要是指具有经常的综合性社会经济联系，这种范围不仅是一定历史过程的产物，而且反映的是以经济为主，包括人口、物资、资金和信息四种流的综

---

* 叶维钧．1988．中国城市化道路初探．北京：中国展望出版社，328 – 335

合联系，因此，它是由城市的多种职能吸引作用叠加复合而成的。

（2）每一个中心城市都有与之等级对应的吸引范围。根据城市职能的理论（或中心地理论），不同规模的城市具有不同等级和不同类型的职能，规模大的中心不仅包含了较低等级中心的职能，而且具有较高级和更复杂的职能，高级职能具有较高的服务门槛，其合理服务的人口和地域范围更大，反之则较小，亦即中心城市职能的层次性严格地对应着其吸引范围的等级层次性，由于组织和管理的便利，各等级之间形成包含嵌套的关系。因此，范围界限是在同一等级中心城市间划定的，而在划分之前，必须先对城市进行（经济）职能分级。

（3）边界的过渡性和模糊性。这一性质是由职能吸引复合的特点和区域联系决定的，既然城市各种职能的吸引有别，那么其作用的（合理）边界就不可能重合，而反映其综合特征的边界线只能是各种联系的平均状况，具有过渡的特点，即为大致的带状分界；再者，由于地域间的社会经济联系极其复杂，任何一个较大的中心城市几乎和全国各地都存在着不同程度的联系。所以，划分中心城市吸引范围理应是开放式的，各区域与城市间应保持和发展必要的交换和联系，此外，若从历史的角度分析中心城市的发生过程，通常新兴的次级中心最易在原中心的引力平衡点产生（中心地理论即如此），因此，要给等级包含的体系（即行政原则）划分准确明显的界线，是没有意义，也缺乏理论依据的。

（4）与综合经济区划分相比，城市吸引范围的划分亦强调其核心，亦属综合地域划分，但不同的是两者的指导思想和划分原则不同，前者是从区域经济协调发展的角度出发，尚顾及资源利用、区域开发整治及平衡等关系，而后者是从城市对区域作用程度去衡量的。

虽然中心城市的作用在空间上可延伸很远，但据其间联系的密切程度，可以划分出几个圈层，越靠近中心的地区，与城市的直接联系越多，而超出某一边界，中心城市就难以发挥对区域经济的组织和带动作用，那么这一界线以外的地区则不属于它的吸引范围。因此，在中心城市分布稀、规模小的地域，其吸引范围不能像综合经济区划一样覆盖全区域，而可能出现城市作用罕至的空白区。

上述性质是在城市与区域之间相互作用的过程中产生的。从这种作用的过程和机制分析，对之产生影响的主要有三个方面：①中心城市经济活动能力，一般说来，城市经济能力大，吸引的区域也越大，中心城市经济能力集中表现在市场影响、经济技术水平和对区域的投资输出方面，城市市场是发生区际贸易和区内流动的枢纽，通过市场使城市与周围地区实现良好的循环；而经济和技术水平的高低既决定了城乡交流和城市扩散的水平，也决定着对区域的投资能力；②距离因素，中心城市作用也符合距离衰减规律，随着距离的增大，不但运行路程加长和城乡联系的代价提高，而且由于便捷度降低，时间拖长，物流和信息流等联系都明显减少；③城市间的影响，当两个以上城市在共同影响的区域内发生竞争时，同一区域出现了几个城市作用的交错，由于经济联系的共享，便限制了各中心城市在近临方向上的吸引和范围的扩散。综合考虑三个方面的影响因素及上述性质，中心城市吸引范围划分应遵循以下原则：①历史和现实的社会经济联系的密切性；②交通网络的畅通和交通运输联系的合理性；③中心城市经济能力与地域范围的协调性；④地理条件的相似和区域经济发展的协调；⑤一定行政单元的完整性。

三、中心城市经济活动能力分级

每个城市都是一定地域的中心，但因城市规模、职能、位置等不同，其作用能力的差别很大，若要较全面地刻画城市带动区域经济的能力，通常则需构造复合指标，数学方法的运用给这一问题的解决提供了途径。用数学方法划分能力级的思想和步骤是：①选择并筛选单项有关城市经济活动的指标；②通过多元分析提取影响因素的主因子；③利用主因子载荷比重构造指标权系数；④形成经济影响能力相对值；⑤对相对值作一维动态聚类划分出等级。

有人曾以 1982 年全国 232 个城市为样本（陈田，1985），选择投资集聚能力、市场集聚规模和技术经济水平等方面 25 个指标，先通过对指标的相关和规模分布一致性分析，剔除那些含义明显重复或被较多代替的指标，筛选出 15 个变量作为刻画城市经济活动能力的度量指标[①]，然后通过主因子分析，将上述指标组合成分别反映经济活动规模、投入产出效率和技术经济效益三个主因子，并构造指标的权系数因子：

$$K_j = \lambda_i \times \alpha_{ij} \tag{1}$$

式中，K_j 为第 j 变量权系数；λ_i 为第 i 主因子负载占全部变量信息%；α_{ij} 为第 j 变量在 i 主因子上的贡献。

从式（1）可计算出我国城市经济能力指标的权系数为：$K = \{0.49, 0.54, 0.46, 0.51, 0.50, 0.49, 0.04, 0.50, 0.04, 0.08, 0.16, 0.11, 0.07, 0.53, 0.14\}$。

再经对指标原始数据进行对数及方差标准化处理，以消除系统统计误差及量纲影响，即

$$E_{ij} = \left(\ln X_{ij} - \frac{\sum_{i=1}^{n} \ln X_{ij}}{N}\right) \sum_{i=1}^{n} \sqrt{\left(\ln X_{ij} - \sum_{i=1}^{n} X_{ij}/N\right)^2 / N} \tag{2}$$

式中，X_{ij} 为 i 城市 j 变量的原始统计；$N = 232$ 从而可得第 i 个城市经济活动能力的相对值：

$$C_i = \sum_{j=1}^{m} E_{ij} \cdot K_j \quad (m = 15) \tag{3}$$

对向量 C 值作一维动态聚类，便得出 5 个影响能力等级（表1）。考虑到一些城市的区域背景和作用，对等级划分的理论结果还可作局部调整。从划分出的各能力等级看，Ⅰ级中心城市相当于全国性的大区中心，除沪京津外，穗、沈、汉亦列其中；Ⅱ级中心城市相当于发展水平较高的大区次中心或省区中心；Ⅲ级中心城市为一般省会市和发展水平较高的其他省辖市；Ⅳ级中心城市为省内区中心；Ⅴ级中心城市为一般地方中心及具有特殊职能的城市。

---

① 15 个变量是：非农业人口、工业总产值、固定资产净值、全部职工数、工业企业利润、城镇居民储蓄、商品零售额、纯购进额、地方财政收入、人均产值、人均财政收入、百元固定资产产值率、劳动生产率、投资密集度、百元固定资产利税率等

四、中心城市吸引范围划分的方法

在确定了中心城市的经济活动能力等级后，便可逐级从上到下地对每一层次内同级中心划分其综合的吸引范围。从划分的方法和依据看，可分为两大类：一种是根据实际存在的各种流的量和方向来划分的；另一种是运用理论演绎的方法划分的（表1）。

表1 城市经济活动影响能力分级

级别	理论计算			调整结果		
	分级中心	值域范围	城市数/个	分级中心	值域范围	城市数/个
I	1040.6	813.6 ~ 1400	5	1001.7	800 ~ 1400	6
II	586.6	450.0 ~ 813.6	27	583.8	440 ~ 750	25
III	232.7	55.6 ~ 450.0	62	231.8	70 ~ 400	63
IV	-121.6	-325.3 ~ 55.6	93	-128.5	-360 ~ 70	96
V	-529.1	< 325.3	45	-542.4	-1430 ~ -360	42

（1）流量法：流量法是基于对城市和区域之间各种社会经济联系广泛而大量的调查，调查的内容以经济为主，涉及经济、社会、文化等各方面的四种联系流，通常包括大宗货物运输、日用品供给、旅客往来、银行金融、邮电、医疗及百货公司等。根据对这几种流处理方法的差别又分为：①迭合法：这是一种传统的划分方法，即把各种联系的范围在图上划出，然后使地图重叠，最后标定线界分布最密，能反映其综合特征的平均位置作为范围边界；②判别分析法：与前述不同在于把各种流的联系程度变换成数字的相关，通过多元判别分析来确定处于边界区域，并同时与两个或多个中心相联系的区域的归属。两者本质相同，只是后一者将图上作业改为数据变换而已。

（2）相互作用划分法：这种划分的依据是城市与区域的吸引及其空间相互作用理论，并假定引力与城市的人口规模或经济能力等正相关，而与距其距离成反比。以此为出发点，在城市作用完全覆盖的区域内，必然存在中心城市间引力平衡点，这些点的连线即构成其吸引范围的理论界限。从划分方法看，主要有三种：①重力模型：$I_{ij} = \dfrac{W_{ij}P_{ij} \times W_{pj}}{D_{ij}^b}$，对式中 W（权值）和 P（表规模）指标进行调整，便可计算出多种引力。根据这一模型，赖利（Reilly W J，1931）提出零售引力规律：$\dfrac{T_A}{T_B} = \dfrac{P_A}{P_B}\left(\dfrac{d_B}{d_A}\right)$，式中 T_A，T_B 为一个中间区域被吸引到 A、B 城的贸易额，P，d 分别为人口和距离。

康维斯（Converse P D，1949）提出了断裂点理论：$d_a = \dfrac{D_{ab}}{1 + \sqrt{P_B/P_A}}$，这一模式已多次被用作划分或验证城市吸引范围。

②引力矢量平衡法。对处于多个中心之间的区域，其多向引力可视为作用于某点的若干矢量，那么，运用范力龙（Varignnon）构架的方法就可确定矢量平衡点，亦即中间区域的分界点。

③潜能模型：若只考虑城市对区域的作用，还可通过逐级计算潜能划分吸引范围。总潜能公式为

$$\sum_{j=1}^{n} I_{ij} = \sum_{j=1}^{n} \frac{P_i \times P_j}{D_{ij}^{b}} \tag{4}$$

对式（4）通过适当选取 P 值（表征能力）和 D 值（表示联系便捷程度），可求得各地之潜能，连其等值点成线则形成潜能面。通常，中心城市为能值峰区，距市区越远为低谷，循此逐级运用，再按低谷区等值线划分便可确定吸引范围。

以上两种方法，前者能较准确地反映其现状联系，是一种基本的研究方法，但费时费力，要做大量调查；后者为理论演绎，由于假定和忽略了一些方面（如中心城市的产业结构、城市职能结构等差别），会给结果带来误差，但总体上基本能正确地反映中心城市的吸引范围，因而亦不失为一种简捷而有效的方法。但特别值得注意的是，后者的理论计算主要应在同一等级之间进行，否则会引出不正确的结论。

参 考 文 献

陈田 . 1985. 城市经济影响区域系统分析初探 . 见：中国地理学会 . 全国人文地理学术讨论会论文 . 中国地理学会 85 年人文地理（城市地理）学术会议

Converse P D. 1949. New laws of retail gravitation. Journal of Marketing, （14）：379 – 384

Friedmann J, Miller J. 1965. The Urban Field. AIP Journal, 313 – 334

Reilly W J. 1931. The Law of Retail Gravitation：New York：W. J. Reilly

联邦德国城市发展趋势[*]

联邦德国是欧洲经济实力最强、城市化水平最高的国家，可以说，自20世纪60年代以来，联邦德国的城市化已由城市向心集聚的初级阶段进入由点向面扩散的高级阶段。在这个演变过程中，城市体系的规模等级结构、职能类型及空间结构都发生了很大变化。其中，一些带有规律性的演变趋势值得我们研究借鉴。

一、小城市崛起，大城市衰落

如果把19世纪初作为德国工业化及城市化的起点，在漫长的50年间，是大城市发展的"黄金"时代。由于大城市拥有优越的区位、便捷的交通、雄厚的资金和物质技术基础，它像一个巨大的磁铁，吸引大量的农村劳动力和产业在此集聚，使其规模像滚雪球一样骤然膨胀。人们很难想象，在1800年，当时德国最大的城市柏林人口不过17万人，汉堡、慕尼黑、科隆的人口规模仅4万~5万人；如今它们都发展为百万人以上的大都市，其中柏林在第二次世界大战前人口曾达到424万人，超过巴黎，成为当时世界最大的城市之一。

到20世纪中叶，联邦德国大城市发展的势头逐渐减弱，有些城市甚至由盛变衰，如柏林的人口由第二次世界大战前最高424万人降至307万，减少了1/4，第二大城市汉堡从60年代以后，人口也减少了20多万，另两个大城市慕尼黑及科隆的总人口虽还在增加，实际上仅是其郊区在发展，而建成区的人口也呈下降趋势。当然，联邦德国大城市的衰退并不意味着城市化停滞不前，恰恰相反，这个时期正是小市镇蓬勃发展的阶段（表1）。

表1　联邦德国不同规模等级市镇的发展变化

市镇规模等级	城镇数量		1985年比1965年增加数	
	1965年	1985年	绝对数	相对数%
100万以上	3	3	0	0
50万~100万	8	9	1	12.50
20万~50万	16	19	3	18.75
10万~20万	30	33	3	10.00
5万~10万	52	84	32	61.54
2万~5万	190	347	157	82.63
1万~2万	351	652	301	85.75
总计	650	1147	497	76.30

* 董黎明. 1989. 联邦德国城市发展趋势. 城市规划. 1989（2）：43-45

从表 1 中可发现, 1965~1985 年, 联邦德国小城镇发展速度很快, 而大城市则缓慢。这一变化的结果, 也导致大城市人口比重日趋下降, 越来越多的居民在小市镇安家落户。据 1985 年统计, 联邦德国有 1007 万人生活在 50 万人以上的大城市中, 只占全国人口总数 16.4%, 居住在人口 0.2 万~10 万的小市镇中的人数高达 3750 万人, 占全国人口总数 61.4%, 居优势地位。

联邦德国小城市的发展离不开本国的社会经济环境。到 20 世纪 60 年代, 联邦德国经过战后恢复, 经济发展已达到很高的水平。原有的城乡之间、大城市与中小城市之间及经济发达地区与落后地区之间的差距在逐步缩小。由于高速公路等现代交通网的全面铺开, 私人小汽车的普及, 电视、广播、电话等信息系统的广泛传播, 大城市在区位及物质技术方面的优势已大为减弱, 联邦德国大多数小城市的居民同样可以享受现代化的城市生活。相反, 大城市发展中面临的环境污染、交通拥挤、房地价上涨、就业困难等问题日趋严重。在此情况下, 小城市比大都市具有更强的竞争力和集聚效益, 吸引着大量的企业、公司和青壮劳动力。

上述变化, 使联邦德国城市体系的等级规模结构朝着合理的方向发展。由于各级城市之间的比例趋于合理, 城市的空间分布更为均衡, 原有大城市在人口膨胀阶段产生的种种城市问题有所缓解。但也要看到, 现阶段大城市人口衰减过快, 又产生一系列新的社会问题, 如劳动力不足和城市人口的年龄结构老化。其根源在于, 大城市外迁的主要对象是具有劳动能力及生育能力的中青年, 留下的大多是老年人, 如西柏林 65 岁以上的老人比重竟占城市总人口 21%, 15 岁以下的儿童青少年仅占 15%。许多城市规划及人口学家对此忧心忡忡。

二、向第三产业转化的多功能的城市结构

如果说, 在城市化水平较低的阶段, 城市经济结构的特点是由第一产业向工业和基本建设转移, 则联邦德国现阶段的特点是第一、二产业向第三产业转移, 以社会服务为主要内容的第三产业已取代了第二产业原有的优势地位, 上升为城市主导产业部门。如果把从事三类产业的人数计为 100%, 20 世纪 60 年代以来联邦德国产业结构的变化趋向见表 2。

表 2　不同时期联邦德国的产业结构　　　　　　　　　　（单位:%）

产业	1960 年	1970 年	1980 年	1986 年
第一产业	16.6	10.6	7.4	7.2
第二产业	45.1	46.8	42.3	39.0
第三产业	38.3	42.6	50.3	53.8
合计	100.0	100.0	100.0	100.0

注: 第一产业除农业、渔业外, 还包括采矿业。

由于城市的性质和规模的差异, 各类城市的产业结构也不尽相同。一般地说, 大城市由于影响范围大, 城市功能复杂, 对生活水平和服务设施要求高, 第三产业的优势地位更突出, 其职工数通常占职工总数 2/3 左右; 在人口 10 万以下的小城市, 目前仍以第二产

业为主。这种差异，在一定程度上反映了工业职能由大中城市向小城市扩散的结果。

新兴的、与当代尖端科学密切结合的高技术工业的崛起，是联邦德国城市产业结构变化的另一个趋向。在其带动下，原有工业基础薄弱、经济相对落后的南部巴伐利亚州及巴登——伍德伯格州的一些城市如慕尼黑、累根斯堡、纽伦堡、斯图加特已成为全国新的工业中心。慕尼黑有欧洲的"硅谷"之称，在电子计算机技术的基础上，发展了微电子、电器仪表、航空航天、自动控制、精密光学仪表等高技术部门。这个新的生产研究领域，给城市发展带来巨大活力。例如，20世纪60年代以来联邦德国的大城市西柏林、汉堡开始面临人口减少、高失业率等问题的时候，慕尼黑的总人口（包括郊县）仍在增长，城市失业率仅5%，低于全国8.5%的平均水平（表3）。

表3　1986年联邦德国不同规模等级城市的产业结构　（单位:%）

产业	城市等级				
	>100万	50万~100万	20万~50万	10万~20万	2万~10万
第一产业	1.8	3.3	3.0	3.5	3.6
第二产业	31.6	35.2	40.0	43.4	49.8
第三产业	66.6	61.5	57.0	53.2	46.8
合计	100.0	100.0	100.0	100.0	100.0

与此形成鲜明对照的是，那些功能单一或以传统的基础工业——煤炭、钢铁、造船等生产部门为主的城市，因生产过剩、产品成本提高，大量工人失业而产生"结构危机"，城市发展停滞不前，甚至出现人口减少的"倒退"状态。以能源和钢铁生产驰名世界的鲁尔工业区为例，1960~1985年，煤炭年产量由1.15亿t降至6400万t，从事煤炭生产的职工由31.4万人减至12.6万人；钢铁工业受20世纪70年代世界经济危机的影响，钢产量停滞不前，职工人数减少近1/3。结果，鲁尔工业区城市失业率高达14.2%。

为了扭转结构单一带来的危机，近20年来鲁尔工业区一直努力制定和实施一项"结构改革"计划。其基本内容是大力发展科学技术和高等教育事业，用先进的技术和设备改造原有企业，创办新的工业分支和高技术部门。实践表明，把结构单一的城市经济改为多元化的经济，是矿工业城市发展的重要途径。例如，鲁尔工业区的波鸿原是传统的煤矿工业城市，20世纪50年代煤矿职工达4.4万人，经济结构十分单一。1960年，在此建立了鲁尔第一所工业大学，现在在校学生已达2.7万人。由于拥有自己培养的科技人才，这座城市又新建了拥有职工1.8万人的奥帕汽车制造厂，生产廉价小卧车。1973年，波鸿虽然关闭了最后一个矿井，但因发展了其他的产业部门，城市没有受到影响。

三、郊区化促使城市空间地域结构的变化

战前的德国城市，普遍按向心的结构模式发展，在市中心区，城市人口、建筑、交通高度集中，郊区发展相对迟缓。20世纪60年代以后，联邦德国的大城市开始了郊区化的进程，城市发展的重心由内核转移到建成区以外的广阔空间。因此，郊区化实质上是城市"辐射力"超过了"向心力"，推动城市的人口和职能由市区向郊区扩散转移的过程。这

个阶段只有生产力的发展及城市化达到相当高的水平才会出现，如美国城市郊区化始于第二次世界大战前夕，50年代达到高潮，联邦德国的郊区化则比美国晚了二三十年。

归纳起来，郊区化的动力和机制主要来自三方面。①大城市的发展，使土地短缺的矛盾日益尖锐，导致房租地价迅速上涨，如慕尼黑的地价平均每三年上涨一倍。在市中心区，不仅建筑密集，空间有限，环境质量恶劣，而且地价要比郊区高几十倍。向往田园风光的普通德国居民无力在市中心区购买花园式的独居房屋。同样，大部分位于市区的工业、商店也缺乏进一步扩展的城市用地的能力，于是地价低廉的郊区，成为城市居民和产业扩散的理想场所。②第二次世界大战后私人小汽车已十分普及，目前德国城市70% ~ 80%的家庭拥有汽车，而且城市郊区均有快速轻轨铁路等公共交通系统，便于职工上下班。③联邦政府制定了鼓励开发城市边缘地区的政策，凡外迁的个人及企业可以减收所得税。上述因素，促使市区的人口和功能不断向郊区转移。

按时间序列，最早开始的是居住的郊区化，房地产商在郊区购置土地，建设大量带有庭院的独居房屋，出售给城里居民。接着是工业的郊区化，为了充分利用城市的各种设施，外迁企业的距离一般不超过20km。商业的郊区化时间最晚，其主要特点是各种中低档的商业服务设施在郊区迅速发展，以满足郊区居民的需要。

从空间上看，郊区化引起城市地或结构的变化，可分为4个层次。

(1) 市中心区，集中了大量的第三产业，具有很高的人口密度和建筑密度。随着中小型的商业服务设施及公司、企业的外迁，人口和职工不断减少，被称为"衰落的地带"。

(2) 城市边缘区，相当于两次世界大战之间城市扩展的新建成区及部分近郊区，具有中等的人口密度，经多年发展，已形成较完善的市政设施和服务设施，用地潜力不大，人口发展缓慢。

(3) 城市化地区，相当于传统的郊区，土地资源丰富，交通方便，是市区人口和产业外迁的主要地带，人口正由低密度向中等密度转化。

(4) 城市新郊区，已由原来的一般农村地区转变为城市郊区，虽然距市区较远，由于地价低廉，亦吸引了不少的城市功能。这里人口增长较快，但人口密度仍较低。

需要指出，联邦德国城市郊区化的空间格局并非按同心圆的理想模式向外扩散。实际上，只有区位良好、交通方便、接近消费市场的郊区才具有更大的引力。多数情况下，城区的人口及功能沿着向外放射的交通轴线蔓延，形成不规则的几何图式。

多元结构思想在城镇体系规划中的应用 *

提要： 多元结构的理论在中外各国的城市规划中已得到广泛应用，它对于解决大城市各项功能云集市中心产生的一系列问题具有重要意义。同样在城镇体系规划中，这一思想对克服中心城市规模过小的局限性也有很大的实用价值。

关键词： 多元结构；城镇体系规划；中心城市；吸引范围

1. 基 本 思 想

在规划实践中常遇到这样的问题：由于城镇化水平的差异，在某些经济欠发达地区，往往中心城市规模小，经济实力弱，区区十余万人的"中心"，覆盖的面积达数 10 万 km²，其中包括若干县城及众多小城镇，形成"小马拉大车"的局面。因此，只依靠单一的弱小的中心城市，根本无法实现预期的目标。

解决这一矛盾无非两种途径：第一种途径是加速发展城镇体系中的首位城市，使其规模和经济实力达到足以带动整个区域城镇发展的程度。但这一方法付出的代价较大，且中心城市壮大需要很长的时间，一旦它达到一定的规模，则会集大量工业、人口及各种职能于一地，如此发展下去，不可避免要产生城市化初期大城市固有的种种弊端，改造起来并非易事。

第二种途径是从改变城镇体系的结构入手，用多元结构的思想组织各级城镇发展。即在继续发展首位城市的同时，选择若干条件优越的次级城镇为重点发展对象，采取有效措施，使其规模逐渐上升为区域中心城市或副中心城市的地位。它们与原有的中心城市组合为多层次的复合中心，实行必要的分工与协作，共同带动区域经济和城镇的发展。

1988 年，笔者在广西玉林城镇体系规划中应用了这一理论。经过几年的实践，这一思想对促进该区的经济和城镇发展起到了重要作用，主要标志是：①玉林是近年广西发展速度最快的地区；乡镇企业和小城镇的发展势头方兴未艾；②一批新兴的中心城市正在崛起，其中贵港市已由原来的县城发展为拥有 13 万人的县级市，与玉林市共同组成双中心的格局。上述变化激励我再次提笔回顾总结我们在广西开展的城镇体系规划。

2. 规 划 构 想

玉林城镇体系包括 1 市、7 县、48 个建制镇。土地面积 2.3 万 km²，不到广西的 1/

---

* 北京大学城市与环境学系. 1993. 城市、区域与环境. 北京：海洋出版社，64 68

10，1987 年人口 817 万，占全自治区 1/5 以上。总的特点是，农业基础雄厚，商品经济发达，小城镇占据优势，缺乏大中型工业城市。

玉林位于广西自然条件最佳的桂东南地区，东部靠近经济发达的广东，有方便的水陆交通与珠江三角洲联系，区域离海也很近，最近的博白县距北海港不过数十公里。受珠江下游及沿海地区先进的经济文化影响，玉林地区农业与商品经济发达，乡镇工业发展较快，小城镇的数量和规模均居广西前列。与广西平均水平相比，1986 年广西每万平方公里拥有建制镇 11 个，广东 19 个，玉林地区达到 20.5，与广东水平相近。从县城规模分析，广西 77 个县城中有 1/3 非农人口不足万人，而本区 7 个县城均在万人以上，其中贵县驻镇人口达 11 万人，是广西最大的县城。此外，桂平、平南、容县的城镇规模也在 4 万～5 万以上。小城镇发展坚实的农业基础在此得以反映。

玉林所在的广西壮族自治区又是经济和城市化水平相对落后的省区，在区域分工中，玉林又长期承担着粮食、甘蔗的生产任务，基本建设投资仅占广西全区的 6% 左右，工业基础十分薄弱。作为地区中心城市的玉林，长期是一个县城，直到 1984 年才变为县级市。这种状况必然导致城镇体系首位城市规模小，城市实力弱。1986 年玉林市城镇人口不到 13 万，城区工业产值仅 3.6 亿。为此，规划应用多元结构的思想，结合地区生产力的布置，发展新的区域中心，将原有的"一架马车"变成"四架马车"，共同发挥中心城市的作用。在具体规划中要考虑如下三个问题。

2.1 选择好新的中心城市

城镇的形成和发展受多种因素的影响。在一个城镇体系中，由于发展条件和劳动地域分工的差异，并非所有的城市都能成为中心城市。根据玉林地区的具体情况，新的中心应当具备四个基本条件：①具有优越的交通地理位置和一定的吸引范围；②城镇初具规模，工业基础好；③用地、用水等建设条件能满足城镇进一步发展的需要；④有一定的基础设施。据此，我们将体系中的 48 个城镇进行分析比较，除原有中心城市玉林外，又选取了贵县、桂平、平南三个县城作为规划期的中心，其中又以贵县条件最优，发展潜力最大。

贵县位于玉林地区北部，开发历史悠久，现有人口 11 万人，城镇规模及经济实力已具备设市条件，其发展的主要依据如下：

(1) 贵县扼西江干流要津，黎湛铁路在此与黄金水道西江交汇，形成广西水陆交通的十字路口，腹地十分广阔。通过水陆联运的中转作用，桂西北及云南、贵州和湘西的大宗物资在此汇集，水路循江而下直通广州、香港、澳门；经铁路和公路分别可达湛江、北海等沿海港口，是广西少有的拥有多个出海路径的城市之一。值得提及的是，贵县还位于南宁、柳州、梧州、北海四城市为顶点组成的四边形的几何中心，从"中心地"理论的角度出发，贵县也是一个高级中心地最佳的生长极；

(2) 贵县的直接腹地——浔郁平原是广西少有的土质肥沃、农产品及矿物资源异常丰富的地区，平原上盛产的粮食及南亚热带水果及经济作物，为糖、纸和其他食品工业的发展打下坚实的基础。20 世纪 50 年代兴建的骨干企业贵县糖厂，几经扩建，日榨能力已达到 6000t 甘蔗，成为我国目前规模最大的糖厂之一，城市周围还蕴藏有丰富的石灰石、花岗石、铝土矿等矿产资源。由于交通方便，接近消费地，具有广泛的开采价值；

（3）从城市建设条件分析，贵县周围有数千平方公里农业利用价值不高的平地，流域内地表水和地下水源充足，郁江平均流量 1600m³/s。贵县港 1987 年吞吐量已达 275 万 t，是广西第二大港。所有这些都为大型骨干企业的发展提供了理想的场所。

从宏观区域条件分析，贵县、桂平、平南均位于我国华南的黄金水道——西江干流上。目前，西江航道整治及上游水电资源梯级开发两大工程正在全面铺开，竣工后千吨轮船由此可直通港澳，10 个河流梯级电站发电能力将超过 1000 万 kW。在水运和能源开发的基础上，西江将成为我国华南地区重要的经济走廊及城镇带。上述三城在玉林城镇体系中的地位和作用也就显得更为重要。根据发展趋势，到 2000 年贵县规模可达 25 万人，与玉林并驾齐驱，成为区域两个首位城市之一；桂平与平南的人口规模也将分别达到 14 万人与 11 万人，也步入了小城市的行列。如果将四个城市（包括玉林）的人口累加起来，规划期可达 75 万人，相当于一个大城市的规模。

2.2　合理分工，各取所长

中心城市之间，只有实行必要的劳动地域分工，选择最有利的职能作为城市发展的主要方向，各取所长，才能充分发挥多元结构的协同作用。这里所指的分工，主要有两个含义：①中心城市应有不同的等级；②每个中心越大，级别越高，其职能的数量相应较多，而且档次高，覆盖面积大。玉林、贵县作为首级中心城市，要求主要职能的影响范围达到整个地区，甚至包括桂东南的一部分。地域副中心作用则是分担区域中心城市的部分职能，带动部分区域城乡的发展。因此，它们的某些职能也要具备超越县域范围的能力。

在今后的地域分工中，玉林应继续发挥行政经济管理及科技文化职能的作用，建设面向全区的信息、金融、科技与文化教育、人才交流中心。经济职能的方向主要以轻型结构的加工工业为特色，大力发展食品轻纺工业；利用技术优势，发展以自行车、柴油机为"龙头"轻型机械及精密机械制造工业。

贵县发展条件已如前述，在城市分工中，应当侧重发展交通运输及原材料加工工业。①利用独具水铁联运的有利条件，加速建设年吞吐量为 670 万 t 的新港及新港铁路编组站，使之成为西江第一大水陆中转港，承担本区及广西大宗物资的转运任务；②立足当地丰富的资源，发展综合利用甘蔗的糖、纸工业，1990 年争取贵县糖厂达到日榨甘蔗万吨的能力，变成名副其实的"糖都"。此外，在丰富的石灰石、花岗岩等资源的基础上，水泥、建材工业也可望成为新的主导工业之一；③作为重要的交通枢纽，利用区位优势，还可以考虑建立港口加工工业区，发展各类加工工业，如机械制造、精细化工、有色金属冶炼及深加工工业，在此还适宜发展用水、耗能、占地多、运输量大的产业部门。

2.3　确定吸引范围，建立城乡经济协作区

玉林中心城市的合理分工还体现在空间方面，即在分析研究城市吸引范围的基础上，划分首级城市的经济联系区，把原来由玉林一市带动的整个区域分由两个中心城市共同承担。

根据空间相互作用原理，城市吸引范围的大小和影响力的强弱总是与其人口和经济实力成正比，区域受城市影响的大小则与二者间的距离成反比。在确定哪个小区域（乡、

镇）应划归哪个城市的吸引范围时，可用下式定量分析：

$$V_{ij} = \frac{S_i^\alpha D_{ij}^r}{\sum\limits_{i=2}^{m} S_i^\alpha D_{ij}^r} \tag{1}$$

式中，V_{ij} 为隶属度，反映 j 小区受各中心城市影响力的总和中，i 城市所占的比重；S_i 为中心城市 i 的影响力，通常用城区人口与工业产值衡量；D_{ij} 为 i 中心城市到 j 小区的距离；m 为中心城市个数；a 和 r 为经验参数。

通过计算，初步确定了两个中心城市的吸引地区：玉林吸引了南部四县（北流、陆川、博白、容县）一市的大部分，贵县的影响范围则包含了西江干流上的三县（贵县、桂平、平南）的大部分（表1）。

表1 玉林市和贵县与各市县的联系度 （单位:%）

中心区域	玉林	贵县	桂平	平南	容县	北流	陆川	博白	总计
玉林市	—	9.6	11.2	9.6	17.4	18.9	19.5	13.8	100
贵城	34.6	—	31.0	16.2	1.8	2.5	9.0	4.9	100

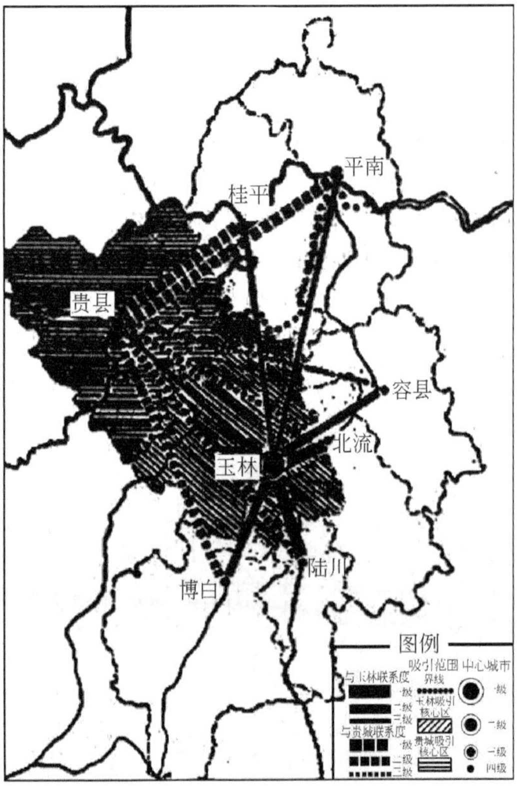

图1 玉林与贵城吸引范围

城市对地区的影响总是通过经济联系，即物流、人流、信息流体现出来的。为了验证定量分析的可靠程度，在规划中又通过实地调查，分别用中心城市与区域的银行转账金额、汽车客运量、长途电话流量三项指标，经归一化处理后转换为无量纲的联系度，用来分析两重心对各县联系的强度。

有了这样的工作基础，便可以划分玉林、贵县各自的经济联系区，它是多元结构的城镇体系重要的空间组织形式之一（图1）。

玉林市带动的区域的土地面积为1.28万 km^2，人口为455万，1987年社会总产值31.8亿元，分别占整个地区的54.8%、55.8%和59%。本区主要问题是容县、陆川两县的经济实力和城镇基础较弱，玉林市的主要任务是通过资金、人才、技术等渠道，重点扶植欠发达地区。

贵县经济联系区所属的北部三县拥有西江黄金水道的优势，区域经济发展较均衡，没有明显的穷县、富县，城镇整体实力强。因此中心城市贵城的主要任务是促进西江经济——城市带的形成，在副中心城市桂平、平南的协同作用下，逐步将带动的地区扩大到西江上游。

3. 结　　语

（1）多元结构的规划思想是解决玉林城镇体系中心城市实力弱、辐射能力差的重要途径。规划后，玉林市的负荷几乎减少了一半，有利于体系城乡经济的普遍发展。

（2）这一理论同样适用于中心城市规模过大、首位度高的城镇体系。多元的结构有利于分散首位城市过于集中的人口和其他职能。

（3）多元结构只是城市体系的一种形式，我国地域辽阔，各地情况千差万别，规划时究竟采取哪一种结构，必须结合当地条件分析研究，切勿生搬硬套。

The Theory of Multiple Centre on Urban System

Dong Liming　　Li Xiangming

Abstract：The urban system in Yulin has a population of 8 million, but the city itself has only a population of 130 000. It is too small to bring central city into full to play an important role. The basic guideline of urban system planning in Yulin is to establish a multiple centre network which links all cities and towns together. Guigang city is situated in the intersect of Xijian river and Lizhan railway. It has a good location for developing economy. For this reason, taking Yulin, Guiyang and Guiping as cores, the structure of multiple centre of the urban system will be set up. In recent years, some ideas have been realized in the urban system planning.

Key words：multiple centre；urban system；central city

首都圈的可持续发展研究[*]

关键词： 首都圈；高新技术企业

一

首都圈是反映以首都北京为核心，在资源与社会经济方面具有密切联系的邻近地区，包括北京、天津两个直辖市，以及河北省的唐山、秦皇岛、承德、张家口、廊坊、保定和沧州等七个地级市。首都圈的总面积为 16.8 万 km^2，总人口为 5642 万，其中城镇人口约 2000 万，1991 年国民生产总值达 1454 亿元，约占全国 8%。其核心京津唐地区是全国四大城市集聚区之一。

研究首都的发展不能仅就北京论北京，只讨论北京市行政区划 1.68 万 km^2 的范围。从历史上看，华北平原北端就属于护卫都城的"京畿"地区。新中国成立以来，随着水利、交通、工业、旅游、商业贸易的不断发展，北京与周围地区的社会经济联系比过去更为密切，形成相互依存相互制约的圈层。就拿首都生产和生活必不可少的各项资源来说：水主要来自密云、官厅两大水库，虽然两大水库坐落在北京辖区，但地面径流靠河北补给；电是由京津唐电网"集体"出力；煤靠唐山、晋北；石油天然气部分由冀中油田供给。如今，北京市场上的蔬菜、水果、农副产品，其产地也已由北京郊区扩展到河北地区。至于北京大宗物资出海的口岸更离不开天津塘沽、冀东秦皇岛及环渤海的王滩、黄骅等港。而北戴河、承德又是首都居民夏季理想的旅游避暑胜地。凡此种种，都表明首都圈范围内的京、津、冀在 21 世纪的发展中是个唇齿相依不可分割的地域单元。

二

选择首都圈作为 21 世纪社会经济持续发展的研究对象，其意义在于：①北京不仅是全国的政治中心和科技文化中心，也是世界著名的大都市，搞好这一地区的建设可以向世界展示中国，吸引更多的外国朋友到中国进行投资。②北京、天津是全国三大都市之二，两者空间距离仅 130km，可视为复合（双）中心城市，京津两市无论人口、经济实力、科技文化水平都已超过上海。如果说，20 世纪 90 年代我国对外开放的窗口和经济发展的龙

---

* 董黎明 . 1994. 首都圈的可持续发展研究 . 见：北京大学中国可持续发展研究中心编 . 可持续发展之路——北京大学首届可持续发展科学讨论会文集 . 北京：北京大学出版社，199 - 204

头在上海浦东，21 世纪必将转移到本区。可见，推动首都圈经济、城镇稳定持续的发展，对于带动整个华北地区乃至全国的经济发展都具有十分重要的意义。③本区资源丰富，自然条件多样，社会经济结构复杂，虽然空间范围不是很大，却是整个华北地区的缩影。鉴于首都圈自然、生态、社会、经济环境的多样性，使之具有广泛的代表性。其发展途径不仅对京、津、冀适用，甚至也可供华北乃至我国广大的北方地区借鉴。

三

同时也要看到，首都圈也面临我国其他城市地区的挑战；此外，京津两大都市集聚过程中引起的资源、生态、人口、经济的矛盾冲突，这些皆是阻碍区域城市持续发展的根源。归结起来，主要表现在以下四个方面。

1. 经济发展速度低于沿海其他地区发展水平

就条件而论，首都圈在改革开放之后应比我国其他地区发展得更快一些。但由于种种原因，京津冀 20 世纪 80 年代的发展速度不仅远低于广东、江苏、浙江、山东等沿海地区，甚至还低于全国平均水平。例如，1980～1989 年，沿海地区国内生产总值每年平均增长 10.3%，而首都圈的核心城市北京和天津分别为 9.4% 和 7.5%。工业产值此期我国平均增长速度为 13.2%，北京和天津两市仅为 8.6% 和 10.4%。由于发展速度偏低，其经济地位已明显下降。80 年代初期，广东省的工业产值只及京津两市的 60%，到 90 年代初，其工业总产值则为京津两市的 1.35 倍。京津与广东等沿海地区经济差距的加大，说明首都圈的潜在优势还远远没有得到发挥。

2. 水资源极度欠缺，能源对外依赖性越来越大

按人均占有量，华北地区是全国水资源最贫乏的地区，而京津冀因集中了大量的工业与人口，水资源的供需矛盾更为突出。新中国成立后，国家虽然采取了一系列措施如兴建官厅、密云、潘家口等大型水库，修筑引滦济津和京密引水工程，但本区水资源仍难以满足 21 世纪人口与经济发展的需要。根据预测，2010 年北京市总需水量平水年为 49 亿 m^3，枯水年为 52 亿 m^3，而北京地区可用水量平水年为 39 亿 m^3，枯水年只有 32 亿 m^3，供需差距甚大。即使水量相对丰富的冀东地区，情况也不容乐观，冀东地表水主要来自滦河流域，该河的潘家口水库在 75% 的保证率时可调节水量为 19.5 亿 m^3。引滦工程修建后每年调水 10 亿 m^3 入津，引入唐山的水量仅 2.3 亿 m^3。根据唐山市总体规划预测，2000 年该市区缺水 2.5 亿 m^3，市区已无水源可开，欲再由滦河引水，等于减少向天津供水去填补唐山需要。北京南部白洋淀数度干涸见底的经历，也是区域"水荒"的一个典型例子。

本区煤气、热力、电力等二次能源供应不足的矛盾也十分突出。21 世纪首都欲改善大气环境质量，减少用煤量，就需要从外地每年调入天然气 30 亿 m^3 以上。目前华北油田天然气已无潜力可挖，渤海油田的天然气要满足天津的工业和居民生活的需要，已出现供需缺口。为此，北京只能寄希望于更远的陕甘宁天然气田，建设长距离的输气工程又意味着增加更多的投入。

3. 环境恶化的趋势在某些方面仍然没有得到控制

大城市人口和工业过于集中产生的环境问题主要表现为：①在一次能源消费结构中，北京市煤炭比重仍高达 65%，20 世纪 80 年代末（1988 年）冬季采暖期城区二氧化硫浓度超过国家标准近一倍。根据预测，2000 年全市年用煤量将达到 2900 万 t，其中采暖期 1644 万 t，二氧化硫浓度 0.39mg/m³，仍超标（0.15mg/m³）一倍以上。要改变这种状态，除非彻底改变燃料结构，或者采用陕西神木煤矿的低硫煤代替现状的统配煤。②京津唐地区地下水开采量连年超过蓄水量，致使地下水位持续下降，局部地区出现生态环境恶化，地面下沉的问题有加剧趋势。70 年代以来，北京市地下水储量累计亏损 20 亿 m³，水位平均下降 20~30m，形成近千平方公里的漏斗区。③近年京津等大城市机动车辆以每年 10%~15% 的速度递增，明显地超过城市道路的增长速度。北京市区 200 万流动人口又进一步加剧交通和其他城市基础设施的紧张状态，不仅造成严重拥挤堵塞现象，而且交通噪声的危害也日趋加重。

4. 古都风貌和传统文化面临新建设的挑战

北京作为世界著名的文化古都，不仅是中国也是世界宝贵的历史文化遗产。随着大规模的旧城改造，代表北京古都风貌的传统建筑四合院及文物古迹已逐渐被新建的高楼大厦淹没。现在如不采取强有力的措施进行保护，21 世纪北京的城市面貌可能会接近高楼林立的纽约和香港。

四

针对首都圈重要的战略地位和当前面临的主要问题，要实现 21 世纪区域城市社会经济全面持续的发展，关键在于充分发挥首都周围地区的各种优势，正确处理人口、经济不断增长与环境、资源的相互关系。据此，21 世纪首都圈的发展应侧重研究以下四个问题。

（1）继续贯彻控制大城市规模的方针，探索在社会主义市场经济条件下人口适度发展的对策。如前所述，首都圈的水源、能源及土地资源比较紧缺，每增加一个城市人口，在现有的消费水平下意味着增加城市基本建设投资 1 万~2 万元，增加用水 300~500L/d，增加用地 80~100m²，增加电负荷 1~2kW。1988 年北京市的人口就突破了 1000 万。而 21 世纪之后，除本区人口的自然增长外，流动人口增长的速度将更快。1990 年北京市区流动人口约 130 万人，预计 2010 年将达 250 万人，再加上天津等市的流动人口，等于在首都圈内又增加了一个超级大都市。区域人口的过快增加而且高度集中于京津两大都市，无疑对城市的资源、环境、交通、住房、副食品供应等带来巨大的压力。因此，采取何种对策，使本区的人口增长控制在一个适度的范围，将成为社会经济能否持续发展的关键。

（2）调整经济结构，增强城市区域经济实力。本区最丰富的资源一是风景和历史文化遗产，二是人才智力。而水资源、环境生态系统则是薄弱环节。针对区域资源状况的优劣，21 世纪首都圈的经济发展应进一步调整产业结构，侧重发展技术密集程度高、产品附加值高和耗能少、耗水少、占地少、排污少、运输量少的新兴产业。将其具体化就是发展高新技术、旅游、金融、信息产业，以取代传统的第二产业、特别是现有重工业的地位。按此思路，21世纪可考虑以京津塘高速公路为发展轴，以北京亦庄经济特区及高新技术产业开发区为龙头，以河北廊坊、逸仙国际科学工业园、武清和天津的高新技术产业开发区为基点，建设全国最大的高新技术产业带，形成中国的硅谷。

（3）由于本区人口和产业高度集中，不可能实现区域内生态系统的良性循环，必须从更大的区域范围内解决首都圈的资源、生态支持系统。包括：①加快南水北调的规划和勘测设计工作，争取21世纪初长江水源直接输入京津；②改变燃料消费结构，在北京外围的山西、内蒙古煤炭资源丰富的地区建立坑口电站，将电力输入京津，减轻煤烟污染和铁路运输负担，与此同时，还要积极从陕甘宁气田引进天然气，采用低硫优质煤炭代替现有燃煤。

（4）用系统论的观点进行环境和经济发展的规划建设。欲提高城市的环境质量，首先应加强区域大环境的建设和整治，在山区加强绿化，完成"三北防护林"的建设。平原地区除要大力发展生态农业外，应注意流域的综合治理，在上游发展工业时必须考虑对中下游地区环境生态的影响。还要看到，首都圈本身就是一个由大、中、小城市组成的城镇体系，为了避免人口、产业过于集中在京、津、唐等少数大城市，在政策上还要诱导产业和人口向周围的中小城市和卫星城镇扩散。

综上所述，首都圈的持续发展是一项跨世纪的巨大系统工程，涉及到资源、环境、人口、社会、经济诸多方面的问题，需要多学科共同协作研究。作为研究地理环境和人口、经济空间活动相互关系的地理学，将会发挥重要作用。

Sustainable Development in the Capital's Ring

Dong Liming

(Department of Geography)

Abstract：The Capital's Ring, with an area of 168 000 sq km and a population of 56. 4 million, cover Beijing, Tianjing and northern part of Hebei province. It will play an important role in the future of China. In recent years, rapid population growth has created many urban problems, such as water supply, traffic congestion and pollution. To keep the sustainable development of capital's Ring in next century, the author's proposal is as following：①Continue to control the size of population of large cities；②Develops the new and high technology industry and tertiary industry；③Establish the supply system of resources from large area；④Develop vigorously small cities and suburban satellite towns.

Key words：capital's ring；the new and high technology industry

中国的地理学与城市规划——回顾与展望[*]

摘要：20 世纪70 年代地理学开始参加我国城市规划的实践。地理学选择的这一应用方向之所以取得重要的进展，一方面，除了特定的历史环境外，主要的原因是两门学科既有许多共同的特点，又有较强的互补性；另一方面，由于当前的形体规划对工科院校培养人才的偏好和地理学本身的弱点，地理学在城市规划领域的探索也遇到了不少困难。展望21 世纪的发展趋势，指出：只要地理学通过城市规划的实践在理论上有新的发展贡献，在学科建设和人才培养方面不断地改革创新，就一定能克服前进道路上的种种困难，开拓更广阔的空间。

关键词：地理学；城市规划；空间科学；区域分析

城市规划作为一门系统完整的科学，是伴随城市化的过程逐渐发展起来的。由于早期的城市发展涉及大量的建筑、工程等物质实体的建设问题，在相当长的历史时期，城市规划一直是建筑学的一个分支。20 世纪 70 年代，我国的地理学利用改革开放的大好时机，积极投身于城市规划的实践，并在一些综合大学中创办了具有地理特色的城市规划专业，打破了建筑学一统城市规划的局面。从学科的发展来看，这究竟是一种创新的探索，还是一条歧途？将是地理学者需要认真总结的问题。本文以北京大学在这一领域的实践和探索为例，重点讨论地理学与城市规划的相互关系，并展望两个学科进一步结合的途径。

1. 实践与探索

20 世纪 50 年代，深受苏联影响的中国地理学被人为地划分为自然地理和经济地理两个分支，基本上停留在传统描述地理现象的阶段。60 年代地理学选择了受地理要素影响较大的农业地理作为应用的突破口，投入巨大的力量开展农业区划工作，这项实践虽在社会上取得一定反响，但其整体思路和方法仍离不开对农业地域类型的描述，至多对农业分布差异的原因进行了解释，离真正的应用还有较大的差距。这一致命的弱点使地理学培养的人才难以被生产部门接受，以致 60 年代初出现大量学生分不出去危机。

十年动乱的"彻底砸烂"，对科学文化教育事业是一场史无前例的大破坏，地理学同样逃脱不了这场厄命，整个专业被冻结，大批教师被迫改行。在此期间，城市规划也属于被冲击、解散的对象。不同的是，当"文革"结束之后，我国改革开放激起的经济建设和

---

* 董黎明，陶志红 . 2000. 中国的地理学与城市规划——回顾与展望 . 城市规划 . 3：30 – 33

城市建设的新浪潮，使城市规划重新焕发了青春，进入蓬勃发展的新阶段。当时有人算过一笔账，全国有 2 亿人口在城市生活，如果每万城市人口需要配备一个城市规划管理人员，城市规划人才的需求量就多达 2 万人，仅仅依靠原有的几所工科高等学校培养，短期内是无法满足如此巨大的人才需求的。但是地理学，特别是经济地理学在经历一场大破坏之后，并没有出现新的转机，它既不能回到描述的老路，而农业区划当时尚未提到议程，在此情况下，经济地理学选择城市规划作为应用的突破口，不失为明智之举。

实践是科学发展创新的唯一道路。地理学探索城市规划方向首先是从学习与调查研究开始，早在 1973 年，北京大学地理系的一批教师就与北京规划管理局合作，参与了城市工业布局调整、搬迁的研究和规划。地理工作者运用自己的专业知识，向规划部门提出了许多有益的建议，由于两门学科优势互补，首次合作初见成效。在此基础上，1974 年双方又在北京郊区平谷县联合举办了城市规划培训班，以编制县城总体规划核心，边教学，边实践，既培养了极度短缺的城市规划人才，同时也锻炼了教师队伍，增强了创办新专业的信心。有了两年实践的初步经验，1975 年北京大学经济地理专业正式招收城市规划方向的学生，3 年后为规划部门输送了第一批急需的人才，他们经过 20 年的磨炼，大多数人目前已成为各级城市规划部门的骨干。这表明，从理科地理系培养的学生，在吸收必要的城市规划的"养料"之后，同样可以适应城市规划工作的需要。

城市规划的实践也为地理学发现问题、解决问题提供了理论联系实际的场所和机会。1975 年北大地理系首次独立承担的河北承德市总体规划，其核心问题是如何确定城市的性质？如何根据城市性质制定相应的发展方针和规划布局方案？众所周知，早在清朝，承德就成为帝王避暑、办公的重要场所，清帝在此建了规模庞大的皇家园林避暑山庄，这里还分布了多座融合蒙、藏等少数民族历史文化的庙宇，号称外八庙。对这样一座典型的历史文化名城，现在将其定位为风景旅游城市顺理成章。但是，在大讲"阶级斗争"、"先生产，后生活"的年代，强调风景旅游，很容易与大搞"封、资、修"联系在一起。对此，以侯仁之院士为首的规划组，运用历史地理学的理论方法以及劳动地域分工的理论，多方面论证了承德风景旅游城市的性质，并在规划中提出了保护历史文化名城的措施。这些建设性的意见当时虽然遇到重重阻力，但最终被实践证明是完全正确的。1978 年参加的芜湖城市总体规划实践，我们运用交通地理学的理论方法，否定了铁路设计部门对一处大型编组站的不合理选址。新的规划方案不仅大大减轻铁路编组站对城市的干扰，而且使铁路的运营管理更为合理，经过专家多次论证，在城市规划中定位的方案终于被铁路管理部门所接受。与此同时，规划组还对芜湖市的城市气候进行了实地观测，发现城市的湖泊水面对降低周围的气温具有重要的作用，这些数据为城市必须保留足够的水面提供了科学的依据，也补充了城市规划原理的教科书的内容。

在北京大学地理系开展城市规划实践的同时，我国其他高等学校的地理系探索地理学的城市规划方向也取得了重要的进展，如南京大学编制了烟台市的总体规划，主持了建设部关于城市人口合理规模研究的课题；中山大学在珠江三角洲、广西北海市、湖南怀化市也进行了大量规划实践，原杭州大学与省建设部门挂钩，直接为全省培养城市规划人才。此外，我国一些地理研究机构和师范院校如中国科学院北京地理研究所、南京地理研究所，东北师范大学地理系也进入了城市领域，利用地理学的理论方法，参与了大量城市规划的研究与实践。

2. 共性与互补

地理学探索城市规划方向的成功之路,除了上面提及的原因和特殊的历史环境起着催化剂的作用之外,关键在于这两门学科既有许多共同的特点,又有互补性。如果缺乏共同的基础,再多的实践也不可能将他们有机的联系在一起。

从研究的对象的特点来看,地理学与城市规划都属于空间科学的范畴。地理学无论研究地球圈层的自然环境,还是研究地表的人文景观,都离不开一定的空间地域范围,因为各国、各地千差万别的地理现象,都是由于不同区域的自然、社会、经济发展条件的差异所造成的。可以说,没有空间的差异,就没有地理学。例如,经济地理学在研究生产力布局时,通常要从不同区域的特点和发展条件出发,通过分析比较,寻求生产力配置及空间组合的最佳方案,将生产力的要素——人口、工业、农业、交通运输布置一定的空间地域。同样,城市规划虽然涉及城市的社会经济发展战略,城市的性质、规模以及各项工程的规划布置等诸多内容,但核心是城市布局,即全面安排各项城市功能要素——工业、交通、仓库、生活居住、基础设施等方面的空间位置,最终将其落实到土地上。两门学科的共性,使他们在许多方面都具有共同的一致性,甚至在某些方面还相互渗透和交融。例如,城镇体系规划既属于城市规划的范畴,是城市总体规划阶段不可缺少的组成部分,但也可视为区域规划的一部分,因为城镇体系本身就覆盖了不同的地域范围,城市作为区域人口和第二、三产业集聚的中心,与其影响的区域是互为依存的,因此,区域规划生产力布局的重点必然落到各级城市之中;反之,城镇体系规划的许多内容——分析评价城市发展的条件,预测人口规模和城市化水平,合理组织城镇体系的规模等级、职能分工和空间布局,规划区域性的基础设施等,不仅要从区域规划寻找依据,甚至本身就是区域规划的内容。

地理学与城市规划的互补性进一步促进了两门学科的有机结合。一方面如前所述,地理学与城市规划都属于空间科学的范畴,但地理学研究的空间尺度通常比城市规划涉及的范围大得多。这种差别,造成传统的城市规划往往忽略宏观的空间分析,出现就城市论城市的弊端;另一方面,习惯于宏观区域分析的地理学者虽然有较强的大局观,由于对小范围的空间问题缺乏实践经验,往往提不出解决问题的具体方案。如果两者相互取长补短,城市规划师加强宏观的区域分析,从更大的地域范围为城市发展寻找依据,地理工作者通过城市规划接触大量案例的过程不断提高解决具体问题的能力,就可以相得益彰。例如,如何科学地确定城市性质和发展规模,是城市总体规划带有战略性的问题。这两个重要的规划内容都需要从区域规划、城镇体系规划寻找依据,或进行区域分析,因为城市的性质实质就是区域城市之间主要职能的合理分工,只有将城市摆在宏观的区域中进行比较,分析每个城市的比较优势及其在劳动地域分工的地位、作用,才能找到这个城市区别于其他城市本质的特征。同样,城市的人口、用地规模固然受城市本身水、土等资源条件的制约,但归根结底取决于区域的资源状况、区位条件、城市化的进程、生产力布局等因素。一个城市,如果没有外来的劳动力的集聚,没有大量为城市以外区域服务的产业,仅仅依靠人口的自然增长是发展不起来的。20 世纪 90 年代初我国许多城市在修编总体规划时出现规模偏大的倾向，其主要原因是规划的决策者用主观的臆断取代了客观的区域分析，又回到了就城市论城市的老路。

地理学对城市规划的补充还表现在城市建设条件和环境生态的研究方面。城市作为一个物质实体，实际上是由外部的地理环境、自然景观和人工建筑物、构筑物组成的。前者包括城市赖以生存的水、土资源和气候、植被等地理要素。当今的城市发展，只有充分认识自然规律，才能更好地利用改造自然，以较少的投入创造良好的城市环境。拿城市气候来说，由于风象影响到大气污染物的扩散，因此在传统的城市布局中，往往根据风玫瑰图按主导风向的原则布置工业区和居住区的相对位置，即有大气污染的工业布置在主导风向的下风侧，居住区摆在上风向，已成为规划界的一种"定式"。地理学者在实践中发现，这种布置方式不完全符合我国的实际，一是，我国的东部属于典型的季风气候区，冬季盛行偏北风，夏季的主风向是偏南风，全年的两个主要风向频率相当，方向正好相反，若按主导风向原则布置工业和居住区的位置，无论把工业布置哪一侧，都无法最大限度减轻居住区受到的污染。二是，我国是一个山地丘陵比重很大的国家，在河谷和山间盆地，不仅静风频率高，而且地形逆温不利于有害气体扩散，采用主导风向的原则同样不能妥善解决城市的大气污染问题。根据上述气候特点，我们提出：在东部季风区全年有两个盛行风向的情况下，工业区宜布置在全年最小风频风向的上风侧，布置在其下风侧的居住区受污染的概率最小；在静风、逆温频率高的地区，不宜将有害工业布置在市区或城市的边缘，这类工业应布置在城市的远郊。以上建议已被规划部门采纳，并补充到城市规划原理的教科书中。

除此之外，地理学的一些理论方法，如区位论，点轴发展理论，城市化的地域差异理论，以及区域分析的方法等，在城市规划中也得到广泛的应用。当然，城市规划不仅为地理学的发展提供了实践的舞台，通过相互的渗透作用，也给地理学注入了许多新的养料，对推动地理学的发展，特别是城市地理、商业地理、城市气候等部门地理学的发展具有重要的作用。

3.　危机与反思

如果说 20 世纪 70 年代末、80 年代初地理学在城市规划界处于黄金时代，进入 90 年代，在市场经济的大潮冲击下，地理学在这一领域地位和作用开始下降。首先，在人才培养方面，由于城市规划工作的需要，我国先后有 30 多所高等院建立了城市规划专业或硕士点，其中绝大多数是工科院校，在很大程度上缓解规划人才需求的压力。目前，我国省级和大城市的规划设计部门已基本满员，在此情况下，规划单位更乐于选择工科院校培养的学生。其次，从 1986 年开始，为了加强城市规划行业的管理，建设部实行城市规划设计资格审批制度，在颁布的第一批城市规划甲级设计单位中，地理与之无缘，直到 1993 年之后，北京大学与南京大学的地理系才先后拿到了规划甲级设计资格证，中山大学和原杭州大学只获得在省内参与城市规划的乙级资格证，这意味着地理系参加城市规划实践的机会受到限制，在一般情况下，只能参与城镇体系规划和小城镇规划的编制。更为不利的是，按最近建设部的规定，对原有和新建的城市规划专业需要按 5 年制的教学计划严格的评估，在 1998 年全国首次申报的 6 所高等学校中，亦没有一所地理院校，因为目前尚不够条件。面对这一现实，地理学者有必要认真总结所走过的道路，寻找出现危机的原因，以便在 21 世纪迈出新的步伐。

笔者认为，地理学探索城市规划遇到的障碍既有客观原因，也有自身存在的问题。归纳起来有以下四个方面。

（1）长期以来，城市规划被列为建筑学的分支。虽然当前它已独立成为一门新的边缘科学，但社会上还没有完全认可。规划界仍有相当一部分人存在这样的偏见：认为城市规划专业的基础是工程与建筑学，只有工科建筑院校才能培养出城市规划的人才，地理院校培养的学生顶多只能从事宏观的规划工作。

（2）与发达的西方国家相比，我国的城市化正处于起步加速阶段，随着人口、产业的不断集聚，城市空间的不断扩大，物质建设构成了城市发展的主旋律，许多城市领导偏好高楼大厦，把"楼房建得高一点，马路修得宽一点，商店搞得多一点"视为城市现代化的标志；与此相应的城市规划显然也停留在形体规划的阶段，整个规划过程往往重图形，重形式，与建筑形体关系密切的详细规划实际上成为城市规划的主角。反之，与地理学关系密切的区域规划、城镇体系规划以及城市社会经济发展规划并没有得到足够的重视，这也决定了城市规划人才市场的需求天平向工科建筑院校倾斜。

（3）现有的规划管理体制不利于市场公平竞争。20 世纪 80 年代我国实行规划收费制之后，加速了规划设计机构的发展，目前全国仅甲级设计院就有七八十家，乙级、丙级设计机构数百家，原来庞大的规划市场突然变小。由于地方的规划设计机构与规划管理部门在体制上没有完全脱钩，而城市总体规划又是一种政府行为，这就很容易产生地方保护主义，将许多有实力的规划设计机构拒之门外，地理院校更是雪上加霜，甚至连擅长的城镇体系规划项目也不易拿到。

（4）如果用城市规划的尺度衡量，地理学科本身也存在一定的缺陷。首先，我国地理系创办的城市规划专业方向，在本科有限的 4 年时间，其教学计划很难同时兼顾地理学和城市规划专业基础的要求，往往顾此失彼。由于一向强调地理各专业必须有共同的地理基础，在教学计划中安排了地质、地貌、地图、气候等大量的地理基础课和工业地理、交通地理、农业地理、区域地理、文化地理等人文地理的专业基础课，必然削弱了城市规划必要的理论知识和技能的训练。例如，工科院校的学生既有课堂的规划设计，又有大量的规划实践，相比之下，地理系的学生 4 年中只有一次生产实习的机会，由于规划课程和具体操作的时间不够，毕业后普遍存在规划功底不足、动手能力差的弱点。其次，受传统地理学的影响，我们往往重理论，轻实践；重文字描述，轻规划制图。编制规划时常常花费大量的时间对现状进行分析描述，对规划方案编制下的工夫不够，缺乏应有的深度，很少能提出解决问题的具体办法和规划措施。以致整个规划文件繁琐冗长，头重脚轻，规划图纸的数量和质量也不能完全满足规划编制的要求。

4. 21 世纪的展望

20 世纪我国地理学在城市规划领域既扮演过重要的角色，同时也面临挑战和危机，21

世纪究竟选择何种道路？是值得认真思考的问题，因为它不仅直接影响到地理学的应用方向，同时也涉及人才的培养。笔者认为，要正确把握地理学的发展前景，除了要对过去走过的道路有一个清醒的认识外，还要对地理学进行不断的改造，才能适应新形势的需要。

4.1 理论探索

城市化是我国城市发展和规划的基础。21 世纪我国的城市化究竟走什么样的道路？采取什么方针引导城市的合理发展？在城市化过程中如何体现可持续发展的思想？如何通过集约化使用的途径解决耕地保护和城市发展用地的矛盾？怎样引导乡镇企业到小城镇集聚？城市规划如何体现城市的特色与职能的合理分工？上述种种问题，在 20 世纪并没有完全解决，仍然是城市规划需要继续研讨的战略问题。另外，随着生产力的不断发展，科学技术的进步，未来时空的观念必将影响到传统的生产布局和城市布局理论。地理学应发挥自己的特长，通过新的理论探索，为推动城市规划的理论建设和为各级政府制定相关的政策作出贡献。

4.2 规划实践

随着体制改革的不断深化，21 世纪我国城市规划的设计机构将完全与行政职能部门脱钩，从而也逐步消除了地方保护主义的壁垒，这对于具有较高规划水平的高等院校参与竞争十分有利。与此同时，我国也将形成较完善的空间规划体系，区域规划、土地利用总体规划、城镇体系规划和城市总体规划进入正常的编制轨道，各类规划相互衔接，互为补充，为地理学扩大规划实践的领域提供良好的机遇。今后地理工作者应扬长避短，将实践的重点放在宏观、中观尺度的空间规划的编制。

4.3 学科改造

未来的地理学只有用新的思想观念和技术手段代替传统的思想方法和描述手段，才能在城市规划中站稳脚跟。首先，地理学者不但要善于提出问题，而且要掌握解决问题的手段和方法，拿出具体的方案和措施，如对城市布局，当我们发现其中的问题后，必须回答采取什么样的用地功能组合？多大的使用强度？才能取得预期的效果。其次，在电子、信息社会，我们完全可以用遥感、GIS 技术弥补城市规划制图的欠缺；用现代网络获得的大量信息，在网上编制规划方案，取代传统的描述方法。

4.4 人才培养

21 世纪随着城市化水平的不断提高，物质财富的不断积累与丰富，城市规划将由以物质实体为主的建设规划向以满足居民要求为主的社区规划转化，人们更关注的是环境、社会、城乡协调发展的问题。与此相应，城市规划的人才培养也要适应这个变化。毫无疑问，目前设置在综合大学地理系的城市规划专业应该坚定不移地办下去，但要有别于工科院校的教学体系，课程结构可由 4 部分组成：城市规划的地理学基础，如城市地理等，突出地理学的特色；城市规划核心课程，包括城市规划原理等，它是城市规划必备的专业基础；社会、环境的相关课程，如城市社会学，城市生态环境等，它反映了 21 世纪城市规划的焦点；有关新的技术手段的课程，如数字地球，GIS 等。

我们相信，在经过不断的改革和创新之后，地理学在城市规划领域就会克服前进道路的种种困难，开拓更广阔的空间。

参 考 文 献

董黎明，周一星．1981．工业布局与城市规划：在实践中蓬勃发展中的城市地理学．北京：科学印书馆，63－70

侯仁之．1999．五十年回眸——新中国的城市规划．北京：商务印书馆，62－73

胡序威．1998．区域与城市研究．北京：科学出版社

宋家泰，崔功豪，张同海．1985．城市总体规划．北京：商务印书馆

王恩涌．1993．城市、区域与环境．北京：海洋出版社，3－7

阎小培，林初升，许学强．1994．地理．区域．城市——永无止境的探索．广州：广东高等教育出版社

杨吾扬，董黎明．1979．关于风象在城市规划和工业布局中的应用．中国科学，11：1101－1108

北大经济地理专业探索城市规划之路[*]

北京大学城市与区域规划系及其该系的城市规划专业的前身是城市与环境学系（地理系）的经济地理专业（城市规划），而城市与环境学系（地理系）又是 1988 年由地理系更名过来的。半个世纪以来，一个系和专业名称的变化，反映的不仅仅是教学本身的变革，同时也与整个国家的社会经济发展变化有密切的关系。作为这一变革的经历者，有必要对此做一个简要的回顾和评述，最终目的还是希望城市规划事业和大学城市规划专业更加兴旺发达。

一、人才市场的需求将经济地理专业推向改革的前沿

北大地理系成立于 1952 年。由于该系还有 3 个地质专业，故称为北京大学地质地理系，首任系主任是著名的历史地理学家侯仁之院士。1955 年借鉴苏联莫斯科大学的专业设置和教学计划，又增设了经济地理专业和相应的教研室，学制 5 年。教师队伍大部分来自人民大学经济地理研究生班，已故的仇为之教授任经济地理教研室主任。

经济地理研究对象是生产配置，属于人文科学范畴。因地质地理系属于理科，所以当时的课程内容十分庞杂，既有理科的公共课数、理、化，也有大量的地学基础课；专业课程是与生产力布局关系十分密切的自然地理、区域经济地理、工业地理、农业地理、交通运输地理等。生产实习是理论联系实际的重要环节，20 世纪 50 年代的实习项目以区域规划为主，当时参与的主要规划有：长江流域水运规划、河北省和本溪市的区域规划、北京大兴区人民公社规划等。上述规划大多处于 1958～1960 年的"大跃进"时期，由于受激进的发展观和政策影响，区域规划缺乏科学依据，并不能发挥引导生产力合理布局的作用。同时也影响了区域规划人才市场的需求。

需要指出，虽然当时城市规划不是北大经济地理专业的主要方向，但在这一领域仍有两件值得提及的事情：第一件事是侯仁之先生在 20 世纪 50 年代用历史地理学的理论方法研究古代北京城的城址和都市发展过程中的水源问题，这些成果对新中国成立以后北京的城市规划具有重要的参考价值，为此，侯仁之先生被北京市政府聘为都市规划委员会委员，这也是北大地质地理系最早涉足城市规划的活动，表明地理学可以在城市规划中发挥一定作用。第二件事是 1960 年北大邀请已故的清华大学朱畅中先生为经济地理专业开设

---

   * 董黎明. 2006. 北大经济地理专业探索城市规划之路. 见：中国城市规划学会编. 规划 50 年——2006 中国城市规划年会论文集. 北京：中国建筑工业出版社，88-95

城市规划讲座，对地理系的学生来说，是一次难得的学习机会。此后，朱先生一直与北大地理系的师生保持密切的业务联系，直到他的晚年，还将个人珍藏的许多有关城市规划的书籍资料赠送给北大经济地理资料室。

由于经济地理培养人才的方向不明确，原来设想的生产力布局和区域规划领域并没有形成人才需求市场，当时经济地理专业的毕业生除了少量分配到科研机构和高等学校从事专业的工作外，大量的人员被迫改行。这种状况如果继续下去，无疑对国家和个人都是一个巨大的损失。北大面临的问题同样出现在南京大学和中山大学的经济地理专业。面对这一严峻的形势，如何通过实践探索一条新的办学方向，为国家培养急需的人才，就成为文化大革命之后经济地理专业教育改革最关键的问题。

二、与国家建委一拍即合，选定了城市规划作为探索的主要方向

20 世纪 70 年代初，虽然"文化大革命"尚未结束，由于下放江西干校的大批教师陆续归来，许多有条件的专业已开始招收"工、农、兵"学员，客观形势要求经济地理赶快确定办学方向。经过多方调查研究，特别是与原国家建委城建总局主管城市规划的曹洪涛、刘学海、王凡、周干峙、夏宗玕等同志多次交流之后，出于三个原因，更坚定了我们将城市规划选择为经济地理应用方向的决心。

首先，我国的城市规划经历了 20 世纪 50 年代"第一个春天"之后，1960 年之后就被"冻结"长达三年时间，1964 年刚刚恢复不久，立即受到"文化大革命"的冲击，规划设计机构被解散，为数不多的规划人员被下放，导致我国的城市发展处于长期混乱的状态，此时急需发挥城市规划的作用，拨乱反正，引导城市进入合理发展的轨道。

其次，20 世纪 50 年代我国虽然在同济大学等一些工科院校设置了城市规划专业，但这些学校每年毕业的学生远远不能满足我国城市规划的需要。当时曾进行估算，按每万城市人口配备 1 个规划师，全国城市规划师的缺口超过 1 万人。为了弥补城市规划人才的严重短缺，需要更多的高等院校参与培养，才能满足城市规划设计和管理的需要。更值得欣慰的是，我国城市规划主管部门没有专业的门户之见，认为经济地理也可尝试创办城市规划，这一看法见诸于 80 年代初原国家城建总局下达北京大学等高等院校的一个文件，要求北京大学、南京大学和中山大学的地理系每年招收 30 名城市规划专业的学生。

最后，从学科的性质和特点看，经济地理与城市规划在某些方面有一定的共性。例如，这两个学科研究的领域虽然不同，前者偏重区域，后者侧重城市，但研究的重点都是涉及面广、综合性强的空间布局问题。从宏观的区域范围看，城市本身就是区域的一个组成部分，城市总体规划涉及的城市性质、规模、工业用地的布置、对外交通的组织、郊区的规划等问题，都与经济地理学的各个分支有密切的关系；此外，在理论方法上，地理学重视地域差异，提倡因地制宜；城市规划强调地方特色，突出城市的个性。地理学与城市规划都需要通过不同比例尺的地图和规划图表达各自的成果，正是两者具有很多的共同之处，才使经济地理有可能从事城市规划领域的探索与实践。

三、办学之初：走出去，请进来

创办新的专业方向，迈出的第一步是：教师队伍必须"充电"，增加城市规划知识，积累一定的规划实践经验。为此，在当时教研室负责人魏心镇的组织下，教研室的部分老师于1973年首先走出校门，每天乘公共汽车到北京市城市规划管理局"实习"，结合规划任务虚心向城市规划管理部门的同志学习。我们参加的主要项目是研究市区有害工业的搬迁和通州张辛庄化工区规划和南郊水源七厂污染调查。在该局远郊组的钱铭、王镇远、许芳、王东、陈海阳和水组张敬淦等同志的热情帮助指导下，我们顺利地完成了第一次合作。1974年，为了弥补北京规划力量的不足，双方再次携手在北京郊区平谷合办城市规划培训班，我们既是老师，为他们开设了城市性质与规模的分析，城市用地评价，城市工业布局、交通布局，环境保护等课程；同时又是"学生"，从规划局讲课的同志那里吸取城市总体布局、城市道路系统规划，居住区规划和市政工程设施规划等方面的知识，共同编制了平谷县城总体规划。短训班的培训虽然只有3个月的时间，始料不及的是，这批学员大部分都走上了城市规划的工作岗位，有些还成为北京郊区规划管理的骨干。

走出去的第二步是，教研室组织老师分赴多个城市进行调查研究，了解当时城市规划面临的问题，向各地学习规划和办学经验。例如，我们曾与北京市规划管理局的钱铭、王东联合组队赴山西昔阳、长治、晋城，以及河南舞阳、开封等地，了解文化大革命期间城市规划停顿造成的负面影响；魏心镇、董黎明组队赴呼和浩特、包头、临汾、侯马、淄博、烟台等市的调研，仇为之、周一星同赴保定、秦皇岛调研，也都受到当地热情地接待，淄博还邀请北大参与当地的规划。

在初期诸多的调研和规划实践中，最难忘怀的一次是教研室组织老中青相结合的队伍赴河北邯郸市的调研及合作研究。1974年我们一共去了6位教师：侯仁之、仇为之属老先生；魏心镇、杨吾扬为中年教师；我和周一星算是青年教师。虽然20世纪70年代生活条件十分艰苦，主食中70%是高粱，难得吃一次细粮；住的是低矮潮湿的平房。老先生不畏艰苦和严谨的治学态度，获得了当地干部一致的好评，而且研究的初步成果对当地的城市规划产生了积极的影响。其中印象最深的有三方面：一是侯仁之先生通过文献资料及实地考察，首次系统地揭示邯郸城址的演变和城市兴衰的历史过程，纠正了不少文献误将赵王城与邯郸城混为一体的错误说法，对这座历史文化名城的规划和保护提供了重要的科学依据。他的报告在数百人的礼堂中座无虚席，在当时"突出政治"的环境下有如此多的听众是极为少见的。第二件事是当时铁路部门拟利用原邯郸货站建设二级四场的大型编组站，从事交通运输地理教学的杨吾扬通过研究，认为该方案将城市分割为两部分，不如将正线和编组站都移至城市东郊，周一星提出编组站的南郊张庄方案，既缩短运距，又利于城市发展。张庄方案的建议被当时邯郸城市总体规划采纳，此后终于被实施了。最后一项研究成果是有关邯郸市京广铁路以西插箭岭地区的用地布局，这片宽阔的尚未征用的土地紧邻市区，但南北两面分别被邯郸钢铁厂和化工区所包围，而当地的盛行风向恰恰又是南北风。这片土地如何利用？规划部门一直拿不定主意，关键是没有确切的环境质量数据。为了获得第一手资料，我们与当地卫生防疫站合作，对该范围二氧化硫浓度进行实测。数据表明，该区大部分样点二氧化硫浓度超标，显然不宜作为居住用地，但可考虑作为仓储用地。这一结论，也得到了当地规划部门的肯定。

在调研的基础上，我们在1975年又向前迈进了一大步：在原国家建委城市规划处的推荐下，独立承担河北省承德市城市总体规划的编制。虽然当时规划的深度只相当于现在的总体规划纲要，但规划对城市性质的分析论证以及对历史文化古迹的保护，都为承德的合理发展打下了良好的基础。特别是在那个大讲"阶级斗争"、"先生产，后生活"的年代，谁敢提出承德的性质是"我国的风景旅游城市"，很有可能成为被批判的对象。以侯仁之为首的规划小组，坚持科学实事求是的态度，运用历史地理和经济地理的理论方法，从多方面论证了承德风景旅游城市的性质；此外，从保护避暑山庄这一珍贵的历史文化遗产出发，我们还大胆地提出文化大革命期间占据山庄的部队309医院和政府家属宿舍应立即搬迁的建议。上述规划思想在当时虽然引起了不少争议，但最终被事实证明是完全正确的。

我们深知，地理系创办城市规划方向，仅仅"走出去"是不够的，因为城市规划还涉及许多建筑学和市政工程方面的内容，只依靠经济地理学的力量无法弥补这方面的缺陷。"请进来"就是解决这一矛盾最好的办法。其主要措施是吸收相关专业的人员到北大地理系任教，从1978年开始，我们陆续调入毕业于南京工学院建筑系的陈青慧和就读于同济大学城市规划专业的何绿萍等为学生开设建筑学原理、居住区规划、绿地系统规划等课程；此外，北京规划局的王东，作为兼职教师，也到北大"客串"了一年。他们的加入，为城市规划方向的探索，作出了重要贡献。此后的20多年，我们一直重视自己培养或引入来自其他高等学校的优秀人才，如当前活跃于城市规划界的吕斌和俞孔坚，则是20世纪90年代分别从日本东京大学和美国哈佛大学引入的学者。

四、从地理系演变为城市与环境学系

经过了两年的准备，1975年北大地理系首次亮出经济地理（城市规划）专业，学制两年半，由各地推荐知识青年前来学习。这一学制只招了两届，就改为恢复高考制度后的4年制专业。当时将城市规划用括号置于经济地理之后，是因为城市规划只是经济地理的一个重要的应用方向，表明它与工科院校城市规划专业的差别。在课程设置方面，主要是通过压缩部分自然地理的内容，适当增加城市规划的课程，经济地理专业课保持不变。

创办专业方向之初，仍然采用"开门办学"，"大兵团作战"的方式。开门办学是围绕生产实习任务，每年承担一个城市总体规划，有时将课堂搬到校外，以生产任务带动学习。记得1976年75级在淄博市生产实习，恰逢唐山大地震，师生不受地震影响，坚持进行规划设计，抽空在抗震棚里上课。还有少量在北京的师生直接奔赴唐山参与灾后的重建规划。

大兵团作战是指以经济地理的教师为主，同时配备少量历史地理和自然地理的老师，以较多的师资力量参与规划，充分发挥不同专业和学科的特长，集思广益，从不同的角度研究城市发展面临的问题，并提出解决问题的规划方案。这种方法现在看似效率不高，但在缺乏经验的初创阶段仍十分必要。1975～1987年，我们采用这种办法先后承担了淄博、泰安、临清、芜湖、赣州、嘉兴、任丘、巢湖、济宁等市的城市总体规划和济宁、温州、泰安的市域城镇体系规划。规划成果均获得当地的好评，其中芜湖市城市总体规划曾获得建设部 1986 年度的科技进步奖。

通过十多年的探索，由于在城市规划领域的实践取得了实质性的进展，积累了一定的经验，特别是学生毕业后有了明确的去向。我系一部分青年教师和研究生认为，既然经济地理经过探索已找到了应用方向，为何不旗帜鲜明地向社会展示？同样，地理系另一个专业——自然地理在多年的实践中也逐渐明确资源、环境的应用方向。为此，将地理系更名的呼声日益高涨，在通过反复的讨论之后，经学校批准，1988 年，北大地理系正式改名城市与环境学系，对国外仍叫地理系，首任系主任是胡兆量。需要指出，此时地理系虽改了名称，但经济地理专业（城市规划）的体制仍保持不变。

北大地理系的更名在地理界引起了较大的振荡，一部分地理界同行对此难以理解，认为北大系名的变更将使地理学的发展蒙受巨大的损失；但更多的高等学校则从人才培养的现实出发，效仿北大，也将地理系的名称改掉。孰优孰劣？现在看来是一个需要认真思考的问题。

为了适应城市规划市场的需要，同时也为每年一度的城市规划实习寻找规划项目，1992 年北大成立了城市规划设计中心，1993 年北大在理科院校中率先获得建设部颁发的城市规划设计甲级资格证书，城市规划在系里的地位再次得到强化。20 世纪 90 年代中期，由于我国在地理系办城市规划专业也得到教育部的首肯，并正式批准在北大设立城市规划专业（4 年制）；经济地理教研室也一分为二，分为人文地理和城市规划两个教研室。进入 21 世纪，在北大校内实行院系合并的背景下，城市与环境学系与环境中心合并为环境学院，原城市规划和人文地理教研室升格为城市与区域规划系，现任系主任吕斌。此期从不同的渠道又补充了一批来自工科院校的师资，城市规划的力量进一步加强，但地理学逐渐变为"弱势群体"。

20 世纪 90 年代之后，除了城市规划作为主要方向之外，原经济地理还分化其他诸多的学科应用方向，如风景与风景区规划、景观规划设计、房地产开发与土地利用总体规划等。由于每个方向都有不少的规划任务，原来多学科、大兵团集中参与城市总体规划的办学模式逐渐转入小分队、多目标、各自为战的分散模式，承接的规划类型多种多样，除了少量的城镇总体规划之外，更多的是城镇体系规划、详细规划、城市发展战略研究、风景区规划、旅游发展规划、土地利用总体规划等。这些规划成果虽不排除有少量的精品，从整体上看普遍仍缺乏特色和影响力。这一结果显然与经济地理的弱化和规划市场的冲击有密切关系。

究其原因，20 世纪 90 年代末实行的城市规划专业评估制度，是北大经济地理弱化的重要外在因素。该项制度规定，凡设置城市规划专业的高等学校，必须学制 5 年，同时要开设 10 门规定的核心课程；拥有相应的师资力量和城市规划配套教学设施。只有通过专家严格的评估达标后，才被建设部认可为城市规划专业。这个办法实际是一把双刃剑，可取之处是能排除一批滥竽充数的城市规划专业，改变当前城市规划专业过多过滥的局面；其负面影响是过于强调城市规划的共性，以致牺牲了不同类型高校的特色。受其影响，属于理科的城市规划专业只能逐步改变教学计划，再次增加建筑、工程方面的内容，忍痛削减地理方面的课程和学时。北大虽然未申请"评估",但早已开始将传统经济地理学的一些核心课程如区域经济地理学、农业地理学、外国经济地理学和一大批自然地理学的课程逐步砍掉,以适应新的办学规则。

五、探索道路上的得与失

回顾30年北大经济地理探索城市规划之路,如果从办学的初衷——寻求经济地理的应用方向,为国家培养急需的人才这一目标衡量,可以说还是得多失少。但必须重视其中的不足,才能进一步扩大改革的成果。首先,得的方面表现在以下4个方面。

(1)经济地理学的参与,在一定程度上推动了城市规划学科的发展,丰富了我国城市规划的内涵。目前在城市规划中已有不少地理学的理论方法,如城镇化理论、中心地理论、点轴理论、城市规模分布理论、地域差异理论等,以及区域分析、城镇土地经济评价、地理信息系统等方面的方法,都得到了不同程度的应用。其实这都是经济地理、城市地理传统的理论方法。此外,我们在城市规划实践中的一些成果,也得到规划界的肯定和采纳,举例来说:我们运用气候学的原理和观察数据,提出在中国季风气候区不宜用主导风向的原则而应根据最小风频的原则布置工业的模式,以及通过观测得到水面和绿地具有明显改善小气候的实测数据,这些成果都载入了同济大学主编的《城市规划原理》中。又如1985年在山东济宁开展城市总体规划时,首次编制了市域城镇体系规划,在此基础上1986年又单独编制了温州市城镇体系规划,这些工作受到了建设部城市规划司的高度重视,规划司司长赵士修亲临温州与我们共同总结经验。这一成果对此后我国市域城镇体系规划编制办法的出台,有重要的参考价值。鉴于地理学的一些理论方法有益于城市研究和城市规划的编制,现在不少工科院校的城市规划专业,也在开设城市地理的课程。

(2)为国家培养了大批城市规划的技术人才,弥补了我国城市规划力量之不足,其中不少人已成为规划管理和规划设计部门的骨干力量,据不完全统计,在建设部工作的北大毕业生中,目前有3位成为司级或副司级的干部;在中国城市规划设计研究院,由北大输送的毕业生中,曾有1人为院级领导干部,3人担任过所长职务。此外,通过研究生的培养,北大也招收了一批来自同济大学、清华大学、重庆大学、西安冶金建筑大学、南京大学等高校的在读研究生和中国城市规划设计研究院等设计单位的在职研究生,他们把原有的专业基础与北大地理学的思维、理论方法融合在一起,更具有生命力和创造力。

(3)建立了一支由地理专业为基础并与其他专业融合在一起的教师队伍,其中的一些教师以他们大量的实践经验和丰富的研究成果在我国城市规划界发挥了积极的作用。在历届城市规划学会中,北大曾有5位教师:侯仁之、魏心镇、董黎明、周一星、吕斌当选为理事,其中侯仁之为第一届城市规划学术委员会副主任,周一星为本届城市规划学会副理事长。此外,还有4位北大教师被聘为建设部注册城市规划师考试专家组成员。值得一提的是,我国城市地理学科带头人之一——周一星教授,在2005年9月与同济大学的唐子来教授代表我国城市规划界给中央政治局讲授城镇化的课程。这一活动,对此后编制全国城镇体系规划和全国"十一五"规划有关城镇化的发展策略的制定,都产生了一定影响。

(4)通过"走出去、引进来"的办学方式和广泛的交流,经济地理的师生也从其他的院校和学科领域学到了许多城市规划的理论和思想方法。过去传统的地理学往往偏重现状分析和对地理现象的描述，学生缺乏动手能力和解决具体问题的能力。通过城市规划的学习与实践，师生必须针对当地的问题，提出解决方案，按照要求，动手动笔完成规划图件和文字等成果。这些训练，对从事城市规划的研究和操作至关重要。

但我们在探索过程中也存在某些不足和遗憾。最为突出的表现在两个方面：一是在办学过程中未能自始至终坚持扬长避短思路。当我们在不断"补短"、增加城市规划的内容和课程的时候，却逐渐丢掉了经济地理的强项。如前所述，经济地理介入城市规划，当然需要补充一些新的"养料"，增加一些新的课程，引进一批非经济地理的教师或技术力量。问题在于，现有的城市规划专业的评估体制及城市规划设计行业的资质审批规定，都要求城市规划专业的学生18般武艺样样精通，要求规划设计单位工种齐全，否则就得不到规划界的承认。但在北大师资编制和课程学时有限的情况下，不可能双管齐下，实现两全的目标。近年由于地理课程的减少和压缩，学生的地理素质普遍下降，如最近在一次规划项目的评审会上发现，我们的学生作图时竟然将西安市错误地摆到宁夏银川的位置上，出现这样的低级错误并非偶然。第二个问题是，城市总体规划是一项综合性强、涉及面广的工作，理应集中力量，在充分调查研究的基础上才能有针对性地解决城市发展面临的问题，做出切合当地实际的方案。北大办学之初，由于能集中各种力量，共同谋划，才能发挥特色，取得较为满意的成果。当前的情况是经济地理除了城市规划这个大方向之外，还分化出若干其他方向；除了城市规划设计中心，又新设了好几个其他的"中心"。多中心的格局导致力量分散，难以承担较大规模城市总体规划的任务。20世纪90年代之后，北大不仅完成总体规划的数量少，且大部分都是县级市以下的规划。

六、关键在于保持特色，不断创新

对比办学之初与后期经济地理正式改为城市规划两个发展阶段的经验教训，感受最深的是，一个专业的生命力不完全取决于师资力量和教学科研设施，更重要的是，只有在不断更新改造的过程中，继续保持自身的特色，发挥经济地理学的优势，才能创造佳绩。具体来说有三方面。

1. 办学要体现"有所为而有所不为"的思想

当代城市是一个十分复杂的系统，大的方面可分为有物质和非物质两大系统，每个系统内又包含许多子系统。这就决定了城市规划内容的多样性和广泛性：既要解决城市发展的战略问题，又要合理安排城乡的空间布局；既要从政策上协调经济、社会和生态环境之间的关系，又要通过工程技术手段解决许多具体发展和建设问题。国内外的实践表明，要解决诸多的城市问题，不可能只依靠一个学科、一个专业来实现。在现实生活中，不可能找到一个完全通晓城市规划各领域的专家和规划师。既然如此，也就没有必要去培养全能、通晓型的城市规划人才。同样，对地理系办的城市规划专业，同样不宜盲目增加建筑、工程方面的课程和学时，只有这方面的"不为"，才能加强地理方面的课程和训练，使专业特色更为鲜明。

2. 加强城市规划的理论和城市发展战略的研究

国外的城市规划教育并非一种模式：有的偏重于城市政策研究；有的侧重于具体的规划设计。借鉴国外的经验，我国理、工科院的校城市规划专业也应适当分工，前者应偏重于政策、理论方面的研究；工科院校应发挥规划设计能力的强项，形成优势互补。现在的问题是，我国两大类型院校的城市规划专业和城市规划设计研究机构都疏于研究工作，忙于抓产值，接任务，导致城市规划的水平停滞不前。其实，我国城市规划有许多问题如在市场经济条件下任何完善现行的规划编制体系和实施体系？在城市规划中如何统筹协调区域、城乡关系？如何科学客观对城市进行定位？在外来人口大量涌入城市的情况下如何确定建设用地的标准和科学预测城市规模？城市土地利用如何增加弹性才能适应市场的变化？如何发挥城市规划引导房地产进入健康发展轨道的作用？上述种种问题，都需要通过大量的实践，从理论的高度进行系统研究。这也是北大等理科学校义不容辞的任务。

近年我国不少城市开展的城市空间发展战略规划，为地理学的发展提供了一个很好的研究平台。这项工作实际上是城市总体规划修编的前期研究，涉及城市发展的目标、定位、规模、规划布局结构和相应的战略举措。这类区域性强、政策性强的研究工作，是地理学发挥学科特色的一个重要领域，也是地理学参与城市总体规划的切入点。

3. 参与跨行政区的城镇规划或区域规划

随着近年我国经济和城市化的快速发展，在一些经济发达地区如珠三角、长三角、山东半岛、京津冀等，已形成大小不等的城镇集聚区。此外，某些区域中心城市，与周边地区的城镇联系紧密，形成大都市区、都市连绵区。如何打破行政区划的界限，统筹协调这类区域城镇的合理布局，也是当前我国城市发展需要解决的问题。在城市总体规划和市域城镇体系规划受行政区划限制的情况下，大都市区规划，城市圈规划、城镇群规划以及跨行政区的城镇体系规划应运而生。这类规划的主要任务是协调城镇的发展，属于城市规划的范畴；但空间范围又与区域规划相近，并包含区域规划的某些特点。做好这类规划，既可发挥经济地理学的特长，同时，对指导每个城镇的总体规划也具有重要的意义。

在强调保持专业特色的同时，并不意味地理学再回到原来的起点。在地理学基础上建立的城市规划专业，其培养的人才除了要发挥自己的专业特长外，当然也要掌握城市规划的基础理论和方法，最终达到既能参加区域规划，又能够从事城市总体规划阶段、甚至控制性详细规划的目标。

总之，北大经济地理30年的改革之路并未走完，地理学仍要不断总结经验教训，继续探索，走出一条我国独有的培养城市规划人才之路。

参 考 文 献

董黎明，陶志红.2000. 中国的地理学与城市规划——回顾与展望. 城市规划.3：30 – 33
董黎明，周一星.1981. 工业布局与城市规划：在实践中蓬勃发展中的城市地理学. 北京：科学出版社，

侯仁之 . 1999. 城市历史地理的研究与城市规划 . 北京：商务印书馆，62 – 73
胡序威 . 1998. 区域与城市研究 . 北京：科学出版社
王恩涌 . 1993. 北京大学地理系的四十年 . 北京：海洋出版社

第二部分 | 城 市 规 划

研究城市地域差异因地制宜拟定城市发展方针 *

任何事物的发展都有两重性：事物发展的普遍规律和特殊规律。同样，城市的发展也具有两重性，既遵循共同的客观规律，又离不开自身的具体条件，后者往往决定了城市的性质、规模、布局形式，成为拟定城市发展方针的重要依据。

城市总是坐落在一定的地域空间范围内，其生存发展离不开周围的环境条件，一个现代城市，为了满足生产日益扩大、居民生活逐步提高的要求，需要就地提供足够的土地、水源、副食品。同时与外界进行大量的物质与能量的交换，包括与它密切联系的区域输入原料、燃料、劳动力资源和各种生产生活的必需品。根据劳动地域分工的原则，又向外提供具有专门化意义的产品。缺乏上述必要条件，城市发展等于无源之水，无木之果。

我国是一个历史悠久，地域辽阔，人口超过 10 亿的大国。自然资源之丰富，地理景观之多样复杂，地区条件差异之大，在世界上是少有的。同时，各地经济发展的不平衡也是十分显著的。东部沿海的江苏省土地面积只及西北五省区的 1/30，工业产值相当于西北 1.6 倍，按国民收入比较，上海市平均每人比贵州省高 1.1 倍。我国自然、经济条件的巨大差异，产生了多种多样、各具特色的城镇居民点，它们无论规模、职能、发展方向等方面，都不雷同。大量事实表明，许多国外城市发展的经验都是在特定的条件下产生的，各国具体条件不同，某些理论、经验也具有"地方性"，不能盲目照搬；即使在国内，由于各地条件相差悬殊，也不宜用一刀切的办法，要求所有的城镇走一条完全相同的路子。一个城市究竟怎样发展，除遵循基本经济规律外，主要取决于城市本身的发展条件。只有从实际出发，针对每个城市的特点，因地制宜拟定城市发展方针及相应的政策、措施，才能使我国的城市走上蓬勃的发展道路。基于这一思想，本文从我国不同的地域条件及各类城市的实际情况出发，重点探讨我国城市的发展与控制问题。

1980 年，在全国总结新中国成立 30 年城市发展经验教训的基础上，国家提出了"控制大城市规模，合理发展中等城市，积极发展小城市"的方针。这条基本方针，来源于我国社会主义建设实践，符合我国国情，对我国城市的发展具有普遍指导意义。也要看到：城市发展的基本方针主要从战略上指出城市的发展方向，至于每个城市应如何发展？规模多大？怎样控制？还要针对城市的具体情况及特点，进一步拟定具体的方针、政策予以补充，否则仍不能妥善解决城市合理发展问题。例如，当前一些三四十万人的中等城市在拟定城市发展规模时，不考虑城市发展的基本因素及潜在能力，一般把人口规模控制在 50

* 重黎明. 1982. 城市发展战略研究. 选自：中国自然辩证法研究会. 北京：新华出版社，180 – 189

万以内。其主要依据不外乎是人口超过 50 万就成了大城市，逾越了这条界限，只能控制，不能发展。同样，某些人口七八十万的大城市，常以百万人为控制指标，因为突破此线，就变成特大城市。这种指导思想，似乎贯彻了国家城市发展的基本方针，因脱离实际，单纯从概念出发，用静止的观点机械地考虑城市发展，在现实生活中难免处处碰壁。这些城市原拟定的控制规模一再为实际增长的人口所突破，最后不得不提前修改总体规划，颇为被动。运动是一切事物发展的客观规律，无论什么城市，其形态、规模总是处在不断地变化发展中，绝对静止，规模一成不变的城市是找不到的。1952~1980 年，我国人口百万人以上的特大城市由 9 个增至 16 个，50 万~100 万人口的大城市由 10 个发展至 28 个，中等城市由 23 个变为 68 个，就是一个突出的例子。

城市过大产生的严重后果已为中外各国普遍所认识。因此，控制大城市的发展规模一直是我国城市发展的重要国策，这一战略思想，符合我国城市发展的长远利益，毋庸置疑。问题在于：我国划分大城市的标准仅以行政区划范围内的人口统计数字为准，凡非农业人口超过 50 万以上便属于大城市或特大城市。这样的城市在全国共有 43 个。这种分类方法并未考虑城市行政区域范围的大小，城市布局的形态，城市分布的地理差异等因素，仅依据一项粗略的指标，难以决定哪个城市应该如何发展。由于每个城市所处的地理位置不同，影响城市发展的基本因素各异，它们之中仍有一定的差别，面临不同的问题，上述差异的存在，需要我们进一步区分大城市的不同情况，因地制宜拟定与之相宜的方针政策。

一、区分特大城市与大城市的差异

我国特大城市与大城市首先在人口规模存在明显差异，我国人口最大的特大城市上海比最大的大城市抚顺人口多近 500 万。而大城市与中等城市的人口差额最多不过数十万。在人口的空间分布上，特大城市的要比大城市拥挤得多。我国 16 个特大城市的人口平均密度为 1609 人/km^2（按市辖面积计算），28 个大城市的人口平均密度只有 515 人/km^2，相差两倍。另外，在土地使用状况、劳动生产率、市政设施水平、城市发展潜力等方面，我国特大城市与大城市之间都存在着一定的差距。

表 1 反映，我国三类城市的基本状况有所差别，但大城市与中等城市基本相近，与特大城市则相差显著。我国特大城市由于工业、人口高度集中，城市环境容量不足，用地、用水、交通、住房、环境污染等问题比大城市更突出。其规模如果继续扩大，将带来灾难性的后果。例如，淡水资源不足，已构成天津市发展及居民生活的严重威胁。由于城市规模过大，上游来水减少，城市日供水量由 150 万 m^3 最低降到 60 万 m^3，被迫实行限制供水，并产生水压不足、地面下沉、海水倒灌、水质变差发臭等一系列问题，为解决天津水荒，国家从千里之外调黄河水济津，但远水能解近渴？调水除花费高昂的经济代价外，还使灌渠淤塞，渠道两侧数十万亩良田盐碱化。类似天津的例子，在其他特大城市也相当普遍。对这类城市，客观上要求拟定更严格的控制城市规模的方针政策及相应的措施。

表1 我国三类不同规模城市若干指标比较

项目	特大城市人口 >100 万	大城市人口 50 万~100 万	中等城市人口 20 万~50 万
人口密度/(人/km²)	1009	515	510
人均城市用地/m²	57.9	74.0	81.1
人均耕地面积/亩	0.36	0.48	0.49
人均工业产值元/人	4776.4	3419.8	3282
人均居住面积/m²	3.9	3.5	3.4
每万人拥有公共汽车/辆	4.6	3.3	2.6
每万人拥有自来水管长/km	5.6	4.3	4.3

注：除第二项为1978年资料外，其余各项根据1979年200个城市国民经济基本情况统计资料。

相比之下，我国现有的大城市，大部分是近20年来从中小城市的基础上发展起来的，它们的基本状况：人口密度、土地潜力、经济效果、城市结构、市政设施的水平等方面，与中等城市并无多大差别。同时，有些大城市具有优越的交通地理位置，周围拥有丰富的自然资源，农业基础雄厚，城市发展的用地、用水条件良好，今后仍有相当的发展潜力。对这样的城市，采用完全与特大城市相同的发展方针，限制其合理的发展，并非良策，也不现实。新兴的工业城市石家庄形成、发展的过程就是一个很好的例子。石家庄位于太行山麓滹沱河冲积扇的脊部，地势平坦，上游有岗南、黄壁庄两大水库，水土资源丰富，城市位于我国南北交通大动脉京广线及石德、石太铁路干线的交点，便捷的交通加强了城市与全国各地的经济联系，促进了加工工业的兴起。周围丰富的煤炭、棉花资源、高产稳产的农业经济，为工业的发展打下坚实基础。上述有利条件使石家庄由70年前的一个村落迅速发展成大城市，在经济上取得较好的效果。

20世纪70年代初河北省会迁此，石家庄成为全省的政治、经济、文化中心。这一新因素，使城市地位上升、吸引范围扩大，城市发展更快。1969年全市人口37万，省会迁入不久，1974年人口突破50万大关，目前已达75万人，再次突破修改总体规划拟定的控制指标（表2）。

表2 1952~1978年河北省五市万元投资效果比较

项目	石家庄	唐山	邯郸	秦皇岛	承德
增加城市人口/(人/万元)	2.02	0.77	1.42	1.62	2.06
增加全民职工/(人/万元)	1.22	0.85	0.85	0.95	1.18
获得工业产值/万元	15.35	6.58	6.58	2.46	7.11
获得财政收入/万元	2.01	0.91	0.91	0.76	0.62
竣工房屋面积/(m²/万元)	38.45	20.86	20.83	22.65	25.83

上例表明，具有较大发展潜力的大城市，一方面，应采取有别于特大城市的方针政策，既要控制城市规模过快扩展，又要坚决抵制与城市性质不符的项目新建扩建，以防止城市恶性膨胀，重蹈历史覆辙。另一方面，也要认真考虑城市发展的积极因素，为有益于

国家、符合城市发展方向的项目创造条件，开放绿灯，并通过合理的规划布局，将城市的各个部分组成一个有机和谐的整体。

二、区分城市分布的地理差异

经济发展的不平衡，使我国大城市的地理分布如同人口一样，呈现东密西疏的特点。人口 50 万以上的城市主要集中在沿海经济高度发达的地区，辽宁、河北、江苏三省（包括京、津、沪）土地面积仅占全国5%，就集中了 15 个大城市及特大城市，平均每3.2 万 km^2 就有一个；西北五省及西藏土地面积430 万 km^2，占全国领土面积45%，仅有 3 个 50 万人以上的大城市，平均 143 万 km^2（相当于 6 个英国）才有一个。我国东部经济发达地区与西部大城市密度相差 45 倍。

在范围不大的地区内集中过多的大中城市，易出现生产与原料、燃料脱节，交通运输紧张，能源、水源奇缺，生态系统失掉平衡等弊病，也不利于国防战备。长江三角洲平原在东西 300km 狭长地带上沿沪宁线分布有 8 个大中城市，两城之间平均离不到40km，如果把城郊工业区计算在内，间距更短。在布局上，某城市的下游工业区正好处于另一城市水源的上游，虽然长江水量比黄河大 20 倍，由于大城市密度过大，上游排入的大量有害物质尚未被江水完全稀释自净，便流向下游城市，污染了生活饮用水源。至于流量较小的大运河、黄浦江情况更为严重，全年有一半时间发黑发臭。显然，这一地区过于拥挤的工业、人口及以大中城市为主体的城市群，已远远超过本区环境负荷，如不控制现有规模（包括中等城市在内），继续按此趋势发展，城市群不久将连成一体，后果不堪设想。

我国西部地区土地辽阔，自然资源丰富，因交通闭塞，缺乏工业技术基础，经济长期处于落后状态。新中国成立以来，国家选择兰州、西安作为重点建设城市，随着许多骨干工业的兴建，城市规模迅速扩大，目前都已成为百万人以上的特大城市，在开发西北经济中发挥越来越重要的作用。展望未来，要使西北地区数百万平方公里的土地彻底改变落后面貌，在 20 世纪末达到小康水平，仅依靠两三个大城市是带动不起来的。本区在积极发展中小城市的同时，还应加强大城市的建设，争取建设更多的基础雄厚的经济中心。

三、区分城市布局形态的差异

按城市形态，我国大城市基本上可分为两类：集中式布局及集中与分散相结合的布局。

集中式布局是指城市绝大部分的工业及非农业人口汇集一处，形成"大饼"一块，北京、上海、沈阳、天津等特大城市均属此类。北京市土地面积 1.68 万 km^2，1982 年总人口 923 万人，在分布上，约有一半人分布在面积 340km^2 的建成区内，其中旧城区面积 87km^2，占全市总面积 6.5%，就集中了 241.8 万人，平均每平方公里 2.78 万人，人口密度超过伦敦、东京、巴黎等大都市。可以说，人口密集、工业高度集中，是大城市产生各种问题的总根源。控制大城市规模，实质上就是控制大城市中心区的规模，采取措施防止建成区继续向外扩张，避免雪球越滚越大，与此同时，有计划地把城市中心过密的人口及部分工业逐步外迁，结合旧城改造，逐步改善城市中心部分的环境。

另一类大城市通常由若干个分散的城镇、工矿点组成，类似西德鲁尔区的城镇群，如我国的淄博、淮南、大同、鸡西、伊春、邯郸、唐山、本溪、抚顺等市。上述城市总人口虽超过 50 万，但是行政区划范围内的每个城镇居民点（包括中心城市）的规模仍是中小城市的等级，这类规模小、布局分散的"区域城市"，并无集中型大城市的通病。

位于山东中部的淄博市就是典型的"区域城市"。1979 年全市非农业人口 57 万，按统计口径属大城市之列。实际上淄博市在 2900km² 的土地上，拥有 22 个非农业人口超过 2000 人的城镇居民点，规模最大的城镇博山、张店人口都只有十余万。淄博地下资源丰富，市内蕴藏有大量的煤、铁、铝矾土、石灰石等矿藏。淄河冲积扇下埋藏全省最丰富的地下水源，北距胜利油田仅 100km，城市对外联系方便。铁路公路四通八达，工农业生产具有较高的水平，1979 年全市工业产值仅次于青岛，超过省会济南（特大城市），人均粮食占有量 654 斤（1 斤 = 0.5kg），自给有余；许多重要产品：石油加工、氧化铝、医药、农药、陶瓷、耐火砖、电机、发电量、丝绸的产量或生产能力居山东前列。

像淄博那样的"区域城市"，既有大城市雄厚的工业基础及良好的经济效果，又保持中小城市一系列的优点。对我国城市应选择什么样的道路，有一定的参考意义。鉴于这类大城市与中小城市并无本质区别，在区域环境容量有相当潜力的情况下，应采取积极发展的方针政策。

与大城市相比，我国中小城市数量多、分布广，其中设市的中小城市近 200 个，小城镇有 3200 余个。积极发展小城市，合理发展中等城市，是我国城市发展的战略方针。但如何发展？情况十分复杂，特别是对于规模小、底子薄、基础差的小城市或小城镇，面临的问题较多。

我国小城市的另一特点是差异大，受城市发展的历史、地理条件的影响。无论人口规模、城市职能、经济基础都有很大差别。就人口规模而论，我国人口最多的小城市佛山、九江、咸阳、沙市已接近 20 万人，即将跨入中等城市的行列。人口最少的城市二连浩特只有 6600 人，两者相差 30 倍。在经济上，生产基础好、技术水平高的小城市，人均工业产值已达到 6000 元（沙市），经济基础差的小城市人均工业产值仅数百元，无法依靠自己的财资进行基本建设。我国数量最多、星罗棋布的小城镇更是复杂多样：有县镇、集镇、工业城镇、大城市周围的卫星城镇等，其经济基础、发展条件千差万别，不能一概而论，这里也有一个因地制宜的问题。

我国是发展中国家，每年用于基本建设的投资有限，不可能普遍用于所有小城镇的建设，也不宜发展那些基础薄弱、建设条件较差的城镇（如"三线"建设）。在相当一个时期，应把有限的资金重点建设一批基本条件好，有发展前途的小城市，即择优发展。根据我国具体情况，以下四类小城市可供选择参考。

（一）大城市周围的城镇

包括三种类型：①卫星城镇；②具有一定基础的郊区小城镇；③大城市外围地带的城镇。其共同特点是：能就近利用大城市的物质基础和技术力量带动城市的发展，同时把大城市的部分工业、人口疏导到这里，对控制大城市的规模起到一定的作用。其中又以发展大城市外围或两大城市之间的小城市意义较大，因为这类城镇比卫星城镇离大城市更远，具有较强的独立性，它的作用相当于一个小型的"反磁力中心"，吸引大城市周围的工业、人口以及不宜摆在大城市的其他项目。

浙江嘉兴市是一个颇有发展前途的小城市，现有人口 11 万，位于上海、杭州之间，距两大城市都是 90 余公里。嘉兴地处水网密集、农业高产、稳产的杭嘉湖平原，水陆交通便利，陆路交通干线有沪杭铁路通过，水路有大运河等七条航线在此交汇，周围地区农产品资源丰富，蚕茧、油菜籽、生猪产量在全省占有重要地位。全市 1979 年为国家提供商品粮 4.8 亿斤，可供养一个百万人的城市食用一年。雄厚的农业基础为嘉兴轻纺、食品工业的发展提供了丰富的原料。因靠近上海、杭州两大城市，技术经济联系十分密切，许多产品如毛纺、自行车、手表、电扇在大城市先进技术的影响下，具有较高的质量及竞争力。1980 年，市区工业产值 6.5 亿元，人均 5700 元，是我国小城市中的佼佼者，对城市居民有一定的吸引力。据调查，每年由外地调入嘉兴的人员中，上海人占有较大比例。可以设想，如果把嘉兴建设成中等城市，它在地域城镇居民点体系中发挥的作用将更为显著。

（二）周围分布有丰富原料、燃料及农产品资源的小城市

原料及能源是工业发展的基础，当前仍有相当数量的工业部门要求趋近原料、燃料产地。因此，周围既有丰富的资源、开发利用条件较好，交通比较方便的小城市，必然成为重点建设对象。例如，山东兖州附近蕴藏有丰富的煤炭资源，不仅储量大，质量好，而且接近缺煤地区（苏、浙、上海），城市位于津浦线上，由兖州通往石臼所新建港口的铁路正在修建。随着煤炭基地的开发，兖州必将成为山东南部新兴的矿工业城市。

（三）交通枢纽

我国许多城市如武汉、郑州、石家庄、徐州、株洲、柳州等都是在交通枢纽的基础上迅速发展起来的。这类城市通常占据"交通十字路口"的有利位置，通过便捷的运输条件，迅速沟通城市吸引范围内的经济联系，成为区域物资中转集散的中心，同时，便利的交通条件对加工工业的发展也十分有利，因而大的交通枢纽往往也是机械制造工业中心。近年我国交通事业又在不断发展，一批新的交通枢纽：怀化、石臼所、辛店、隆化、通辽、宣城等正在形成，今后将具有广阔的发展前途。

（四）地区政治经济文化中心

我国许多地区行政所在地为小城市，他们一般位置适中，交通方便，城镇具有一定的规模和基础。其行政管辖范围实际上也是经济腹地，面积有数万平方公里，城市发展可直接从腹地内取得大量的资源及农产品原料。他们的发展对于支援广大农村的四化建设，带动下属县镇的发展具有重要的作用。

综上所述，我国无论大、中、小城市，都有明显的差异，即使同类城市中，也各具特点。因此，根据城市的特点区分城市的性质，因地制宜拟定发展的方针，就成为城市总体规划一项带有方向性的战略任务。

　　既然城市的特点、差别主要是由城市所在地区的差异引起的，当前从区域的角度，结合国土规划研究城市形成发展的条件与特点，就有深远的意义。一方面要认真分析影响城市发展的基本因素：自然条件与自然资源、交通地理位置、农业基础、经济结构、科技文化水平及劳动技术素养等，探索在长期的历史过程中，哪些因素起主导支配作用，它们之间的相互关系，从中寻求城市的基本特征及面临的主要问题。另一方面，研究每个城市在区域城镇居民点体系中的地位与作用，分析它们的劳动地域分工，也是区分城市特征，因地制宜建设城市必不可少的内容。随着这一研究工作的深入开展，在我国城市远景发展的蓝图上，一定会出现许许多多欣欣向荣、各具特色的社会主义城市。

巢湖、济宁两市城市社会调查与规划[*]

在以往的城市规划中，我们习惯于把城市视为一个物质实体或经济实体，调查研究的内容多离不开工业、对外交通、仓库、土地、房屋、市政设施等。自然，我们的工作方法也局限于与城市的各主管部门打交道，在此基础上拟定规划方案最终也许获得批准，但其最大的缺陷乃是见物不见人，因而缺乏广泛的社会基础与群众基础。

为了沟通规划人员与广大城市居民的思想，使规划方案真正反映人民的意愿，1984 年及 1985 年我们在安徽省巢湖市及山东省济宁市编制总体规划时，开展了社会调查工作。这两个城市的地理位置、自然条件、发展基础虽有差异，但其共同点是规模小，城市人口不到 20 万；底子薄，巢湖市 1983 年工业产值不到 2 亿元，济宁市 1984 年工业产值约 9 亿元。由于城市布局混乱，两市居民迫切希望有一个好的规划指导城市建设。为此，我们采用深入居民住户、召开座谈会、填写问卷等多种形式，进行社会调查，其中以问卷法效果较好，这种方法按整群分层定比随机抽样的原则，把城市规划需要解决的问题用表格的形式让群众作出选择和判断。尽管巢湖与济宁两市的情况不完全相同，调查的项目有一定差别，但提出的基本问题是一致的，其内容是：

（1）您认为日常生活中最困难的事情是什么？
（2）城市的环境质量如何？您认为最严重的环境污染是什么？
（3）您上班采用哪种交通方式？
（4）您最喜欢去的是什么地方？您认为城市最糟糕的地方是哪里？
（5）您认为城市近期建设最急需做的事情是什么？

巢湖市共选取了 300 户组成样本，问卷有效回收率为 88%，占抽样总体的 1.6%，济宁市共发放 495 张问卷，其中 300 张由各街道办事处随机发送至各户，余下部分在公共活动场所散发，有效回收率为 64.6%。以上两市调查的对象包括不同年龄、性别的城市居民，人员构成为工人、商业职工、干部、教师、学生、个体摊贩、退休职工、家庭妇女等，具有一定代表性。通过这次活动，我们听到了发自群众内心的呼声，摸到城市跳动的脉搏。由此获得的大量信息，发人深省，是城市规划调查中难得的资料。

1. 群众反映最强烈的问题

巢湖和济宁都是人口 10 万～20 万的小城市，由于规模小，居民对城市的各方面都有

* 董黎明. 1986. 巢湖、济宁两市城市社会调查与规划. 城市问题，2：17－21

一定的感性认识，但是他们最熟悉的、反应最强烈的显然是自己周围的环境，因为绝大部分居民每天除1/3的时间用于工作外，余下的时间是在家中、在公共场所、在上班的道路上度过的。调查表明，尽管每个居民所处的城市部位不同，其周围环境条件因地而异，两市居民对日常生活中最突出的问题看法颇为一致。在回答日常生活中最困难的事情时，巢湖市居民反映最集中的三件事是：①居住环境污染严重，占总回答数68%；②交通拥挤，占总回答数58%；③居住条件差，占总回答数49%。

济宁市居民的回答大同小异，其中认为"住房条件太差"和"脏水无处倒"占总回答数50%以上，其次是"户内无自来水"，占33.25%。归纳起来，两市群众反映最强烈的问题一是居住环境质量差，二是城市基础设施欠缺。

众所周知，居住环境质量是居住水平的综合反映。在人民生活水平日益提高的今天，居民不仅要求得到足够面积的住房，同时也需要配备相应的日常生活设施：厨房、厕所和自来水；要求住宅周围有广阔的空间以获得足够的阳光，新鲜的空气，绿色的植被和花草。在以往的总体规划中，我们习惯于只用人均居住用地定额指标来评价城市的居住水平，似乎人均居住面积达到国家规定指标，我们的规划目标就达到了。其实不然，1984年巢湖人均居住面积已达 5.4m^2，济宁人均居住面积达 5.1m^2，单纯看这两个数字，居住水平已达到近期规划的指标（5m^2/人），但两市的居民仍强烈反映居住条件差，表明居住环境质量未得到应有的改善。事实上，这两个城市近几年的确新建了不少住宅，旧城区的住户原地扩建，也使住房面积有所增加，由于城市基础设施未跟上，加上老城区建筑密度日益增大，出现了人均居住面积上升和居住环境质量降低的现象（表1）。

表1　巢湖市居民住房状况（根据1984年抽样调查）

(1) 日照通风		(2) 厨房		(3) 厕所	
较好	10%	独用	67.5%	独用	29.4%
一般	60%	合用	5.7%	合用	23.6%
较差	30%	无	26.5%	无	47%
(4) 给水		(5) 排水		(6) 房屋质量	
较方便	30%	有管道	31.6%	新房	33.2%
一般	27%			旧房	53.8%
不方便	43%	无管道	68.4%	危房	13%

表1所示的巢湖市住宅状况与居民的反映是一致的：住宅的2/3是旧房和危房，日照通风条件较好的住房仅占10%，43%的住户用水不便，47%的居民无厕所，68%的房屋没有下水道，居民不得不将脏水泼到街上，如果再把环境污染，购物就医不便等因素考虑在内，不难看出群众的反映是颇有道理的。

需要指出，居住环境质量的好坏不单纯是住宅建设本身的问题，如果城市基础设施未跟上，建好的住房缺少道路、给排水、绿化、供电等基础设施，仍不能满足使用要求。这个方面，恰恰是两个城市的薄弱环节。济宁市一位居民在答卷中写到："有水无处泼，休息无处去，有电灯不明，有路地不平，有街无厕所……。"短短几句话，形象地评述了该市城市基础设施落后的状况。

以居民反应强烈的交通问题为例：巢湖、济宁都是小城市，居民出行大部分以自行车和步行为主，似乎不存在交通不便或交通拥挤的问题。但居民的回答与此正好相反，普遍认为"道路狭窄，凹凸不平，行人与汽车、手扶拖拉机、自行车混在一起，太不安全"。从两市的统计观测资料可以看到，巢湖市人均道路广场占有面积仅 $2.4m^2$，远低于国家规划指标。巢湖南门长途汽车站，日发车 80 班次，面积仅 $50m^2$，大量客运业务挤在不到 10m 宽的城市道路上进行。济宁市 19 万人中拥有 17.5 万辆自行车，由于居住区的道路系统年久失修，弯曲狭窄，在上下班期间大量自行车被迫拥到为数不多的几条干道上，以致高峰时期许多道路单向自行车流量超过 3000 辆/h，最多曾达到 5347 辆/h，交通阻塞程度，不亚于大城市。由此可见，小城市的道路建设和管理跟不上，同样会产生严重的交通问题。

巢湖、济宁两市基础设施与城市发展不相适应的矛盾，是我国城市普遍存在的一个问题。根据北京市的研究，在整个城市基本建设投资中，基础设施的投资应占35%，才能保持城市各部分的比例协调。巢湖、济宁两市城市基础设施的投资的比例长期以来低于20%，党的十一届三中全会以后，这方面投资的比重虽有增加，仍达不到合理的数额，于是，长期欠下的旧账尚未还清，又产生新的矛盾。其焦点正是群众反映最强烈的地方，同时也是城市建设最薄弱的一环。显然，只有抓住城市的症结，针对主要矛盾拟定城市规划方案，才能有效地解决长期遗留下来的问题。巢城、济宁的社会调查，为我们提供了一把通向"自由王国"的钥匙。

2. 理性认识与实际情况的差距

一方面，城市的发展有其共同的规律，其共性经过不断的总结，最后上升为理论，起着指导规划实践的作用。另一方面，每个城市因具体情况不同，又有其个性或自身的问题。我们分析每个城市的特点和存在问题时，切勿生搬理论，过分相信长期积累的经验，否则规划的方案就会无的放矢，脱离实际。以环境问题为例：巢湖市与济宁市人口规模小，又无大型工业，按一般规律不会有突出的环境污染问题，特别是巢城市西临巢湖，依山傍水，素有"鱼米之乡"的称号。济宁市则南临我国北方最大的南四湖，古老的运河穿城而过，有"小苏州"之称，风光绮丽。按常规理论；两者均是环境优美的城市。社会调查的结果，却与此恰恰相反，两市居民对环境污染的反映都十分强烈。

巢湖市居民把环境质量恶化列为城市的头号问题。一位长期生活在环城河畔的居民在调查表上报怨："河水受到的污染太严重了，在炎热的夏天，水翻上来臭不可闻"。调查表明巢湖市的环城河犹如一条项链套在城市的外围，如果水质清澈，的确给城市增添水乡景色。遗憾的是，一方面，由于年久失修，河流淤塞严重，一些单位为了盖房竟然填河造地，致使河湖面积日趋减少，最后成为死水一潭。另一方面，因城市排水系统长年欠账，居住区的生活污水、垃圾、粪便不断注入环城河内，导致河水浑浊，污染不堪。根据环保部门检验，河水中大肠杆菌最高含量超过国家标准 1 万多倍，检测结果与群众呼声完全一致。这一事实告诉我们：河流、水源受到严重污染，不完全是工业废水造成的后果，对巢湖市这类市政设施差、管理不善的城市，生活性的污染是一个不可忽视的污染源。

与巢城相比，济宁的河流除受生活污水危害外，同时又接纳了大量有毒的工业废水，历史上闻名全国的大运河如今在济宁已成为另一条"龙须沟",河水常年灰黑腥臭,酚、氰、铬、汞、砷五毒俱全,均超过国家指标;枯水期水中溶解氧为零,鱼虾等水生生物绝迹,居民用"粪坑"、"臭名昭著"的词汇反映他们的强烈不满。

济宁市的大气污染状况也与城市规划的经典理论相差颇大。根据城市布局的一般原则,为了减轻工业有害气体的污染,工业区应布置在城市盛行风向的下风侧。济宁市冬季盛行偏北风,夏季以偏南风为主,故城市两个主要工业区——化工区位于市区西侧,机械、纺织工业区布置在东侧,这一布局形式在理论上完全正确。然而,济宁老城区的居民对大气污染反映十分强烈,一位退休的老工人愤慨地指出:"我们周围大大小小的烟囱十余个,白天不能晒衣服,晚上乘凉身上落满了灰尘"。济宁市 1984 年大气监测资料与居民调查的结果基本上是一致的,即城区大气污染十分严重,大气中二氧化硫的平均浓度和颗粒物的含量不仅超过国家标准,甚至高于工业区的含量,如采暖期城区各观测点二氧化硫日平均浓度达 0.402mg/m^3,超标 1.7 倍,而工业区的平均浓度仅 0.12mg/m^3。即使在夏季非采暖期,城区二氧化硫和颗粒物的含量亦高于城郊工业区一倍以上。这种理论与现实相背离的现象,迫使我们重新去探索与思考。

在传统的城市规划布局中,规划人员往往只考虑大工业的合理布局,似乎把有害工业区布置在城市的下风地带就完事大吉,对于夹杂在居住区中的小工厂及小污染源则视而不见,有时甚至大笔一挥,在规划图中一笔抹掉。实际上,还是这些"被遗忘的角落",构成了对居住环境最大的威胁。调查表明:济宁市居住区中分布有数百家小工厂,它们虽规模小,由于缺乏规划,与居住区混杂交织在一起,大多数企业无三废净化装置,污染物就地排放,其危害程度远超过集中布置在郊区的大工厂。因此要解决居住区的环境污染问题,必须打破常规,首先抓城区小工业的调整、改造,使之有一个合理的布局。

3. 近期建设规划要解决的关键问题

现代城市是一个功能复杂的机体,为了充分发挥城市的作用,城市规划不仅要制定城市长远的发展战略,同时也要解决近期发展面临的各种问题。对小城市而言,近期建设规划面临的任务很多,而城市基本建设资金有限,不可能在短期内实施所有规划项目,在此情况下,如何选择建设项目,尽量地少花钱,多办事,解决最突出的矛盾,就成为城市近期建设规划需要研究的一个重要课题。为此,我们在巢湖及济宁市的调查中,均向居民提出:"您认为城市建设最急需做的事情是什么"? 调查结果见表2。

表2　巢湖、济宁居民对近期建设的要求

城市名称	回答问题总数	问题分类及所占户				
巢湖	168	修建公园及文化体育设施	加强道路建设	有一个好的规划	加强城市管理	消除环境污染
		85 户	83 户	58 户	51 户	42 户
济宁	200	改造城市道路	改善城市环境	改善住房条件	修建下水道	其他
		53 户	43 户	41 户	26 户	37 户

巢湖、济宁两市居民认为近期城市最急需做的事情可以归为以下三方面。

（1）解决群众日常生活中感到最困难的问题，如改造城市道路系统，清除环境污染，改善住房条件，修建下水道等。这些事情可视为当前城市建设的缺口，关系到群众的切身利益。

（2）随着人民生活水平的提高，城市居民除要求改善最基本的环境条件外，还要求城市规划为他们提供更多的文化与休息娱乐场所。例如，调查中曾问到："您最喜欢去的地方"？2/3 的居民都选择了公园。一位 23 岁的青年工人回答："我最喜欢的是新鲜的空气、郊野风光与湖泊"。遗憾的是这两个城市的公园绿地和文化娱乐设施远远不能满足居民的需要。人口近 20 万的济宁市，仅有一个面积不到 15hm^2 的公园，全市人均公共绿地面积仅 0.7m^2，巢湖市唯一的卧牛山公园目前正处于被蚕食、包围的困境。难怪一些居民对此非常失望，一位 60 多岁的老人指出："公园太差，俱乐部太小，无处去玩，只好到马路上溜溜达达"。一位妇女干脆说自己最喜欢去的地方是"待在家里"。

（3）广大居民还希望加强城市的规划管理，编制一个好的城市规划，避免在城市建设中出现乱摆、乱占、乱建等现象。部分居民认为，城市中出现的脏、乱、挤等问题，主要原因是缺乏一套行之有效的管理制度，要求"领导亲自抓，有章必循"。

与群众的想法相反，一些城市建设主管部门和个别领导往往热衷于盖大楼、建高级宾馆、搞中心广场或一条街的建设改造。这些项目看起来似乎位置显要，气魄雄伟，可以增加现代城市的形象，但并不能解决城市最根本的问题。何况城市是一个统一的有机整体，如果城市基础设施上不去，占城市用地一半以上的生活居住区得不到应有的改造，单凭几栋大楼和一两条街道，是不可能改变城市落后面貌的。我国是一个发展中国家，城市建设资金有限，因此应把主要的财力物力用于城市基础设施的建设，逐步改善群众的工作和生活居住环境。

根据上述指导思想，两市都把解决群众的当务之急作为近期建设规划的首要任务。济宁市明确提出在"七五"计划期间（1986~1990 年）做好以下几项事情：

（1）发展城市煤气，规划利用焦化厂气源分三期完成煤气工程，争取气化率达到 60%，以方便群众生活，消除大气污染；

（2）重点治理老运河，在限制工业废水排入河道的同时，引"南水北调"之净水沟通市内河湖水系，使死水变活，最终通过"三废"治理及雨污分流工程，使河水变清，恢复运河原来风貌；

（3）完善城市道路系统，近期新修道路 5 条，基本上消灭现有道路卡口和堵头；

（4）完成蒋林和东门两居住小区的建设（总用地 32hm^2），解决 2 万多居民的住房问题；

（5）建设王母阁、老运河两个公园，增加城市绿地面积，利用城郊小北湖，开辟水上活动游乐场所，以满足城市居民节假日户外活动的需要；

（6）建设北郊水源厂，日新增供水能力 5 万 t。

4. 结　　语

从巢湖、济宁的城市规划调查中可以看出：城市不仅是一个物质实体和经济实体，同时也是一个社会实体。城市是人类利用改造自然的产物，城市中的一切活动：生产、流通、消费都受到人的支配，社会主义的城市规划必须以城市居民为主要对象，为他们创造出最佳的工作和生活环境。

温州市域城镇体系规划构想[*]

提要：本文在温州市域城镇体系规划实践的基础上，侧重分析影响城镇发展的地理背景和经济因素，应用城市地理学的基本理论探讨城镇体系的等级规模结构、职能分工系统及空间分布网络，并强调要发挥各级中心城市的作用。

关键词：城镇体系；中心城市；规模等级；职能分工；城镇网络

市域城镇体系是指以中心城市为核心的城镇群体。它们具有不同的等级规模和职能分工，相互之间联系密切，空间分布有序，在地域上相当于中心城市的吸引范围。

温州市辖瓯海、洞头、乐清、瑞安、平阳、苍南、永嘉、文成、泰顺 9 县 1 区，面积 1.1 万 km²，1985 年人口 629 万，拥有省辖市 1 个，建制镇 86 个。根据初步研究，中心城市温州的吸引范围除市域外，还包括浙东南的丽水、台州部分地区及闽北福鼎县，人口约 1000 万。可以认为，市域中的 9 县 1 区是温州城镇体系的主体。当然，在分析研究和规划过程中，不应受行政区划的限制，如有可能，还应将其摆入更高层次的城镇体系中研究。

1. 影响城镇发展的地理背景和经济基础

温州地处东南沿海，北、西、南三面群山环绕，山地丘陵占 80%，仅沿海一线及瓯江、飞云江、敖江口分布有狭长的小片平原，成为温州人口密度最高、经济最发达的地区。据 1985 年统计，平原地带人口密度高达 1500~2000 人/km²，人均耕地仅 0.4 亩/人，人多地少的状况为全国罕见。农村大量剩余劳动力为寻找出路，在历史上就有从事手工业或经商的传统，自宋代开始温州便是我国重要的对外通商口岸。这一历史、地理背景，是温州商品经济发展的重要基础。从发展经济、特别是发展工业的资源、能源及交通条件分析，温州地区除明矾石外，缺乏煤、铁、有色金属等重工业所需的原料、燃料。陆路交通只有公路与内地联系，大宗货物运费高昂，这个因素在很大程度上影响温州城镇的经济发展方向，在相当长的时期内大部分城镇只能以发展轻型、小型、耗能少的生产部门为主。

城镇是生产力发展到一定阶段的产物。一个地区的城镇化水平、城镇的职能、规模乃至空间结构都离不开固有的经济基础。党的十一届三中全会以后，由于贯彻了一系列搞活农村经济的政策，温州城镇近年获得迅猛发展，并在实践过程中探索出一套根据自身特点

---

* 董黎明．1987．温州市域城镇体系规划构想．地理学报，3：252 – 259

发展经济的模式：即以商品经济为基础，以家庭工业为特色，个体、集体、全民经济一起上，建立产、供、销一体化的经济综合体，促进城乡经济同步增长。1985 年仅温州家庭工业已达 13.3 万个，从业人员 30 余万人，全市涌现了近 400 个商品市场，其中年销售额在数千万至亿元以上的商品产销基地有 10 个。"温州模式"不仅为广大农民找到了一条迅速致富的道路，也给市域城镇体系的发展带来深刻的影响。

1.1　加速了城镇化进程

随着商品经济的发展，温州农村大量剩余劳动力走出田间，迅速转入家庭工业和第三产业。1985 年全市农村劳动力约 250 万人，从事工副业的占 62.9%，其中有相当部分以自理口粮的形式，集聚于各级城镇。在市域 143 万城镇人口中，自理口粮及驻镇农业人口达 62 万人。农村劳动力进入城镇的巨大规模，使温州市城镇人口占总人口的比重迅速上升到 22.8%，成为我国城镇化水平相对较高的地区。

1.2　推动了小城镇的发展

部分先富了起来的农民，把手中的钱用于扩大再生产，他们一般选择交通方便、市场广阔、信息灵通、生活条件优裕的小城镇作为投资对象，兴办各种产业。这股热潮，促使温州的小城镇蓬勃发展。全市建制镇的数量由 1977 年的 25 个增至 1985 年的 86 个。位于敖江口南岸的龙港，三年前还是一片沃野，由于周围农村商品经济发达，当地政府实行了鼓励农民进城的优惠政策，目前已由群众集资 1.6 亿（占总投 90% 以上），建起了一座拥有 2.4 万人的新城。龙港的兴起，开创了我国小城镇建设史上新的一页，对推动市域小城镇的发展、丰富城镇体系的内容具有重要意义。

1.3　打下了城镇合理分工的基础

发展商品生产，要求城镇的经济职能由简单的半封闭的集市贸易或农产品加工中心向专业化方向发展。温州的所谓十大商品市场，实质上反映了城镇之间的专业分工。例如，乐清县柳市镇以产销五金低压电器为主；瑞安县塘下镇侧重发展塑料编织；苍南县宜山镇以腈纶纺织为特色；金乡镇主要生产徽章、标牌；永嘉县桥头镇则是全国最大的纽扣市场之一。以上例子表明，温州城镇的专业化分工尽管处于萌芽阶段，却开始冲破当地小城镇长期以来千篇一律发展的局面，这方面正是城镇体系规划要解决的主要问题之一。

在充分肯定社会经济变革对小城镇发展的积极影响时，也要正视温州城镇体系存在的问题。当前由于小城镇发展过快，城镇化速度超过了城镇的容量，加之规划力量跟不上，不可避免地产生布局混乱、环境污染、交通堵塞等弊病。另外，作为城镇体系的中心城市温州，由于新中国成立以来国家投资少、工业基础薄弱、城市基础设施落后，近年的发展步伐相对缓慢，未能充分发挥对外开放和港口城市的作用，带动腹地范围各级城镇的发展。这些缺陷需要通过合理的规划，进一步完善城镇体系的结构。

2.　规　划　构　思

市域城镇体系规划的核心是使城镇群体具有一个合理的等级规模结构、职能结构和空间地域结构。针对温州城镇发展的基本特征和存在问题，规划的指导思想是：利用对外开放及农村家庭工业发展的有利形势，充分发挥中心城市的作用，不断提高小城镇的质量和水平，以温州为中心，瑞安与敖江为副中心，建立规模等级完整、职能分工合理、地域分布协调的城镇网络。

2.1 提高城镇体系的等级规模

温州市域目前拥有中等城市一座（38 万人），缺乏 10 万～20 万人的小城市。瑞安是人口规模仅次于温州的第二位城镇，人口规模 8 万，首位度达 4.8，反映现状城镇规模结构的单中心形势。至于其他县城的规模，普遍分布在更低的等级，其中有 3 个县城仅有 1 万多人。这种状况，不利于发挥县城中心城镇的作用。根据预测，到 2000 年温州市域城镇化水平将由现状 22.8% 并提高到 40% 左右，城镇总人口达到 301 万人。有计划地将这些人口分配到各级城镇，可以进一步改善现状城镇体系的等级规模结构（表 1）。

表 1　温州城镇体系等级规模结构

等级序号	I	II	III	IV	V	VI	VII
人口规模/万	>50	20～50	10～20	5～10	3～5	1～3	<1
现状城镇数	—	1	—	2	3	39	42
规划城镇数	1	—	2	6	13	62	51

在规划的城镇体系中：①中心城市温州随着港口和工业的开发，建成区由一片发展到鹿城、龙湾、七里三片，人口达到 60 万～70 万人，由中等城市步入了大城市的行列，成为实力强大的中心城市。与此同时，温州在市域城镇人口的比重由 26.7% 降至 21.6%，首位度由 4.8 降到 3.8，表明在首位城市发展的同时，次级中心城镇发展更快。上述情况，都是规划渴望实现的目标。②为了促进各级中心城市的发展，规划建议设立瑞安、敖江（含龙港）市。两市分别位于飞云江与敖江入海口，位置优越，交通方便，有较好的经济基础，20 世纪末人口规模预计超过 15 万人，构成市域副中心，从而丰富体系的层次，提高体系的等级。③人口规模 5 万～10 万的城镇由原来的 2 个增至 6 个，3 万～5 万人的城镇由 3 个增至 13 个，分别构成县域中心城镇或县域地方中心城镇，这两级的城镇数量多，实力雄厚，从而弥补了目前县城规模偏小、经济基础薄弱的缺陷。④在未来 15 年内，还将新增 50 余个建制镇，由于注意了提高小城镇的质量，市域城镇平均规模（温州市中心区除外）由 1.2 万人增至 1.5 万人；最低一级（VII）城镇平均规模达 0.7 万人。小城镇人口规模的提高，有利于基础设施和公共服务设施的设置，也表明城镇体系的等级规模结构趋向稳定完善。

2.2 组织城镇合理的分工体系

城镇体系职能结构规划的实质是建立不同等级的中心城市，明确每个城镇的分工地位，充分发挥各类城镇的优势，要求：①每个城镇在体系中承担不同的任务，具有明确的发展方向；②不同等级的中心城镇具有不同的职能类型与服务范围。具体到温州，规划首先根据城镇在市域的地位和作用，将城镇分为五个等级（图 1）。

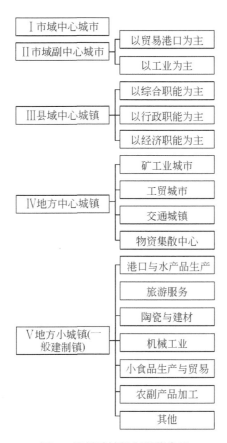

图1　温州城镇规划职能类型

　　市域中心城市—市域副中心城市—县域中心城镇—地方中心城镇——一般建制镇。在此基础上，根据城镇在劳动地域分工中承担的主要任务，又进一步划分出若干个职能类型。从温州城镇规划职能类型系统中可以看出：等级越高的中心城市，人口规模越大，一般具有多种综合职能，其服务范围也相应扩大；相反，等级较低的城镇，职能较单一，其分工主要体现在主要职能的差异上。

　　温州不仅是市域中心城市，从更高的层次看，也是浙江省城镇体系的中心城市之一，其战略地位仅次于杭州、宁波，起着带动全省东南半壁的作用。从宏观角度分析，首先，温州、宁波同属对外开放港口城市，由于现有基础及开发条件的差异，两市发展应有所分工，温州要侧重发展体积小、重量轻、耗能少、产值高的工业类型。其次，作为市域首级中心城市，温州的作用与特色还表现在职能的多样性与综合性，除加强工业、港口的建设外，还要大力发展其他本市所欠缺的科技及高级服务职能。

　　为了分担市域中心城市的部分功能，更有效地带动城乡经济的发展，分别将瑞安、敖江规划为市域副中心。它们的经济与服务职能的覆盖面应超越县域界线，面向全市。两副中心也要适当分工，瑞安侧重发展以机械、食品为主的工业职能；敖江利用优越的地理位置和港口条件，发展港口海运与商业贸易。

　　处于第三级的是县域中心城镇。包括乐城、上塘、北乔、昆阳、灵溪、大峃、罗阳7

个县城及清水埠、柳市、永中3个在经济上对全县有举足影响的城镇，根据职能结构，上述城镇又可分为具有综合职能、单一行政职能及经济职能为主的三种类型（图2）。

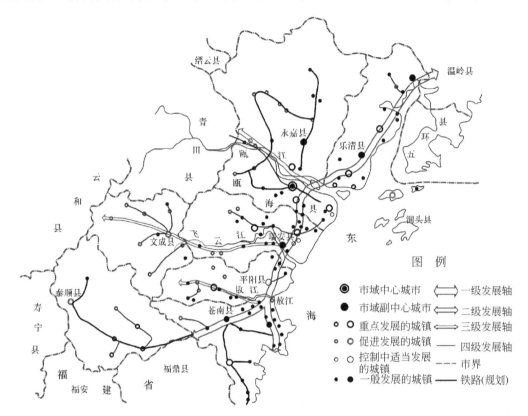

图2 温州市城镇网络规划意向图

处于最后两级——地方中心城镇及一般建制镇数量多，规模小，服务范围有限，但也要适当分工，不应一哄而上，统统搞成清一色的工贸型城镇。根据地域差异和发展需要，可分别向交通、港口、旅游、物资集散地、机械五金、小商品生产、陶瓷建材、农副产品加工等专业化方向发展。

2.3 建立点、线、面相结合的城镇网络

受地形、交通、经济发展水平等因素影响，温州2/3的城镇、85%的城镇人口沿狭窄的滨海平原、河谷和交通线分布，形成山字形构架。这种分布格局，在今后一段时间内仍会持续下去。因此，规划的目标不应盲目追求所谓均衡布局，而是通过对现有城镇网络的改造，改变城镇自发无序的分布状况，使其空间组合更为协调。具体构想有三方面。

（1）建立温州城镇网络总构架，设想按四级发展轴，把各类城镇在空间上组成统一的有机整体（图2）。①一级发展轴：以宁波—温州—福州公路干线及沿海平原塘河、港口等三条大体平行的交通干线为基础，布置一批城镇。这条轴线全长112km，集中了温州、瑞安、敖江、龙港在内的城镇42座，规划新增城镇20~25座。从更大范围看，该轴实际上是我国沿海城市发展带的一部分，对城镇布局起决定性作用。②二级发展轴：以瓯江及

沿江公路、拟建的金华—温州铁路为主干，发展一批城镇，该轴在市区全长 45km，向西可继续延伸至丽水地区，构成沿海发达地区带动西部的重要纽带。③三级发展轴：分别由飞云江、敖江及沿江公路组成，其走向大体与二级轴平行，同样具有沟通山区与沿海经济联系的作用。④四级发展轴：以县城为基点，沿对外公路及河流发展城镇，该轴大部伸向山区及风景游览区，对促进山区城镇发展具有重要意义。以上各级发展轴组成纵横交织的城镇分布网络，其焦点将分别形成规模不等的中心城镇。温州位于两条最主要发展轴的交点，形成等级最高、经济实力最雄厚的中心城市。瑞安、敖江位于一、三两级轴的节点，构成副中心城市。

（2）以点带面，充分发挥中心城市的作用，建立城乡经济协作区。初步设想：①以温州及周围城镇群为核心，设立瓯江城乡经济协作区，带动乐清、永嘉、瓯海、洞头 4 县及丽水、台州部分地区；②以飞云江口的瑞安为中心，建立飞云江城乡经济协作区，带动文成、瑞安两县；③以敖江和龙港两镇为核心的敖江城乡经济协作区，带动苍南、平阳、泰顺 3 县以及闽北部分地区。在三大经济协作区之下，还可以县域中心城镇为核心，组织次一级城乡经济协作区。

（3）点轴结合，城镇布局在宏观上轴向发展，在局部要强调集中紧凑，妥善处理城镇与对外交通的关系。今后城镇沿交通轴线发展宜采取近而不靠的方针，即对外交通干线从城镇外围而过，城镇规划布局结构尽量集中紧凑而忌沿河、沿路拉长，最终形成以交通轴线为藤，以居民点为瓜，即顺藤结瓜式的布局。

3. 充分发挥中心城市的作用

中心城市是市域城镇体系的核心，对市域的城镇发展具有举足轻重的作用。在城镇体系规划中，应下较大的力量，研究中心城市在区域政治、经济、文化生活中的作用。明确城市发展的战略目标。结合城市总体规划，落实城市发展的重要部署及建设步骤。针对温州工业基础薄弱、基础设施落后、不适应对外开放及带动城乡经济的状况，规划提出了三点。

首先，应充分发挥温州处于沿海经济发达地带、水深港阔的有利条件，建设现代化的大型港口，使之成为我国东南沿海重要的工业、外贸、港口城市和对外联系的窗口。根据航运部门的研究，位于瓯江口的温州既是一个良好的河口港，也是全国少有的海湾港。温州市区七里一带河深水宽，拥有长 9km 的深水岸线（水深 8～13m），可建 1 万～3 万 t 级的码头泊位 40～50 个。出瓯江口至乐清湾玉环岛一侧，又有长约 14km 的深水区域，可建 10 万 t 级泊位 20 多个，建港条件得天独厚。温州历史上靠口岸贸易兴盛起来，今后进一步发展亦离不开现代的海上交通。问题在于目前温州港口设施落后，运力有限，年吞吐量仅 300 余万吨，在沿海 14 个开放城市及 4 个经济特区中列 14 位。究其原因，除缺乏投资外，更重要的是基础设施不配套，港口没有铁路疏运。浙南温州、丽水和台州拥有 1300余万人口及丰富的物产，自今仍未有一寸铁路，通过港口进出的物资、原料、燃料主要依赖公路交通中转，这种落后状况，不仅抑制了温州港的扩展，也阻碍了中心城市与周围地区的横向联系。由此可见，振兴温州的关键是加强港口、交通、能源等基础设施的建设，而当务之急又是修筑金温铁路（250km）。

其次，利用港口开发的有利形势，发展优势的工业专门化生产，是发挥温州中心城市作用的另一重要途径。考虑近期温州投资环境较差，缺乏建设大型骨干工业的基本条件，应集中力量发展现有的传统优势部门和产品，如食品、制鞋、服装、印刷机械、精细化工、新型建筑陶瓷等，远期待港口与基础设施配套完善后，可在七里、龙湾等新港区发展大型工业。配合东海油田开发（距温州80km），可考虑设立海上油田服务基地，相应发展石油化学工业。在综合利用本市丰富的明矾石资源的基础上，温州也具备发展钾肥、硫酸等化学工业的前景。上述规划目标实现后，对于带动市域集体、家庭工业的发展有重要意义。

最后，加强中心城市的服务职能，也是温州发展的一个趋向。诚然，每个城市都有一定的服务职能，不同的是，中心城市的服务职能数量多、质量高、服务半径大，从而弥补一般中小城镇之不足。今后温州除有一般服务职能外，还要侧重发展金融、通信、技术服务、咨询、高等教育与科研、综合交通运输、高级旅游设施、海上服务等其他城镇短缺的高级服务职能，其覆盖面应包括浙东南腹地范围。

以上是对温州市域城镇体系粗浅的认识。作者深感到：城镇体系规划是一项涉及面广的综合性工作，要达到预想的结果，还需要更多的学科与部门共同研究，并接受实践的检验。我们的工作，仅仅是一块铺路石。

参 考 文 献

吴友仁. 1985. 经济地理. 4：260 – 266

严重敏. 1985. 地理学与国土研究，2：7 – 11

周一星. 1986. 城市问题，1：3 – 8

Ray M N. 1978. Urban Geography. New York：John Wiley & Sons，125 – 147

Johnston R J. 1984. City and Society. London：Routledge，51 – 123

Some Ideas on Planning the Urban System in Wenzhou, Zhejiang Province

Dong Liming

(Department of Geography, Peking University)

Abstract：As one of the coastal open cities in China, Wenzhou is situated in the southeastern part of Zhejiang Province. Consisting of nine countries and one district, Wenzhou municipality has a population of 6. 3 million (1985), but the city itself has only a population of 300 000.

Economy is the leading factor for urban development. Since 1978, when the economy reform was launched in rural area the ever-increasing commodity production and family industry in Wenzhou have played an important role in speeding up urbanization. In recent years, about 620 000 of farmers have left rural area and moved to small towns for being engaged in family industry and tertiary, so that the urban population has significantly increased, accounting for 23% of the total population. As result of the investment by many rich farmers, small towns in Wenzhou have developed rapidly. From 1977 to 1985, the number of towns in Wenzhou increased more than twice. The new town Longang (with a population of 24 000) was set up by farmers any other support. Besides, the commodity production has brought about much progress in specialized production. It is in favour of the reasonable regional division of labour within the urban system.

The basic guideline of urban system planning in Wenzhou is to bring central city into full play, to improve the quality of small towns continually, to develop an urban network with complete size structure and rational division of labour as well as coordinate distribution.

(1) To raise the size-class of the urban system in Wenzhou. The level of urbanization will be expected to reach 40% by 2000 years. More than fifty new towns will be constructed. As a central city, Wenzhou will develop from a middle city to a large one, with a predicted population of 650 000. Rui'an and Aojiang will grow from county towns into small cities with a population of 150 000 each.

(2) To organize a rational division system of cities and towns. According to their status and function in the region, cities and towns in Wenzhou will be divided into five grades: central city-subcentral city-county town-local central town-town. Then, each grade of cities and towns will be further divided into 16 function types, for example, industrial towns, traffic towns and trade towns etc.

(3) To establish an urban network which links points, lines and surface together. To plan a 4-class developing axis in which all cities and towns will organized as an organic unit. Taking Wenzhou, Rui'an and Aojiang as cores, three urban-rural economic cooperation areas will be set up.

Wenzhou is the central city of the whole region. In order to bring it into full play in the south-eastern part of Zhejiang Province in the future, the most important measure will be to build railway and other infrastructure as well as promote light industry and tertiary industry.

Key words: urban system; central city; size-class; functional division; urban network

市域城镇体系规划的若干理论方法[*]

城市从原有封闭型的空间地域结构变为开放型的结构，城市的发展不再局限于市中心区及其狭窄的郊区，应该把中心城市与其直接影响范围内的城镇群体，作为一个有机的整体，进行统一规划。这是市域城镇体系规划需要解决的问题。

1. 认真研究城镇体系形成发展的客观规律

城镇体系是相对于单个城镇而言，所谓城镇体系是指在一定地域范围内具有不同规模等级、职能分工明确、相互联系紧密、空间分布有序的城镇群体。认真研究城镇体系形成发展的客观规律，掌握其基本特征，是开展市域城镇体系规划的基础。

1.1 城镇体系是一个区域范畴

城市是区域的缩影，城镇体系的形成发展离不开区域的资源、自然条件、经济基础以及农业、工业、交通运输的布局，它作为经济区的一个组成部分，总是坐落在比较完整的地域单元，与同一等级的经济区界线相一致。以中心城市为核心的城镇体系，其范围相当于城市的直接腹地或吸引范围，即城市的经济区。目前我国市带县的划分，属于行政区的范畴，尽量保持行政区域与经济区的一致性，对于开展城镇体系规划具有重要意义。

1.2 具有一定的等级和层次

城镇体系的等级，具体反映在城镇规模和职能两个方面：①在一个相对完整的城镇体系中，不同规模的城镇总是按一定的规模分布组合，一般地说，规模越大、等级越高的城镇数量越少，随着等级规模的递减，小城镇的数量逐渐增多；②城镇的职能有等级差别，等级越高的城市，其职能种类越多，影响范围越广，发挥作用也越大。省会城市、地方中心城市、县城虽然都有相同的行政管理职能，但从单个城市分析，上述城镇的性质均是"政治中心"，由于同一职能的城镇分属不同的等级，作为政治中心的内涵是有区别的。

城镇体系本身是一个具有多层次且相互重叠交叉的开放系统，级别较低的城镇体系总是包含在高一级的体系之中，如温州市域城镇体系是浙江省城镇体系的一部分，后者又从属于全国的城镇体系。

---

* 董黎明，孙胤社.1988. 市域城镇体系规划的若干理论方法. 地理学与国土研究，3：19－25

1.3 具有不同的职能分工和多种城镇类型

区域自然条件及社会经济条件的差异性，使每个城镇按照社会劳动地域分工的原则，选择最有利的职能作为自己的发展方向，形成各具特色、分工明确、联系密切的城镇类型，如综合性城市、工业城镇、交通枢纽、工贸城镇、旅游城镇等。地域范围越大，自然、社会经济差异越显著，城镇体系的职能结构也越复杂；反之，地域单位过小，则城镇类型也比较单一，不利于组织城镇的合理分工。

1.4 空间分布有序，形成一定的网络和格局

城镇空间地域结构受多种因素影响：首先，现代城市是人口、工业、交通运输、科技文化、商业金融及信息交聚的焦点，因此区域生产力的分布状况对城镇的空间格局具有重要影响，而生产力的分布又取决于区域的资源、自然条件、交通地理位置、现有经济基础及一定时期国家的方针政策，上述因素在空间的交织重叠，形成了城镇网络的基本构架。例如，要使城市各项功能高效率的运转，需要具备方便的交通、充足的原料、土地、水源、能源及广阔的市场等条件，位置适中的交通枢纽往往成为城市的生长点，进而发展为中心城市；其次，城镇之间的相互作用也影响城镇体系的格局，从合理的分工服务出发，每个城镇都有相应的腹地，为避免覆盖面的重叠，相同级别的城镇在空间上需要保持一定的间距，所谓正六边形的中心地结构，就是由于城市相互作用而形成的一种格局。

城镇体系的空间地域结构有多种形式，城市化初期，通常形成单中心的点状结构；随着现代交通的兴起，城镇多沿交通干线轴向发展，呈点轴结构，进而演变为带状结构；在经济发达、城市化水平较高的地区，城市向周围地区辐射的扩展力大为加强，城市地区融为一体，构成大、中、小城市毗邻的城市集聚区。

1.5 城镇体系在时间上的动态变化

受不同时间区域经济开发和其他因素的影响，城镇的等级规模、职能分工、空间分布都会随之变动。在剖析现状城镇体系的问题和特点时，不应割断历史而孤立地研讨其形成发展的规律；未来的城镇体系是在现状基础上进一步发展的结果，离不开现有的基础去规划构想将来的城镇体系。

以上基本特征，是科学地拟定城镇体系规划的基础。

2. 城市吸引范围与城市经济区

城镇体系是一个区域范畴，其规模相当于同等级别的经济区。那么，城市经济区的内涵又是什么？区域范围按什么原则划分？只有明确这些问题，才能合理地确定城镇体系规划的地域范围。

关于城市经济区，1982 年，赵紫阳总理指出："要以经济比较发达的城市为中心，带动周围农村，统一组织生产和流通，逐步形成以城市为依托的各种规模和各种类型的经济区"（赵紫阳，1982）。可见，这类经济区的核心是中心城市，它除了政治、科技、文化

等多种职能外，必须拥有强大的经济职能，成为一定区域范围内的生产、交换、分配和消费等各种经济活动比较集中的场所。中心城市对一定地域的城镇和乡村社会经济活动起到组织和领导作用，而且存在着经常的直接联系和相互依存关系，这样的地区，我们称为中心城市的直接吸引范围或腹地，实质上也是中心城市的经济区。诚然，每个中心城市的辐射力可以在空间上延伸很远，它的一些产品甚至销往全国，乃至出口。但不能说上述辐射力涉及的地域统统是该市的吸引范围，因为随着距离的增大，城市引力和辐射力也逐渐减弱，超过某一界点，则其主导作用可能被其他的中心城市取代。

由于中心城市具有综合性职能，在其吸引范围内，必然反映出城市与地区之间多方面的联系，概括起来，有经济（包括劳动力的流动，原料、产品及资金的流通等）、社会、科技文化、信息等方面的联系，其中经济联系占主导地位。通过上述各种流的综合叠加，在空间上便展示出中心城市的吸引范围。认识和揭示这种联系及其相互作用，是确定城市经济区的基础。

决定城市吸引范围大小的因素主要有：①中心城市经济活动能力。一般地说，城市经济实力越大，其直接影响并起主导作用的区域也越大。衡量经济活动能力的指标很多，如社会总产值、国民收入、专门化程度等，但城市经济能力更集中地表现为市场的影响、经济技术水平和对区域的投资能力等方面。②如前所述，中心城市的辐射作用符合距离衰减规律，随着城市对外影响距离的增加，其引力相应减小，这不但是因为运行路程加长和城乡联系代价的提高，而且由于便捷度降低、时间拖长等，使城市与区域之间的物质流和信息流等联系明显减少。③当两个以上的城市对毗邻地区同时产生影响时，同级的城市之间各自形成自己的势力范围，由于经济联系的共享，便限制了各市在临近方向上的推进，如在京津两大城市之间，北京的吸引范围向东不可能延展到渤海之滨，天津向西的影响也难越过廊坊，进入北京的腹地范围。对于不同等级的中心城市，级别较低城市的吸引范围，可以包含在高一级城市的吸引范围之中，即城市吸引范围与城市等级一样，具有明显的层次性。

根据城市吸引范围的特点及影响因素，城市经济区的划分可考虑采用以下原则：①历史和现实的社会经济联系的密切性；②中心城市经济活动能力与发挥主导作用范围的一致性；③交通网络的畅通和运输联系的合理性；④保持某级行政区域的完整性。

在具体划分时，应根据中心城市经济活动能力，把全国或较大区域范围内的中心城市划分为若干个层次，明确所在城市隶属的等级及与相邻同级中心城市的关系。在此基础上，广泛搜集该市与周围地区相互联系的各种数据资料，如大宗货物、主要原料、产品的流量流向，城镇之间居民的往来，邮电、通信、医疗、银行金融等方面的联系状况等。运用流量的方法将每项联系的强度和范围标在地图上，经过反复叠加，确立与中心城市社会经济联系最频繁的地域范围。除用地图叠合外，也可以用判别分析法，即将各种流的联系程度变换成数字相关，再通过多元判别分析确定经济区边界区域的归属。

把中心城市视为城镇体系引力场的中心，运用理论演绎的方法，分析城市之间相互作用的规律，是确定城市吸引范围、划分城市经济区的另一种途径。其基本思想是：城市对周围地区的引力与其规模或经济实力呈正相关；而与距离成反比。因此在城市直接作用的区域内，必然存在城市之间引力的平衡点，各点的连线即构成中心城市吸引范围的理论界线。从这一思想出发，可以运用多种模式，如重力模型、引力的矢量平衡法、潜能模型等。由康维斯（P. D. Converse）1949 年提出的断裂点公式[1]（属重力模型的一种），已被我国某些部门多次用于分析同一等级的中心城市相互作用的引力平衡点。

中心城市与地区之间的相互作用是一个相当复杂的动态过程，以上提及的方法由于考虑的因素有限，只能粗略判明城市吸引范围的轮廓。要真正达到预想的结果，还要结合客观实际情况，如历史上中心城市的影响范围及相互联系、自然条件、交通网络、行政区划的变动等因素，对上述划分进行必要的修正。

3. 城镇体系规划的任务和作用

我国地域辽阔，人口、城镇众多，1985 年拥有城市 324 个，建制镇为 7511 个。新中国成立以来城市发展的实践表明，建设好一个城市，不仅要有一个科学的城市总体规划，而且还要编制城镇体系规划，因为每个城镇都是一定地域范围城镇体系的一个组成部分，各城镇之间存在着密切地相互促进与相互制约的依存关系，因此，一个合理的城市规划，不能只就城市论城市，还要从宏观的范围、运用系统的思想对每个城镇作出科学的安排。例如，要控制某些大城市的规模，必须从更大的空间着眼，在其周围积极发展中小城市，才能分流不断拥向大城市的工业和人口。要充分发挥中心城市的作用，亦必须把中心城市与其吸引范围的城镇紧密地联系在一起。上述任务非单个城市的总体规划能解决，必须进一步开展城镇体系规划。

目前城镇体系规划的基本任务是：在一定地域范围内，根据某个时期国民经济长远计划和国土整治规划制定的战略目标与总体部署，充分考虑地区的自然条件和资源、经济基础及历史背景，针对现有城镇体系的特点和问题。分析城镇化的机制和过程，预测规划期内本区城镇化的水平；拟定城镇体系的规模等级；确定各级城镇的性质、主要职能及在劳动地域分工中的地位和相互关系，使每个城镇具有合理的发展方向；明确重点发展的城市，因地制宜制订分类指导城市发展的方针；协调区域性城市基础设施的建设；组织城镇网络系统，使之在空间上合理地布局。

城镇体系规划对指导城乡建设、促进地区经济协调发展具有重要作用：①在宏观上指导城镇的合理发展，为决策机构制定城市发展的方针政策提供依据，如在一定时期城镇的发展目标、城镇化水平、城镇发展的重点、城镇格局等；②为充分发展中心城市的作用，组织城市之间的分工协作、促进城乡的横向经济联系打下良好的基础；③为编制和修订城市总体规划提供依据，特别对确定城市的性质、规模、发展方向具有重要的指导意义；④充实完善国土整治规划的内容，使区域国土资源的开发利用，工业、农业、交通运输、人口与城镇的发展更为协调；⑤通过区域性基础设施的规划布局，使每个城市的水源、能源、交通联系、通信得到更好的安排。

城镇体系规划与城市总体规划、国土整治规划既有区别，又有密切地联系。

---

① 断裂点公式：$d_A = D_{AB}/1 + \sqrt{P_B/P_A}$。式中，$d_A$ 为引力分界点距 A 城距离；D_{AB} 为 A、B 两城间的距离；P_A、P_B 分别为 A、B 二城的人口规模

从研究的对象看，无论城镇体系规划、城市总体规划都离不开城市这一实体。城镇体系是从宏观的角度，研究区域城镇群体之间的相互关系，具有更强的战略性和区域性；城市总体规划虽然也以一定区域的社会经济发展为背景，但侧重解决城市本身的问题，如城市性质、发展规模、各类用地的组织及布局。从规划的程序和阶段看，如果先开展城镇体系规划，确定了区域城镇发展的格局——城镇等级规模结构、职能结构和空间分布结构，就可为每个城镇的总体规划提供科学的依据，使之取得事半功倍的效果。例如，山东济宁市的 1979 年总体规划，由于缺乏区域分析，城市发展方向不明确，笼统地提出济宁是"以能源交通开发为主，相应发展轻纺工业的河港城市"。1985 年同时开展城镇体系规划和修订城市总体规划两项工作。从宏观的角度分析，济宁城镇体系包括济宁、邹县、兖州、曲阜等 56 个城镇，济宁虽为市域政治、科技、文化中心，但由于城市底部压煤，下游又是我国北方最大的淡水湖——南四湖，今后不宜过快扩大城市规模和发展能源等重工业；而相邻的邹县是全市乃至鲁西南地区的能源基地及煤炭生产指挥中心；兖州是两条铁路干线的交汇点，拥有市域最大的编组站，承担着交通运输的主要职能。从城镇的合理分工出发，济、邹、兖三城应发挥各自的优势，且它们相距很近，可共同组成"复合中心城市"，带动市域中小城镇的发展。济宁市总体规划根据市域城镇体系规划细构想修改了"以能源交通开发为主"的城市性质，突出了政治、科技、轻纺工业的职能，从而使城市的发展方向更为明确。

国土规划、市域规划与城镇体系规划都属于区域规划的范畴，在内容上偏重于资源的合理利用和空间布局，但前者具有更强的综合性。国土整治规划从区域资源的开发利用出发，提出一定时期内区域经济的发展方向和战略目标，全面安排农业、工业、交通运输、人口和城镇居民点的布局，提出对国土开发和整治的途径和措施，使区域的发展不仅有一个合理的经济结构，同时又保持良性的生态平衡和社会效益。城镇体系虽然也是一个区域范畴，但规划的内容侧重于人口和城镇本身。因此，应把城镇体系规划纳入国土规划。前者要以后者为依据。城镇是人口和生产力集聚的中心，区域各生产部门包括工业、交通、能源等项的发展和布局最终还要落实到城镇中，所以，编制了城镇体系规划，可以使生产力的布局有更明确的方向，如重点发展城市在什么地方？每个城镇适合安排什么项目？发展规模多大？等。

4. 城镇体系规划的基本内容

城镇体系规划的内容主要取决于规划任务。虽然城镇体系具有不同的等级，大至全国范围，小的只有 1 万 ~ 2 万 km²，但规划的基本内容是一致的。它有三个组成部分。

4.1 城镇体系规划的依据

认真研究城镇发展的有利条件和限制性因素，分析区域经济基础、发展方向及生产力的布局对城镇的影响，掌握城镇体系发展演变的动力机制，对于拟定规划方案具有重要意义。例如，以商品经济家庭工业为基础、专业市场为特色的"温州模式"，对其城镇体系规划产生了深刻影响：加速了城镇化的进程，温州农村 2/3 劳力从事家庭工业与第三产业，农民进城兴办各种产业，使城镇化水平上升到23%；农民投入小城镇的建设，使建制镇的数量由1977年的25个增至1985年的86个；在商品经济基础上发展的专业化生产和商品市场，有利于城镇之间的合理分工，为城镇体系职能结构规划打下了良好的基础。这表明，区域条件和社会经济基础对城镇体系的形成发展以及空间格局具有举足轻重的影响，应把下列内容作为规划的重要依据：①城镇体系发展演变的历史背景：侧重分析不同历史发展阶段城镇体系发展演变的规律，地区中心城市的转移与变迁，各时期影响城镇发展的主导因素；②城镇发展的区域条件：主要涉及影响城镇发展的各种有利因素与限制性条件，包括自然条件、自然资源、交通、用地、用水、能源、环境容量等；③城镇发展的经济基础：区域经济发展方向，经济结构，工业、农业、交通运输、商业等产业部门的发展和布局对城镇化水平及城镇体系的影响；④城镇体系的现状特点与存在问题。

4.2 城镇体系规划方案

这是整个规划的核心，通过规划构想，反映一定时期内城镇化的水平，规划原则，城镇体系的等级规模、职能分工及空间布局。

（1）人口和城镇化水平预测。它决定了市域城镇的数量、各级城镇的规模和空间分布。规划期的人口数量一般运用状态转移法，可得出较精确的结果。城镇化是经济发展的产物，虽然影响城镇化水平的因素很多，但最基本的仍是国民经济发展速度，因此，预测规划期的城镇化水平可从两方面入手：一是根据城镇化水平与经济发展水平密切相关的原理，通过规划期确定的经济目标和相应的指标（国民收入、工农业产值），从回归方程中推算出相应的城镇化水平；二是从城镇化的机制入手，推算规划期农村劳动力转化为非农劳力的数量，以及由此进入城镇从事各产业的人口数量。为使预测可靠，在规划中通常采用多种方法，相互印证补充。

（2）城镇体系等级规模结构。规划期由于城镇化水平的提高，促使一批新城镇出现，原有城镇人口规模亦在变化，从而将改变现有城镇体系的等级规模结构。因此，需要确定未来更为合理的等级规模结构，使各级城镇的数量比例协调、层次清晰并符合城镇规模分布规律。

（3）城镇体系职能结构。通过对现有城市职工的劳动构成、产业结构、工业结构等方面的分析，掌握现状城镇职能结构的特点和存在问题；根据社会劳动地域分工的原则，拟定规划期城镇职能结构的调整方向和新的职能类别；对于某些重点城镇还要明确其性质和发展方向。总之，最终目的就是要建立一个分工明确、各具特色、相互联系密切的系统，以便充分发挥每个城镇的优势，在整体上取得最佳效果。

（4）城镇体系的空间结构，是指城镇空间组织的网络系统。一个合理的城镇空间结构，要考虑点、线、面的有机结合；每个城镇既有明确的服务范围，又有便捷的交通联系；网络中的节点或枢纽，通常构成各级中心城市。城镇体系的空间分布规划，应以各级网络的中心为基点，沿交通干线布置居民点。

4.3 实施城镇体系规划的措施

城镇体系规划是一项综合性很强的规划，涉及面较广，其方案在实施过程中常调到政策、体制、投资、区域性基础设施相互协调等问题。为使规划方案得以实现,应针对上述问题向国家或有关部门提出建议或措施。

上述三部分是规划的基本内容。鉴于城镇体系的层次、类型多样,各地情况千差万别,为使规划有较强的针对性,可根据不同情况对某些规划内容进行深化,以突出重点,解决城镇发展的主要矛盾。

5. 城镇体系规划的方法

编制城镇体系规划的一般方法与国土规划、城市规划大相径庭:从搜集资料、调查研究入手,通过综合分析,掌握城镇体系的现状特点和存在问题;然后编制规划方案,在城镇体系规划若干原则问题取得上下一致的认识后,再继续对规划进行深化,直到把最终成果提交有关部门审批。本文则侧重在规划中遇到的三个问题。

5.1 开阔视野,突破行政区划的局限性

目前我国城市范围属于行政区域的范畴。对于"市带县"的体制,其划分尚无统一标准和依据,有的中心城市不到 20 万人,带了十个八个县,有些规模百万人以上的大城市,市域范围只有三、四个县。这两种情况都表明城镇体系的实际范围与行政区划的界线不一致,如果我们把眼光局限于不完整的市域单位,必然使规划带有盲目性和局限性。因此在规划前,有必要研究中心城市的吸引范围,透过城市经济区确定城镇体系的实际界线。

开阔视野,是指在规划过程中,要以城市经济区作为背景,摆脱市域行政界限的束缚去分析问题,进行规划构思。

5.2 统一资料口径,科学选取评价指标

城镇体系规划要对大量的基础资料进行分析比较,目前许多城镇因统计工作不健全,缺乏规划要求的资料;或因统计口径不一致,所提供的统计数字没有可比性,如反映城镇化水平的基础资料——城镇人口,各地出现了多种口径,在国家统计部门尚未提出城镇化标准的指标时,目前可暂时用非农业人口数占总人口的比重作参考,此数比实际情况偏小,但能反映城镇化的某些客观规律。还可用各市镇的城镇总体规划资料,统计建制镇以上的在规划范围内的非农业人口、农业人口以及自理口粮进镇的人口数,以上三类人口之和即为城镇人口。采用这一口径的统计,更能反映实际的城镇化水平。但这种方法需逐城逐镇搜集,耗费时间较多。

5.3 上下结合,城镇体系规划与国土规划、城镇总体规划协调一致

前已述及,三种规划同属空间分布规划体系,关系十分密切。为了提高工作效率和规划质量,在工作程序上,应先做国土规划大纲,明确区域资源利用和经济开发方向,提出重点开发地区和重点发展城市,落实工业、交通、人口等生产力的布局,为编制体系规划提供依据。同样,在修改城镇总体规划时,也可先编制城镇体系规划,或两者同步进行,在规划过程中要加强联系,交流基本观点和情况,进行协调和平衡,使整个规划体系逐步

深入和具体化。

参 考 文 献

吴友仁. 1985. 市、县域规划的任务、内容和方法. 经济地理，4：260-266

赵紫阳. 1982. 关于第六个五年计划的报告. 北京：人民出版社

周一星. 1986. 市域城镇体系规划的内容、方法及问题. 城市问题，1：5-10

Northan R M. 1979. Urban Geography. New York：John Wiley & Sons

我国城市体系的空间格局及其发展演变趋向[*]

城镇体系是一定地域范围内具有不同规模等级、职能分工明确、空间分布有序的城镇群体，其中城市的空间地域结构是其重要组成部分。在我国社会主义建设和城市化的新时期中，研究我国城市体系的空间格局及其发展演变趋向，对于制定城市宏观发展战略规划及方针无疑具有重要意义。研究城镇体系的空间分布时，按理应将城市、镇作为一个有机整体，本文限于资料及不同时期统计口径的差异，仅论述城市的空间格局，从宏观上看，基本上具有一定的代表性。

1. 历 史 回 顾

城市的形成发展是一个历史的、动态的过程。同样，城市的分布格局也是城市长期演变的结果。当我们剖析我国现状城市分布的特点和问题时，绝不应割断历史去孤立地研讨其形成发展规律；同样，未来的城市空间布局则是现状布局进一步发展的结果，离开现实去规划构想未来，也是脱离实际、凭空臆造的。为此，本文首先通过对新中国成立30多年来城市发展的简要回顾，从中分析影响城市布局的主要因素及经验教训。

新中国成立以前，由于生产力水平低下，技术落后，地区经济发展极不平衡，导致城市畸形发展，偏集沿海一隅。新中国刚成立时，全国只有69个城市，其中39个集中在东部沿海地区（包括台湾省），占全国城市总数的57%。在仅占国土面积13.66%的沿海11个省、市、区，却聚集了70%的工业部门和3/4的工业产值，65.3%的城市人口；而占国土面积56.34%的广大西部地带工业产值只占9%，仅有9座城市，占设市城市13%，城市空间布局很不合理。

国民经济恢复和"一五"时期，按照毛泽东同志充分利用沿海，大力发展内地，平衡布置生产力的思想，我国工业发展重心转向内地，随之城市发展重点也放到了中、西部地带。1950~1957年，东部沿海地带主要是对原有城市的改造利用，只是城市规模得到扩大，基本没有新增城市，城市总数与1949年相比，只增加了5个。中、西部地带，结合156个重点工程和694项大型工业项目的选址，一批新建的城市出现在新中国的地图上，如煤矿城市鹤岗、鸡西、平顶山，石油城市玉门、克拉玛依，水电城市三门峡、森林工业城市伊春、牙克石等。8年内，增加城市36个（中、西部各18个）。至1957年年底全国

---

* 董黎明，冯长春. 1989. 我国城市体系的空间格局及其发展演变趋向. 建筑师，33：88-95

城市发展到 177 个，东部沿海城市所占比重由原来的 57% 降到 41%，中部和西部则分别由 30% 和 13% 上升到 41% 和 18%，城市偏集沿海的现象有所改变。

"二五"和国民经济调整时期，我国城市先是猛增，后又压缩减少，经历了大起大落的发展不正常阶段。1958 年的"大跃进"，不按经济规律办事，急于求成，盲目上项目，大量增设城市，1961 年达 208 个，比 1957 年增加 33 个，导致约 1950 万农村人口涌入城市，使城市人口急骤膨胀，违背当时城市社会经济基础的客观现状和超越了农业所提供商品粮的承受能力。为此，不得不从 1962 年开始调整，压缩城市数目，动员这部分城市人口返乡。到 1965 年撤销 29 个市建制，减少到 169 个，比 1957 年还少 8 个市。

在城市布局方面，不顾地区发展条件，工业遍地开花，20 多万个工业项目分散在上万个工业点上，新设城市也多集中在中、西部条件差的地区，而沿海一些条件好的原有城市，如常熟、嘉兴、湖州、绍兴、潮州等城市，不但没有得到发展，在"国防安全"的战略方针下，反而被撤销了。

"十年动乱期间"，我国城市处于缓慢发展状态。十年内，全国城市仅增加了 18 个，而且全都分布在中部（10 个）和西部（8 个）。在进行"大三线"建设的同时，各省、市、区又搞起自己的"小三线"建设，提出"散、山、洞"的错误布局方针，致使城镇布局在小尺度范围内也更加分散。新建城镇不考虑自然和交通条件，进山钻洞，平地起家，形成"羊拉屎"的布置形式，湖北十堰、荆门的布局均为典型的例子。

1976 年以后，我国城市进入全面迅速发展时期。特别是十一届三中全会以来，党的工作重心转到经济建设上，实行"对外开放、对内搞活"的政策，提出以中心城市为核心，带动地区经济发展的战略方针，城市发展很快。至 1985 年年底新增加 136 个市建制，其中东部 46 个、中部 50 个、西部 40 个，城市总数达 324 个。在空间分布上，既重视了沿海地带，也注意了中、西部地带的协调发展。

2. 我国城镇空间分布及其发展演变特点

现代城市是人口、工业、交通运输、科技文化、信息等生产力要素交聚的焦点，因此，生产力布局状况对城市的分布和空间格局具有决定性影响，而生产力的分布又取决于区域的资源、自然条件、交通地理位置、现有经济、技术基础以及一定时期国家经济发展的方针政策，上述因素在空间的交织重叠，形成了我国城市网络的基本构架。经过 30 多年的发展，我国城市空间分布具有以下三个特征。

2.1　城市分布东密西疏的差距开始缩小

新中国成立后，随着生产力布局的重心由沿海转向内地，我国城市偏集沿海的局面有所改善。表现在：中、西部地带城市数增加量大，占全国城市比重上升；东部地带城市数增加量小，占全国比重下降。由表 1 可知，东部城市占全国城市比重由 1949 年的 50% 下降到 34.9%，而中、西部城市则分别由 40.4% 和 9.6% 上升到 41% 和 24.1%，西部上升最快。在 1985 年的 324 个城市中，东部 113 个，中部 133 个，西部 78 个。中部发展最快，西部次之，东部发展比较缓慢。1949～1976 年东部城市总数不仅没有增加，反而由 68 个变为 67 个,城市发展处于停滞状态。而全国由村、镇发展或新建起的 205 个城市,大部分集中在中部(70 个)和西部(64 个)地带。这种结果在一定程度上说明我国城市布局有所改善,但并非完全表明东部经济发达地区不具备发展城市的条件,只是由于生产力布局政策的决定性作用,才造成"重西轻东"的现象。用设市城市的数量表示城市分布状况也不能完全说明问题,由于设市本身也具有强烈的政策性,东部许多发达的小城镇本应设市,由于政策因素未能实现,甚至已设市的城市一度被撤销建制;相反,中西部新设的城市一般规模较小,经济实力较差,在质量上还存在一定差距①。

表 1   不同时期三个地带城市数目的增长变化

地区	1949 年		1957 年		1965 年		1976 年		1985 年		1949 ~ 1985
	城市个数/个	占城市总个数/%	城市个数/个	占城市总个数/%	城市个数/个	占城市总个数/%	城市个数/个	占城市总个数/%	城市个数/个	占城市总个数/%	年城市增长数/个
东部	68	50	73	41.0	67	39.6	67	35.6	113	34.9	45
中部	55	40.4	73	41.0	72	42.6	83	44.2	133	41	78
西部	13	9.6	31	18.0	30	17.8	38	20.2	78	24.1	65
全国	136	100	177	100	169	100	188	100	324	100	188

2.2   城镇空间分布仍然存在地区差异和不平衡

2.2.1   三个地带差异大

1985 年东部地带每平方公里城市、城镇和城镇人口密度分别为中部地带的 1.9 倍、2.5 倍和 3.2 倍;是西部地带的 5.8 倍、5.8 倍和 11.6 倍,东密西疏的状况仍十分明显(表 2)。

表 2   三大地带城镇分布密度

地区	城市密度/(座/万 km^2)	城镇密度/(座/万 km^2)	城镇人口/(人/km^2)
东部	0.87	23.2	106.52
中部	0.47	9.4	33.71
西部	0.15	4	9.23

2.2.2   省、市、区之间的差异

我国城镇密度在省、市、区间差异更大。市和建制镇密度(座/万 km^2)最大达 16 座和 44.3 座(上海),最小的只有 0.008 和 0.083(西藏)。按城市密度(座/万 km^2)大小归类划分等级如下 5 个等级。

(1) >1 有辽宁、山东、河南、安徽、江苏和上海;

---

① 三个地带指:东部沿海地带,包括北京、上海、天津、河北、辽宁、山东、江苏、浙江、福建、广东、广西 11 个省,市、区;中部地带,包括山西、内蒙古、黑龙江、吉林、河南、湖南、湖北、安徽、江西 9 个省、区;西部地带,包括四川、贵州、云南、西藏、陕西、甘肃、青海、宁夏、新疆 9 个省、区

（2）0.8~1 有天津、浙江、福建、广东和湖南；

（3）0.6~0.8 有北京、河北、山西、吉林、湖北和江西；

（4）0.3~0.6 有黑龙江、广西、陕西、四川、贵州和宁夏；

（5）<0.3 有内蒙古、甘肃、新疆、青海、云南和西藏。

2.2.3　省区内差异大

在各省区内部，城镇和城镇人口分布也不平衡。例如，辽中土地面积仅占全省总面积37%；却集中了全省37.2%的城镇（103个），45.5%的城镇人口，城镇密度19.1座/万 km²，远远高于省内其他地区。江苏省的城镇和城镇人口则偏集苏南地区，苏南土地面积占全省不到30%，却集中了全省70%以上的城镇人口和工业；而在占全省土地面积70%以上的苏北，工业产值很少，城镇人口比重很小，均不到30%。我国西部省区内差异更大（表3）。

表3　三个地带不同规模等级城市的变化

地区	>100 万人				50 万~100 万人				20 万~50 万人				<20 万人			
	1949 年		1985 年		1949 年		1985 年		1949 年		1985 年		1949 年		1985 年	
	个数/个	占比重/%	个数/个	占比重/%	个数/个	占比重/%	个数/个	占比重/%	个数/个	占比重/%	个数/个	占比重/%	个数/个	占比重/%	个数/个	占比重/%
东部	5	100	12	54.6	3	42.8	14	46.7	8	50	39	41.5	52	48.1	48	27
中部	—	—	5	22.7	2	28.6	13	43.3	4	25	40	42.6	49	45.4	75	42.1
西部	—	—	5	22.7	2	28.6	3	10	4	25	15	15.9	7	6.5	55	30.9
全国	5	100	22	100	7	100	30	100	16	100	94	100	108	100	178	100

城镇分布的地区差异反映了我国自然条件和社会经济发展的不均衡，可以认为：自然条件，特别是地貌、水文因素，是城市形成发展的自然基础，与温暖、湿润、地势平坦的东部地区比较，我国西部干旱地区、戈壁荒漠、高原山地面积比重大，无疑带来交通不便、人口稀疏等不利影响。首先，东西部自然条件的差异，将是长期难以更改的城市发展因素。其次，经济水平高低，决定不同地区城镇化的水平及城市发展的不同阶段。一般地说，经济发达地区总是伴随着较高的城市化水平，稠密的城镇网络及多种类型的城市地域结构；经济欠发达的西部则处于城市发展的初级阶段，在短期内不可能聚集如此众多的工业、人口，形成稠密的城市地带。社会体制和政策在一定时期内对城镇布局也有决定性的作用，但必须适应自然、经济的发展规律，否则需要不断地调整和完善。由此可见，我国现阶段东、中、西部城镇发展的不平衡是客观必然的反映。

2.3　我国城镇发展的分布处在空间集聚阶段

世界城市发展经历了集聚和扩散两个阶段。前一阶段，一方面是农村人口向城市集中，城市中心区人口快速膨胀，大城市迅猛增加；另一方面人口由落后地区向经济发达地区流动，形成城市群、城市带。后一阶段，由于城市高度集中，城市辐射增强，加之大城市的过度膨胀产生的"城市病"使集聚效益下降，大城市中的产业和人口向周围地区辐散，形成相对均匀的城市分布区。目前，我国城市分布趋向集聚阶段，表现为四个方面。

2.3.1 人口向大城市集中显著

1949 年我国只有上海、北京、天津、沈阳和广州五座百万人口以上的特大城市，城市人口 1003.9 万人。1985 年增到 22 座，城市人口增长到 4751.3 万人，比 1949 年增加 3.7 倍，年平均递增 4.3%，不仅高于全国总人口年平均增长速度（1.8%），而且高于全国城市人口年平均递增速度（2.78%，1982 年），占全国城市人口比重也由约 25% 增至 40.14%。50 万~100 万人口的大城市由解放初的 7 座增加到 30 座，城市人口占全国城市人口比重由 8% 上升到 18.5%。

2.3.2 向主要水陆交通线路沿线聚集

首先，我国城镇主要聚集在铁路沿线。例如，哈大铁路沿线有 13 个市，津浦线上有 16 个市，京广线上有 26 个市，陇海线上有 11 个城市，往往在铁路交接点形成大城市和城镇集聚群。例如，石家庄、郑州、武汉、长沙、徐州等。其次，沿水运线发展。例如，长江沿岸有 19 个市，滨海沿岸带集中了 40 多个城市。在河流交汇处，河流入海口多形成城市密集群，如福州—厦门沿岸带，珠江口、长江口城市都很密集。

2.3.3 向自然条件优越、经济发达地区集聚，形成城市群（或城市集聚区）

目前，在东部沿海自然条件优越、工农业生产发达、科学技术水平较高的几个平原和三角洲地区，已基本形成辽中、京津唐、沪宁杭、珠江三角洲四个城镇密集群体。1984 年这四个群体的人均工农业产值分别为全国平均数的 2.6 倍、3.8 倍、4.1 倍和 1.8 倍；城镇人口占总人口的比重分别为 49.5%、43.1%、38.7% 和 27.9%；城镇密度分别为全国城镇平均密度的 4.2 倍、4.4 倍、9.0 倍和 8.8 倍（1982 年数）。另外，还有不少新的城镇群正在形成和发展中。

2.3.4 三个地带具有不同的集聚规律

东部地区，由于原有城市基础好，大、中城市比重高、交通方便，城市具有较大的向心力，因而大城市和特大城市发展快，并在数量上占有优势。1985 年我国人口超过 100 万的特大城市共 22 座，东部地区 12 座，占 54.6%；全国人口 50 万~100 万的大城市 30 座，东部 14 座，占 46.7%；中、西部地区因新建城市多，一般集聚规模小，以中小城市数量居多，发展亦快。例如，中部地区中等城市中 1949 年的 4 座一跃发展到 40 座，超过东部地区，居全国首位；在全国 178 个小城市中，中西部地区共 130 座，占 73%，这种城市规模等级分布的地区差异，反映了地域的城市发展和布局处于不同的阶段。

综上所述可以清楚看出：新中国成立 30 多年来由于生产力的布局重点放在中西部地区，我国城市分布东密西疏的差距已开始缩小，但从总体上看，城市分布的基本格局未发生变化，我国最主要的中心城市仍集中在东部地带。城市分布的基本网络仍以交通干线为构架，轴向发展，与新中国成立初期不同的是，我国城市的空间网络更为充实完善，城市空间地域结构更为丰富多样。认识到这一点，对规划和预测未来的城镇布局演化趋势具有重要意义。

3. 决定 2000 年中国城市空间格局的基本因素

城镇的发展具有一定的规律性，即既有共同的发展规律，也有自己的特殊性（受地理条件、经济基础、文化历史背景等条件制约）。因此，制定我国城市发展的战略和方针政策，展望未来空间布局的动态变化，一离不开城市演变的规律，二离不开我国国情，归纳起来，有以下四个方面。

3.1　城市布局要与城市发展的阶段性相适应

纵观世界各国或地区的城镇化过程、城镇人口分布和城镇体系的形成和发展，尽管各具特点，但都经历了先集中后分散和由发达地区向不发达地区逐步推进的过程。

苏联十月革命成功后，花了将近 20 年的时间，首先对原有比较发达的欧洲部分（包括莫斯科、列宁格勒及乌克兰等地区）的经济和城镇进行发展，然后才逐步转向东部，开发和建设乌拉尔、哈萨克斯坦和西西伯利亚；而东西伯利亚和远东地区大规模的经济开发和城镇建设直到第二次世界大战后 20 世纪 60 年代才真正开始。在城镇发展政策方面，虽一再强调控制大城市规模，发展小城镇，但几十年来苏联的城镇人口向大中城市集中的趋势一直未有停止。20 万以上规模级的城市增长发展速度很快；相反 10 万人以下的城镇人口比重却在不断下降。

美国的经济和城市最早是先从东北部和北部的新英格兰发展起来，然后扩展到中部大西洋沿岸三州和濒临五大湖区的五洲。第二次世界大战之后才转向中部、西部和南部地区，即由寒冷地区向阳光地带转移。

日本在第二次世界大战后，经济和城镇发展迅猛，也是先发展了经济基础雄厚的京滨（东京—横滨）地区，接着发展东京湾至北九州的东部太平洋沿岸地带，进一步带动了其他地区的经济和城镇发展。

我国目前正处在经济振兴和城镇化的初期阶段，经济实力和发展水平较低，城镇发展不可能"遍地开花"，"星罗棋布"，只能重点发展建设条件好、经济基础雄厚的地区和中心城市，即利用沿海地带经济、社会、技术条件的优势，加快城市设的步伐，逐步带动中西部地带的经济和城市的发展。

到 2000 年，我国的经济发展也只能达到小康水平，因此在城市空间地域结构上，显然仍将以集聚的过程为主，大中城市增长的势头还在继续，个别实力强大的中心城市及城镇化水平较高的地区，开始出现工业、人口向外辐射的现象，构成以中心城市为核心的城市集聚区。

3.2　城镇布局与生产力紧密结合，同步协调进行

新中国成立 30 多年来，我国城镇建设和发展的经验证明，城镇布局合理与否与生产力布局，特别是与工业布局是否合理有着密切关系。"一五"时期，根据"为了改变原有地区分布不合理状态，必须建立新的工业基地。而首先利用、改造和扩建原有工业基地是创造新的工业基地的一种必要条件"的原则，在合理利用东北、上海等城市的工业基础上，积极进行了华北、华中、西北等新工业基地的建设，同时强调要依托旧城、交通方便、靠近资源、建设条件好和工业企业联合选址、成组布局以及生产与生活配套建设，不仅取得了良好的经济效果，而且大大推动了我国城镇的迅速发展。兰州、包头、富拉尔基、洛阳等城市的发展便是成功的案例。

未来的15年内，我国生产力部署的重点主要摆在沿海及中部地带。前者利用对外开放、港口和工业建设，江海交通网络的沟通等有利形势，不仅使原有的城市蓬勃发展，而且将促进一批新的港口城市的兴起，如辽东半岛的大东港，长江口的江阴、张家港、仪征、浏河等河港，浙江的龙港，福建湄洲湾，广西的防城港等。中部地带是20世纪以开发煤炭、水电等能源和矿产资源为主的重点建设区，在能源开发和发展矿产、农副产品加工工业的基础上，将会出现一批新的采矿工业和加工工业城市。

3.3　充分利用区域基础设施条件，城市沿交通干线轴向发展

城市作为物质生产和消费中心，必然要与其他城市和周围地区发生密切的社会、经济、文化等联系。而这一联系的实现，需要建立在便捷的交通运输基础上。所以，有利的交通地理位置自然成为城市的生长点。我国许多城市就是在交通线路的衔接点上成长和发展起来的。例如，石家庄就是在1907年正太铁路与京汉铁路在此交汇后，迅速由村落发展为大城市的。哈尔滨和蚌埠是由于东清铁路的修建和津浦铁路的通车后，成为重要的水陆转运枢纽城市。目前，我国很多城市沿着铁路、公路和水运交通运输线路分布，其中沿铁路分布的城市有270座，占城市总数83%，不通铁路的城市仅占17%，且大多数为小城市，由此可见，以交通网络作为城市的发展轴，沿线布置城市，将是2000年我国城市布局的重要组织形式。

需要指出的是，新中国成立30多年来我们对水路和公路交通运输的优势不够重视，特别像长江、珠江这样有利的水上交通大动脉，未得到应有的发展。今后一旦扭转"重铁轻水"的现象后，沿海地带及具有通航价值的大江大河亦将成为重要的城市发展轴线。

3.4　根据水资源的分布状况，城市发展的重点将由北方移向南方

水源和能源是我国城市发展的重要限制因素。但从今后一段时间看，水源不足的矛盾更加尖锐。我国的水资源并不丰富，人均河川径流占有量只及世界人均占有水平的1/4。由于降水和径流分布的不平衡，我国南北相差颇大。按多年平均水量计算，珠江流域人均水量超过4500多 m^3，长江流域超过2700m^3，而城市、工业集中的海河流域只有303m^3，因此水源短缺，已成为华北、东北许多城市进一步发展的障碍。例如，北京、天津、唐山、青岛、沈阳、大连和郑州都是严重缺水的城市。要彻底解决区域性的缺水问题，必须依靠跨流域的大型调水工程，按照当前的国力，20世纪末以前实现这一规划设想有较大困难。

我国南方水多煤少，随着长江三峡及珠江、红水河水力资源的开发，能源不足的矛盾将逐步趋向缓和，南北两方相比，南方的自然条件更利于城市发展。

4. 公元 2000 年中国城市格局

根据党中央制定的经济长远发展战略目标，到20世纪末，我国工农业总产值将比1980年翻两番，人均收入达到小康水平。按这一速度发展预测，我国总人口到2000年将达到12亿人，其中城镇人口3.6亿~4亿人，约有2.2亿人生活在城市中，由于原有城市

不断更新改造，城市结构更为完善合理；14 年内预计又有 200 多个原有基础好的县城、工业城镇、港口升为新的城市，使我国城市数量由 1986 年的 353 个发展到 600 个左右。它们以中心城市为核心，以城市经济区为依托，以交通干线为骨架，构建点—群—轴—带密切相结合的城镇空间分布网络。

（1）点：是指不同等级的中心城市，它们分别是不同层次经济区的核心。

（2）群：是指城镇群，或称城市集聚区。即在社会生产力水平比较高，商品经济比较发达，相应城镇化水平也比较高的区域内，形成由若干个大、中、小不同等级、不同类型、各具特点的城镇集聚而成的城镇群体。

（3）轴：主要是指铁路、公路、水运、海运几种交通运输线路。用它们把各个城镇和城镇群相互连接起来，起到沟通城市间的联系和促进城镇发展的轴线作用。

（4）带：是沿着交通轴线发展工业和城镇的地带，以及由点、群进一步发展形成的城镇密集分布的城镇带。

4.1 逐步形成以各级中心城市为核心的城乡经济协作区

早在 1982 年赵紫阳总理就提出："要以经济比较发达的城市为中心，带动周围农村，统一组织生产和流通，逐步形成以城市为依托的各种规模和各种类型的经济区"。可见，城市在空间上不是一个孤立的点，要充分发挥中心城市的作用，必须以点带面，点面结合，建立不同等级的城乡经济协作区，这是今后我国城市发展和经济改革的一个重要趋向。

根据城市的经济实力和吸引范围，我国中心城市可分为 5 级，每级对应一定的经济区和城镇体系。

第一级为全国性的中心城市，如北京、上海和香港；

第二级为跨省区的中心城市，如沈阳、天津、广州、武汉、重庆、西安等；

第三级为省级中心城市，绝大部分由省会及自治区首府组成，也有的省区具有两个同级中心，如山东的济南、青岛，内蒙古的呼和浩特、包头等；

第四级为省内中心城市，多数为具有一定经济实力的中等城市，其服务范围可达数万平方公里；

第五级为地方中心城市，其规模一般为人口 20 万以下的小城市，起着带动几个县域经济发展的作用。

上述五级中心城市不仅在职能上有所分工，而且其服务范围也有区别。基本组织原则是：中心城市等级越高，服务地区范围越大，低级中心城市的服务范围通常包含在高级中心城市的服务范围之中。值得提及的是，我国目前试行的"市管县"的体制，虽以中心城市带动地区经济发展为目标，但划分原则各地悬殊，有的人口不足 20 万人的小城市要带动十余县，"小马拉大车"，力不从心；有的百万人以上的特大城市只带 2～4 县，有余力而地不足。只有按照城市实际的吸引范围划分城乡经济区，才能真正发挥各级中心城市的作用，把城市在地域空间上组成一个协调的有机整体。

4.2 以城市群为主体的城市聚集区不断形成发展

上已所述，目前我国已基本形成辽中、京津唐、沪宁杭、成都平原、珠江三角洲五个城镇集聚区，有些已具雏形或正在发展之中，如鄂中、豫北和湘中城镇群。到 2000 年我国还将出现和形成以哈尔滨、济南、徐州、郑州、武汉、西安、兰州、长沙等为中心的 25 个左右新的城镇群。

城镇群是社会生产力在中尺度空间内的多个城镇高度聚集而形成的一种特殊的城市地域结构形态，一般可分为多核心（或多中心）城镇群和单核心（单中心）城镇群。

多核心城镇群是由两个以上特大或大城市为核心的城镇群体。其性质多为综合型、多功能地域经济实体。例如，沪宁杭城镇群，是以上海为主中心，以南京和杭州为副中心的多核心城镇群。还有辽中、京津唐、长沙—株洲—湘潭、郑州—洛阳—开封、香港—广州—深圳、重庆—成都等城镇群都属于这一类。

单核心城镇群是以一个特大或大城市为核心，周围分布有多个中心小城镇的城镇群体。群体内综合经济水平较低，往往以专业型为其功能。例如，武汉、大连、南昌、贵阳、昆明、西安、兰州、太原、青岛、哈尔滨、乌鲁木齐等都属这一类。

城镇群体内，城镇密集、相互毗连，距离很近，便于建立便捷高速的交通运输和信息网络，加快生产、消费的周期，形成发达的商品流通网络。便于组织城市间的横向联合，企业间的生产协作，工业间的成组布置，实行合理的劳动地域分工，形成地域生产综合体。从而统一开发和综合利用区域基础设施、资金、资源等；共同保护治理生态环境，取得较高的聚集经济效益。

在我们充分肯定城镇群作为一种比单一分布城市更有利的空间地域结构的同时，也要注意保持其合理的规模和区域环境容量。像上海长江三角洲这样的城市聚集区，若不加以严格控制，今后还会进一步扩大，预计到 2000 年将发展为拥有 50 个城市的"超级"集聚区，其中人口超过百万以上的特大城市有 5 座（上海、南京、杭州、无锡和宁波）。如此众多的城市及工业集中在狭窄的地域范围内，必然要导致区域环境生态系统的恶化，交通、能源、土地紧张等问题。同样，辽中、京津唐工业城市集聚区也存在类似问题。

4.3 以交通干线为骨架的纵横交织的城市带

城市带是城市空间地域结构的另一种形式，即城市沿一条或若干条交通线轴向发展，伸长数百公里乃至上千公里，形成狭窄的带状结构。由于城市相互之间的经济联系主要依靠对外交通实现，处于同一城市带的城市必然联系紧密，便于分工协作，充分发挥各自的优势，因此它是实现我国城市合理布局的重要地域组织形式。

到 2000 年，除原有的城市带：北京—石家庄—郑州—武汉—长沙—广州，北京—天津—济南—徐州—南京—上海，哈尔滨—长春—沈阳—大连等得到进一步加强外，还将出现若干条新的城市带，主要有：长江城市带，环渤海城市带，连云港—徐州—郑州—洛阳—西安—兰州城市带，东南沿海城市带（上海—宁波—福州—厦门—香港—广州）。

需要指出，我国现已形成的城市带以南北向为主，缺乏东西向的，表明我国东西之间的经济联系相对薄弱。为了加速内地，特别是西部边疆地区的经济开发，在 20 世纪末以前建设横跨东西的长江与陇海城市带对实现我国经济开发战略目标具有重要意义。

长江城市带东起上海，西至四川宜宾，全长 4000km，跨东、中、西三大地带，川、鄂、湘、赣、皖、苏、沪 7 省市。长江流域是我国人口最多、水力资源最丰富、经济发展水平最高的地区，也是我国中近期重点开发地区。随着长江三峡大型水利枢纽工程的建设，上海经济区及长江中游地区的进一步开发，长江不仅成为我国最大的交通动脉，而且还将促进一批沿江城市、港口的发展。到 20 世纪末，本带拥有大小城市 40 余个，其中大城市与特大城市 13 个。长江城市带的形成，不仅直接带动流域内 4 亿城乡人口的发展，对于完善我国城镇体系的合理布局具有重要意义。

以连云港为起点深入关中盆地的平原城市带以陇海铁路及与之大体平行的新乡—菏泽—兖州—石臼所铁路干线为基础，把西部、中原及东部的城市紧密地连成一体。这一地带最突出的特点是煤炭、石油资源丰富，东部有徐州煤田及濮阳油田，中西部靠近晋、陕煤炭基地，随着能源基地及沿海连云港和石臼所港的开发，本带可望成为新崛起的工业城市带。

环渤海湾城市带与东南沿海城市带是我国实行经济对外开放政策的必然结果，这两个城市带以现有的对外开放城市和经济特区为主体，利用优越的交通地理位置，承担着"外引内联"的任务。沿海城市带的发展除建设好港口、工业的城市本身外，关键要加强区域基础设施——铁路、公路、航空、通信、给水等方面的建设，以加强沿海港口、城市之间的相互联系。可以预计，2000 年以后，再经过二三十年的发展，这个沿海城市将进一步联成一体，构成我国最大的环西太平洋城市带。

从现在起到 20 世纪末还剩下 10 余年的时间，对单个城市的发展而言，这段时间每个城市也许会发生巨大的变化，但要研究全国城镇体系空间格局演变的全过程，只看到 2000 年是不够的，因此本文的探讨内容仅仅只是一个开端。即便如此，要准确地把握这个短暂的变化也是不容易的。

后记：本文是在"2000 年的中国城市化"研究课题的基础上匆匆完稿的，写作过程中，顾文选、吴友仁同志提了许多宝贵意见，给予巨大帮助，在此深表感谢。

参 考 文 献

国家统计局. 1986. 中国城市统计年鉴. 北京：中国统计出版社
齐康，夏宗. 1986. 城镇化与城市体系. 建筑学报，2：15 – 21
许学强，胡华颖，张军. 1983. 我国城镇分布及其演变的几个特征. 经济地理，3：205 – 212
周一星. 1984. 城市发展要有阶段论观点. 地理学报，4：359 – 369

辽中城镇群的发展与规划构思[*]

提要：辽中城镇群是我国三大城镇密集区之一，它是一个自上而下形成的倒"金字塔"型结构的城镇群。作者剖析了该城镇群发展中的问题，提出要加速小市镇的发展，调整产业结构，形成以沈大铁路和高速公路为主要发展轴的辽中城镇群的改善发展模式。

辽中城镇群习惯上指沈阳、鞍山、本溪、辽阳、抚顺五市所辖的范围，是辽宁省经济最发达、人口最稠密、城市化水平最高的地区。这里有大中城市 6 座，建制镇 124 个，1989 年辽中 6 市集聚的非农业人口达 862 万，占全省城市人口 2/3，城市化水平接近 60%，远远走在各省区的前面。对这样一个城镇群应怎样发展，无论过去、现在都引起人们广泛的兴趣和关注。

1. 自上而下的城市化所面临的问题

辽中与京津唐、苏南同是全国三大城镇密集区，都有经济发达、人口稠密、大都市发育、城市化水平高的共性。因城市化的动力和途径的差异，三大城镇群又有各自的特点和问题。

对辽中城镇群来说，城市化的"拉力"主要来自国家大规模的集中投资。"一五"期间，国家用于辽中的建设投资达 51.6 亿元，占全国近 1/10；全国重点建设的 156 项工程中，辽宁就占了 24 项，绝大部分集中在辽中。经过几个 5 年计划的建设，终于把辽中建成了以钢铁工业为核心，包括重型机械、石油化工、电力等部门在内的强大的重工业基地。这种自上而下单方面的城市化途径，虽然形成强大的国营经济体系，但地方经济相对落后，出现明显的"二元结构"，反映在城镇发展方面则表现为以下 3 个问题。

1.1 发达的大中城市与缺乏生气的小城镇并存，形成畸形的"倒金字塔"结构

一方面，如果比较辽中与苏南两个城镇群的规模等级结构，可以清楚地看出，在辽中现有的 6 个城市中，特大城市和大城市就占了 4 个，中等城市有 2 个，却没有一个小城市；而苏南地区的 11 个城市中，小城市就占了 6 个，基本上属"金字塔"形结构。按各

* 董黎明．刘红星．1991．辽中城镇群的发展与规划构思．城市规划，5：21 – 24、64

级城市人口数量所占比重分析，辽中问题更为突出。1989 年我国生活在 50 万人以上的大城市的人口占城市总人口 54.7%，已是相当可观的比例，而辽中地区则高达 90.6%。大工业和人口的高度集聚，是产生一系列城市问题的主要根源（表 1）。

表 1 辽中与苏南城市规模等级比较

规模等级	辽中			苏南		
	城市数/个	城市人口/万人	比例/%	城市数/个	城市人口/万人	比例/%
>100 万人	3	595.7	80.3	1	206.2	38.9
50 万~100 万	1	76.1	10.3	3	202.4	38.2
20 万~50 万	2	69.2	9.4	1	36.7	7.0
<20 万	0	0	0	6	84.1	15.9

注：苏南城镇群不包括上海市。

另一方面，辽中地区的小城镇无论数量和经济实力都不及苏南地区。按非农业人口超过 5000 人的大镇比较，辽中超过这一标准的城镇 34 个，每万平方公里 9 个；苏南 39 个，每万平方公里达 14 个。由于辽中城镇群以大型骨干工业为主，这些企业大多已成龙配套，与地方工业联系不大，导致小城镇乡镇企业薄弱，缺乏活力，对农村吸引力小，不能很好发挥城乡联系的桥梁作用，这是二元结构的重大缺陷之一。

1.2 城市职能上的单一化和偏重倾向

辽中地区一直为全国的重工业基地，侧重发展钢铁、机械、石油加工等部门，但在发展专门化部门的同时，辽中城镇群的综合职能和地方工业未得到应有的发展，结果城市职能普遍单一偏重。例如，钢都鞍山，重工业占全市工业产值 83.9%，全市 80 多万职工中，仅仅鞍钢一家就占了一半，净产值占全市 65%。由于城市的命运往往取决于一两个专门化部门的发展，必然引起许多消极的后果：首先，大多数城市以原材料生产和初加工为主，城市经济效益较差。如 1988 年我国 200 万人以上城市平均每个职工提供的工业净产值 9514 元，沈阳市只有 6087 元，为平均水平的 64%。其次，城市职能的单一化不利于企业向广大的乡镇普遍扩散，使得地方工业和乡镇企业的结构也变得十分单调，死气沉沉。再者，从城市的长远发展看，专业化程度过高使城市发展缺乏弹性和应变能力，一旦主导部门发生危机，城市就会处于瘫痪状态，如"煤都"抚顺近年由于资源枯竭，城市发展缓慢，被迫调整产业结构，出现类似西德鲁尔工业区的"结构危机"。

1.3 大型重工业的高度集中引起环境生态系统失调

辽中几大城市的工业地域范围不过 6600km²，环境容量十分有限，在此集聚的项目又主要是占地大、耗水耗能多、污染严重的产业，对环境和生态系统的危害相当严重。根据 1985~1988 年的监测资料，沈、鞍、本、抚四大城市日平均降尘量 61.2t/月·km²，超标 6.6 倍，是日本东京的 2.7 倍，其中本溪超标 10.5 倍，是全国大气污染量严重的城市。同样，城市水源也出现日益严重的枯竭现象，流经辽中地区的浑河、太子河本是水量较丰的河流，多年径流量占辽河水系的 60%，随着工业用水大户的增加，为了保证城市用水、工业用水，已使该区一百多万农田改为污灌，即使如此，辽中 5 个主要城市加上铁岭、营口、盘锦等辽河水系的城市，已日平均缺水 128 万 t，每年达 4.67 亿 m³。

上述诸多问题和弊病早已普遍受到人们的关注，还在城市发展方针尚未正式提出的 20 世纪 70 年代，就有许多规划师和地理学者呼吁要严格控制辽中大城市发展，把工业、人口导向经济相对落后的"三辽"地区。

2. 两种相悖现象引起的思考

在城市化的道路上，辽中城镇群犹如向前奔驰的列车，虽然规划部门亮出了红灯的信号，但愿望与现实往往相悖，那就是辽中城镇群 20 世纪 80 年代仍在继续发展。

1978 ~ 1987 年，沈、鞍、抚、本、辽非农业人口年均增长率分别为 3.8%、3.2%、3.2%、2.9%、5.8%，除本溪因用地不足，人口增长较慢外，其他城市的增长速度与全国同类城市大体相当。这种发展势头，使规划师不得不修改原有的总体规划。例如，20 世纪 70 年代编制的沈阳市总体规划确定市区人口规模 1985 年控制在 250 万人，2000 年控制在 260 万人以内。事实上到 1980 年，市区人口就已突破 250 万人，1986 年末已达到 290 万人，若扩大到加上建成区内的人口，中心城区的人口已达 308 万人，与规划的设想相差很大。辽中其他城市也有类似情况。

根据我国城市化的发展阶段和城镇体系演化的规律，辽中城镇群尚处于以集聚为主的过程，无论现在或今后一段时期，城市规模和职能扩大的势头仍在继续下去。充分认识这一现象，并透过现象分析其中的机理，是制定区域城镇规划的出发点。

首先，从全国的劳动地域分工看，在相当长的时期内，辽中仍是我国主要的重工业基地，每个城市都要承担强化专门化职能、继续扩大再生产的任务。根据当前国家的经济实力，扩大钢铁、石油、化工产品的途径已由过去的建设新厂转为挖潜改造，即在原有城市的基础上扩大生产规模，而不是另择新址，重起炉灶。例如，规划中的"新鞍钢"，就是通过更新改造，在原有基础上使钢铁生产能力翻番，辽阳化纤为继续扩大生产规模，正着手扩建辽化二期工程，新上数 10 万 t 的乙烯装置。这种原地改建扩建的方式，反映了辽中主要城市仍在继续集聚的过程，无疑也是城镇规模继续扩大的主要因素。

其次，从完善城市职能、逐渐调整单一偏重的经济结构来看，辽中城镇群也会有进一步的发展。根据城镇职能结构的变化趋势，一方面，原有的专门化生产城市如鞍山、抚顺、本溪等在强化主导专业化部门的同时，将逐渐向综合化的方向发展，相应增加配套、综合利用或后加工工业。另一方面，城市化的过程不完全是第二产业——工业在城市的集聚，当达到一定水平后，以服务、金融、高科技为代表的第三产业将崛起腾飞。当每个市镇相继发展许多新职能的时候，就意味着增加大量的劳动力和相应的服务者，势必促使城市规模的进一步扩大。

最后，从城镇体系空间结构发展演变的动态过程分析，辽中城镇群虽然是全国城镇化水平最高的地区，但作为一个体系，辽中城镇群的各项结构仍处于由不完善向稳定状态发展的过程。如果将其与空间尺度、产业结构相近的德国来因—鲁尔工业区比较，后者经历了 120 多年的发展，直到 20 世纪 70 年代，才由向心集聚为主的过程演变为中心城市向外扩散的阶段。目前该区在 7680km^2 的范围内，集中了 5 个 50 万人以上的大城市；7 个 20 万~50 万人的中等城市；12 个 10 万~20 万人的小城市及数十座人口 2 万以上的小市镇，在空间上形成了大、中、小城市紧密结合、城镇等级规模呈正金字塔形分布的比较完整的城镇体系。另外，在职能结构方面，莱茵—鲁尔城镇群也一改以能源、钢铁为主的单一结构，积极发展化工、机械、旅游、金融、高科技等产业。因此，莱茵—鲁尔的城市化道路及发展趋向，可供辽中地区借鉴。

3. 发展与规划的基本思路

以上分析，已为我们提供了一条辽中城镇群发展的基本思路，那就是，从辽中作为我国生产力布局的重要一环出发，充分发挥城镇群体优势的作用，在有控制的适度发展中，不断完善城镇体系的各项结构，妥善解决水、土、环境、能源等方面带来的问题，创造条件，积极引导某些职能向外扩散，促进城镇的合理布局。

3.1 要加速小市镇的发展，逐步完善城镇群的规模等级结构

为了逐步改变辽中城镇体系"头重脚轻"的规模等级结构，必须创造条件，促进一批条件优越的小城镇的发展，使其在不长的时间内形成具有一定实力的中小城市。根据现有基础、交通区位、自然资源等多种条件进行优选评价，到 21 世纪初，辽中有 12 个重点小城镇具有较大的发展潜力，其中沈阳远郊处于京沈铁路干线的新民镇，有可能发展为 10 万人以上的小城市；清原、桓仁、小市三镇人口接近 10 万，基本达到设市标准。再过若干年，还将有更多的小城镇进入城市等级，从而使辽中城镇体系的规模等级趋于完善。

小城镇的发展动力既要靠大中城市的扩散和辐射作用，但更重要的还是来自商品经济和地方工业的推力。近年来，在对外开放、搞活经济等政策的影响下，辽中一些小城镇也开始活跃起来，这将有助于消除"二元结构"留下的后遗症，为本区小城镇的蓬勃发展注入新的活力。

3.2 调整产业结构，优化城市职能

城镇职能的调整既要考虑全国合理的分工，也要兼顾地方全面发展的需要，在强化现有城市主导职能的基础上，积极发展有利于本地区城乡协调发展和为当地服务的职能，使城市的专门化生产与综合发展相结合，基本职能与服务职能相结合，改变当前职能偏重、单一的倾向。

沈阳是辽中城镇群的核心，东北的经济中心，也是以重工业为主的综合性工业城市。职能结构总的来看优于职能单一的其他城市，其主要问题是主导部门——机械制造业设备陈旧，多为通用产品，经济效益和竞争力差，轻工业相对薄弱。根据沈阳在全国和东北的地位与作用，并考虑到当前用地、用水、能源比较紧张的状况，今后应加强金融、科研、信息方面的职能建设；在现有主导职能的基础上，选择电器设备、电子仪表、优质钢材、铜材、铝材加工、医药等行业作为主要发展方向，向技术密集型的产业转化。其他专业化城市的职能结构调整的方向是：发展与专业化主导部门关系密切的服务配套和综合利用部

门；与此同时，也要适当发展为地方服务的生产部门。

3.3 以沈大铁路和高速公路为主要发展轴，点、线、面相结合，分阶段实现人口、产业的转移扩散，不断完善辽中城镇群的空间地域结构

规划考虑按 4 个不同层次的空间尺度，建立集中与分散相结合的城镇网络系统。

（1）改造大城市中心区，降低人口密度，改善城市环境，发展多中心的城市结构。对辽中五大城市的中心区，关键是要严格控制人口的继续增长，加强环境污染治理，增加基础设施的投入。另外，对用地十分紧张的一些城市，应适当扩大建成区范围，提高住宅、道路和绿化用地水平。

（2）发展郊区小城镇，实现大城市功能的近域扩散，是近期改善城市布局过于集中的重要步骤。规划应吸取过去盲目发展卫星城镇的经验教训，选择区位条件好，交通方便，具有一定基础的小城镇作为生长点，加强基础设施和服务设施的配套建设，防止开点过多，分散建设的弊病。

（3）以沈大交通走廊为主要发展轴，其他交通线为次要发展轴，择优重点发展交通沿线的小城镇。小城镇的发展一方面应发展为大城市服务配套的部门，加强与本区大型骨干企业的联系；另一方面还要在商品经济的基础上，发展面向农村、为农业服务的乡镇企业，起到上挂下联的作用。

（4）着眼于更大的地域范围，沿沈大发展轴向南北进一步扩散延伸。向南以营口鲅鱼圈港为出海口，通过外引内联、产业和技术扩散等形式，将辽河三角洲的营口、盘锦、大石桥、盖县、熊岳等市镇与辽中城镇群连为有机整体，向北与铁岭、铁法、开源等市挂钩，促进辽北城镇的发展。实现这一战略目标，可能需要较长的时间，但可以从根本上改善辽中城镇群的空间地域结构。

辽宁城镇布局的基本思路*

辽宁是我国城市化水平最高、大城市最多的省区。1990 年，全省市镇的非农业人口已近 1600 万人，居全国之首，也是城镇人口比重超过 40% 的唯一省区。50 万人以上的大城市和特大城市有 8 个，也名列前茅，而且半数以上大城市集聚在范围不大的辽中地区。

据预测：20 世纪末全省城镇人口将净增 580 万人；2020 年净增 1400 万人。如此众多的城镇人口在空间上如何配置？是向大中城市集聚，还是分散到中小城市去？在地区分布上，是重点发展辽中南，还是向工业、城镇稀少的"三辽"① 地区推移？这是一个带有争议的城镇发展战略问题。

1. 两种不同的认识与发展思路

对城镇发展的不同认识和评价，导致不同的规划布局思想。在 20 世纪 80 年代中期以前，绝大多数的学者和规划师都以城市发展中的问题为出发点去构思未来。即辽宁大中城市过多、分布过于集中导致用水、用地、能源不足并造成交通紧张、生态环境日趋恶化等一系列问题，要消除产生问题的根源，必须严格控制大城市的规模，积极发展小城市，把辽中地区过多的人口和产业疏导到经济欠发达的"三辽"地区。这种规划思想，从表面上看是合理的，但在实施的过程中，往往事与愿违，经不起实践的检验。新中国成立以来，特别是 80 年代辽宁城镇发展的结果，越来越多的人开始怀疑其可行性。

结果之一：近 10 年来，辽宁大城市发展的势头并未收敛，城市规模继续扩大。特别是沈阳、大连、鞍山和抚顺四个特大城市，城市人口年均增长速度都超过 3%，不亚于全国同类城市的平均发展速度。其中全省最大的中心城市沈阳，城市人口年均增长 3.8%。20 世纪 70 年代该市总体规划确定 2000 年市区人口严格控制在 260 万以内，事实上到 1990 年，沈阳市区的非农业人口已达 360 万人，以致不得不修改总体规划，重新拟定人口指标。

结果之二：卫星城镇遍地开花，收效甚微。据不完全统计，仅辽中地区的沈阳、鞍山、本溪等大城市，为了疏散城区人口和工业，曾先后规划建设了 20 多个卫星城。目前除沈阳的苏家屯卫星城离城区近已达 10 万人的规模外，其他卫星城因条件差，缺乏吸引

* 董黎明，杨齐.1992. 辽宁城镇布局的基本思路. 经济地理，3：66－71
① "三辽"是辽东、辽西、辽北三个地区的简称，共有 24 个县（市），经济文化比较落后

力，均未达到规划预期目标。本溪市发展了南芬、挢头等 8 个卫星城，现有人口累计 14 万人，平均每个卫星城仅 1.8 万人。

结果之三：全省生产力和城镇分布的格局未发生质的变化，城镇密集、工业发达的辽中南地区和人口稀疏、经济落后的辽西地区依然存在显著的地域差异。从 20 世纪 60 年代开始，辽西北作为全省的"三线"，一度是辽中南工业搬迁、人口疏散和基本建设的重点地区，新中国成立以来，仅朝阳市基本建设累计投资就达 23 亿元。由于该区经济基础薄弱，交通位置闭塞，生态系统脆弱，尚不具备大规模发展的条件，因此城镇发展阻力重重，效果较差。时至今日，土地面积占全省 57% 的"三辽"地区，工业总产值仅占全省 5%。反之，全省的人口、经济和大中城市仍集中分布辽中南地区。

规划目标与实施结果的相悖现象，说明城镇的发展有其自身的规律。在制定城市政策和规划时，除要正视城镇发展面临的问题外，更重要的是应该用历史和发展的观点全面评价辽宁城镇体系的演化过程。限于篇幅，笔者在此仅提出四个基本观点。

（1）城镇空间地域结构是人类社会经济活动的投影。以辽中城镇群为核心，沿长大、沈山铁路展开的辽宁城镇布局，是我国生产力地区布局的重要一环，也是合理的社会劳动地域分工的结果。20 世纪五六十年代，国家根据资源、交通、经济基础等条件，集中力量，把辽宁建设为全国最大的工业基地，在全国 156 项重点建设工程中，有 24 项在辽宁布点。工业和人口的集聚，必然促进沈阳、大连、鞍山、抚顺等一大批城市的迅速发展。无论看建设效果，还是看现有城市的作用，国家在辽宁的战略布局无疑是成功的。

（2）根据城市化阶段性的规律，辽宁虽是全国城市化水平最高的地区之一，但与发达的、高度的工业化的西方国家比较，本区的城镇仍处在向心集聚的发展阶段。另外，从城镇体系空间结构发展演变的动态过程分析，辽宁城镇体系的各项结构同样也是处在由不完善向稳定状态发展的过程。目前辽宁大中城市多于小城市的"倒金字塔"的等级规模结构正是向心集聚阶段的反映。随着城市文化水平的进一步提高，这一结构将逐渐演化为以中小城市为主的金字塔形的等级规模结构。

（3）根据辽宁国民经济长远发展计划，到 20 世纪末，生产力布局的重点是继续强化原有工业基地，逐步开发沿海地区。具体来说，对现有大型企业主要通过挖潜改造的途径扩大生产规模，不再开辟新点，鞍钢的生产翻番计划，辽阳化纤生产基地二期扩建工程，都是原地扩建的典型。这意味着辽宁现有的大中城市规模将随生产规模的进一步扩大而相应扩展。从布局的趋向分析，随着大连、营口、丹东、锦州等港口城市逐步扩大对外开放，辽河三角洲丰富石油资源的大规模开发利用，辽宁城镇发展的重心将由辽中向沿海逐步推移。

（4）在充分肯定生产力布局对城镇发展具有积极作用的同时，也应正视国家重点投资、自上而下的城市化模式对辽宁城镇产生的消极影响。例如，明显的城乡二元结构，发达的大中城市与缺乏生气的小城镇并存的不协调现象；过度专业化导致城市职能的单一化和偏重倾向等。

由上述可见，辽宁城镇布局的基本思路为：充分利用社会主义建设时期造就的一批大中城市为中心，以现有城镇构架为基础，采取分两阶段发展的战略步骤。第一阶段，到 20 世纪末，在有控制地适度发展辽中城镇群的同时，将城镇的布局由中部向沿海地区推进；

第二阶段，从 21 世纪初开始，随着城市文化水平的进一步提高，城镇发展与布局将实现由大城市向中小城镇扩散、由中部和沿海地区向"三辽"地区转移。

2. 开展城镇发展条件评价，择优发展重点市镇

新中国成立以来辽宁的实践表明，城市化初期在资金有限的情况下，选择有利的区位布点，可以加快城市化的进程，并取得良好的社会经济效益；反之则事倍功半。据此，在规划前有必要对各级城镇发展的条件进行综合评价，为择优考虑重点发展的市镇提供依据。

影响城镇发展的条件是多方面的，根据辽宁的实际情况及有关资料，我们选取城镇现有基础、交通地理位置、资源条件、中心城市影响度、投资能力等五方面作为评价的基本因素。每个基本因素又包含若干因子，将这些因素因子组合成两个层次的评价指标体系。

在图 1 的因子层中，工业产值、城镇人口现状、商业服务、陆域交通条件、土地资源、劳动力资源、经济发展水平、固定资产投资和外汇收入 9 个因子可直接以统计指标反映其优劣程度。其他因子的影响程度除与数值大小相关外，还与区位、距离有关。以港口位势为例，辽宁各级城镇都能利用本省的沿海口岸，因距海港远近不一，只有那些距主要港口近的市镇，才具有利用港口的优势。据此，本文利用位势模型评价这类因子的影响，仍以港口位势为例：

$$V_j = \sum_{i=1}^{n} S_i d_{ij}^{-\beta} \qquad (1)$$

式中，V_j 为港口对 j 县市的影响位势值；S_i 为港口规模；d_{ij} 为 j 县到 i 港的最短距离；n 为港口数量；β 为距离衰减系数，报据辽宁情况，取值 1.44。

用以上方法将两类因子逐一对全省 59 个县市评分，通过均值化处理和加和平均，最终得到各县市城

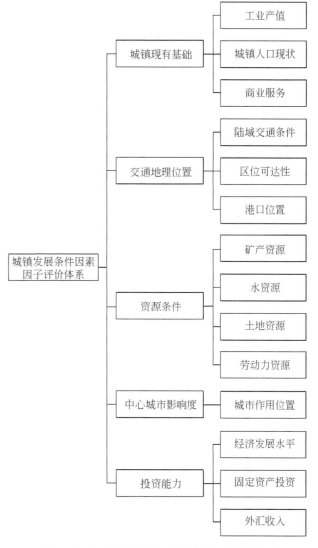

图 1　辽中省城镇发展条件因素因子评价体系

镇发展条件综合评价值，按分值由高到低的顺序，将各县市的发展条件分为6级（图2）。

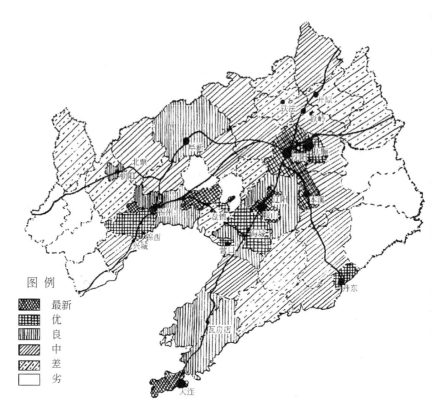

图2 辽宁城镇发展条件评价

评价结果比较客观地反映了辽宁的实际情况。全省城镇发展条件较好的地区（1～3级）有22个县市，主要分布于长大铁路沿线或渤海湾海岸带。其中又可分为两种类型，第一类是现有的大中城市，如沈阳、大连、鞍山、锦州、辽阳等，其共同特点是实力雄厚，交通方便，有港口依托，发展优势不言而喻。第二类是新兴的中小城市如盘锦、营口、海城、锦西、铁岭、丹东等。它们的实力虽不及大城市，但周围资源丰富，尚未出现大城市经常面临的种种城市问题，具有较大的发展潜力，可考虑作为今后城市发展的重点。

发展条件比较差的市县有20个（5～6级），共同特点是现有规模较小，位置偏僻，大部分城镇远离大的中心城市或港口，工农业基础差，缺乏内在的发展动力机制。要采取措施，加强基础，不断改善城镇投资环境，创造机会，为今后发展铺平道路。此外，在"三辽"地区也有部分条件相对较好的县市，如阜新、朝阳、北票、彰武、凤城等。它们作为欠发达地区的核心，今后在政策上应给予更多的优惠和关注。

3. 建立点、轴、群、带的城镇网结构架

城市化的地区差异导致城镇类型的多样复杂性。只有将各类城镇组织在点、线、面相结合的空间网络体系中，才能密切城镇之间的社会经济联系，充分发挥城镇体系的整体效益。

据此，辽宁城镇布局可考虑以沈阳、大连、锦州为基点，以沿交通干线延伸的南北城镇带和三条城镇发展轴为基本构架，组成多层次的城镇网络系统（图3）。

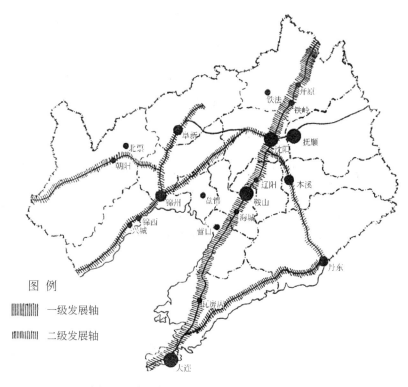

图3 辽宁城镇布局空间网络规划（2000年）

3.1 以沈阳、大连为中心，以长大铁路和高速公路组成的交通走廊为主轴的南北城镇带

这条城镇带南起大连，穿过辽中城镇群，向北延伸到铁岭和开原，长约500km，平均宽50km，在此范围内集中了12座城市和110个小城镇，其中包含沈、大、鞍、抚4个百万人以上的特大城市，不仅是辽宁，也是全国城镇分布最稠密的地带。

规划采取分两步走的发展设想。①到20世纪末，城市布局的重点是沿南北交通走廊，由城镇密集区向相对稀疏的部分扩散。以鞍钢的扩建工程、营口鲅鱼圈港的建设、辽河三角洲的开发为契机，促进大石桥、盖县、熊岳、老边、九寨等一批条件优越的城镇发展，以填补城镇带中段的空白。此外，由沈阳向北，除继续增强铁岭、开原等市的实力之外，可考虑发展虎石台、新城子、昌图等小城镇；大连以北开发金州、普兰店、瓦房店等市镇。实现这一目标，长大城镇带的城市数量将发展到18个左右。②进入21世纪后，城镇带南北轴向扩散已基本结束，城镇布局的重点应以发展轴为基础，向东西侧50~100km的腹地纵深扩展，促进台安、辽中、新民、铁法、康平、西丰等市镇的发展。此时，随着大量新兴中小城市的出现，不仅彻底改变头重脚轻的城镇等级规模结构，而且对促进欠发达地区的城市化进程也有十分重要的意义。

3.2 沈山铁路、公路沿线城镇发展轴

该轴东起沈阳经锦州至绥中，总长 350km，现有 3 座城市、24 个建制镇。沈山发展轴现状城镇密度虽不算很高，由于是东北与关内经济联系的大动脉，地处滨海平原，有锦州、锦西等工业城市和港口依托，今后具有很大发展潜力。沈山发展轴城镇布局要点是：首先建设好现有的中心城市；在此基础上力争把沿线发展条件较好的新民、黑山、锦县建设为新的小城市；在沿线其他小城镇中，周围资源丰富，交通位置优越的杨家杖子、大虎山、沟帮子等也可望得到优先发展，21 世纪后逐步上升为新型的市镇。

3.3 大连—丹东沿海城镇发展轴

该发展轴目前虽无铁路贯通，中间尚无城市，但最大的优势是面对海洋，在长达300km 的岸线上分布有大小港口 12 个。在对外开放的新形势下，沿海港口的开发无疑对城镇的开发具有重要意义。大丹发展轴的布局重点是促成沿海铁路的建设，抓两头，带中间，即通过大连技术经济开发区、大连新港区和丹东大东新港的开发，带动沿海庄河、皮口、孤山、城子坦、亮甲店、青椎等小城镇的发展。其中现有基础及港口条件较好的庄河、皮口将发展成为小城市。

3.4 以锦州为中心，沿锦承、新义线"丫"形发展轴

该发展轴南起辽西中心城市锦州，向北沿铁路分别伸向西北的朝阳和东北的阜新，将辽西北贫困地区的城镇与沿海的中心城市串联在一起，通过"梯度"开发，不仅加强现有城市阜新、朝阳、北票的实力，同时促进凌源、建平、义县、彰武等一些条件相对好的城镇发展。

除以上几条主要的发展轴和城市带外，辽宁纵横交错的交通将构成城镇发展的次级网络系统。分布在各级发展轴的市镇通过发达的交通、信息纽带组织在一起，在空间上形成点、线、面相结合的分布比较合理的城镇体系。

4. 因地制宜，分类指导城市发展

由于辽宁自然条件和经济发展不平衡，城镇发展条件和发展方向相差颇大，即使人口规模属于同一等级的市镇也有差异，不宜在政策上一刀切，这就需要根据国家一贯倡导的因地制宜原则，从每个城镇的实际情况出发，对城镇的发展和布局提出分类指导的方针。根据辽宁的具体情况，可将城镇的发展分为以四种类型。

4.1 严格控制发展规模的城市

某些城市因空间和环境容量等条件的限制，难以继续扩大规模，如果不顾条件继续发展，将导致社会经济效益和环境效益的显著下降。故需要严格控制市区人口和用地规模，如本溪、沈阳。

本溪虽然人口不到百万（76 万人），但因地处河谷盆地，用地十分有限，目前市区内20°以下的坡地已全部利用，城市发展缺乏后备用地。加之山间盆地大气扩散条件欠佳，铁

路、建材等废气的污染超过马鞍山，是全国大气污染最严重的城镇。因此市区不宜继续新建扩建新的项目。沈阳是全国四大城市之一，由于人口增长过快，市区人均城市用地面积已由过去 70 余平方米下降到 50 余平方米，过多的人口也增加了供水、交通、能源等方面的压力。此外，位于市区的铁西工业区集聚规模太大，重工业企业密布，环境质量很差，需要严加控制，鉴于沈阳郊区具有较大的潜力，在调整市区产业结构、加强基础设施建设的同时，可以按由近及远的原则，将市区的部分职能逐步向新民、辽中等郊区城镇扩展。

4.2　在控制下适度发展的城市

主要指发展条件好、城市问题不很突出的大城市，如大连、鞍山、抚顺、丹东等。与中小城市相比，一方面，它们拥有雄厚的物质基础和技术力量，对国内外的投资者有一定的吸引力，目前仍以发展、建设的重点；另一方面，这类城市也面临大城市普遍存在的问题，过快地发展会适得其反。以大连市为例，它不仅是辽宁重要的工业城市，也是仅次于上海的全国第二大港口，改革开放以来，无论工业、外贸、旅游、高技术等方面都得到很大发展。但是，大连目前港口已经饱和，城市供水管网老化，居民生活用水每天人均仅 30L 左右，必要控制耗水、耗能大、占地多的项目在市区发展，近期应重点开发马桥子技术经济开发区，创造条件发展金州、皮口、普兰店等郊区城镇。为了解决岸线不足、深水泊位不足的矛盾，在改造老港区的同时，宜尽快开发城市外围的鲇鱼湾、和尚岛、大窑湾等新港区。

4.3　积极发展的城市

辽宁有一批发展条件好、自身问题少、发展潜力大的城市，如营口、盘锦、锦西、辽阳、海城、瓦房店等。将这类城市作为全省的发展重点，在布局、政策、投资方面给予积极支持，不仅可以逐步改变人口、工业过于集中少数特大城市的局面，还可形成新的经济中心，带动周围地区中小城镇的发展。此外，锦州、丹东已步入大城市的行列，但其特征更接近中等城市，而且又位于经济相对落后的辽西和东部山区，加快这些城市的发展步伐，有利于贫困地区的开发。

4.4　创造条件发展的市镇

包括阜新、铁岭、朝阳、铁法、北票等。其共同特点是位于经济发展比较落后的地区，城市虽有一定基础，但实力较弱，多为以矿业为主职能单一的城市，投资环境差，缺乏内在的发展动力。近期应集中力量加强基础设施建设，调整单一的工业结构，发展科技文教事业，不断提高人口的文化素质，抓住有利时机，选择一两个有利的主攻方向发展。除此之外，对于大城市外围和发展条件优越的小城镇，也应在投资、政策等方面创造有利条件，以适应今后辽宁城镇进一步发展的需要。

参 考 文 献

董黎明，刘红星 . 1991. 辽中城镇群的发展与规划构思 . 城市规划，5：21 - 24、64
辽宁中部地区区域规划调查组 . 1980. 辽宁中部地区城镇的分布特点和发展方向问题 . 城市规划，5：26 - 33
叶舜赞 . 1980. 辽宁中部地区小城镇发展初探 . 城市规划，5：34 - 40

充分发挥京津复合中心的作用[*]

改革开放以来，我国沿海出现了若干蓬勃发展具有先导作用的城市区域，其中最突出的是 20 世纪 80 年代深圳的崛起，珠江三角洲的腾飞；90 年代上海浦东的开发，长江三角洲及整个流域沿江城市带联合发展的新格局，均成为中外瞩目的焦点。现在需要探讨的问题是：京津所在的环渤海地区，既有优越的区位条件，又拥有丰富的自然资源和智能资源。在京津两大都市中，北京作为首都，是全国的政治中心和国际交往中心，其巨大的影响更是别的城市无法比拟；天津作为全国第三大城市，港口优势明显，经济实力雄厚。按上述种种有利条件，这一地区必然也会乘改革开放之大好形势，在经济上出现新的飞跃。事实恰恰相反：80 年代以来京津冀的发展远远落后于沿海其他地区。按国民生产总值的平均增长速度，北京仅及全国平均水平，天津在全国 30 个省、市、区处于倒数第二的位置。以致它们在全国的经济地位也呈下降趋势。

这种状况显然难以实现把京津建设成为高度现代化的国际性大都会和将环渤海圈变为我国北方最发达的城市经济带的战略目标。为了尽快扭转这一局面，当前最急切需要解决的问题是要更新观念，统一规划，协调发展，从区域的核心入手，实现京津的联合，将个别城市的分散优势变为带动区域发展的整体优势。

一、充分发挥城市群体的整体优势

任何完整的城镇体系，都拥有相应的中心城市，带动区域城镇的发展。城镇体系发展演变的规律表明：单中心的城市地域结构，即使存在强大的核心，如果周围没有其他发达的城市相互配合，中心城市的影响力也是有限的。例如，墨西哥的首都墨西哥城人口近 2000 万，是当前世界最大的都市，工业产值占全国 1/2，问题在于墨西哥城周围经济落后，又无规模较大的城市呼应，加之城市过大带来的种种弊端使墨西哥城本身也陷入困境，难以带动国内广大区域的城乡发展。因而 20 世纪 80 年代墨西哥属于经济增长最缓慢的国家之一，有几年甚至出现负增长。反之，经济和城市化高度发达的地区，绝大部分位于沿海或沿江地带，都不是单中心的结构，如美国东北部沿大西洋的巨大城市带（megalopolis），除了纽约这座世界级的中心城市外，还分布有波士顿、费城、华盛顿、巴尔的摩等一系列大城市和特大城市，为典型的多中心结构。亚洲目前经济最发达的地区仍是日本

* 董黎明，魏心镇.1994.充分发挥京津复合中心的作用.城市发展研究，2：14-17

太平洋东岸东起东京、西至大阪的海岸城市带，这个长 600km、宽 30～40km、面积只有 2.5 万 km² 的范围，人口达到 4500 万，分布大小城市近百座，工业产值占全国 54%。从地域结构看，区域内日本最大的三个中心城市东京（1190 万人），大阪（265 万人）、名古屋（209 万人）呈鼎足之势，为典型的多中心结构，而每个中心城市圈内，还有第二个层次的复合中心，如东京与横滨（相距 30km）、大阪与京都、神户（距离小于 50km）。这些城市都有比较明确的分工。例如，在东京圈内，东京作为日本国的首都和国际金融贸易中心，拥有多种职能，但最主要的还是以金融、商业、贸易信息服务、科技文化为特色的第三产业；另一个中心横滨作为东京的外港，侧重发展海运及港口工业，特别是污染大、占地多的炼油、钢铁等重工业部门。

从理论上讲，京津冀城镇体系是我国四大城市集聚区之一，属于典型的双中心结构。北京、天津两大中心近乎接近的强大实力、资源条件和城市职能的相互补充，对推动区域城乡一体化的发展，促进环渤海区的振兴具有十分重要的意义。问题在于，两大城市各自都存在一定的缺陷，新中国成立以来发展又不够协调，未能充分发挥双中心的优势。对北京来说，它一直是内陆城市，缺乏直接出海的对外联系口岸。新中国成立以来由于首都的地位，促使城市包括工业在内的各项职能迅速扩大，人口急剧增长，以致某些指标如供水、用地、耗能已接近甚至超过环境容量的门槛。墨西哥城发展的经验教训表明，在环境容量和经济力量有限的情况下，盲目地把首都发展为膨大的多功能的中心，其集聚效益必然被由此产生的各种矛盾和负面影响所抵消。如果中心城市问题累累，需要大量资金进行完善改造，自顾不暇，哪里还有余力带动周围地区的城镇发展。从城镇体系城市合理的分工看，一方面，北京不宜承担中心城市的全部职能，其部分经济职能、尤其是重工业职能应向外扩散，或者由另一个中心城市承担。这一点，在 20 世纪 80 年代以来两次编制的北京城市总体规划中已十分明确。另一方面，天津作为华北地区的经济中心和最重要的对外贸易港口，是长期发展的必然结果。论人口规模和经济实力，天津在国内都居第三，城市的地位与上海、北京应属同一等级。由于区位与城市职能等方面天津存在某些缺陷，从而削弱了中心城市的影响力。主要表现在：天津同样处于少雨缺水的华北地区，人均占有水资源的数量甚至还低于北京，这就限制了城市进一步的拓展；作为港口，天津位置深入渤海湾内侧，对外联系不如大连、青岛、烟台便捷；在职能结构方面，天津虽然是职能门类齐全、综合发展的城市，但管理、科技文化、陆上与空中交通等职能相对薄弱，又受到行政区划的制约，城市吸引范围要小于北京。

既然京、津单独作为区域的中心城市都有一定的局限性，各自发展，问题成串，优势相互抵消，不利于推动区域城镇的发展，只有建立完善的双中心结构，发挥复合中心的"乘数"效应，取代现在 1 + 1 的简单形式，才是区域城镇发展的合理模式。

二、建设强大的京津复合中心

所谓复合中心是指城镇体系中由两个或两个以上等级规模相当、职能互补、空间距离较近、社会经济联系密切的中心城市构成的有机整体。这是城镇体系不断发展和完善的必然结果。复合中心城市可以发挥城市群体的整体综合优势，克服单中心结构城市规模越滚越大、城乡二元结构矛盾日益尖锐的弊病。实现这一目标的基本条件和标志是以下三方面。

1. 在政治经济上拥有雄厚的综合实力，不仅可以带动环渤海区域的发展，而且还应该是国家级乃至世界级的核心之一

根据 20 世纪 90 年代初期的统计资料，如果将京津两个城市组合在一起，其整体实力已超过我国最大的中心城市上海，两市城市人口、国内生产总值、铁路货运量、商品零售总额和科技人员的数量分别是上海的 1.6 倍、1.4 倍、3.7 倍、1.3 倍和 2.4 倍，表明京津的现有基础是可观的。问题在于，简单的相加并不等于复合中心的整体优势，用世界级的经济中心这一高标准衡量，京津两市不仅比东京、纽约、伦敦等国际大都市有明显的差距，甚至有些指标，如人均国民收入、对外出口额、工业百元固定资产实现的利税，也低于上海、深圳等国内的城市。为了迅速达到国际一流水平，京津两市在加速经济发展的同时，还要打破思想观念和行政区划的约束，实现经济上的联合。

2. 城市分工明确，优势互补，相互依托，各具特色，融为一体

应该说，历史上京津冀就存在功能互补、分工明确的依存关系。明清时期的北京既是全国的政治中心，同时又是一个消费城市，京城军事防卫的需要和漕运的发展，促使了位于海河下游渤海之滨天津的成长。到了近代，天津依靠港口和水运的优势迅速发展成我国北方最大的经济中心，其经济职能的壮大反过来又支持北京的发展。新中国成立以后在把消费城市改造为生产城市的政策引导下，北京利用首都的有利地位强化经济职能、大规模的发展工业或其他产业，最终在经济上超过了天津。这一变化的确对两个中心城市的合理分工产生不利的影响。所幸的是，1980 年中央书记处对北京的城市性质和发展方向作出重要指示，并明确提出：经济建设要适合首都的特点，重工业基本不再发展。从此之后，北京的职能结构开始逐步调整，朝着有利于城市合理分工的方向发展。从 20 世纪 90 年代初京津两市的职业结构可以看出：工业职工占总职工的比例，北京为 35.2%，天津占 51.5%，两者相差 16 个百分点；从事第三产业的职工比例，北京占 50.5%，天津占 38.2%，北京超过天津 12 个百分点。两组数据的差异表明，目前北京以科技文化、房地产、行政、经济管理、旅游为代表的第三产业正在崛起，工业已逐渐退后次要地位，而天津仍以工业生产为主。此外，运输职能京津亦有明确的分工，北京铁路、公路、航空运输占优势，货运量分别是天津的 1.86 倍、1.89 倍、48.9 倍。而水运则一向是天津主要的运输职能，港口货物吞吐量居全国第七，万吨码头泊位数仅次于上海居全国第二。至于工业结构，两市既有趋同的一面，也要看到因客观存在的差异而具备的分工条件。例如，一方面，天津石油开采、海洋化工、合成纤维以及造纸、卷烟、自行车、电视机、洗衣机等轻工业，在国内有重要影响，具有较强的优势。另一方面，通过工业结构的调整，近年北京在电子、汽车制造、精细化工、印刷等方面也取得了长足的进步，这些产业既符合城市的性质和发展方向，也是别于天津的优势部门。

当然，要把现有的两个中心组织成统一的有机整体，只依靠现有的基础是不够的。作为分工明确相互依托的复合中心，北京还应继续强化政治中心和科技文化中心的作用，通

过产业结构的调整，大力发展高新技术、信息、旅游、房地产、国际金融等第三产业，毫不犹豫地将一般工业，特别是耗能耗水量大，污染严重的重工业向外扩散。天津应针对职能结构的缺陷，侧重抓好三个环节：一是发挥临海和港口的优势，建设面向海外市场的出口加工基地；二是通过技术改造，使现有的工业优势部门出现新的突破与飞跃，以壮大工业生产的实力；第三则要恢复新中国成立前传统商业贸易和银行、保险、证券等金融职能，使其成为 21 世纪我国北方最著名的工商业城市。

3. 京津两中心之间应具备密切的社会经济联系，它不仅包括大量频繁的物质、信息、资金、技术的交流、甚至两市的部分职工还可以相互通勤，互助协作

例如，高等学校的教师可跨校、跨地区兼课，科技人员可以方便地来回流动，以充分挖掘两市的人才智能资源。要实现这一目标，京津冀之间必须拥有多种快速便捷的交通信息网络，才能承担两个特大城市频繁的人口和物质能量交换的任务。就目前的交通状况而言，两市虽各有一条铁路和高速公路相通，但尚未达到便捷的程度，更无法满足今后日益增大的客货运量的需要。从时间与空间的关系分析，京津相距虽只有130km左右，目前乘火车耗时将近2h，利用京津高速公路理论上只需1h，由于市内交通缺乏快速道路系统与之衔接，两地实际耗时也在2~3h以上，也不算方便。为了缩短城市之间的时空距离，广东已率先修建时速180km的广州—深圳高速铁路，如果京津之间近期也将此列入计划，并设法与城市地铁或轻轨快速道路网连接，把两地通勤的时间减少到1h左右，相当于现在职工从城市近郊入城上班所耗费的时间，才能显现复合中心的作用。

三、规划是龙头，政策是关键

促进京津联合，建立带动环渤海地区发展的复合中心，是一项跨世纪的系统工程。在起步阶段。首先要搞好规划，并制定相应的政策措施，以便将纸上的东西真正落到实处。

经过40多年的建设实践，城市规划的龙头作用，特别是对城市发展的具体指导作用已被越来越多的人所认识。但对于指导更大范围城乡全面发展的区域规划，目前还未受到应有的重视，即使20世纪80年代初期曾编制过的京津唐国土规划，由于缺乏地方政府的支持，许多规划设想和政策措施可操作性差，未能很好发挥协调区域经济发展、合理布置城镇体系的作用。要改变这种状态，区域内各级政府和相关部门必须积极参与，由高层次的领导带头，成立权威的规划机构，从全局出发，打破行政区划界线。根据社会主义市场经济的观念和建立京津复合中心城市的目标，编制战略性的区域规划，解决涉及共同发展的基本问题，包括5个方面。

（1）京津复合中心城市的内涵。这样的中心究竟是统一有机的整体，还是各自保持相对独立但又具有密切联系的联合体？明确这一性质，对于正确处理两大城市的关系，共同制定未来的发展目标具有重要的现实意义。

（2）空间组织形式。复合中心城市的范围如何确定？是两大城市的简单组合，还是包括京津冀在内的社会经济联系紧密的核心区域？这种组织形式如何促进整个区域经济的发

展和城镇空间地域结构的完善?

(3) 京津两大城市的职能分工,主要发展方向:产业结构的互补与协调;城市产业和科技文化相互协作的基本形式和主要项目。

(4) 选择京津冀联合开发的重点地带和相关的城镇、开发区。这个问题目前已有许多文章涉及,归纳起来有三种意见:一是以京津塘高速公路和京沈铁路为轴线的城市经济带;第二是天津的滨海地区;第三是以塘沽为基点的港口工业区。上述观点都有一定道理,但需要在规划中进一步加以分析论证,以选取最佳的区位。

(5) 区域基础设施建设的统一组织和协调。鉴于京津都是严重缺水、环境生态十分脆弱的地区,基础设施规划的重点应放在水源的合理配置,研究南水北调工程的不同方案对工业、农业、城市和航运的影响。除此之外,区域环境的保护和整治,综合交通运输网络的规划布置,能源供给与合理利用,防灾系统的建设,也是不可缺少的内容。

需要指出,无论规划的编制还是实施,都是政府的行为。两地政府除了对规划要取得共识之外,还应制定切实可行的政策,解决规划实施过程中可能遇到的一系列问题,如怎样克服行政区划和现有体制对联合的消极影响,对重点开发地区给予什么样的优惠政策,共同开发的资金来源,利益分配,两地人员合理流动的政策等。我们相信,只要有一个好的规划,并做到政策兑现,京津共建复合中心城市的目标是会实现的。

进一步拓宽城市规划的知识领域[*]

摘要： 作者通过对同济大学等五所高校城市规划专业的考察，借鉴国外的经验，认为我国城市规划要拓宽专业的知识领域，增加社会、经济、环境等方面的内容。主要理由一是城市不仅是一个物质实体，同时也是经济、社会实体；二是社会主义市场经济要求规划师转变单纯搞形体规划的观念；三是我国城市可持续发展战略的核心就是要协调好经济、社会与环境的关系。

关键词： 形体规划；经济实体；社会实体

最近笔者有机会参加由建设部组织的高等学校城市规划专业的评估活动，专家组成员分别视察了同济、清华、重建大、哈建大、东南大学五所申请办城市规划专业本科或硕士点。此项活动还邀请了英国、美国城市规划专业的评估专家一同视察，最后专家成员在重庆集中交流讨论视察的情况。

从视察评估的结果看，这五所工科大学办的城市规划专业都有比较雄厚的师资力量和良好的办学条件，学生有很强的建筑学基础和设计表现能力。但从专业智育标准的要求衡量，除个别学校外，大多数学校都存在一个共同明显的薄弱环节：在校学生缺乏社会、经济和环境方面的知识技能。英国专业评估组组长莫斯·莫尔顿教授十分中肯地指出："中国的大学城市规划专业与英国30多年以前的办学方式十分相像，建筑学基础很强。但从发展趋势看，只有加强社会、经济和环境等方面的内容，才能适应中国要走市场经济道路的需要。"

由此可见，这次评估的主要目的虽然是对办城市规划专业资格的审查，但同时也涉及专业办学的方向和对城市规划人才的要求。越来越多的人已认识到，当前我们需要培养的不仅仅是只会画图搞设计的规划人才，应是具有较宽的专业知识基础、在整个城市规划领域具有较强适应能力的规划人才。只有不断拓宽我们的业务领域，增加新的知识"养料"，才能满足当前城市发展的需要。规划界也有不少的人认为，目前我国正处于经济发展和物质建设的阶段，城市规划面临大量的工程建设任务，因此，只要城市规划打好建筑学和工程方面的基础，就能适应社会的需要。上述不同的观点，只有展开广泛的讨论，才能进一步明确人才的培养目标和口径。以下，仅就为什么要拓宽城市规划人才的知识领域，加强环境、社会经济等方面的专业教育提出个人的看法。

---
* 董黎明，1998，进一步拓宽城市规划的专业领域，规划师，2，83—85

1. 城市规划的对象不完全是物质实体

众所周知，现代城市功能十分复杂，它既是人口、产业高度集聚的场所，同时也是一定地域范围行政管理、科技、文化集聚的中心，城乡社会经济联系的纽带。作为物质实体，城市不仅拥有大量的建筑物、构筑物和道路广场，同时还包括其赖以生存的自然条件和环境要素：土地、空气、水、温度、生态环境等。即使从狭义的物质实体规划看，城市规划的任务也并不局限于对人造的空间形体的安排，大量的实践表明，只有将人工环境和自然环境、生态环境有机地结合在一起，才能为城市居民创造舒适、高效的生活工作环境。这种思想，不仅见于中国古代有关城市建设的文献如《管子·乘马篇》，也反映在近代《田园城市》、《山水城市》等大量城市规划的论著当中。可见，在城市规划中加强环境观点，本身就是城市规划的一个基本要求。

从发展的眼光看，生产力是推动城市持续发展的基本动力，大多数城市居民都从事各种经济活动，因此，城市本身就是一个经济实体，城市中产业集聚的规模、活动强度很大程度上决定了就业岗位和职工人数，从而影响到城市的规模。20 世纪 90 年代初我国修编的城市规划，普遍存在人口规模过大、城市布局拉大架子的倾向，其重要原因就是经济发展的速度并非像预测的那样快，开发区"遍地开花"并没有跟预计的那样为城市引入大量的项目。由于规划方案有悖于经济发展规律，许多城市的总体规划刚刚修编没有多久，又不得不重新返工再次"修编"。当然，规划师仅仅从城市规模的角度研究城市经济还远远不够，作为经济实体，城市的经济活动对城市发展的影响是多方面的。例如，城市经济结构的调整，必然要影响到城市土地利用的重新组合，进而引起空间结构和城市主要职能、性质的变化；城市工业的分布，中心商务区（CBD）的位置，无不影响到城市布局的形式。可见，当前城市规划面临的不仅仅是物质实体的建设，同时也伴随着大量的经济问题。

城市的构成除了"物"之外，更重要的是人，即由不同的年龄、性别、职业、民族和社会集团组合在一起的城市居民，构成了社会的空间实体。在城市中，不同的社区、社会群体之间存在着密切的联系和交往，形成了丰富的社会生活。城市规划不仅要创造一个美好的物质空间，同时也要组织一个合理的社会空间。1977 年在秘鲁首都发表的《马丘比丘宪章》，对城市规划最突出的贡献就是指出了 20 世纪 30 年代《雅典宪章》的不足，认为《雅典宪章》追求功能分区，牺牲了城市的有机组织，忽视了城市中人与人之间多方面的联系，要求规划师努力创造一个包括社会环境在内的综合的多功能的生活环境。在科学技术高度发达的今天，城市建设项目的工程技术问题并不难解决，而许多社会问题确使规划师伤透脑筋。例如，目前城市诸多的违章建筑许多是外来人口和下岗人员为了生计搭建的，单靠一纸行政命令难以奏效，规划管理部门需要为他们寻找新的生存空间。又如新中国成立以来我国大城市普遍规划建设了卫星城镇，近年在远郊区建设了大量的商品房、别墅。但总的效果并不令人满意，出现大量房屋空置现象，虽然有多方面的原因，其中这些地方缺乏高质量的社会环境和相应的社会服务设施是一个关键问题。

既然城市规划的对象除了物质实体还包括经济、社会实体，我们没有理由只把规划任务定位于物质形体规划（physical planning），而忽略了当前城市发展面临的诸多社会经济问题。

2. 社会主义市场经济体制需要更新规划观念

在传统的计划经济体制下，城市规划是国民经济计划的继续。由于计划部门负责主管经济，规划师的主要任务则是将计划项目落实到土地上，不必过多去研究经济社会问题。这种观念，直到现在规划界还没有完全转变过来。在社会主义市场经济条件下，经济计划已由指令性的职能向宏观调控的方向转化，市场在产品生产流通、资源和劳动力的配制以及城市土地利用等方面发挥越来越重要的作用，在新的经济体制下，城市规划面临许多新的问题和挑战。

（1）城市人口规模决定于规划期职工（基本人口）的数量。这个数字过去可从计划部门获得。在市场经济的条件下，规划期新增加的职工数要靠规划师通过市场的调查和分析才能确定；同时，还要研究城市人口机械增长的规律，再加上自然增长数才能预测出城市的人口规模。整个人口的分析预测过程实质上是经济分析的过程。

（2）我国的城市土地使用制度已由行政划拨、无偿使用逐渐过渡到有偿使用，在城市布局中，地租、地价的差异对用地功能的组合具有举足轻重的作用，这就要求规划师要很好的应用城市级差地租的经济杠杆，根据优质优用的原则，合理地利用每一块土地。

（3）城市的开发与再开发（旧城改造）过去完全属于政府行为，从制定规划、筹集资金、房屋拆迁、居民安置都由政府一手操办。在新的体制下，出现了开发商的介入，规划师不仅要对政府负责，同时还要与强调经济效益的房地产商打交道，由于政府、规划师和开发商的认识和价值观念不同，规划需要解决大量的矛盾分歧，其中对建筑容积率控制和追求往往成为矛盾的焦点。实践表明，如果一个规划方案不能使开发商获利，即使再好也无法实施。

（4）在市场经济条件下，由于取消了粮票等方面的限制，这就为农民进城从事各种产业活动提供了方便，但同时又使规划部门处于两难的境地：一方面，城市增补了大量的劳动力，促进了第三产业的发展，使居民的生活更为方便；另一方面，大量的流动人口在城市集聚又引发出交通、卫生、教育、治安等一系列社会问题，特别是在城乡交接部出现的外来人口"聚落"，或所谓"城中村"，已成为规划管理的难点。

在经济体制转轨的过程中，城市规划面临的社会经济问题远远不止上述内容。为了适应新时期新形势发展的需要，规划师完应跳出旧的业务框框，拓展新的业务领域。

3. 我国社会经济可持续发展战略要求在城市中
协调资源、环境、人口、经济相互之间的关系

从系统科学的思想看，资源、环境、人口和经济是城市发展必不可少的支持系统。在城市化的过程中，四者之间相互依存、互相制约，他们的关系如能协调一致，城市就可持续健康地发展下去；反之，就会产生一系列城市问题。作为一个普遍的规律，无论发展中国家还是发达国家，走可持续发展之路，是唯一的选择。根据我国国情，规划师在贯彻城

市可持续发展战略时，需要认真思考以下问题。

首先，我国是一个人多地少、土地资源相对缺乏的国家；此外，北方地区的城市水资源也十分欠缺。为了高效、合理地利用有限的水土资源，兼顾"一要吃饭，二要建设"的发展目标，必须将城市的发展和国家的整体利益挂在一起，从区域的宏观空间层次出发，制定科学的规划用地、用水标准和相应的管理措施。其次，城市人口的规模一方面与经济的发展速度有密切的关系，在工业化和经济起飞的发展阶段，伴随着劳动力数量的急剧增长，城市人口规模必然要扩大，看不到这一点，用人为的办法去约束城市的正常发展显然是不明智的；另一方面，城市赖以生存的资源条件和环境容量又是有限的，城市的人口规模如果超越了这道门槛的约束，盲目地扩展，最终会受到自然和环境的报复。最后，我们在现实生活中遇到最多、最难协调的一个问题就是：在城市规划中如何兼顾经济发展和保护环境的关系？从理论上讲，经济发展和生态环境都是城市必不可少的物质基础，而经济的发展往往又造成对环境的污染和破坏。处理两者的矛盾，不能简单地采用非此即彼的办法，将它们完全对立起来，重要的是，应通过科学的手段，在确保经济发展的同时，去创造一个良好的环境。如果现在国家的经济技术力量一时还达不到彻底治理环境的要求，至少要保证现阶段环境质量状况不会危及居民的身体健康，或继续恶化下去。

以上分析表明，无论从城市规划的任务出发，还是从现阶段城市发展面临的问题看，都需要在城市规划中加深对环境问题、社会经济问题、区域问题乃至相关的政策法规等方面的研究，增加这部分的内容，是转变观念、进一步提高城市规划科学性的重要途径。与此相应，培养城市规划人才的高等学校也要根据现实需要调整教学计划，增设区域规划、城市地理学、城市经济学、城市社会心理学、生态环境学、城市管理学、城市政策法规等课程，为城市规划管理和设计部门输送知识面更宽的人才。

培养"宽口径"的城市规划人才一方面要依靠高等学校创办新型的专业，使年轻人在学习阶段就打好必要的知识基础；另一方面，在实践中加强对现有规划师队伍的培训也是一个重要的途径。我国有数百个城市规划设计研究院，目前的状态是搞规划设计的多，研究城市问题的少；进行单项形体规划设计的多，搞综合规划的少；擅长用图形表现空间形态的多，具有全面思维能力的少。这种人才结构如果不进行知识更新，不仅很难与国际城市规划接轨，也不能适应 21 世纪我国城市规划工作的需要。

还有一年多的时间，人类即将迎来一个崭新的世纪。届时一定有许多新事物、新景象不断展现在我们的面前。在 21 世纪即将到来的时候，相信我国城市规划也会发生变化，其结果必然是：单一的物质形体规划将逐渐退出城市规划的中心舞台，具有宽阔知识领域、掌握现代技术手段的新一代的规划师将肩负新的历史使命，把我国的城市规划推向更全面综合的发展阶段。

Further Broaden the Professional Domain of City Planning

Dong Liming

Abstract：It is very important to strengthen the domain of the social science and of the economical science and of the environmental science for Chinese planners, because city is not only the physical but also the economical substance and the social substance. Secondly, under the condition of the market economic, urban planner will face a lot of problem including economical and social problem. At the same time, the relationship between society and economy and environment should be coordinated.

Key words: physical planning; economical substance; social substance

20 世纪 90 年代中国城市超前发展战略透视[*]

1. 城市发展的基本规律和超常规的城市发展

城市的发展规模、城市化的速度不能脱离同一阶段的经济发展水平和基础。认识这一基本规律，对于制定正确的引导城市发展的战略方针具有重要的现实意义。但是 20 世纪 90 年代我国不少城市并未认真总结过去的发展经验，却选择了一条超越现实基础、急于求成的发展道路，即所谓"超常规"或"超前"发展的战略，主要表现为四个方面。

（1）城市跳跃发展，规模骤然膨胀。许多城市不考虑现实条件，跨越历史发展阶段，人为地去扩大城市的人口与用地规模。然而，这种建立在主观愿望上的"大都市"犹如海市蜃楼，经不起时间的考验，很快就会消失，但却占用郊区大片良田，留下的后遗症难以在短时间内消除。

（2）城市发展目标脱离现实。作为城市发展战略重要的一环，在确定城市发展目标时显然不能超越城市化的阶段和城市之间的合理分工。但近年来不少城市恰恰脱离现有基础，盲目追求难以实现的发展目标。其中，全国有数十个城市提出在 21 世纪初要发展成为"国际性的大都市"就是典型的一例。为了实现这一"目标"，一些城市不惜付出巨大的代价兴建各类开发区、保税区，在市中心规划了"中心商务区（CBD）"。由于规划超越了现实基础，除了个别城市初见成效外，大多数城市仍停留在"口号"阶段。

（3）建设标准超越城市普通居民生活水平。从整体上看，我国城市化的水平、人均收入水平、城市基础设施的投入等方面与经济发达的国家相差 30 ~ 40 年，即使与港、台地区相比，也有较大的差距。在资金有限的情况下，城市建设的规模和标准应符合当前的国情，但 20 世纪 90 年代我国城市建设普遍存在求大、求新、求洋的现象，拿住房建设来说，我国住房设计和建设的标准越来越高，目前一般新建的住宅户型建筑面积均达 70 ~ 90m²，超过 120m² 的户型也不在少数。与此同时，全国还有 400 万困难户急待解决住房。在城市交通方面，最近不少舆论宣传中国已进入"私人小汽车时代"，而事实上城市大多数职工仍然在挤公共汽车或依靠自行车上班。

（4）谋求以第三产业为主体的城市经济结构。计划经济时期过分强调工业生产而忽视第三产业的发展形成的产业结构固然需要调整，但现阶段城市第三产业能否取代第二产业的地位，也是一个值得探讨的问题。世界一些发达国家的工业化大体经历了 100 ~ 150 年，

---

* 董黎明 . 1999. 90 年代中国城市超前发展战略透视 . 城市，3：3 - 5

直到20世纪50年代，这些国家的第三产业才与第二产业持平，70年代进入"后工业化社会"之后，第三产业才占优势地位。相比之下，我国尚未走完工业化的路程，不少城市的发展战略企图在短期内要实现产业结构"3、2、1"的目标，由于缺乏强大的第二产业基础支撑，这种结构未必就是"优化组合"，非但不能推动经济的发展，甚至产生适得其反的结果。

2. 问题与思考

首先，受超前、超常规发展战略的影响，1992年、1993年在全国范围内出现的"开发区热"和"房地产热"，实际上是一次对土地资源造成巨大浪费和破坏的圈地运动，这类被圈占的土地，由于没有被及时利用又失掉了植被的保护，产生大量的水土流失。

其次，20世纪90年代我国城市空间迅速膨胀，不断向外蔓延、"摊大饼"，导致人均用地面积大幅度增加，生态环境质量不断下降，也是一个不可忽视的问题。及早注意这个问题，在城市发展的同时尽量挖掘原有土地的使用潜力，使人口、用地的增长幅度大体一致，这一阶段城市发展就可少占用约$5000km^2$（750万亩）的土地。

超越常规的发展建设也必然地导致了各地争投资、争项目，仓促决策、重复建设。上述建设失误造成的巨大浪费虽然难以用数字表达出来，但严峻的事实却是有目共睹的：彩电、冰箱、VCD、空调的"价格大战"仍在继续；全国房地产盲目开发出现约7000万m^2空置商品房；前些年尚属紧缺的大型商厦和写字楼现在已供过于求。

最后，城市过快发展带来的社会问题也越来越突出。大量农村剩余劳动力潮水般地涌向经济发展的"热点地区"和大城市，不仅增加了交通运输、城市基础设施、住房、治安、环境卫生的负担，使本来就十分拥挤的城市交通挤上加挤，交通事故和犯罪率明显上升，同时，在劳动就业方面还对当前城市下岗职工的再就业产生巨大冲击。

既然超前的发展战略带来诸多的城市问题，在国家采取了宏观调控措施后，为什么这种观念仍然挥之不去呢？笔者认为，这里既有认识的问题，也有体制方面的原因。

从认识上看，当前不少人对经济发展和城市化的长期性、阶段性没有足够的思想准备，特别是没有充分认识到要彻底改变我国贫困落后面貌的艰巨性。因此，往往把需要通过较长时间努力才能实现的目标缩短到3～5年来完成，这显然力不从心，而且适得其反。当然，城市的发展在遵循城市化一般规律的同时，由于发展条件的差异，也有其特殊的规律性。例如，深圳在不到20年的时间由一个边境小镇发展成为现代化的大都市，但深圳模式毕竟是在特定的地理环境、特定的时间和特殊的政策下形成的，这种超常规的发展速度不仅在我国史无前例，在世界上也绝无仅有，其他的城市以此作为超常规发展的依据，把城市发展的特殊性当做普遍规律生搬硬套，必然达不到预期的目标。

从体制上分析，一方面，随着我国经济体制改革的不断深化，政府的职能逐渐发生变化，目前正由扮演生产指挥者的角色转变为市场和企业服务的城市管理者，各市市长们也认识到其首要职责是抓城市建设的龙头——城市规划，制定城市发展战略，而不是单纯去抓产值。另一方面，在我国以经济建设为中心的发展阶段，各级政府仍然肩负推动经济发展的重担，考核干部政绩的标准主要看是否能把经济搞上去，实际上还没有完全摆脱"企业家"的角色。另外从思想方法看，目前虽已明确国民经济计划的性质由指令性的改变为指导性的，但在实际工作中，仍采取传统的行政命令的方法。

3. 21 世纪的展望

还有一年多的时间，我们将步入新的世纪。在经历了 20 年改革开放之后的中国城市应该怎样发展？笔者认为，在制定跨世纪城市发展战略时，要根据 20 世纪 90 年代的发展经验，认真考虑以下四个问题。

（1）走可持续发展之路。在城市化的过程中，城市的发展状况并非取决于人为的主观因素，而是取决于区域的资源、人口、环境、经济基础等因素的共同作用。城市可持续发展的实质就是从区域的角度出发，以资源的合理利用和良好的生态环境为发展基础，以实现长期稳定的经济持续发展为目标，最终不断地提高城市的物质文明和精神文明，以满足人口和社会的多方面需要。立足于资源、经济、环境的协调发展，就可避免城市超常规、跳跃式发展带来的种种弊端，促进城市稳定的而不是一时的发展。为此，建议国家决策部门以可持续发展为指导思想，编制全国性的社会经济发展战略规划和城镇体系规划，明确城市发展的主要方向和建设重点，进一步充实和完善"严格控制大城市规模，合理发展中小城市"的方针。

（2）根据我国国情，走城乡协调发展的道路。我国是一个人口大国，目前有 9 亿～10 亿人生活在农村和小城镇。在一定时期内集中力量建设好城乡联系的纽带——小城镇，也是实施可持续发展战略的重要手段，既可带动农村经济的发展，进一步缩小城乡差别，为我国的城市化打下坚实牢固的基础，又可避免农村大量剩余劳动力盲目流入大、中城市，导致城市规模骤然膨胀和由此带来的一系列问题。在当前我国城市产业结构调整、大批职工下岗的特定历史时期，这一点尤为重要。

（3）改变城市开发模式，走内涵发展为主、内涵与外延发展相结合的道路。我国人多地少的国情决定了内涵开发、集约经营是城市今后发展的必然趋势。这一开发模式的核心是提高现有土地的使用效率。通过产业结构的调整，用地功能的重组，应用级差地租的经济杠杆，在整体上取得最佳的综合效益，即城市用地结构合理，功能完善，生产、生活高效率；土地使用强度适量，城市生态环境优良，最大限度节约水土资源。城市内涵开发的前提是严格控制新区用地规模，鼓励旧城区的挖潜改造。与此同时，也要防止从一个极端走向另一个极端，如出现城区中"见缝插针"、"冻结城市规模"等现象。

（4）加强城市管理，继续转变政府职能。当前制约城市发展的主要因素是"软件"跟不上，城市管理薄弱、法制法规不健全、执法守法意识欠缺、致使交通拥挤、社会治安不良、建设无序、城市景观风貌杂乱无章、环境质量继续下滑等问题仍然相当突出。可见，只有把城市管理好，才谈得上将城市建设好。这个重任理所当然地落在各级政府和职能部门的肩上。

进入 21 世纪的城市规划[*]

新中国的城市规划已经历了半个世纪的历程。规划界常用三个"春天"对它的发展历程进行形象的概括。春天是充满生机和希望的季节，对城市规划而言，它不仅意味着一个视野良好的开端，而且还包含新的机遇和挑战。

城市规划的"第一个春天"是指第一个五年计划期间，在前苏联的帮助下，我国的城市规划从无到有，配合国家重点建设项目和重点城市的建设，发挥了积极的作用。这个时期的城市规划虽然保持浓重的计划经济色彩，内容也很粗略，取得的效果则是保障了城市有序而不是盲目的发展。令人遗憾的是好景不长，"大跃进"、"十年动乱"将城市规划引入持续不断的"严冬"。从 20 世纪 70 年代末开始的改革开放，不仅为我国社会经济的蓬勃发展开辟了一条广阔的道路，也为城市规划带来了"第二个春天"。其主要标志是，城市规划工作受到中央和各级政府的高度重视；城市规划的深度、广度远远超过以往的水平；城市规划的编制和管理进入了有法可依的时代，随着经济体制的转轨，城市规划的思想方法也开始与市场经济接轨。进入 21 世纪，城市规划又迎来它的"第三个春天"。一方面，我国西部大开发和城市化的战略，为城市规划的发展带来了新的机遇；另一方面，全球经济一体化，中国加入 WTO，又使城市规划面临更多的机遇和挑战。50 余年来，我国的城市规划正是通过一次次的机遇和挑战，在实践和挫折中不断发展和成长起来的。

1. 城市规划现状

城市规划是政府引导城市合理发展的一项重要职能，也是建设、管理城市的基本依据。鉴于我国当前正处在经济快速发展和城市化的加速发展阶段，其主要的任务是根据一定时期城市社会经济发展的战略目标，确定城市的性质、规模和发展方向，合理利用城市土地，全面安排城市空间布局，综合部署城市各项建设，实现城市持续、有序的发展。围绕着这一基本任务，目前已初步形成具有中国特色的城市规划体系；培育了一批以规划师为骨干的规划设计和管理的队伍；通过大量实践，城市规划在各级城镇的发展中发挥了越来越大的作用。

---

[*] 董黎明. 2003. 中国城市发展问题报告. 节选自：傅崇兰，陈光庭，董黎明. 北京：中国社会科学出版社，109 –
127

1.1 构建以城市规划法为核心的城市规划法规体系

城市规划作为政府指导城市发展和管理城市的职能,无论规划的编制、审批和实施,都必须根据依法行政的原则。改革开放前的经验教训表明,由于当时的城市规划缺乏应有的法律保障,一度成为可有可无的摆设,"规划规划,墙上挂挂"几乎成为人所共知的口头禅。

为了改变城市规划无法可依的状况,早在1979年粉碎"四人帮"不久,国家有关部门就开始着手起草《城市规划法》草案。在广泛征求意见和不断修改的基础上,1984年1月国务院以行政法规的形式首先颁布了《城市规划条例》,它标志着我国的城市规划正式被纳入法制的轨道。此后,经过长期的实践和反复论证,1989年12月全国人大常委会表决通过,正式颁布了《城市规划法》。从此,我国城市建设领域有了第一部国家的法律。它的颁布与实施,初步改变了城市规划"人治"的局面;同时也为其后一系列相关法规的制定提供了重要的依据。由于《城市规划法》是整个城市规划法规体系的核心,具有原则性和纲领性的特征,不可能对每个规划的细则和实施环节做出详细的规定,还需要一系列相应的法律法规与之配套,才能构成完善的规划法规体系。为了更好地指导城市规划的编制,国家城市规划行政主管部门又相继制定了《城市规划编制办法》、《城镇体系规划编制审批办法》等部门规章和相应的技术标准及技术规范。从横向看,以《城市规划法》为主干,我国还有大量与城市规划密切相关的法律法规,如《土地管理法》、《环境保护法》、《房地产管理法》、《基本农田保护条例》等。上述法律法规体系,有力地推动我国城市规划走向法制化的道路。

也要看到,近年我国城市规划的法制建设虽取得了很大的进展,但在实施过程中不可避免地也存在一些缺陷和问题。主要表现在:首先,我国的城市规划法规体系还不够完善,法律、法规的规范性和可操作性差,难以指导城市规划的编制和管理。例如,《城市规划法》第三条提出了划分城市规划区的要求,因缺乏划分城市规划区的依据和具体方法的条文,其结果,各市、镇编制城市总体规划划分的规划区五花八门。一些城市将整个市域范围都划为规划区;而有些城市的规划区只局限于城近郊的范围。这些不同做法出现的差异,给其后的规划审批、管理以及与其他规划的协调造成很大的困难。其次,《城市规划法》对严重违反城市规划应负的法律责任,由于规定得过于粗略,加之缺乏应有的监督机制,以至在规划的实施和管理过程中,各种违法违规的现象屡见不鲜,甚至还出现个别执法者滥用职权公开违反城市规划法,给国家造成巨大损失的恶性事件。最后,从城市规划的审批过程看,当前按城市规划法实行分级审批的制度无疑是完全必要的,问题在于对大城市和省会城市总体规划审批的程序过于繁杂,耗时太长,在此期间由于城市发展很快,原规划刚刚获得批准,就已"过时",不适应新形势发展的需要,只得重起炉灶,再度修编总体规划。上述种种问题表明,我国城市规划法规体系,还有一个在实践中不断修正、不断完善的过程。

1.2 以物质实体为主要内容的规划编制

城市既是一个物质实体,同时也是一个社会经济实体,城市规划不仅要创造良好物质空间环境，同时也要造就舒适、安定的社会环境。鉴于我国目前仍处于工业化和城市化的起步阶段，城市发展面临的主要问题如水土资源的合理利用、环境的治理、住房条件的改善、基础设施的建设等，都需要通过扩大生产、不断增强物质基础的途径才能妥善解决，因此处在这一阶段的城市规划，必然也要以物质空间的规划作为其主要任务和内容。根据现行的城市规划编制办法，我国城市规划具有以下三个特征。

1.2.1 城市规划被划分为两个阶段

城市的发展是一个动态过程。面对这一现实，以城市为对象的规划也是处于不断滚动、调整的过程。根据《城市规划法》，我国城市规划分为总体规划和详细规划两个阶段。不同的规划阶段，城市规划的内容、深度和空间范围是不一样的。城市总体规划以整个城市为对象，侧重解决城市发展战略性的问题，如城市的性质、人口与用地规模、发展方向、城市空间格局与城市土地利用，城市综合交通及其他基础设施的规划布局等。其核心内容是用地的功能组织。大量的实践表明，城市总体规划对城市的合理发展不仅发挥重要的引导和调控作用，同时也是详细规划不可缺少的依据。由于总体规划是一个粗线条的规划，从规划实施的角度看，总体规划的深度尚不能完全满足管理的要求，因此城市总体规划完成审批后，还需要编制详细规划。

如果将规划作为完整的过程，详细规划也可视为总体规划的继续或总体规划的深化。它以总体规划为依据，对城市局部地段的建设和规划管理提出更为具体的要求。从内容和深度看，我国的详细规划又分为控制性详细规划和修建性详细规划。前者采用一系列控制性的指标对不同的规划地块作出法定性的规定，而后者是按照控制性详细规划的要求，对即将开发修建的地段进行更细致的安排。如果说总体规划多少还包含一些社会经济发展的内容的话，详细规划几乎是清一色物质形体的规划和工程技术的内容。

从城市化和生产力发展阶段的要求分析，我国城市规划把重点放在物质实体的建设方面是无可非议的。但毕竟城市也是一个社会实体，城市居民才是决定城市命运的主人。城市规划如果脱离居民的需要，只抓物质文明而忽视精神文明的建设，只吸取规划师、开发商和政府官员的价值观念而将居民的切身利益排除在外，所编制的城市规划肯定是有缺陷的。实际上我国城市的发展已面临许多社会问题，如大量的民工潮拥入城市、城市人口的老龄化、城市居民的就业、社区的规划管理等，但城市规划在这些方面仍显得苍白无力。

1.2.2 重视区域地理环境对城市发展的影响

早在20世纪30年代，西方的城市规划学家和地理学家在《雅典宪章》和"中心地"等理论中，就提出了城市要与其周围影响地区作为一个整体来研究的思想。因为城市的发展离不开区域赋予的资源、劳动力、市场、区域基础设施等条件；反过来，城市作为地区政治、经济、文化的中心，又以其雄厚的产品、技术、资金、信息向周围地区及其他城市扩散，相互之间形成复杂的社会经济联系。

基于上述认识，我国城市规划工作者强调城市规划必须以区域规划为依据，反对"就城市论城市"，在实践中积极参与区域规划和国土规划的编制和研究，20世纪80年代的《京、津、唐国土规划》，90年代《陇海—兰新地带城镇发展研究》等，都是城市规划与区域发展相融合重要成果。鉴于区域规划的编制一向由计划部门主管，这项工作一时又难以与城市规划衔接，为了适应"市带县"体制改革的需要，将区域城镇的合理发展与城市总体规划紧密地结合在一起，充分发挥中心城市的作用，"七五"期间我国不少城市开始探索编制市域规划和城镇体系规划，在总结实践经验的基础上，我国《城市规划法》正式将带有区域规划性质的市域（县域）城镇体系规划纳入到城市总体规划中。而且还规定"国务院城市规划行政主管部门和省、直辖市人民政府应当分别编制全国和省、市、区的城镇体系规划，用以指导城市规划的编制"。

市域城镇体系规划的内容侧重于区域城镇发展条件的分析，预测区域人口规模和城市化水平，通过规划途径，使区域城镇的规模等级结构合理，城镇之间的职能分工明确，空间分布有序，区域基础设施的建设协调。值得注意的是，市域城镇体系规划虽具有大量区域规划的内容，但用以指导城市总体规划的作用并不显著。究其原因，首先是地方政府对此不够重视，他们更关心的是政府坐落的中心城市的建设，更偏好物质实体的规划；其次，城镇体系规划与总体规划分属不同的空间层次，两者是面与点的关系，前者是后者的发展依据，按正常的工作程序，应先编制市域城镇体系规划再完成总体规划，但我国的城市规划的编制办法将市域城镇体系规划作为城市总体规划的一个组成部分，客观上降低了市域城镇体系规划的作用。相比之下，近年浙江、江苏等省开展的省域城镇体系规划显示了宏观空间规划的作用，如浙江省制定的城市化战略，江苏制定的大都市区的发展规划，都是在省域城镇体系规划的指导下进行的。

1.2.3 近远期结合，偏重远期发展

城市建设被称为"百年大计"，一般情况下，一个中心城市的形成发展至少需要几十年的时间，同样，实施城市规划的各项内容，也非短期内能实现。例如，北京的地铁交通，从20世纪60年代开始，用了40年的时间只完成了三期工程，余下的规划线路还要延续到21世纪才有可能完成。这就决定了城市规划比其他的规划具有更长的规划期限。根据城市规划编制办法，我国城市总体规划的期限：远期一般为20年，对某些规划内容，如远期的城市布局形态和用地范围，甚至要展望30～50年。与此同时，为了使当前的建设和长远的发展有机地结合在一起，并将近期需要实施的规划项目纳入国民经济五年计划中，城市总体规划还包括近期建设规划的内容，规划期限5年。从城市规划的图纸和文件可以看出，绝大部分的工作和内容偏重于远期的发展。

从城市建设的规律和规划的实施过程分析，城市规划采用较长的规划期限是有道理的。问题在于，城市的发展是一个动态过程，特别是我国正处于经济、城市化快速发展的阶段，受种种条件的限制，规划师很难准确预测某个城市未来20年的经济、人口、社会的变化。一旦城市的发展突破远期规划的目标，一切又得从头开始，再次修编或调整总体规划。鉴于总体规划内容庞杂，从修编到审批，往往耗时数年，如此来回变更，城市规划编制实际成为无规律可循的滚动的运作模式。对近期建设规划而言，虽然对实施城市总体规划具有十分重要的作用，但其地位仅是一项专题规划，其内容也无法与规划管理衔接，缺乏可操作性；而且在长达20年的规划期内，只作前5年的建设的一次性安排，而后15年各发展阶段的建设重点、时序、项目并没有在总体规划中反映出来，这样既不利于分阶段地实施总体规划的目标，也给后续的规划管理带来困难。

1.3 初步形成多学科组成的城市规划力量

长期以来，城市规划属于建筑学的一个分支，因此改革开放前城市规划技术人员不仅

数量少，而且结构单一，多数技术骨干来自建筑、土木、市政等工程专业，我国城市规划专业的设置和人才的培养在"文革"前也由同济大学等工科院校承担。这种人员组合，在城市规划的初创阶段尚能满足物质实体规划的要求。随着城市规划事业的日益发展，城市规划已从建筑学独立出来，形成由多学科组成的一门综合性的学科，此时单一的建筑学已不适应城市规划工作的需要，城市规划人才结构的多元化已成为必然的发展趋势。

当前，一方面，以建筑、工程为基础的规划师仍是城市规划设计的基本力量，在充分发挥其原有专业特色的同时，近年工科院校城市规划专业为了适应城市规划多方面的需要，也增加了区域规划、城市地理、城市生态环境、城市经济、城市社会学等方面的课程，尽可能拓宽他们的知识、业务领域。另一方面，城市作为一定区域的中心，显然不能脱离区域的条件孤立地发展，为了加强区域分析研究和各级城镇体系规划的工作，改革开放之后地理学不仅参加了大量城市规划的实践，同时也为城市规划设计管理部门培养不少人才，成为规划队伍中的新生力量。除此之外，我国城市规划设计和管理机构还吸纳了部分园林、环境生态、测绘、计算机等方面的人才，遗憾的是，城市作为一个社会实体和经济实体，目前规划机构尚缺乏一定数量从事社会经济规划的人才。

为了提高城市规划的设计管理水平，并与国际接轨，我国从 2000 年开始实行全国城市规划师执业资格考试制度，通过《城市规划原理》、《城市规划管理与法规》、《城市规划实务》、《城市规划相关知识》4 门课的严格考核，全国已有 7000 多名（包括认定的城市规划师在内）人员通过注册城市规划师的考试。他们分别来自各类城市规划设计院、城市规划管理部门以及大专院校，构成我国城市规划的中坚力量。需要提及的是，城市规划作为一个过程，从规划的编制到后续的规划管理工作应该有机地衔接在一起。由于受到体制的影响，我国的规划编制与管理基本上是分家的，编制城市规划的规划师对城市管理的要求和相关的法律法规往往了解甚少，而工作在规划管理机构的人员由于未参与城市规划的编制，也难以理解城市规划的意图，这种状况，不利于城市规划的实施。

2. 城市规划面临的挑战

城市规划既是一门涉及面广的交叉学科，又属于政策性、导向性强的政府行为，因此它的发展必然受到多方面的影响，特别是我国经济体制由计划经济向社会主义市场经济转轨期间出现的种种变革，以及经济全球化、我国加入世贸组织出现的新形势，既给城市规划带来新发展的机遇，同时也面临许多问题，其中较突出的表现在以下三个方面。

2.1　传统的规划理论无法解决城市之间激烈竞争的现实问题

现代城市不是一个孤立的小岛，城市之间既有优势互补、相互促进、协调发展的一面，同时也存在相互争夺资源、争夺资金、争夺产品市场即相互竞争的一面。正是这种相互依存、相互制约的关系，推动城镇体系和城市化的发展。问题在于，受传统的计划经济体制的影响，当前的城市规划理论只强调城市之间协调发展的面，而忽视其相互竞争的一面，从而受到市场经济的大潮严厉的冲击。

众所周知，在计划经济体制下，城市发展所需的资源、劳动力、资金和产品销售市场都是通过自上而下的计划安排的。地方城市政府手中一无资金，二无项目，没有发展的自主权，因此城市之间的竞争也就被淡化了。对城市规划而言，只要以国民经济计划为依据，根据劳动地域分工和城市职能优化组合的理论，合理确定城市的性质和发展方向，就不难做到将建设项目落实到空间地块，引导城市合理发展。但是，这种理性的规划观念与现实生活相差甚远。因为在市场经济条件下，国家计划下达的投资项目和建设资金越来越少，城市要发展，必须依靠自身的力量，通过市场的途径取得劳动力、技术、资金和项目，因此，"招商引资"、"筑巢引凤"几乎成了各级政府一项十分重要的职责，为了达到预期的发展目标，地区与地区之间、城市与城市之间展开了激烈的竞争。

从区域的发展态势看，在计划经济时期，由于国家基本建设重点投向资源丰富、国防相对安全的东北、华北和西部"三线"地区，我国东南沿海虽有雄厚的经济基础和技术力量，但因投入少，经济和城市发展缓慢，地处海防前线的温州市人均基本建设投资只及全国平均水平的1/7，城市基础设施缺乏，人均建设用地只有30余平方米，是全国基础设施最差、最拥挤的城市之一。改革开放之后，东部沿海地区充分发挥其区位、技术、人才、管理等方面的优势，通过市场竞争，迅速崛起，已成为我国经济发展水平和城市化水平最高的地区。据胡兆量（1996）的研究，1978～1991年华南在全国国民生产总值的比重上升了5.37个百分点，相比之下，东北、华北及京、津两直辖市国民生产总值均有不同程度下降，其中东北下降了2.78个百分点，同样，西部地区也呈下降趋势。

城市之间的竞争无处不有，更为普遍激烈。从最高等级城市开始，北京与天津，两市近在咫尺，皆为中央直辖市，北京是全国的政治文化中心，拥有人才、智力资源和旅游资源等方面的优势；天津则是我国北方最大的经济中心，拥有雄厚的港口、外贸和工业基础。理论上两市在职能上应优势互补，合理分工，协调发展。实际情况并非如此，在生产上，京、津的产业结构大同小异，经济上很少协作交流，北京是我国最大的高新技术产业研制中心，但几大公司——联想、方正、四通将电脑的生产均放在遥远的广东，并没有在"首都圈"内扩散；在基础设施的使用方面，天津拥有全国最大的集装箱码头，北京舍近求远，在河北与唐山合作建京唐新港；北京国际机场虽经几次扩建，现在又人满为患，而天津机场却冷冷清清。此外，长江三角洲的苏、锡、常现象，广西北海、钦州、防城3个港口城市争当西南大通道出海口的现象，都无法用传统的城市职能"优化组合"、生产力"合理配置"的理论解释清楚。另一个值得注意的趋向是在市场经济条件下，不少地方中心城市——省会、地级市、县城，在经济发展和城市建设等方面受到区位条件优越、改革开放取得较好成效的城市的挑战，如省级中心城市中的沈阳与大连，济南与青岛，杭州与宁波，广州与深圳之间的竞争。即使在同一行政辖区内，城市之间的竞争也十分普遍，如山东济宁市域中的济宁、曲阜、兖州、邹城；浙江金华地区中的金华、义乌、东阳等。上述城市在经济上已不是单纯的行政隶属关系，应该从市场经济的角度进行分析评价。

地区之间、城市之间的竞争有利也有弊，既不能一概肯定，当然也不能完全否定。首先应该看到，城市的竞争可以调动每个城市发展的积极性，现在地方政府再也不可能完全依靠国家计划下达的项目和资金去实现城市的发展目标，他们更多的是发挥地方的优势，通过市场的途径引进资金、技术，人才，不断地滚动发展，最终壮大自己的力量，加快了经济发展和城市化的步伐。1990～2000年，我国的城市化率由26%提高到36%，达到平均每年上升 1 个百分点的高速度。一方面，在此期间，一批新兴的地方中小城市异军突起，成为推动城市化的重要力量。浙江的龙港是完全依靠地方力量发展起来的一座"农民城"，在不到 20 年的时间由一个沿海渔村迅速发展成 20 余万人的现代化城市，城市的人口规模和经济实力远远超过其上级行政管辖单位——苍南县城。另一方面，市场经济固有的弊端使城市之间的发展和竞争带有很大的盲目性和私利性，其付出的代价必然是大量的重复建设，城市职能的趋同化，自然资源的浪费，生态环境的恶化，社会两极分化的加深以及地区经济差异的扩大。就生态环境来说，我国在城市快速发展的同时，全国有 2/3 的城市严重缺水，自然界对城市的"惩罚"——洪水、沙尘暴、水土流失、大气污染也越来越频繁。

面对新时期城市化动力机制的变化，我国城市规划应该认真研究社会主义市场经济的规律，逐步摆脱传统的理性规划思想和观念，探索引导城市在市场经济中通过竞争合理发展的规划理论方法。例如，以往遇到城市之间竞争激烈、矛盾激化的时候，很多规划师以为只要通过调整行政区划或将他们合并在一起就能解决问题，或者干脆编制跨行政区——都市区的规划，用规划师自己的价值观念代替地方的发展意向，将这些城市统一、协调起来。实践表明，完全采用行政手段的规划理念不一定奏效，因为在市场经济中，城市之间属于公平、公正的竞争，每个城市无论规模大小，级别高低，在经济发展中统是伙伴关系，只有"双赢"，即各方都认可的规划思想，才能在我国的城市规划中摆脱传统的理念，走出一条新路。

2.2　城市规划的双重角色——规划师的无奈

改革开放以来，地方各级政府根据城市规划法，积极领导、组织编制和审批城市规划，并按照规划管理城市，对推动我国城市规划的发展发挥了重要的作用。因此，组织、领导城市规划的编制，无疑是各级行政领导的重要职责。但是，领导者如果取代规划师的职能，或让规划师按自己的价值观念编制城市规划，过多地介入城市规划具体内容的编制，就会出现适得其反的结果。可以说，当前我国城市规划出现的许多问题不完全出自规划师的笔下，由于某些地方政府领导代替规划师的角色，许多规划指导思想、甚至包括具体的方案，实际上反映的是领导者的意图。

2.2.1　城市规划中的所谓"大手笔"

在编制城市总体规划的过程中，不少地方领导要求规划编制单位采用所谓"高起点"、"大手笔"进行规划。具体表现为：①超常规的城市发展战略，要求在规划期内城市拥有 20 世纪 80 年代深圳那样的发展速度；城市化的水平也高得出奇，不少地方 2020 年规划的城市人口比重达到 65% ~70%，平均每年增加 1.5 ~2 个百分点。如果全国按这一水平规划，就意味着每年净增 2000 万 ~2600 万城市人口，就业岗位何在？②城市大规模，空间大架子。虽然 20 世纪 90 年代初遍地开花的"房地产热"和"开发区热"导致城市规模过大的思潮在国家宏观调控后一度有所收敛，但这两年又有所抬头，由中小城市一跃规划成百万人大都市的现象屡见不鲜，根据地方领导"再造一个新城"，"再建一个新区"的思想，城市的用地规模也成倍增长，城市空间拓展仍然采用外延、圈地的粗放开发模式。③大广场，大马路，摩天大楼构筑现代化的城市景观。即使规划师已认识到，城市的现代化与"大"没有必然的联系，但我国城市规划建设中的大"广场热"、"CBD 热"仍在升温，某中等城市的一个区中心广场，用地规模28hm²，相当于7个北京火车站的站前广场；为了提高城市的形象，西部地区的一个县城拟将环城道路的红线宽度扩大120m，相当于北京的长安街；尽管"9.11"事件之后摩天大楼已受到普遍的质疑，但我国城市的高层建筑仍像雨后春笋，一个比一个建得高。

2.2.2 城市性质与定位的误区

拟定城市性质涉及城市的科学定位，即究竟建设什么样的城市？城市的主要特色是什么？其目的是明确城市的主要发展方向，充分发挥城市的比较优势。这一规划内容只有从区域的角度分析比较城市的发展条件和差别，才能揭示城市的本质特征。现在一些城市只讲自身的"优势"，城市定位普遍"高"而"全"，不切实际地提高城市的职能等级、地位，20 世纪 90 年代我国有数十个城市将其定位为"国际性的大都市"。实际上，按照客观的标准，我国能形成国际性大都市的城市也只有上海、北京等寥寥几个；进入 21 世纪之后，"国际大都市"热开始冷却，取而代之的又是"生态城市"热。不少城市把自己定位为"生态城市"，以提高城市的地位。应该说，根据可持续发展战略，不断提高城市生态环境的质量是当代我国每个城市都应共同遵循一个重要目标。但是，生态环境质量的好坏只是城市现代化的一个重要标志，它并不能反映每个城市在全国或区域政治经济中承担的主要任务和地位，因此，"生态城市"不属于城市性质的范畴。即使将生态城市作为城市建设的战略目标，也值得研究，其原因是城市空间范围有限，又积聚了大量的人口和经济，消耗大量的物质、能源，增加一定数量的绿地面积，只能改善城市生态系统的结构，提高环境质量，无法实现城市生态系统物质能量交换的平衡。在"生态城市"的内涵尚未研究清楚——既无公认的定义，又缺乏统一的评价标准的情况下，随意将城市定位为"生态城市"只能说是一种主观的愿望了。

2.2.3 行政中心大搬家

如果说十几年前政府的行政机构由主城区迁往新区属于个别案例，近来在规划和实践中已成为十分普遍的现象了。特别是有些城市不仅市级的行政中心要另择新址，区级的中心也上行下效，照搬无误。规划的行政中心占地面积颇大，一般数十公顷甚至超过 1km²，多数采用现代化的办公大楼外加大型广场的模式。这是地方政府规划价值观念的又一种表现形式。

城市是否要规划新的行政中心，涉及许多复杂的因素，要具体情况具体分析，不能一概肯定或否定。但至少有一条理由不见得完全成立——行政中心搬迁可以促进新区的发展。城市发展的规律表明，城市规模的大小主要取决于城市基本职能，即城市对外服务职能如工业、对外交通等产业的规模和发展速度，基本部门的拓展不仅需要增加大量职工人数，同时也要配备一定数量的服务设施和相应的服务人员。由此可见，城市新区的发展必须有相应基本部门或产业支撑，才能发展起来。市、区级的行政中心属于为城市本身服务的职能，服务人口有限，在新区没有一定规模的基本部门之前就急于建设行政中心，反而削弱了其服务的效率，因为市、区级的政府机构离城市的核心区域过远，脱离广大的市民，办起事来就很不方便。

在城市总体规划的编制中，为什么地方政府的干预主要集中在以上三个领域呢？首先，从宏观的经济环境看，在社会主义市场经济条件下，城市的发展主要是通过城市之间的竞争实现的。不少地方政府的领导坚信，只有将城市做强做大，才能提高城市的知名度和竞争力，从而得到更多的外来项目和建设资金。另外，加快城市的发展速度，也能缓解人口就业的压力，因此，在确定城市的性质和发展规模时，往往是宁多勿少，项目来者不拒；城市宁大勿小，规模越大越好。其次，现行考核干部政绩的标准和五年一换届的体制，也容易促使地方政府在城市建设中的短期行为，甚至做表面文章。例如，集中力量搞新区开发，或搞城市形象工程，新的中心短期内可立竿见影；反之，在人口稠密的老城区进行改造，三五年内不一定见效。

规划师的无奈在于，地方城市政府领导作为城市规划的组织者，与规划的编制者事实上是一种领导与被领导关系，因此，当领导者介入城市规划的编制，同时又与规划师的观念发生矛盾冲突的时候，通常是以规划师的服从或退让而告终。这也是在城市规划中政府领导担当双重角色产生的必然结果。

2.3　房地产业——我国城市规划建设的双刃剑

在城市土地无偿使用、住房实物分配的计划经济体制下，我国的房地产业几乎胎死腹中，有名无实。是社会主义市场经济的大环境和土地使用制度、住房分配制度的改革，将我国的房地产业推向了一条蓬勃发展的道路。短短 20 多年，房地产业一跃成为了国民经济新的增长点和消费热点，近年我国 GDP 的增长保持在 7.5% 左右，已是很高的发展速度，同期房地产业则是以两位数的发展速度增长。2001 年全国房地产业投资和销售的增长率则分别达到 28.2% 和 22.3%，更显示了这一产业强劲的发展势头。从城市规划建设的角度分析，房地产业犹如一把双刃剑，它的发展，一方面使城市受益匪浅；另一方面，房地产开发商和规划师价值观念的矛盾和冲突，在市场经济条件下，又使城市的规划建设陷入十分被动的局面。

从动态的和物质实体建设的角度看，城市规划与房地产开发是城市发展过程中两个关系十分密切的环节。城市规划为城市的远景发展构筑了一个美好的蓝图，但要将规划的设想变为现实，必须依靠房地产业的发展。否则，再好的城市规划，也只能"墙上挂挂"。归纳起来，我国房地产业对城市发展的贡献主要表现在：①加快了城市化的步伐。在计划经济时期，由于城市的房屋建设完全依靠国家投资，1950～1975 年全国累计住房竣工面积只有 4.4 亿 m²，仅相当于现在一年的房屋竣工量，远远不能满足城市化的需求，城市化的速度低于同期世界每年提高 0.34 个百分点的平均水平，改革开放后的 20 年间（1978～1998 年），按可比口径，全国累计住房竣工面积约 35 亿 m²，城市化率由 18% 提高到 30%，平均每年增长 0.6 个百分点，城市的数量也由 188 个迅速发展到 670 个。②为城市建设积累资金。房地产业是国家和地方财政收入的重要来源，经济发达的国家如美、日、英、法等，房地产业的产值通常占 GDP 的 10% 左右，我国虽然房地产市场尚未健全，但它为城市建设的贡献不可小视，北京市 1999 年出让土地获得地价款达到 100 亿元，相当于每年城市基础设施投入量的 1/2 左右。③提高城市居民居住水平，改变城市面貌。计划经济时期，我国城市居民的人均住房建筑面积长期徘徊在 7m² 左右，住房紧缺成为制约城市发展的重要因素，在房地产业迅速发展的今天，2001 年我国城市人均住房建筑面积已达到 21m²，提前进入小康水平。城市面貌的变化更是日新月异，以致许多"老北京"、"老上海"竟然都不认识自己长期生活过的地方。

在市场经济条件下，房地产开发商与规划师的价值概念毕竟存在很大差异，有时甚至是完全对立的。总体上看，由于房地产属于风险大、利润高的行业，因此开发商强调的是经济效益，即没有利润或利润很低的开发项目，房地产开发商是不会去干的；反之，只要有利可图，哪怕环境效益和社会效益很差，甚至牺牲城市的整体利益，开发商也乐于选择这样的项目。城市规划师强调经济、社会、环境效益的协调，在三者发生矛盾冲突时，规划师通常将环境效益和社会效益摆在首位。由于双方的价值概念不同，规划师与房地产开发商经常发生矛盾冲突。奇怪的是，城市规划实施过程中有时也不得不迁就开发商的要求，因为地方政府担心如果损害了开发商的利益，投资项目就会"飞掉"。在政府的压力下，城市规划经常被迫修改方案，非但不能发挥引导房地产合理发展的作用，反而成为开发商的工具。这样的例子并非个别现象，当前仍十分普遍。主要表现在三个方面。

2.3.1 "圈地运动"仍在持续

土地是房地产业发展必不可少的物质基础，也是房地产盈利的重要手段，特别是土地的价值在市场中显现之后，对开发商来说，想尽办法获取廉价的土地就成为房地产开发的一个关键。同样，土地也是各级政府取得资金的主要来源，"筑巢引凤"，"以地生财"，经营土地则是城市政府重要的发展策略。因此，1992～1993 年的"开发区热"和"房地产热"，曾出现过前所未有的"圈地运动"全国大大小小开发区数千个，每个开发区占地超过 10km²，多者达数十平方公里，使国家珍贵的土地资源受到巨大的损失。此后国家采取了清理开发区等一系列宏观调控政策，大规模占地的势头受到抑制。进入 21 世纪，在加快城市化进程的新形势下，"圈地运动"又悄然抬头，只不过形式发生了变化。常见的形式有：①建设新城、新区，扩大城市用地规模。我国南方某市现状建成区面积只有 20 余平方公里，10 年内其规划新增加的建设用地达到 51km²，几乎等于原来用地面积的两倍。②建设大学城、科技园区。现在每个大中城市都利用教育、科技事业的发展，大做土地的文章，每个大学城（科技园区）占地少则几千亩，多的达到数万亩。应该说，发展科技、教育事业无疑是未来城市发展的重要方向，但其规模大小必须符合我国国情，不能借此机会"狮子大开口"。更不能打着教育的旗号搞房地产开发。③以生态农业为名，大搞旅游度假设施。近年旅游度假和高档房地产的开发用地受到严格控制，开发商借生态建设之名，暗度陈仓，圈占了不少郊区的农业用地。以建高尔夫球场为例，这类为少数人服务的高档体育设施占地数量巨大，一个 27 洞的标准高尔夫球场面积超过 2000 亩，练习场占地数百亩。目前我国高尔夫球场建设成风，遍及新疆、西藏等 22 个省、市、区，其中仅广东省就有 17 个城市建有球场。值得注意的是我国上海、北京、深圳、广州这样的大都市，郊区皆为良田，人均建设用地偏低，用地供需矛盾突出，但 4 个城市的高尔夫球场数量多达 41 个。

2.3.2 过度开发和"破坏性"的建设有增无减

所谓"破坏性"的建设指房地产开发项目对周围的环境、历史文化乃至整个城市的景观特色产生的负面影响。在市场经济条件下，开发者往往只考虑经济效益，其行为虽然不是蓄意对城市进行破坏，但由于不考虑对周边环境、乃至整个城市环境的影响，开发项目对外界产生的副作用则是带有破坏性的。这就是城市建设行为的外部性。其表现形式多种多样。

首先，不少地方在开发和建设过程中无视自然规律，将人的主观意志强加给自然界，导致生态环境的恶化，最终遭到自然界的报复。从 20 世纪 90 年代开始出现的开山推土和填湖造地的开发潮，虽然给房地产的发展增加了一些新的用地，但留下的洪涝灾害和水土流失的后遗症至今仍然没有消除。长江中下游人口、城镇稠密，大小湖塘广泛分布，近年因大量填湖造地，湖泊面积迅速减少，逐渐失掉调节洪水的作用，加之不少城市在河道内大兴土木，进一步压缩行洪面积，致使洪涝灾害日益频繁，对城市威胁越来越大。长江 1991 年、1996 年、1998 年连续发生 3 次特大水灾，仅 1991 年的水灾就造成 2100 亿元的经济损失。1998 年我国从南到北，珠江、长江、松花江流域同时出现的洪涝灾害，又付出了 2500 亿元损失的经济代价。1996 年广西柳州水灾，城区 98% 的面积被淹，最大水深 10 余米。同样，过量开发，大规模抽取地下水，也会产生地下水资源枯竭、地面下沉等严重的后果。据水文地质部门对我国 58 座城市的调查，对地下水过量开采的城市达到 38 座，占 65%。全国有 40 座城市出现不同程度的地面下沉，甚至地处江南水网的苏、锡、常城市密集区，地面沉降区已连成一片，超过 $1000km^2$，最大沉降量达 2.2m。

其次，房地产商为了降低土地开发成本，不断提高建筑的容积率；某些地方领导误认高层建筑是城市现代化的象征，两种思潮汇合在一起，促使摩天大楼风起云涌，遍布于省会以上的大都市。例如，上海市改革开放前建设的高层建筑累计不到 200 幢，建于 20 世纪八九十年代的高层建筑近 2700 幢，其中百米以上的超高层建筑有 100 多幢，目前经过批准在建的高层建筑还有 1000 多幢。北京作为举世闻名古都和历史文化名城，贯穿老城区南北中轴线上分布一系列独具中国特色的宏伟建筑群，由大量四合院组成的民居，构成传统的古都风貌。虽然城市规划对老城范围内的建筑高度进行了严格的控制，然而在 $62km^2$ 的古城范围内充斥了大量诸如"东方广场"那样的庞然大物，逐渐取代原有的城市风貌。此外，过多的高层、超高层建筑集中在一起引发的日照通风不良、"热岛效应"、光污染以及安全隐患等负效应，也日趋严重。

2.3.3　公共服务设施无人问津

当前城市开发的另一个怪圈是开发商热衷于开发庞大的大学城的同时，在小区建设中，那些最基本的教育设施——中、小学校，托儿所、幼儿园几乎成了被遗忘的角落；开发商打着"以人为本"的旗号，将居住区为少数人服务的"会所"作为公共活动的中心。在我国刚刚步入小康水平的今天，广大居民更需要普通的教育、医疗、老年人和青少年的活动场所，而不是高档的康乐、休闲有盈利的服务设施。当前公共服务设施需求的错位，只能说明市场经济的缺陷，即非盈利的公共设施是不可能通过市场的调节进行合理配置的，这部分设施必须作为强制性的内容通过城市规划实现。

3. 发 展 趋 势

在城市化的不同阶段，由于城市发展需要解决的问题不同，以及影响城市发展因素有所变化，因此，我国城市规划也要适应工业化、城市化和社会经济发展的需要。进入 21

世纪，在全球经济一体化、中国加入 WTO 的大环境中，必然促使我国的城市规划与国际接轨；我国改革开放的进一步深化，工业化与城市化的加速发展，人民物质生活水平的不断提高，要求城市规划贴近社会经济发展的战略目标，使其运作和管理体制更加完善。

3.1　城市规划面向全球

如果说，20 世纪我国的城市规划的视野还主要局限在国内的话，21 世纪我们的规划体系必然会与世界联系在一起，因为人类已步入了知识经济、信息社会和经济全球化的门槛。这个时代的基本特点是，知识和智力资源、科技创新逐步代替了工业化社会土地、原料、设备等物质要素的作用，成为推动生产力发展的基本因素；作为知识经济标志的信息产业成为发展最迅速的产业部门；由于当今信息传输的速度快，成本低，容量大，从而促使世界各国的经济联系越来越密切，各种资源和产品跨国的流动越来越大。在全球化的过程中，空间经济结构的重组引起区域与城镇体系的变化。

对我国来说，最先受经济全球化影响的范围应该是沿海区位条件优越的大城市和劳动力资源丰富的经济区域，这类城市、区域的发展和城市化的进程，除了依靠自身的力量和传统的国内市场外，还有大量的资金、原料、技术、产品需要仰赖国际市场，一个城市获得外资项目的多少往往对城市的发展速度、就业岗位乃至基础设施的建设，都具有举足轻重的作用。这就要求城市规划在分析城市化的动力机制、对城市进行功能定位、确定城市的发展规模等方面，必须考虑内部和外部世界的双重影响。我国在 2001 年加入世贸组织后，进一步加速了中国与世界各国的经济联系，随着国外各类公司、企业、金融、中介的大量拥入，市场的竞争将变得更为激烈，我国除总体规划之外，其他的规划领域已不再由国内的城市规划设计机构垄断，国外的规划设计单位通过招标等合法的途径，同样可以参与我国的规划设计。在公平竞争的条件下，虽然我们会失掉一些规划市场，但可以激励国内的规划设计机构不断提高城市规划的科学和设计水平。

3.2　城市空间发展战略规划研究悄然兴起

2000 年 6 月，广州市在着手新一轮总体规划修编之前，借鉴新加坡等国的经验，邀请 5 个规划设计单位进行城市总体发展概念规划的探索。基本内容是研究城市发展的总体目标，功能定位，合理容量和空间结构模式，此外，根据需要，还对城市的产业发展、环境生态及重大的基础设施的建设进行研究。继广州之后，我国不少大城市如南京、杭州、宁波、合肥、济南、成都、哈尔滨、呼和浩特等，都在开展此类规划的研究，今后还有继续发展扩大的势头。由于概念规划的内容涉及城市空间的发展战略，所以又称为城市空间战略发展规划研究。

城市空间发展战略规划研究的内容与总体规划纲要阶段的内容有许多相似之处，但为什么有如此大的发展势头呢？究其原因，主要是我国城市规划的编制体系不适应城市快速发展的需要。如前所述，我国的城市规划分为总体规划和详细规划两个阶段。总体规划无论编制的程序、内容和审批办法都十分繁杂，一个大城市的总体规划从编制到获得批准，一般需要 2～3 年，多则 5～6 年，最长达 8 年。在经济发展和城市化高速发展的今天，具有法定意义的总体规划由于赶不上城市发展的变化，实施中成了"马后炮"，无法有效指导城市各项事业的发展。相比之下，城市空间发展战略研究内容简明，重点突出，强调多种方案思路，无须漫长的审批程序，具有较大的弹性和灵活性，因此很受地方政府的欢迎。

综上所述，城市空间发展战略规划的主要作用是：①有助于探索一条科学、高效、符合我国国情的城市规划编制体系，及时发挥城市规划的导向作用；②在规划中增加了研究的内容，使城市规划的依据更为充分可靠；③为其后的城市总体规划修编打下良好的基础，可以减少总体规划纲要的工作量。

同时我们也应看到，战略规划毕竟是一种规划思路，具体实施起来还有许多问题需要解决，可操作性差；加之缺乏审批程序，即使实施也无法律依据，在今后一段时间内尚无法代替总体规划的作用。

3.3 进一步体现以人为本的思想

虽然我国的城市规划已脱离了计划经济时期神秘主义的阴影，可以向社会公众展示。但当前规划反映的价值观念，绝大部分仍是规划师、地方领导甚至还有开发商的思想。由于普通居民处于旁观者的地位，以致许多诸如大广场、大马路、摩天大楼的"形象工程"规划，并不符合广大居民的需要，实施中虽花了不少纳税人的钱，却没有得到广大公众的认可。因此城市规划要做到以人为本，核心是群众对规划的参与监督，解决城市居民最迫切的要求。公众参与在一些发达国家已有先例可循，这些国家的居民不仅参与社区的重建和复兴规划，甚至也参与了总体战略规划的编制。

当前我国的规划编制已开始进行社会调查，搜集群众的意见；居住区规划开始从国外引入社区的概念，表明规划师已将居住区视为由不同类型居民构成的社会单元，将规划设计的目标直接对准了人而不是房屋等物质实体。在老城区的更新改造中，一些城市政府的官员已开始与持有不同意见的群众对话。在此基础上，今后我国的城市规划完全可以从聆听居民的意见和要求开始，在每一个阶段都应听到公众的声音，反映他们的价值观念；城市规划的决策机构——城市规划委员会的成员不应只局限于政府官员和专家，还应邀请不同阶层、代表不同社会团体的代表参加；城市规划的实施和管理也要纳入群众和舆论的监督当中，防止市场失灵和政府短期行为对规划产生的负面影响。

3.4 天人合一，构筑绿色家园

天人合一是我国古老的哲学思想，强调人与自然的和谐统一，而不是将人的意志强加给自然。近代在工业化和城市化的过程中，由于人类活动给资源、环境造成的巨大破坏和带来的负面影响，使人类认清了只有正确协调资源、环境、人口、经济的关系，走可持续发展的道路，才能实现同时兼顾发展与保护的双重目标。这种思想在城市规划中也屡见不鲜，如霍华德"田园城市"的规划理念，我国著名科学家钱学森提出建设"山水城市"的思想，都体现了天人合一的思想内涵。此外，我国不少城市还把建设"园林城市"作为城市的重要发展目标，不少城市的绿地规划指标，已达到或接近发达国家的水平。

城市是一个不完善的生态系统。这里集聚了众多的人口和耗费大量的物质能量，却缺少相应的绿色"生产者有机体"，从而造成生态环境的脆弱性和环境污染的普遍性。显然，逐渐增加城市绿地的数量，提高绿化覆盖率，将是未来我国城市土地利用的一个重要方向。当然，在城市中简单地搞一些大公园，大草坪，或单纯提高人均绿地指标，并不能造就园林生态型的城市，更重要的是应树立全民的环境意识，从宏观的区域环境入手，通过合理利用自然资源、控制人口容量，调整产业结构，完善城市用地布局等多种途径，才能构筑真正的绿色家园。

3.5 城市规划的制定和管理进入法制化的轨道

依法行政，是政府行使城市规划行政管理职能的基本原则。总体上看，我国虽初步建成城市规划的法规体系，但还不够完善，特别在规划的实施和管理方面还有一定疏漏。今后在以下几个方面将会得到充实和加强。

（1）1989 年由全国人大常务委员会通过的《城市规划法》是我国城市规划法规体系的核心。自颁布以来对城市规划的建设发挥了重要的作用。从发展的角度看，这部主干法在城市发展方针，城市规划的编制等方面还需要修改完善；此外，该法对于城市规划的实施和法律责任的规定也较为笼统，修改补充后将更为具体，以适应 21 世纪城市规划的需要。

（2）增强城市规划的监督管理。在城市规划的编制实施过程中，执法者肆意更改规划或违规进行建设，已构成对城市规划最大的威胁。为了防止行政干预产生的负面影响，应该建立完善的行政监督、群众监督和舆论监督管理体制。由上级城市规划职能部门和政府监察部门共同组成的监督管理机构，负责从行政纠正、处理下级违反城市规划的事件，对严重违规的当事人应给予各种行政处分乃至追究法律责任。强化人民代表大会对同级政府的监督，建立听证制度，也是扩大民主议政和群众行使监督权利的重要举措。此外，舆论的监督具有信息快、传播广、贴近市民的优点，历来都具有行政监督不可代替的作用。随着城市规划管理法制不断民主化，未来的舆论既有监督的功能，同时也发挥宣传规划、支持规划和普及规划的积极作用。

（3）近期建设规划成为实施城市总体规划和管理的重要依据。近期建设规划是总体规划的重要组成部分。对于明确近期内城市发展的重点和时序，确定近期城市发展方向、规模、空间布局和重要的基础设施建设，协调国民经济五年计划、年度计划和土地利用总体规划有关项目、资金和用地的安排，具有重要的作用。依据近期建设规划，可以更好地落实总体规划的内容，便于城市规划管理，防止项目安排的任意性。从内容上看，今后近期建设规划除了指导性的内容，同时还应包括强制性的内容如近期建设的重点和发展规模等。

（4）增加了有利于管理的强制性规划内容。我国城市规划除控制性详细规划制定的控制性指标属于"强制性"的内容外，在城镇体系规划和总体规划中并没有明确规定哪些属于强制性的内容，这就增加了规划实施和管理的难度，因为不同的规划内容，管理的方式是不同的。指导性的规划内容如城市总体规划中的城市性质和人口规模，城市布局；详细规划中的人口容量、建筑体量等，通常反映规划的指导思想和原则，各地可根据实际情况因地制宜实施，均具有一定的弹性。强制性的内容指在城市规划中涉及区域协调发展、资源利用、环境保护、风景名胜资源管理、自然与文化遗产保护、公众利益和公共安全等方面的内容。上述内容在实施过程中或城乡规划主管部门提供的规划设计条件、审查建设项目时，不能违背或随意更改。

　　为了将规划与管理密切地结合在一起，遏制各种违规、违法行为，我国城市规划主管部门在不同层次的城市规划——省域城镇体系规划、总体规划和详细规划中都规定了强制性的规划内容。这一举措，可以更好地保护国家的资源和生态环境不受侵害；确保重要的建设项目和基础设施能按规划实施。

参 考 文 献

胡兆星 . 1992. 改革开放与地域经济结构变化 . 云南地理环境研究，4（2）：9 – 15

当前我国城市总体规划①编制体制改革探索
——由渐变到裂变的构思*

摘要： 从当前我国总规编制体制演变的本质问题分析和反思入手，对我国总规编制体制演变的趋势进行了理性判断和科学假设，以此为基础，提出了适应目前我国政府管理体制、由渐变到裂变的城市规划编制体系演变体制，进而构思了当前我国总规由渐变到裂变的编制内容、编制组织、编制审批、成果表征等体制演变方向和内容。

关键词： 我国；总规编制；体制；渐变到裂变；理论假设

中国博士后科学基金资助项目：我国城市总体规划编制和实施机制研究（编号：2005037025）。

进入到21世纪初期，全国各大省会城市和直辖市都相继提出新一轮城市总体规划（以下简称"总规"）修编。本轮总规是否继续走传统技术模式和法律模式，是否需要新的体制来支撑新一轮总规的编制、实施、监督？若需要，应该是什么技术模式、法律模式？这是当前我国城市规划界亟待解决的问题。本文试从体制突破角度来探讨我国总规的改革。

从我国半个世纪的总规体制形成演变来看，每一次总规修编（或编制）都是在特定的社会经济背景下进行的，并且形成了与当时社会经济体制相互和谐可行的总规体制，从而保障了总规的顺利编制和实施；从本质上来说，我国历史上的几次总规体制的改进②，都是对最初总规体制的调整和完善，带有深刻的计划经济体制的痕迹和烙印。总的来说，我国还未形成适应市场经济体制的总规体制。

---

* 曹传新，董黎明，官大雨.2005.当前我国城市总体规划编制体制改革探索——由渐变到裂变的构思.城市规划，10：14-18

① 当前正在实施的《城市规划法》和新起草的《城乡规划法》中，对城市总体规划的内容规定略有不同。《城市规划法》规定城市总体规划的概念范围是国家按行政建制设立的直辖市、市、镇的总体规划。新起草的法律建立了新的城市规划编制体系，即城镇体系规划、城市规划、镇规划、集镇和村庄规划、风景名胜区规划等，城市总体规划的概念范围相应演变为国家按行政建制设立的直辖市和市的总体规划。本文论述的城市总体规划就是新法律即将规定的内涵

② 在新中国成立初期，主要是"项目推动、上级指导、地方配合、直接实施"的总规体制；改革开放初期，主要是"改革拉动、上级指令、地方编制、行政实施"的总规体制；在20世纪90年代转轨时期，主要是"市场带动、上级监控、地方编制、法律实施"的总规体制

1. 当前总规编制体制演变的本质问题反思

1.1 概念反思

目前，对总规没有一个正面的概念解释，只有对城市规划概念范畴的解释，包括规划目的、意义、作用、对象、性质、内容、任务等（全国城市规划执业制度管理委员会，2000）。解释的核心落脚点在部署、安排上，总规的任务、内容也不例外。这是我国计划经济体制下的政府事权的必然结果。但是，在社会主义市场经济体制下的政府事权演变过程中，当前政府已不直接或不干预重大工业项目的部署、安排了，进而规划概念内涵的不全面、不完善和不适应便凸现出来，直接影响到规划的编制、实施等观念上的改变、革新。根据市场经济体制对政府事权的要求，宏观调控是政府在市场经济社会中的核心职能（赵连章，1994）。而城市规划是政府调控城市空间资源的重要手段，总规是对城市空间资源在一定时空范围内的可持续发展调控。因此，规划编制就要转变观念，从项目部署安排转到政策制度调控上规划实施就要转变职能，从根本上融入到市场经济体制当中。这样有利于城市规划编制和实施体制的理顺。

1.2 法律反思

目前总规编制和实施已进入到国家法律层面，在规划法律及其后出台的规划编制办法、细则中，对总规的编制进行了详细的法律规定。经过10多年的实施，这个法律系统已经凸现出与市场经济发展的不适应，主要表现在两个方面。

（1）在整个城市规划法规体系中，规划编制规定较系统，而规划实施规定较粗糙。也就是说，"一书两证"的规划实施制度系统，不能包括整个城市规划编制成果的实施，仅仅是一部分。规划的选址、建设用地规划许可证、建设工程规划许可证，主要是城市详细规划的实施。总规的实施在法律层面出现了"真空"，仅仅规定了总规编制完成之后，继续深化城市分区规划、城市控制性详细规划。这只是在技术编制层面上的延续，核心是土地利用规划的延续，以及相关公共设施、道路交通、基础设施等方面的延续，而其他专项规划的实施，譬如旅游规划、环境保护规划、生态规划、风貌规划、防洪规划、防灾系统规划、近期建设规划等，规划主管部门有没有管理事权，建设事权如何规定，城市规划法律没有回答。

（2）在法律责任上，也仅对"一书两证"提出了法律要求，没有对总规编制、实施等行为提出法律责任要求，这是法律上的"空白"。实质上，由于受到以经济建设为中心的影响，这部法律对开发商行为、建设者行为考虑较多，而对其他社会阶层的行为考虑较少，甚至没有。从法理来说，也是相当不完善的。当前总规编制内容庞杂，但真正具有法律实施要求的内容体现较少，除了与"一书两证"有关的之外，其他都很难通过法律付诸实施。这就必然造成"规划规划，墙上挂挂"的"残局"！再如，市域城镇体系的总规文本条文，谁来保证实施，当前实施事权是否与法律规定吻合？虽然在每个规划法律规章中，都规定了相关规划的协调，但是，事实并不是这样（全国城市规划执业制度管理委员会，2000）。

1.3　行为反思

总规是政府行为，是国家和城市政府关于城市发展和建设的法律、法规和方针政策的具体落实（全国城市规划执业制度管理委员会，2004）。既然是政府行为，应该代表的是社会的公众利益和城市整体利益，应该是人民共同意志的体现，但实际上，无论规划编制还是实施，这方面都做得不够，进而使得总规成为实现"长官"意志、开发商利益的载体，在一定程度上成为了地方政府扩地规模的工具。

1.4　成果反思

目前，我国总规编制成果的文本条文就是法律文本，而实质上是技术文本。法律制度有它的基本要素，假设、处理、制裁三者缺一不可，否则，就不能构成行政法律规范（杨保军，2004）。规划编制的成果必须转化为政府法律制度，而不是技术成果的描述，才能融入整个政府制度管理系列。

总规的编制，编就是科学分析研究；制就是把科学研究成果纳入实践管理。一门学科实践中的一个转换过程和机制，往往是很关键的，但是，恰恰规划师很少研究这个问题。目前的大部分总规，虽然颁布实施了，但都是技术成果，而不是法律制度，导致政府执行实施难。这个问题的解决，就只能通过理顺规划编制和实施的机制、体制。

1.5　时效性反思

其实，时效性应包括编制和实施，二者是相互影响的。一般来说，总规具有很强的时空特征，不确定性影响因素很多，在一个相对确定的时空范围内，编制和实施的时间总长度是一定的。若编制审批时间长，就必然影响实施时间的跨度。而目前总规运行体制的不科学造成了总规寿命短，有些时候甚至总规审批之时就是调整之时、修编之时。

对于总规，在科学合理的编制审批时间跨度内，编制审批流程越短，相应的总规使用寿命就会越长，对总规的实施越有利。这个时效问题的解决，一方面要靠规划师全面素质的提高，而更为重要的是通过理顺城市规划编制和实施体制，可以大大提高总规服务产品的时效性。

2.　当前总规体制由渐变到裂变的前提假设

2.1　总规新体制适应阶段的判断

当前，我国城市化率已接近41%，各大城市基本上处于快速城市化推进时期。2003年我国人均 GDP9030 元，已迈入了全面实现小康社会的时期，但是我国东、中、西、南、北地区差异较大，这就要求我国得有适应各个区域发展阶段的总规体制（国家统计局，2004）。

2.2　总规新体制适应政府行政制度的判断

就目前来说，我国政府行政制度系统不适应现代城市规划体制运转的规律要求。然而，考虑到我国政治体制改革存在较大的不确定性，所以，就以当前的政府行政制度系统来考虑我国总规体制由渐变到裂变的演变过程。

2.3　总规新体制与老体制的关系判断

既然沿用当前的政府管理体制，就我国国情来看，总规体制改革就要充分考虑到新体制与老体制的继承与摒弃关系，所以，总规体制裂变不是彻底抛弃老体制，而是继承、发展、创新。

2.4　总规新体制的理论支撑判断

公共政策、区域协调、可持续发展、以人为本等理论的发展（杨保军，2004；石楠，2004；李京生，2003），已经逐步融合到规划编制和实施系统中，并且逐步成为主导城市规划体制由渐变到裂变的主要动力和理论支撑。

3.　当前总规编制体制由渐变到裂变的构思

3.1　城市规划编制体系由渐变到裂变的构思

目前，我国城市规划编制体系可以概括为两阶段五层次（含分区规划）；相应地，新时期我国城市规划编制体系由渐变到裂变的构思体系可分为三阶段七层次（含分区规划）（表1）[①]。新城市规划编制体系的特点如下：

（1）新城市规划编制体系架构基本上沿袭了当前的政府管理体制；

（2）整个城市规划编制体系放到了国家规划编制体系之中来定位，突出了城建部门的城市建设规划职能，核心就是城镇建设空间布局，优化组织城市空间资源；

（3）整个城市规划编制体系突破了原来总体与详细规划阶段的概念，引入了战略、建设与设计规划阶段的概念，这既有利于与其他部门、层次规划的衔接，又能适应目前政府管理体制和各级政府的责权利关系；既体现了城市规划问题应从区域中解决，又体现了城市问题的解决能够促进区域经济发展；真正体现了"五个统筹"的科学发展观；

（4）新规划编制体系充分体现了市场经济体制对城市发展建设的要求。战略阶段和建设阶段的规划编制，是政府调控行为；而修建性规划设计、城市设计等，是规划设计行为，应该采取行业规范、市场运作、中介审查、政府审批的运作体制。

[①]　目前，规划界已经对我国城市规划编制体系改革做过深入探讨，主要有吴良镛先生在《城市规划》2003 年 12 期《从战略规划到行动计划：城市规划体制改革初论》中论述的"战略结构规划——行动计划——城市总体设计"的架构；还有苏则民等在《城市规划》2001 年 5 期《城市规划编制体系新框架研究》中论述的"基本系列——非基本系列"的架构

表1 我国城市规划由渐变到裂变的编制体系构思分析

	目前编制体系		渐变到裂变的编制体系构思		
法律授权、政府 编制、上级审批	总规阶段	城镇体系规划	区域城镇规划	战略阶段	法律授权、合作编制 上级审批、法律下达
		城市总体规划	城市总体规划		
			城市近期建设规划	建设阶段	法律授权、政府编制 地方审批、上级审查
		城市分区规划（大中 城市可根据需要编制）	城市分区建设规划（大 中城市可根据需要编制）		
政府审批	详规阶段	城市控制性详规	城市控制性建设规划	设计阶段	行业规范、市场运作 中介审查、政府审批
		城市修建性详规	城市修建性规划设计		
	自发状态	城市设计	城市设计		

注："详规"是详细规划的简称。

3.2 总规编制体制由渐变到裂变的构思

从上述解构分析，总规仍然处于战略层次规划阶段，继续沿袭了《城市规划法》赋予的职能地位、编制组织、审批模式等，继续发挥总规的法律职能，但是，在整个城市规划编制体系中，从编制内容、编制组织方法、阶段层次等方面都进入到渐变到裂变的演化过程，进而既能适应当前的政府管理体制和法律，又能适应当前形势变化对总规提出的新要求。

3.2.1 总规编制内容架构

从编制内容上来看，新的总规编制是对现行总规的一次"减肥"。总规的宏观内容和微观内容出现分裂，相应地审批也会出现"精简"，有利于总规的滚动编制和实施。实质上，新的编制体系的核心就是对目前总规庞杂的内容体系进行了分解，按照中央、地方、部门之间的不同事权进行了重组架构（表2），进而达到简化编制、深化研究、强化实施的编制、审批、实施的高效运作。

表2 总规编制内容裂变解构分析

	当前总规编制内容分析		总规编制内容渐变到裂变分析	
阶段	编制内容	对应的《城市规划编制办法》 规定内容条款	演化方向	阶段
总体规 划阶段	城镇体系方面	第十六条（一）	区域城镇规划	
	城市宏观方面	第十六条（二）（三）	城市总体规划	战略规划阶段
	政策措施方面	第十六条（十三）		
	专项专业规划方面	第十六条（四）~（十二）	城市近期建设规划	
	近期建设规划方面	第十六条（十四）		建设规划阶段
	城市分区规划（大中城 市可根据需要编制）	第三条 第十八条~第二十条	城市分区建设规划（大 中城市可根据需要编制）	

1. 城镇体系规划演变到区域城镇规划

城镇体系规划是在我国20世纪80年代末特定的规划背景中诞生的，为规划编制体系的完善起到了很大作用，尤其是在城市化初期、中前期。但是，随着城镇体系自身发展规律的变化，珠三角、长三角等城市群（城市密集带、城市连绵区）、都市区（都市圈、都市带）、城市地区（城乡一体化区）的形成发育，原来总规中封闭的城镇体系规划已经不能适应现实需求，城镇体系规划应该独立走向城镇区域规划，在编制组织、上报审批、监督实施等各个环节都应该走向跨区域空间尺度①。

因此，从目前我国政府管理体制来看，区域城镇规划应该被提升到战略规划阶段，在编制组织、实施、审批（或审查）、监督等方面，都应与国家空间规划编制体系相衔接，尤其是与国民经济发展规划、国土规划、土地利用总体规划、流域规划、能源发展规划等相关宏观层面规划相衔接。区域城镇规划是城市规划编制体系的政策法律基础和前提。

2. 原建设布局性总规精简为政策纲要性总规和地方法规性的城市近期建设规划两个层次

在市场经济体制下，国家主要是从全国区域社会经济生态发展角度，来对城市能源、交通、水利、产业发展等进行宏观调控，而不是对城市具体建设项目、空间布局的审批管理。因此，原来布局性总规应该向调控性的总规转变。根据中央与地方的政府管理事权的责权关系，演变后总规编制内容分化为两个层次：（新）城市总体规划和城市近期建设规划。

把原总规的宏观内容和政策内容整合为（新）总规，作为国家空间规划编制体系和建设部城市规划编制体系的承接点，作为上一级政府及主管部门监控国家城镇可持续发展的法律政策基础。因此，新总规主要体现上一级政府或主管部门对国家或地区发展要求的监控，核心就是国家跨区域或地方区域的生态、环境、能源、水利、交通、产业、人口、基础设施等重大战略问题的解决，进而新总规也就演变为政策纲要性的总规。新总规仍然处于战略规划阶段，上一级行政主管部门主要是按照区域城镇规划的法律政策文件，对其进行强制性核查式的审批，而不是对具体建设项目布局的行政性审批，并且以政策纲要性文件下达地方政府，作为上级政府或主管部门监控地方政府规划建设的强制性政策法律依据。

把原总规的专项专业规划工程性内容和项目性内容整合到城市近期建设规划编制内，这些是地方政府建设管理问题，其具体成果不用报上一级政府或主管部门，因而可大大缩短审批周期，提高总规的时效性。而城市近期建设规划是地方政府根据上级审批的（新）总规，具体落实本城市规划建设问题，属于地方建设规划阶段层次，以地方性法规的形式予以公布实施，并且与地方政府的发展规划、土地计划等相协调。

至于原总规阶段的城市分区规划，大中城市可根据需要进行编制，属于地方建设规划阶段层次。

3.2.2 总规编制组织体制

总的来说，总规编制应该由原来的单一部门封闭式走向多部门开放式编制组织体制②。

---

① 城镇体系规划仍然是城镇区域规划的一种类型，主要适用于城市群发育不完善的经济欠发达地区。而对于城市群发育完善的经济发达地区，应该从城镇区域规划的角度来做

② 1997年云南玉溪市以总规纲要招标的形式确定总规编制单位，这是我国首次总规纲要走向开放式编制。后来，海南海口市总规纲要实行国内招标，对于总规开放式组织编制体制改革进行了有益的探索

对于演变后的城镇体系规划编制，应该视城市化发展阶段来确定。若城市处于发达的城市群、城市密集区等，那么，就应该进行跨区域合作，统筹发展，打造区域整体竞争力，区域规划中的区域城镇规划编制，就应该与国家发展规划编制同步进行，由跨区域的多个城市政府合作共同编制，而不是原来封闭的一个政府组织编制。若城市处于欠发达地区，那么，在统筹跨区域发展、可持续发展的高度上，则继续由地方政府负责组织编制。

对于演变后的新总规、城市近期建设规划，继续采用地方人民政府负责组织编制、规划行政主管部门具体负责的编制组织体制，但是，应该与地方政府中长期、十年、五年社会经济、土地、环保规划等重大规划保持同步编制、同步审批、同步实施、同步监控。

在编制组织过程中，我国已经出现了开放式合作的编制组织体制，譬如海口、玉溪、长春、西安、天津等；同时，也加大了公共参与编制的力度，加大了媒体宣传的参与力度。

3.2.3 总规审批体制

《城市规划法》第二十一条规定，城市规划实行分级审批体制。实质上，这是一种根据规划编制地位层次来实行的分级审批体制，带有浓厚的计划行政权力审批痕迹，想管许多事，结果什么也管不了。演变后的总规分解为三个不同层次部分，适宜根据中央、地方、部门的宏观调控事权而实行分级审批体制。

对于区域城镇规划，应该与所在地区的区域规划同时报上一级人民政府审批。其中，对于省域或跨省域的区域城镇规划，应报国务院审批，譬如珠三角、长三角、京津冀地区，目前国务院倡导的审议总规的 14 部委联席会议应转变职能，审议包括区域城镇规划在内的所有区域规划，进而解决需要由国家法律政策层面解决的区域问题；对于跨地级行政区的区域城镇规划，应报省人民政府审批，报国务院备案审查，如苏锡常、长株潭地区。

对于新总规，可以在《城市规划法》规定的分级审批框架内，根据中央、地方之间的调控事权关系，进行必要的分解。演变后以城市宏观规划和政策措施规划为主体内容的总规，继续报上一级人民政府审批，审批依据就是区域城镇规划，实质上是规划建设发展要求的政策性审查或核查。

对于以工程规划和项目规划为内容的城市近期建设规划，应该由地方人大审查同意、地方人民政府审批，成为地方性规划建设的法规文件。

3.2.4 总规成果表征体制

《城市规划编制办法》第十七条规定了城市总体规划文件及主要图纸，主要是以理性技术性成果表征为主，而不是以法律体制来表征成果的。演变后总规成果表征主要以行政法律体制来表征，也就是把理性技术成果转化为政府可实施的行政法律文件或地方法规，其中，区域城镇规划、新总规是上级政策性的行政法律文件，城市近期建设规划、城市分区建设规划是地方法规。

（本文为建设部中国城市规划设计研究院 2004 年博士后科研基金项目部分研究成果。在论文写作过程中，中国城市规划设计研究院陈锋书记、杨保军总规划师、靳东晓副所长提出了建设性修改意见，在此表示衷心感谢！）

参 考 文 献

国家统计局. 2004. 中国城市统计年鉴. 北京：中国统计出版社

李京生. 2003. 可持续发展的城市与城市规划. 国外城市规划, 6：1 – 2

全国城市规划执业制度管理委员会. 2000. 城市规划法规文件汇编. 北京：中国建筑工业出版社, 3 – 6

全国城市规划执业制度管理委员会. 2000. 城市规划原理. 北京：中国建筑工业出版社, 71

全国城市规划执业制度管理委员会. 2004. 城市规划管理与法规. 北京：中国建筑工业出版社, 21

石楠. 2004. 试论城市规划中的公共利益. 城市规划, 6：20 – 31

杨保军. 2004. 区域协调发展析论. 城市规划, 5：20 – 24, 42

赵连章. 1994. 中国特色社会主义概论. 吉林：东北师范大学出版社, 119

Gradual Changes to Abrupt Shift：Formulation System
of urban master Planning

Cao Chuanxin；Dong Liming；Guan Dayu

Abstract：Starting with theanalysis on the evolution of the formulation system of urban mater planning, this paper makes a judgment and assumption on the trends of the system. It provides an alternative system suitable to current government administrative institution. Then it presents the change direction of the system in terms of planning content, planning organization, examination and approval process, and expression of results.

Key words：China；formulation of master plan；system；from gradual change to abrupt shift；theoretical assumption

初读新时期统领城乡协调发展的城乡规划法[*]

摘要： 通过与原有《城市规划法》的比较，新的《城乡规划法》是适应我国快速城镇化发展需要的产物。它将城与乡纳入了统一的规划体系，针对当前城乡发展面临的问题进一步完善了城乡规划的编制、审批和管理的体制，突出了公众对规划参与和社会监督。新法对统筹城乡建设、促进我国城镇又好又快地发展具有重要的指导作用。

关键词： 城市规划法；城乡规划法；城乡统筹

2007 年 10 月 28 日，全国人大常委会通过了我国第一部覆盖整个城乡范围的《中华人民共和国城乡规划法》。新法的诞生，标志着我国的城乡规划建设进入了一个新的阶段——城乡一体、统筹和谐发展的阶段。在原《城市规划法》基础上发展形成的城乡规划法，共 7 章 70 条，不仅增加了不少新条目，内容也有不少新增和调整。新法于 2008 年 1 月 1 日正式实施，原《城市规划法》至此完成了其历史使命。

1. 《城市规划法》难以适应新时期发展的需要

因改革开放以来的社会发展，运用法律手段，保证城乡规划的科学制定与实施，使各级政府更有效地行使建设和管理城乡的职能，对实现统筹城乡发展、促进国民经济又好又快发展的战略目标，具有重要的意义。为此，我国于 1989 年 12 月 26 日颁布了《中华人民共和国城市规划法》。该法实施以来，对于引导当时我国城镇的合理发展、健全城市规划的编制和完善相应的管理制度，发挥了重要的作用。

同时，随着我国的经济发展和城镇化步入快速发展的阶段之后，原有的《城市规划法》在许多方面已不适应新形势发展的需要。首先，《城市规划法》的范围只覆盖城镇而未包括广大的乡村地区，后者虽然有国务院 1993 年颁布的《村庄和集镇规划建设管理条例》指导，但其法律地位和重要性较低，这种"一法、一条例"的城乡二元法律体系，无助消除长期以来形成的城乡分割的局面。其结果必然是城乡的差距逐渐拉大，乡村的发展和规划管理跟不上快速城镇化的步伐。例如，到 2005 年，全国 27 个省、自治区的城镇规划已基本编制完成，但全国只有 51.1% 的村庄编制了建设规划，仍有近半数的村庄处于规划的空白区。其次，从城镇化的过程看，城市是乡村人口和产业转移的空间载体，城市人口的增长、城市空间的扩大，就意味着农村居民的减少和集体建设用地规模的缩小。城

---

* 楚建群，董黎明.2008. 初读统领城乡协调发展的《城乡规划法》. 城市问题，5：7－10

与乡在人口、劳动力空间转移方面的关联性，决定了必须从城乡统筹角度处理两者的关系，需要有涵盖城乡的规划法引导城镇化过程中人口、资源的合理配制与转化，不能就城市论城市的发展。第三，近年我国城市发展的实践表明，任何规模级别的城市，在市场化的条件下，都有发展的机遇和条件，特别是规模较大的中心城市，它既是带动区域城乡发展的引擎，又是发展机遇最多的城市。这类城市的快速发展符合本阶段城镇化的客观规律，不能单纯用计划经济时期的行政手段，对其发展规模进行"严格控制"；对中小城市，除了要积极发展之外，也有合理引导和调控的必要，不宜只讲发展不提控制。鉴于上述原因，原《城市规划法》中"国家实行严格控制大城市规模，合理发展中等城市和小城市的方针"实际上已失掉引导我国各级城镇协调发展的作用。第四，这一阶段我国城乡发展遇到许多新问题，如不少城市无序发展导致规模的迅速扩大、造成城乡土地资源的巨大消耗和浪费；城市建设中的大马路、大广场等"政绩工程"、"形象工程"屡禁不止；地方利益驱动下产业盲目上马导致生态环境遭到严重的破坏等，也表明原来的"一法一条例"已不能完全适应社会主义市场经济和快速城镇化发展的需要。

进入 21 世纪，为了打破长期存在的城乡分割的局面，逐步缩小城乡差别，党的十六届三中全会提出了"统筹城乡发展"的战略方针。实践表明，这一方针在促进农村经济发展，加大支农投入，减轻农民负担以及建设社会主义新农村等方面，取得了重要进展。而从立法的角度分析，新时期也需要一部能够统筹城乡规划建设的法律，才能更好地引导我国城乡合理、可持续地发展。可见，新的《城乡规划法》取代原有的《城市规划法》，是适应新时期发展的必然选择。

2. 《城乡规划法》首次将乡村纳入了我国的规划体系

按城乡的划分标准，我国城市的范畴包括国家按行政建制设立的直辖市、市和建制镇；乡村居民点是指位于农业地区的集镇和村庄。两类居民点虽在职能、规模上有所区别，但在社会经济上具有密切地联系，应该同属一个规划体系。为此，新的《城乡规划法》在城镇的基础上，将规划的范围进一步延伸到乡村。该法第二条规定："本法所称城乡规划，包括城镇体系规划、城市规划、镇规划、乡规划和村庄规划。"乡和村庄的规划首次成为我国城乡规划体系重要的组成部分。

《城乡规划法》对乡村的规划提出了明确的要求：乡和村庄规划由乡镇人民政府组织编制，报上一级政府审批；编制时"应当从农村实际出发，尊重村民意愿，体现地方和农村特色"；其内容上要求乡村规划除了涉及居民点住宅的建设外，还要统一安排规划区范围内的道路、给水、排水等基础设施和为农村生产、生活服务的设施以及公益事业等各项建设的用地布局。此外，行政区范围内村庄的布局，对耕地等自然资源和历史文化遗产保护、防灾减灾的规划布置等，也属于乡村规划的内容。

针对以往乡村规划管理比较薄弱和无序建设的混乱局面，在乡村规划的实施管理中，《城乡规划法》第四十一条规定："在乡、村庄规划区内进行乡镇企业、乡村公共设施和公益事业建设的，建设单位或者个人应当向乡、镇人民政府提出申请，由乡镇人民政府报城市、县人民政府城乡规划主管部门核发乡村建设规划许可证。"同样，农村村民的住宅建设必须符合当地的规划管理办法，在未经审批和取得乡镇建设许可证的情况下，不得随意占用农田，私搭乱建。

自此我国乡村的规划和管理有法可依，这对引导广大乡村居民点的合理发展，实现社会主义新农村的建设目标具有重要意义。

3. 针对我国城镇化快速发展阶段的需要

随着经济和城乡的快速发展，2006 年我国的城镇人口已达到 5.77 亿，城镇化水平 43.9%。在这一过程中，如何解决区域城镇的协调发展，如何处理快速发展与资源、生态环境保护的矛盾，如怎样将城市建设用地的增加与农村居民点用地的减少挂钩？如何防止城市无序的摊大饼式的扩展与蔓延？如何适应社会主义市场经济的需要，解决中低收入家庭的住房问题等。上述问题使新一轮城乡规划面临巨大的挑战。为了更好地指导规划的编制，《城乡规划法》与时俱进，具有很强的针对性。表现在以下四个方面。

第一，从宏观的层面看，城镇的发展既有相互依存、相互合作的一面，同时又存在激烈的竞争，在较大的地域范围内，如果缺乏区域性的城镇规划指导以协调城镇之间的发展，不可避免地会出现城镇各自为政、盲目发展的混乱局面。针对这一问题，《城乡规划法》第十二、十三条规定有关部门要分别组织编制全国城镇体系规划和省域城镇体系规划。其主要内容包括："城镇空间布局和规模控制，重大基础设施的布局，为保护生态环境、资源等需要严格控制的地区"。全国和省域的城镇体系规划科学地构建了国家和区域城镇发展的整体格局，既是协调区域城镇有序发展不可缺少的手段，同时对下一个层次的城市和镇的总体规划具有重要的指导作用。

第二，为了妥善处理"发展"与"保护"的关系，《城乡规划法》对保护资源、环境和历史文化遗产给予了足够的重视，在多个章节和条文中对此都有明确的规定。例如，在总则的第 4 条中就提出，制定和实施城乡规划，应当根据节约土地，集约发展等原则，"改善生态环境，促进资源、能源节约和综合利用，保护耕地等自然资源和历史文化遗产"。在编制城镇总体规划时，明文规定要将规划区内建设用地规模、水源地和水系、基本农田和绿化用地、环境保护以及自然与历史文化遗产保护等内容，作为市、镇总体规划的强制性内容。

为了制止一些城市借建设新区为名，占用大量土地在规划范围之外进行开发的弊端，《城乡规划法》第三十条规定："城市新区的开发建设，应当合理确定建设规模和时序，……，严格保护自然资源和生态环境"，"在城市总体规划、镇总体规划确定的建设用地范围之外，不得设立各类开发区和城市新区"。乡村建设同样也要贯彻节约、集约利用资源的原则。第四十一条指出"在乡、村庄规划区内进行的乡镇企业、乡村公共设施和公益事业以及农村民住宅建设，不得占用农地"。上述法律条文，对保护我国的资源环境，规范各类开发区的建设，具有重要的现实意义。

第三，城镇越过规划用地边界不断蔓延扩张，乡村企业遍地开花无序发展，已成为当今城乡空间布局混乱的一个通病。在市场经济存在许多不确定因素的情况下，如何引导城镇和乡村的发展进入合理布局的轨道？对此，《城乡规划法》除了要求城乡规划从区域的层面确定城镇、乡村的合理布局，并对用地进行功能分区外，还增加了空间管制的内容，提出城镇的总体规划要在一定的区域内确定"禁止、限制和适宜建设的地域范围"。有了明确的分类发展区划，就能够有效引导建设项目集中到适宜建设的用地上发展；以保护分布有基本农田、历史文化遗产、水源地和重要的风景区等自然和人文资源的禁建区。

第四，"居者有其屋"应是住房制度改革的根本目标。在市场化的条件下，由于商品房的价格节节攀升，并非所有的城镇居民都有能力购买自己需要的住房。为中低收入的家庭提供价格低廉的社会保障住房、即廉租房和经济适用住房，就成为各级城市政府义不容辞的一项重要任务。针对这一问题，《城乡规划法》第三十一条要求近期建设规划应当以"中低收入居民住房建设"等方面为重点内容，凸现了以人为本的思想。

4. 规范编制审批程序，防止任意改变规划

城乡规划是对区域、城镇和乡村一定时期内经济、社会、环境发展和用地的统一部署，一旦经过依法批准，就将成为城乡建设和规划管理的依据，不能随意改动。另外，由于城镇总体规划的期限通常为 20 年，为了保持规划的连续性和稳定性，城乡规划也不宜频繁修订和调整，否则会造成城市建设的混乱。

为了体现规划的法律性和严肃性，《城乡规划法》作出了分级审批的规定，即各级政府组织编制的城乡总体规划应报上一级人民政府审批。例如，《城乡规划法》第十四条规定："直辖市的城市总体规划由直辖市人民政府报国务院审批。省、自治区人民政府所在地的城市以及国务院确定的城市的总体规划，由省、自治区人民政府审查同意后，报国务院审批。其他城市的总体规划，由城市人民政府报省、自治区人民政府审批。"

针对当前有些地方政府个别领导不尊重规划、甚至动用"长官意志"擅自修改规划的现象，《城乡规划法》专门用一章的篇幅，对规划的修改程序作出明确的规定：依法批准的城乡规划"未经法定程序不得修改"；若对规划进行修改，必须符合以下五种情况：一是上级人民政府制定的规划发生了变更；二是由于行政区划调整需要调整规划；三是由于国务院批准重大建设工程需要对规划进行调整；四是经过规划实施情况评估之后需要修改规划；五是规划审批机关认为应当需要对规划进行修改。此外，涉及修改城市和镇总体规划强制性内容的，还应先向原审批机关提出专题报告。修改后的规划，同样需要按规定的程序报批。

5. 强调公众参与，加强对管理执法者的监督

城市不仅是一个物质实体和经济实体，同时也是由不同年龄、不同阶层的居民构成的社会大家庭。只有广大市民才是城市真正主人。城乡规划如果没有公众参与，缺乏群众与舆论的监督，城乡发展就会背离以人为本的方向，成为孤立的空中楼阁。从以往的编制过程看，我国城乡规划的公众参与程度还十分有限，规划从调查阶段到初步方案的编制阶段，以至最终成果的审定阶段，很少有代表公众利益的成员参加，只在规划获得批准后，才向市民宣传、展示。由于缺乏公众参与，在规划方案中难以体现不同社会阶层利益和价

值观念，也难以调动群众参与城乡建设和监督规划实施的积极性。为了体现广大居民的主体性和价值观，新的《城乡规划法》突出了公众的参与和对规划管理机构的监督。

第一，要求规划编制过程引入公众参与。在规划编制和方案修改阶段，应该按照规定的程序，经过指定的机构、团体审议并进行修订。如市、县政府组织编制的总体规划方案上报审批前，应先经过本级人民代表大会常务委员会审议、镇总体规划由镇人民代表大会审议。在上报审批时，应提交审议意见及根据审议意见进行修改的情况说明。村庄规划在报送审批前，应当经村民会议或者村民代表会议讨论同意。

城乡规划在报送审批前，规划草案应当进行不少于30日的公告，"并采取论证会、听证会或者其他方式征求专家和公众的意见"，要求对专家和公众意见的采纳情况进行说明，一同上报送审。城乡规划审批后要及时公布，接受监督。修改控制性详细规划时，需要征求规划地段内利害关系人的意见。在规划实施情况评估时，也应征求公众意见。

第二，加强规划实施管理的公众监督作用。城乡规法明确了相关主体应具有规划知情权，第九条规定：任何人和单位"有权就涉及其利害关系的建设活动是否符合规划的要求向城乡规划主管部门查询"，这是保障公众有效监督规划实施的重要前提。同时，赋予相关主体对规划实施的监督举报权，有权向城乡规划主管部门或者其他有关部门"举报或者控告违反城乡规划的行为"，而接到举报或控告的部门应当及时受理并组织核查、处理。

第三，城乡规划管理部门作为规划的实施者，既要严格执法，自身也必须受到法律的约束。例如，在发放用地规划许可证时，不能违反规划乱批地。

此外，《城乡规划法》第六章用了较多的篇幅对执法者的各种违规行为，作出了法律责任的规定。

对政府、管理机关的不作为行为，如应当编制而未组织编制城乡规划，或不按规定程序编制的；对符合条件的申请人未在法定期限内核发相关许可证的；修改修建性详细规划之前未采用听证会等形式听取利害关系人意见的；依法修订的修建性详细规划等未予公布的；对违法建设行为不查处或对举报不处理的等，将受到通报批评，对直接负责的主管人员和其他直接责任人员依法给予处分。同样，对各级政府和城乡规划主管部门、有关部门的违法行为，如：委托不具备相应资质等级的单位编制规划的，越权发证或对不符合条件的申请人发证的；不按规定的程序核发建设项目批准文件或划拨国有土地使用权，在国有土地使用权出让合同中未确定规划设计条件或改变依法确定的规划设计条件的，要责令改正，追究处理相关责任人。

上述内容表明，在一个法制的社会中，无论城市的建设者还是执法者，都应当遵守、维护国家制定的法律。任何人，不论地位、级别多高，只要违反城乡规划法律法规，都要被追究法律责任。这又是《城乡规划法》的一个亮点。

Abstract：With the comparison of previous Urban-rural Planning Act, this paper holds the op inion that the new Urban-rural Planning Act is the product of rap id urbanization in China. It takes urban and rural areas into a unified planning system. It also perfects the urban and rural planning system in preparation, approval and management in terms of the problems encountered by urban and rural development. The new act emphasizes the role of public participation and social supervision.

Key words：urban planning act；urban-rural planning act；coordination between urban and rural areas

参 考 文 献

马昌博 . 2007-05-07. 城乡规划法如何抑制"圈地运动". 南方周末
毛其智 . 2007. 完善城乡法律制度促进城镇化健康发展 . 小城镇建设，8：14 – 22
铄羽 . 2007-11-01. 解读城乡规划法——科学统筹城乡建设 . 法制日报
孙施文 . 1998. 城市规划法读本 . 上海：同济大学出版社，7 – 10
中华人民共和国城乡规划法 . 2007-10-28

城市的发展与控制[*]

摘要：城市的发展与控制是城镇化过程中相互对立与统一的两个侧面。在以往的论述中，对大城市只讲控制而限制其发展，对中小城市只强调发展而忽视控制，都被实践证明是片面的。在社会主义市场经济的条件下，任何级别的城市既有发展的需求，同时也要进行必要的控制和引导。当前对城市发展规模调控的基本思路是：①对城市调控的政策和措施应符合城镇化的基本规律；②加强区域规划和城镇体系规划的宏观调控作用；③运用地租的经济杠杆节约、集约用地，遏制城市无序蔓延；④借鉴国外经验，根据"精明"增长的理念，合理确定城市增长边界。

关键词：城市规模；发展；控制

"严格控制大城市规模，合理发展中小城市"的方针，曾是《中华人民共和国城市规划法》（1989 年颁布）的一条重要内容。同时也是那个时期学界研讨的一个热点问题。2008 年新的《城乡规划法》颁布之后，这条方针并没有在新法中呈现。这一变化表明，经过了近 20 年的实践，人们对我国城市发展的规律有了进一步的认识，可概括为：我国各级城市都应走可持续地发展的道路，同时又要在发展中不断进行调控。只发展，不控制；或只控制，不发展，不符合城市发展的客观规律。

1. 发展与控制贯穿整个城市化的过程

人类的社会就是一部不断发展、不断完善、不断进步的历史。城市作为人类社会、经济活动的载体，同样也经历了这一过程。以近代的城市发展为例：18 世纪的工业革命，由于现代工业的集聚需要大量来自农村的劳动力，伴随工业化的进程，在全球范围内开始了真正意义的城市化，其主要标志是城市人口的大量集聚推动了城市的快速发展。在工业化初期的 1900 年，世界百万人以上的城市只有 13 座（许学强，1987），经历了近 100 年的发展，到 1980 年达到 234 座（段小梅，2001）。城市快速发展带来的住房紧张、交通拥挤、环境恶化、布局混乱等诸多问题，不仅催生了近代的城市规划科学，同时许多控制城市规模继续膨胀的理论和规划措施也相继问世，其中霍华德反对搞大城市的《田园城市》理论以及第二次世界大战之后遍及全球的建设卫星城镇的规划理论和实践，都是控制大城市发展有益的探索。此外，20 世纪 30 年代对城市规划具有深远影响的《雅典宪章》，也

---

[*] 楚建群，董黎明. 2009. 城市的发展与控制. 城市规划，6：13 – 17

可视为对现代城市实行有序发展的理论。

20 世纪 70 年代之后，一些发达国家的城市进入了郊区化和后工业化的发展阶段，其主要发展特点是城市化的速度开始变缓，大都市的人口规模不再继续增加，由于中心城区的人口大量迁往环境相对优越、地价低廉的郊区，城市空间的扩张和蔓延不仅占用了大量宝贵的土地、森林资源，同时还造成通勤时间过长、城市中心衰落、人们的交往减弱等一系列社会问题。鉴于控制城市人口规模已失掉意义，这一时期发达国家控制的主要对策也相应发生变化，由控制大城市人口的规模转变为控制城市无序的蔓延和过低的建筑密度。20 世纪末美国提出的"精明增长"的理念，以及迈克·詹克斯等一批西方学者提出的"紧缩城市"的观念，都是遏制城市外延扩张的重要思路。

以上简要回顾不难看出，中外各国的城市，在城市化的每一个阶段，受到社会、经济等多种因素的推动，总是在不断地发展演变，不会永远停止不前；与此同时，为了纠正城市在发展过程中出现的偏差和负面影响，人们总是采用各种手段对城市的规模、结构、空间格局进行不断地调控，旨在使城市进入可持续的合理的发展轨道。总之，有了发展，就有控制的需要，而控制的目的则是为了更好地发展，两者相辅相成，不可割裂。

2. 大城市应在控制中适当发展

大城市规模究竟应该"严格控制"还是要适当发展？在 20 世纪 80 年代曾引起学界热烈的讨论。虽然一部分学者从城市发展的规律出发，主张在控制大城市的同时，应该充分发挥大城市的作用，因地制宜制定引导各级城市发展的方针。但以李梦白为代表的主流观点则强调必须"坚决控制大城市规模"，其理由概括起来主要是：第一，"城市规模太大，带来了一系列难以解决的弊端"；第二，我国是社会主义国家，"只要方针明确，措施得当，我们是能够有效控制人口分布和城市规模的"；第三，根据我国拥有 8 亿农民和城市基础设施不足的国情，"我们不能走无限制地让农业剩余劳动力进城、盲目发展大城市的道路"（中国自然辩证法研究会，1985）。基于上述理由，根据大、中、小城市的划分标准，将人口规模超过 50 万人以上的城市均作为"严格控制"的对象，而将发展的机遇赋予 20 万~50 万人的中等城市和规模小于 20 万人的小城市。这一思想最后演变为我国的城市发展的基本方针，即"严格控制大城市规模，合理发展中等城市和小城市"。

城市发展的实践表明，由于我国大城市对推动地区快速城镇化和经济的发展具有举足轻重的作用，加之大城市本身对人口、产业巨大的吸引力，将控制大城市的规模与合理发展完全对立起来的政策，并不能有效阻止大城市人口和空间规模进一步的扩大（于群，1990）。从全国范围看，1985 年，在"严格控制"这一方针实施不久，我国 50 万人以上的大城市 52 个，占城市人口 58.7%（叶维钧，1988）；经过近 20 年的发展，2003 年按市区常住人口统计，我国人口超过 50 万的大城市已上升到 124 个，数量翻了一番；大城市人口比重进一步提高到 62.86%。说明大城市仍在继续发展、甚至比中小城市发展得更快，在"严格控制"下人口仍在迅速增加的大都市北京，就是一个典型的例子。

众所周知，一方面，北京作为我国的首都，以其政治、文化中心和经济职能巨大的吸引力，在新中国成立以来集聚大量的人口，即使在计划时期，1949~1985 年，北京的户籍人口已由 414 万人增加到 957 万人，翻了一番多；另一方面，受水、土资源的制约及从保护北京的生态、历史风貌等方面出发，北京的人口规模需要严格控制，为此，在文化大革命结束后的第一版总体规划中（1982 年），明确全市人口规模到 2000 年坚决控制在 1000 万人以内（董光器，1998）。实施结果显示，规划期末北京的户籍人口已达到 1100 万，突破规划指标 100 万人。进入 21 世纪，在奥运会等因素的推动下，"十五"期末北京户籍人口的规模进一步达到 1173 万，如果加上居住半年以上的暂住人口，2005 年北京常住人口已达到 1538 万人。面对这一事实，最近一版的北京城市总体规划考虑到快速城市化阶段大城市发展的态势，预测全市常住人口规模（2020 年）将达到 1800 万人，基础设施的建设甚至考虑 2000 万~2200 万人的需求。可见，在最严格的控制方针下北京的人口规模仍在迅速增加，一再突破规划指标，有其必然的原因。

首先，北京作为全国的政治文化中心和历史文化名城，无论在计划经济时期还是改革开放之后，对广大区域范围的产业和人口都具有强大的吸引力。举例来说，作为首都，全国各地都在此设立驻京办事处。据不完全统计，当前省、市级的办事处在北京有 572 家，县级更多达 5000 多家，如果再将企业、协会和海外各种驻京办事机构计算在内，其总量还要翻番。

其次，在市场经济条件下，运用户口等行政手段进行控制的举措基本失效，大城市众多的工作岗位和广阔社会机遇是吸纳人口的主要动力。在市场这只"看不见"的手的推动下，大量外来人口的集聚就成为当前我国大城市人口规模增长的主要因素。据统计，"十五"期间北京户籍人口增加了 73.2 万，其中机械增长就占了 95.2%，此期有 41 万外地高等学校的学生留在北京，成为人口机械增长的主要来源。而非本地户籍的流动人口数量更多，这一事实也印证了大城市本身就是一个巨大的磁力吸引中心。

当我们认识到快速城镇化阶段大城市的发展势不可挡的时候，也不能忽视这一过程带来的负面影响。如前所述，20 世纪 80 年代提出严格控制大城市规模的初衷就是城市过大本身易带来资源短缺、交通拥挤、环境恶化等诸多问题。在市场经济条件下，如果对大城市的发展不加以控制和引导，任其无序发展，无限膨胀，不仅原有的城市问题得不到解决，与此同时，一些新问题如区域性的水质恶化、基本农田的过快丧失、城乡之间的差距进一步加大等，又接踵而来。面对大城市出现这些新老问题，既不能完全依靠市场去调节，也不能单纯用行政干预的办法进行调控，应该根据我国的国情，探索一条引导大城市健康、可持续发展的政策措施。

3. 中小城市在发展中也要加以控制

与大城市相比，中小城市规模小，数量多，接近广大农村，是城乡联系重要的纽带和接纳农村剩余劳动力的主要场所；加之发展中遇到的问题比较容易解决，在城镇化过程中属于我国政策鼓励的发展对象。对此，相信绝大多数人都没有异议。现在需要探讨的问题是：中小城市，乃至小城镇，在我国城镇化的快速发展阶段，其发展速度和规模要不要进行有效控制？笔者认为，在肯定中小城市对城镇化具有推动作用的同时，也要正视其发展中存在的问题。归纳起来，这些问题主要有三个方面。

3.1 在发展的指导思想上，普遍存在"求大"、"做大"的倾向

我国的中小城市，多数是一个地区或县域的中心。一个中等人口规模的地级市，其行政管辖范围通常包括几个县，面积大体上万平方公里，数百万人左右；县级市的人口多为小城市。在改革开放之初，由于中小城市经济实力薄弱，吸引力有限，普遍存在"小马拉大车"的现象，难以带动区域城乡的发展。在此情况下，采用什么方式增强中小城市的实力？通过什么途径推动地方经济的发展？涉及这类城市发展的指导思想。

当前不少中小城市不考虑我国的国情和本身的发展条件，盲目采用所谓"超前发展"、"跨越式"的发展思路，即城镇化的水平要高，GDP 增长的速度要快，城镇的人口规模要大。例如，某个中心城区人口只有 30 多万人的地级市，2020 年规划的人口规模要超过100 万人，城市规模一下增长了两倍；另一个市域人口只有百万人的县级市，欲将 70% 的城乡人口一下子都集中在中心城区，形成 70 万人的大城市。鉴于这两个城市近期都没有"超长规"的发展机遇，虽然拉了大架子，圈占了不少土地，但人口目标必然落空。

3.2 盲目发展，重复建设，产业同构的现象比较突出

中小城市相对经济基础较差，为了把城市"做大做强"，将 GDP 搞上去，面对激烈的市场竞争，对投资项目往往饥不择食，多多益善，个别城市甚至不惜付出浪费资源、恶化环境的代价，盲目引进占地多、能耗大、对环境污染严重的项目。这种发展模式，虽然短期内可以加快经济的发展速度，但产生的副作用也不容忽视。例如，横贯我国中部 4 省的淮河干支流分布了大量中小城市，由于产业结构雷同，多为造纸、化工、皮革等有严重污染的企业，仅河南周口市各种小纸厂、小皮革厂就超过 200 家。由于小企业缺乏污水处理设施，以致大量工业废水和沿岸城乡的生活污水直接排入河道，使淮河成为我国污染最严重的河流之一。"九五"和"十五"期间，国家和地方下大力气，共投入 600 亿元对水污染进行治理，其水质虽比过去有所改善，但全流域仍有一半以上地区的水质未达标（袁凌，2004）。

3.3 城市拉大架子，土地资源浪费严重

在做"大"的思想指导下，不少中小城市往往从招商引资入手，在城市边缘或郊区建立各种"开发区"和"工业园区"，每个开发区分别占地数平方公里甚至更多，使城市空间和用地规模骤然膨胀；采用行政中心搬家的办法，建设新区，或"再造一个新城"，导致城市迅速向外扩张，则是近年普遍流行外延式的开发模式。此外，盲目采用大城市的建设标准，超标建设大马路、大广场、大公园，大学城等，也是中小城市土地使用效率低、浪费土地资源的重要原因之一。根据建设部统计年报的数据，按非农人口的统计口径，2000 年我国城市人均建设用地 106.7m²，其中小城市人均高达 149m²，不仅远远超过全国城市的平均水平，同时也超过国家制定的人均规划建设用地 120m² 的最高标准。

以上分析表明，城市不论大小，不加任何控制和引导，任其无序发展，就会产生这样那样的问题。对中小城市来说，加快发展速度虽然是当前的主要任务，如果忽视城市发展的合理性，其产生的负面影响反过来又会抑制城市的进一步发展，欲速则不达。与其等到问题成堆才回过头去治理，不如在发展的过程中就采取调控措施，引导它们进入健康、可

持续的发展道路。

4. 市场经济条件下城市规模调控的基本思路

既然各级城镇在发展的同时，有必要控制其发展规模，现在需要探讨的问题是：在城镇化的快速发展阶段和市场经济的条件下，能否找到若干行之有效的调控措施？笔者认为：在指导思想上，不能因为计划经济时期的控制机制失灵、不少城市规模突破规划指标而放弃对城市的发展进行必要的控制；更不应违反客观现实的条件，刻意去扩大城市规模。应该运用科学的发展观，研究现阶段推动城市发展的各种因素，从中寻求有效的对策措施。

4.1 认真总结城市规模变化的规律，分析人口增长的主要因素

进入 20 世纪，我国不少城市纷纷对上轮总体规划进行修编，其原因大多为城市人口和用地规模已提前突破原有规划目标。为了避免城市过快发展带来的种种问题，有针对性地提出相应的调控措施，在规划修编之前，应在总结规划实施情况的基础上，重点分析影响人口、用地规模增长的主要原因和影响因素。

一般来说，城市规模扩大的主要因素有：①社会经济发展扩大了劳动力的需求，大量外来人口进入城市，构成人口的机械增长。在经济和城镇化的快速发展阶段，人口机械增长已成为影响城市规模的主要因素。②城市人口的自然增长。在长期贯彻人口计划生育政策之后，随着人口自然增长率的逐年降低，对多数大中城市来说，自然增长对城市规模的影响已退居次要地位。③城市发展政策。一些城市为了加快发展步伐，制定了相应的政策和目标，如在经济上提出"跨越式"或"超前"发展，开辟各种产业园区和物流园区；在建设上提出"三年大变样"，"再造一个新城"等，这些政策都会促使城市的用地和人口在短期内迅速增长。④行政区划的变动（李晖，1988）。为了适应城市发展的需要，近年通过扩大市域行政管辖范围、县改区、乡改镇等方式，使城市的市域人口和市区人口发生变化，从城镇化的角度分析，这种"增长"并没有改变城市的资源状况和空间关系，不属于真正意义上的增长。⑤统计口径的差异。进入市场经济后，市区非农业人口数量已不能代表中心城区人口规模，当前城市人口规模的统计口径为规划范围的户籍人口加上在当地居住半年以上的暂住人口。问题在于暂住人口的统计很不精确，不少城市用估计的办法或将总的暂住人口代替居住半年以上的暂住人口数，无形中"扩大"了城市人口规模。

以上分析表明，后两种因素并不反映城市规模变化的规律，在制定调控措施时可考虑排除。只有真正抓住导致城市规模急剧扩大的因素，才能有效制定城市发展的调控措施。

4.2 加强区域规划和城镇体系规划的调控作用

区域规划的主要任务是在较大的区域范围合理部署生产力，对资源的利用、人口的发展、产业的布局以及环境的保护等方面统筹安排，全面协调，引导社会经济走上和谐、可持续的发展道路。其作用在于扬长避短，发挥每个城市所长，避免区域城市之间的无序发展和恶性竞争。

为了进一步落实区域的空间发展战略，正确处理发展与保护的关系，目前我国正在编制

具有区域规划性质的全国或省级的主体功能区规划。其主要内容是根据资源环境的承载能力和人口、经济的集聚条件，按主体功能将区域划分为四个政策指导类型：即优化开发区域、重点开发区域、限制开发区域和禁止开发区域。如果从发展与控制的角度考量，很明显：位于重点开发区内的城镇应以发展为主导方向；反之，限制、禁止开发区由于诸多发展条件的约束，应通过各类调控杠杆，将这里的产业、人口引导到重点或优化开发的区域。

城镇体系规划是以区域各级城镇的合理发展与布局为主要内容的空间规划，对下位城镇总体规划的编制具有重要的指导作用。在一个结构合理的城镇体系中，城镇等级规模的分布是有规律的：即城镇的规模越大，其数量越少；换言之，小市镇的数量总是多于大中城市。根据这一基本原理，在一定的区域范围内，只有少量发展条件良好的中小城市才会演变为大城市，不可能出现大城市越来越多、中小城市越来越少的现象。因此，预测城市未来的人口数量，应该依据城镇体系规模等级规划，从城市发展的具体条件出发，确定城市的发展规模。

4.3 运用地租的经济杠杆引导城市土地的集约利用

为了适应市场经济的发展，我国逐步实现了土地使用制度的改革，根据马克思的地租理论，将国有土地的使用权引入市场，即土地使用者必须向国家交纳地租——土地出让金；土地质量、级别越高，使用者付出的代价越高。其目的不仅可以使国家获得可观的土地收入，同时对节约土地资源、控制城市无序蔓延具有重要作用。近年的实践表明，凡是按市场规律、即通过"招、拍、挂"途径取得土地使用权的商品住宅、商业服务设施等用地，一般都具有较高的使用强度和使用效率。反之，开发区的工业用地及机关、学校等公共设施用地多以划拨、协议的方式取得，土地成本十分低廉，起到鼓励大规模的"圈地运动"的负面作用。要消除开发区占地过多，城市搞宽马路、大广场、大学城等浪费土地资源的弊端，必须根据土地的价值制定土地的供应政策。

此外，我国当前的土地征用制度也不利于城镇土地的集约利用，主要表现为征地补偿费仍按计划经济体制付给农民，由于价格偏低，不仅损害了农民的利益，而且也助长了多征少用、加快城镇用地扩张速度的倾向。如果今后农地征用价格与市场挂钩，运用市场这个"看不见"的手对土地的供应进行调控，可以比现在节省更多的土地。

4.4 借鉴国外经验，合理确定城市增长边界

如前所述，为了有效遏制城市漫无边际的向外延展，20世纪70年代之后，西方发达国家纷纷提出"精明增长"、"紧缩城市"的理念；在规划管理方面，美国俄勒冈州的波特兰市则采取了增长边界的管理措施，对保护农田和绿色空间、控制城市用地规模取得了一定的成效（仇保兴，2004）。

城市增长边界就是根据未来人口的发展规模预测和各类用地的需求，在城市周边划分一条控制城市增长的边界，规定城市的开发和建设活动必须在增长边界内进行，否则将受到惩罚。为了实现这一目标，边界内的基础设施建设由地方政府投入，同时还规定了公共设施的密度和最少数量标准。鉴于增长边界之外既无基础设施，又无配套的公共服务设施，在此的开发项目需要付出很高的成本和代价，自然无人问津，从而抑制了城市的扩张。

结合我国的城市规划体制，今后可考虑将中心城区的规划用地边界视为一定时期的城市增长边界。它对我国城市规模的控制具有以下作用：①可以作为城市管理和建设用地选址的重要依据，在审批新的建设用地时，凡在增长边界以外的城市开发项目如各类开发区、大学园区以及房地产开发等，不能获得"两证一书"，否则按违章建设处理。②可以引导城市基础设施的建设，除必要的区域基础设施外，今后城市的基础设施和相应的服务设施建设应在增长边界之内进行，既可节约有限的城市建设费用，同时又可引导各项开发活动在用地增长边界内进行。③城市增长边界以外的区域可视为城市的郊区农业和生态用地，结合我国土地利用总体规划的土地用途管制，可采取各种措施，对耕地、森林、河湖水系进行最严格的保护。

也要看到，在快速的城镇化的发展阶段，企图利用城市增长边界作为一条永久不变的堤坝阻止城市的发展是不现实的；但作为遏制城市无序蔓延的手段，其作用已得到海外国家的证实。

参 考 文 献

董光器. 1998. 北京规划战略思考. 北京：中国建筑工业出版社，28－36

段小梅. 2001. 控制大城市：措施的弊端. 城市问题，2001（1）：2－6

李晖. 1988. 人口城市化过程中中小城市发展的比较. 北京大学学报（哲学社会科学版），6：81－83

仇保兴. 2004. 中国城市化——机遇与挑战. 北京：中国建筑工业出版社，27－95

许学强. 1987. 现代城市地理学. 北京：中国建筑出版社，46－58

叶维钧. 1988. 中国城市化道路初探. 北京：中国展望出版社，113－136

于群. 1991. 控制大城市规模的质疑. 学术交流，991（1）：50-51

袁凌. 2004-09-22. 淮河治污十年，污染依然严重. 新京报

中国自然辩证法研究会. 1985. 城市发展战略研究. 北京：新华出版社，95－190

Urban Development and Control

Chu Jianqun；Dong Liming

Abstract：The development and control are just like two sides of a coin in the process of urbanization. In most formal studies, big cities are considered to be controlled rather than developed while small or medium sized cities to be more often developed. Experiences have showed that this traditional viewpoint is unilateral. Cities of any size have needs for development and on the other hand should be properly directed and controlled in the socialist market economy. Nowadays the reasonable thoughts of city size control are as follows：①the policies and measures for control should follow the basic rules of urbanization；②the macro-control of regional planning and urban system planning need to be strengthened；③intensively use land and avoid urban sprawl by land rent；④identify urban growth boundary based on international experiences and the idea of "smart growth".

Key words：city size；development；control

第三部分 | 城市土地利用

城市土地经济评价初探[*]

一、城市土地经济评价的意义与作用

我国宪法明确规定，"城市土地属于国家所有"。30 多年来，我国城市土地使用主要通过行政手段，由主管部门根据使用单位的申请统一拨地。虽然国家同时制定了一系列节约用地、合理用地的法令和政策指导城市的土地利用，但浪费土地及不合理利用土地的现象时有发生。其中无视土地经济规律，无偿使用土地是一个重要原因。

要改革这种弊端，必须充分运用土地经济规律去指导城市土地的管理和使用。城市土地经济评价则是揭示城市土地经济特征的重要手段。它有助于我们认识城市土地的使用价值及其空间分布的差异性，为国家制定城市土地政策，经济合理地利用土地提供科学依据。其作用有三。

（一）为按不同土地类型征收土地使用费提供依据

我国已决定要开征城市土地使用费，对于房租，也考虑按房屋所在的不同位置收费。只有开展城市土地经济评价，才能更好地为国家按不同的土地类型征收土地使用税或房租提供可靠的依据。

（二）有利于城市合理的规划布局

我国城市规划方案经济论证工作比较薄弱。许多城市土地利用拿不出确切的经济数据，说服力不强。要运用定量方法分析比较城市规划方案的优劣，必须在城市土地经济评价的基础上掌握城市各类土地的经济特征和生产率。有了这个基础资料，城市规划工作者就能按最佳的空间组合方式，把城市各功能组织到最有利的地段，以达到地尽其用，各得其所，综合经济效果最好的目的。

（三）指导旧城区的改造

我国大多数城市都是在原有基础上逐步发展起来的。旧城区是投入物化劳动最多的场所，土地价值较高，往往构成城市的核心。但由于历史原因，旧城区的设施和土地利用远远不适应城市现代化和居民生活水平日益提高的要求，需要有计划、有步骤地改造。从经

---

* 赵洪才，董黎明 . 1985. 城市土地经济评价初探 . 城市规划，5 · 12 – 16

济的角度出发，旧城区功能布局的调整可依据土地经济评价提供的资料安排，市中心的"寸金地"优先考虑占地少、收益高的部门，同时要适当提高建筑层数。对于占地大、收益低、对环境有污染的部门，可迁往城市其他部位，以体现按质分类使用的目标。

二、理论依据

城市土地有别于处于自然状态的土地，它是人类高度利用改造自然的产物。每块城市土地上都凝注了人类劳动的结晶。因而具有使用价值和价值。衡量土地价值量的尺度是投入物化劳动量的大小，其使用价值则取决于土地生产率的高低。城市土地经济评价的基本任务是揭示土地使用价值或价值的差异。

在资本主义社会，城市土地被打上商品的印记，土地投机商和资本家通过土地的买卖和出租获取地租，从中瓜分剩余价值。因此资本主义国家土地经济评价主要通过地租的利息化来预测估算土地的不同价值。

我国是社会主义国家，城市土地属全民所有，不能像商品一样自由买卖，它已完全失掉了作为资本获取地租的属性，但社会主义的城市土地仍保留了某些与其他社会形态共有的特征。

（一）为满足城市基本功能的要求，必须不断投入社会必要的物化劳动

一块自然状态的土地或农地，不具备居住、工作、游息、交通四大城市基本功能，只有按城市建设要求，经过长期的经营投资，才能逐步实现这一转化。例如，在征用农田为城市所用时，必须按等价交换原则，以货币或其他形式补偿农民的损失，这是对城市土地必不可少的投入。城市各项功能都离不开城市基础设施，建设一个新的城市，基础设施和生活服务设施的投资是相当惊人的，还有位于城市土地上的一切不动产：厂房、仓库、办公楼等建筑物和构筑物，也是城市功能的物质基础，在它们坐落的土地上，凝注着城市建设投入的物化劳动。

（二）城市土地具有不同的生产率

根据初步调查，我国城市土地的经济差异也十分显著。南京市中心新街口地区每平方米土地：商店每年盈利670元，影院140元，工厂30～160元；山西路一带每平方米土地商店盈利210元，影院48元，工厂30～45元，如果把自然条件、生产力发展水平、经营管理水平等因素排除，造成城市土地生产率差异的最主要的因素是：

（1）投入单位面积土地的物化劳动量。在城市建设中，单位面积的土地投入资金越多，城市各项设施越完善的地段，土地也具有较高的产出。我国大中城市单位面积土地的工业产值远高于小城市，在一定程度上反映出两者投入物化劳动量的差异；

（2）位置的影响。在相同的投入下，有利的交通地理位置可以比其他土地获取更多的收益。这就是为什么城市工业要接近市场、交通、能源，商业部门要求接近交通、人流集散中心及拐角十字路口，居民要求接近上班地点的原因。城市土地受位置影响产生的额外收益相当于级差地租Ⅰ。不同的是在社会主义条件下它应归全民所有。

综上所述，我国城市土地依然保持着价值和使用价值的基本属性。如用某种方法去分析、评定影响土地使用价值的主要因素，便能达到揭示城市土地经济差异的目的。

三、评价方法

城市土地既有经济职能（工业用地、对外交通用地、商业用地），也有行政、生活居住、文化教育等非经济职能，目前很难找到统一的量纲直接推算土地生产率，在此情况下，采用多因子的指数法或评分法，具有较大的现实意义。其基本方法是分析影响城市土地生产率的主要因素及因子，按统一的标准对各因子评分，根据累计总分对城市土地分级定等。具体方法步骤分为六步。

（一）分析影响城市土地生产率的基本因素

城市土地区位与投入物化劳动量的大小既是两个基本因素，同时两者又有一定的内在联系。城市土地的空间位置不能脱离土地的物质基础单独存在，否则就失掉影响土地生产率的作用。因此，在市内具有良好区位的地点——市中心区、市内主干道交叉口、人流车流集散点，同时也拥有齐备的城市设施；位置偏僻闭塞的土地，城市投资一般较少。掌握这两个基本因素的内在联系，对选择评价因子有重要意义。

（二）确定评价因子

直接或间接反映投入城市土地物化劳动量的因子为数甚多，如城市道路交通、给水、排水、电力、电信、绿化、环境保护等基础设施，商业服务、文化教育、医疗卫生等生活服务设施，反映房屋建设投入量的有建筑面积、建筑密度、人口密度等。当然，评价因子数量越多越接近实际情况，但同时也增加了工作难度。为此，应根据城市的实际情况，选择具有代表性、易于从城市基础资料获取的因子。

（三）选定土地评价单位

为便于比较、统计，通常用方格网分割城市土地，每方格代表一个土地评价单位，其面积视城市规模大小与评价内容而定，中小城市以 $1hm^2$ 为评价单位较适宜。

（四）确定评价因子的权值

在相同的劳动投入下，各因子对城市土地使用价值的影响是不同的。对居民生活而言，给水设施的重要性高于医院，因并非每人经常要求医，但如缺乏给水设施，则给居民日常生活带来极大不便。因此，同是评价因子，给水设施的权值应高于医疗卫生设施。评价因子权值可通过调查等多种途径获得。

（五）选定评价基本公式

城市土地经济评价主要通过对劳动投入及区位两因素的分析，反映土地生产率，基本公式可用指数法或评分法两种。

1. 指数法

$$(B_i)_{Lh} = \frac{(Q_i)_{Lh}}{S_i} \tag{1}$$

式中，$(B_i)_{Lh}$ 为 L 行 h 列 i 因子的评价指数；$(Q_i)_{Lh}$ 为 L 行 h 列 i 因子的实际数；S_i 为单位土地 i 因子的平均值。

式 (1) 从单因子出发，逐因子评价土地的使用价值，当 $(Q_i)_{Lh} > S_i$，$(B_i)_{Lh} > 1$，表明土地有较高的评价值。鉴于城市土地使用价值受多因素影响，每个因子只能代表一个方面衡量土地价值，要获得每个地块总的评价值，必须将各因子评价值累加，并加权处理：

$$B_{Lh} = K_{Lh} \sum_{i-1}^{n} (B_i)_{Lh} \times M_i \tag{2}$$

或

$$B_{Lh} = K_{Lh} \left[(B_1)_{Lh} \times M_1 + (B_2)_{Lh} \times M_2 + \cdots\cdots (B_i)_{Lh} \times M_i + \cdots\cdots (B_n)_{Lh} \times M_n \right] \tag{3}$$

式中，$(B_i)_{Lh}$ 为 L 行 h 列土地评价总指数；K_{Lh} 为 L 行 h 列区位系数，设全市最佳土地区位系数为 1，则 $0 < K \leqslant 1$，其他土地 K 值随距离递减；M_i 为 i 因子的权值；n 为评价因子的数量。

从式 (2) 或式 (3) 可知，土地总评价指数越高，该地块使用价值越高；反之，土地使用价值低。

2. 逐格递增评分法

将各因子的分布重合在城市土地方格图上，首先进行单因子评分，若 L 行 h 列方格中包含有 i，该地块评 1 分，若相邻方格无 i，分数标号增至 2，下一邻格继续缺 i，则递增至 3，依次类推。以商业服务因子为例：当 L 行 h 列有商店时，评价 1 分，表明当地居民购物方便，周围地块无商店，离此越远的居民到此购物越不方便，其评分值及不方便程度随距离增加。与指数法的结果相反，逐格递增法分值越低，土地使用价值越高。经加权平均，因子累加，地块评价总分可用式 (4) 表示：

$$P_{Lh} = \sum_{i=1}^{n} (P_i)_{Lh} \times W_i \tag{4}$$

式中，P_{Lh} 为 L 行 h 列总分；$(P_i)_{Lh}$ 为 L 行 h 列 i 因子的评分值；W_i 为 i 因子的权值；n 为因子数量。

以上两种方法各有利弊，指数法定量化程度高，适用于城市基础资料丰富的城市，后一种方法，适用于基础资料不全的小城市。

（六）划分城市土地等级

在获取土地总评价值后，网格中已反映了土地的经济差异，为使评价结果系统化，便于城市规划管理部门利用，可按一定评价值的间距，将城市土地分为若干等级，用不同颜色和符号表示，最后绘制城市土地经济评价图。

四、应　　用

作者应用上述理论方法，结合安徽省巢湖市总体规划，对老城区土地作出经济评价。

　　巢湖市位于安徽江淮丘陵地区，西临大湖，是一个历史悠久，以建材、农副产品加工为主的小城市。老城区处于全市中心，在不到 $2km^2$ 范围内居住了 3.6 万人，集中了全市的行政、商业、文化教育功能，市政设施较齐全。从土地利用分析，城南沿天河（裕溪河支流）一带有航运之利，是城市最早发展的地区，与天河平行的东风路商业繁华，交通方便，人口密集，具有较大的"吸引力"。与东风路垂直丁字交叉的人民路是新中国成立后新辟的干道，两侧有多座大型公共建筑，市政设施完善，也具有很大引力。其他地区相对闭塞冷落（图1）。

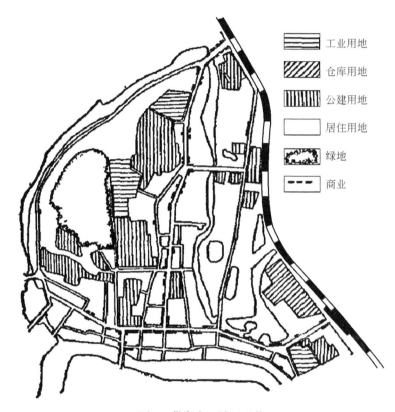

工业用地

仓库用地

公建用地

居住用地

绿地

商业

图1　巢湖市旧城区现状

　　根据巢湖老城规模小、城市基础设施简单、规划资料不全等具体情况，先选取了城市道路、给水、排水、环境质量、商业服务设施、文教卫生、人口密度7个评价因子，前4个因子反映城市基础设施投入的物化劳动，随后的两个因子反映城市服务设施的投入，因缺乏房屋面积资料，考虑人口密度与建筑密度有较大的相关关系，通过人口密度可间接反映城市房屋建设的投入。

　　土地评价基本单位为 $1hm^2$，采用逐格递增评分法，最低起点1分，依次逐格递增。

　　采用专家意见法确定权值，邀请若干具有丰富经验的城市规划专家、学者就评价因子的重要程度按顺序排列，从下式求取权值：

$$W_i = \frac{A_i}{\sum\limits_{i=1}^{n} A_i} = \frac{A_i}{\sum\limits_{i=1}^{m} \sum\limits_{j=1}^{n} a_{ij}} \tag{5}$$

式中，W_i 为 i 因子的权数；A_i 为全部专家对 i 因子的权重之和；a_{ij} 为第 j 位专家对 i 因子评定的权重；m 为因子数；n 为专家数。

按式（5）计算，巢湖市各评价因子的权值及重要程度见表1。

表1　巢湖市各评价因子的权值及重要程度

	道路	给水	商业服务	排水	环境	文教卫生	人口密度
A_i	22	25	32	43	45	49	66
W_i	0.0786	0.0821	0.1143	0.1536	0.1607	0.1750	0.2357
次序	1	2	3	4	5	6	7

注：$n = 10$。

在确定各因子权值后，按式（4）进行累加，获得最终评分结果（每方格分值由 1.3725~4.3110），按由低至高的间距，每级相差 0.2 分，可将巢湖老城土地分为七级（图2）。

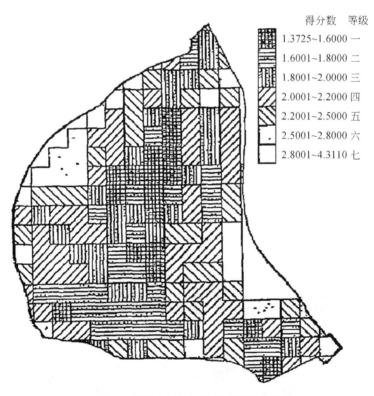

得分数	等级
1.3725~1.6000	一
1.6001~1.8000	二
1.8001~2.0000	三
2.0001~2.2000	四
2.2001~2.5000	五
2.5001~2.8000	六
2.8001~4.3110	七

图2　巢湖市旧城区土地经济评价图

从土地经济评价图上看出，巢湖老城上地使用价值高的土地为 1~3 级，呈丁字形分布，与现状土地利用特征大体一致，略有不同的是最佳的一类土地并非集中在城南东风路一线，而分布在城市主干道人民路中段，由此可以推断，这片土地今后有可能成为巢湖老城新的中心。使用价值较低的 5 ~ 7 级土地，主要分布在老城东西两翼，这里交通不便，城市基础设施和生活服务设施不全，由于火车噪声的干扰及环城河被严重污染，环境质量较差。这次评价的结果也与巢湖市规划社会调查材料基本吻合。

参 考 文 献

北大地理系. 1984. 巢湖城市规划基础资料

马克思. 1975. 资本论. 第一卷、第三卷. 北京：人民出版社

宋启林，陈铎. 1983. 一论必须有偿使用城市土地. 见：中国城市科学研究会成立大会学术论文

宋启林. 1982. 运用经济规律，解决城市土地问题. 城市规划，02：37 – 42

吴良镛. 1978. 纵得价钱，何处置地——浅谈城市规划中的节约用地问题. 城市规划，06：19 – 29

严瑞珍. 1984. 土地定义估价的理论和方法. 农村工作通讯，48：23 – 36

伊利·莫尔豪斯. 1982. 土地经济学原理. 北京：商务印书馆

Northam R M. 1979. Urban Geography. Virgina：Wiley

Pollock W W，Scholz K W H. 1926. the science and Practice of Urban Land Valuation. California：Manufacturers' appraisal company

Rhind D，Hudson R. 1980. Land Use. New York：Methuen & Co Ltd

城市土地综合经济评价的理论方法初探*

摘要：城市土地经济评价对改革土地无偿使用的体制具有重要意义。本文根据我国国情，探讨了城市土地经济评价的理论依据，参评因素及因子体系；运用模糊数学方法，对山东济宁市的城市土地进行了综合评价，取得了较好的效果。

关键词：城市土地；评价；参评因素；模糊矩阵；土地区位

根据国家规定，从 1988 年 11 月起开始对城市、县城、建制镇、工矿区按土地不同等级征收土地使用税。这一改革措施，消除了土地长期无偿使用的弊病。今后土地使用者必须按质按量向国家纳税，无疑对有效地合理利用城市土地具有重要意义。

当前最急切的问题是如何从我国国情出发，迅速开展城市土地经济评价，即按一定的原则，揭示城市土地的差异，划分土地等级，为实施土地有偿使用及修订城市规划提供科学依据。

鉴于我国城市土地分等定级工作刚刚起步，本文以我们近年在安徽巢湖、山东济宁等市的实践为基础，试图就城市土地经济评价的理论依据、基本内容和评价方法等问题进行初步探索，并期望这项研究成果对我国城市土地使用制度改革有所裨益。

一、基 本 思 路

城市土地是在自然土地或农地的基础上，经过人类长期利用改造形成的土地类型；它既保持一切土地资源的共性，同时，又具有特殊的自然、经济属性。充分认识城市土地的基本特征，是土地经济评价的出发点。

（1）城市土地承载的主要是建筑物和构筑物，从建设的适用性和经济效益出发，要求土地的自然条件具有较高的承载力、平缓的坡度、不易受洪涝水害的威胁。相比之下，土地肥力在此无足轻重。

（2）人类在城市土地上的活动频率及劳动投入远远超过其他土地类型，因此，市地单位面积的产出也高居首位。与农地相比，1985 年我国 324 个城市建成区每平方公里土地平均创造工业产值 5912 万元，相当于同年单位面积农地耕作业产值的 307 倍。土地劳动生产率的差异，反映市地经营的高度集约性，并决定了其地租和地价显著高于其他土地的经济特征。城市土地若用于商业，则创造的价值更高。

* 董黎明，冯长春. 1989. 城市土地综合经济评价的理论方法初探. 地理学报，44（3）：323－333

（3）由土地区位差异产生的超额利润称为级差地租。在城市中，区位差别是企业从土地上获得不同收益的主要原因。例如，街道转角处的行人要比沿街的行人多一倍，行人多则顾客多，自然商店盈利也多。据济宁市1988年调查，位于该市中心两条干道交口处的：阜桥商场，每平方米年营业额及利润分别达4612元和302元，离此仅400m的同一性质商店（一面迎街），只有1476元和56元。由此可以看出：级差地租是城市土地经济属性的重要体现，而决定级差地租的则是土地的区位。

（4）城市土地的使用功能多样复杂，必须满足生产、生活、交通、游憩等基本活动的需要。这表明评价市地的优劣，不应只看经济效益，同时也要考虑环境、社会效益。

根据以上分析，城市土地综合经济评价可从两方面入手。

第一种思路是通过级差地租揭示土地的质量等级。前已提及，在等量的投入及相同的管理水平下，优等地要比劣等地获得更高的利润，城市各地段的地租差异，直接反映土地经济属性的差别。据此，可通过对城市不同地段企业利润的调查研究，建立地租测算模型，应用多元线性回归方法分析影响企业利润诸因素的相互关系，并剔除非土地因素（如资金额、工资额）对利润的影响，最终测算出每块市地的地租值，并作为土地分等定级、缴纳税收的依据。

第二种思路是，在等量的土地上投入越多，土地的自然、经济性状则越佳，土地等级相应也高。目前虽然用货币形式直接测算每块城市土地的投入量困难较大，但通过因果关系的分析研究，可以寻求影响市地性状及质量的基本因素。根据它们的作用和影响程度，我们可以赋予每个因素及其因子一定的权值，按统一的分级评分标准，把各因素对市地的影响程度转换为综合评分值，并以此作为评价市地优劣、划分市地等级的依据。

两种思路各具特色，互有利弊。前者可以直接用货币形式，反映土地的经济差异；但测算地租值时，可能遇到几个难以解决的问题：①城市土地有一半以上为非生产部门——住宅、学校、机关、园林绿地等占用，当前这类土地不直接产生利润，亦无法测算地租；②由于受当前价格、税收和管理体制的影响，各部门及行业之间的盈利水平相差悬殊，缺乏可比性；③虽然商业受价格体系影响较小，但影响商业利润的其他非土地因素，如经营管理水平、商品流通渠道等很难被剔除，从而影响测算精度。多因素综合评价的突出优点是：既考虑市地的经济效益，又考虑社会、环境因素对市地的综合作用；其评价方法采用定性与定量结合，适用于各类城市用地，评价范围可以覆盖全部城市土地；同时选取的因素均直接与土地质量有关，完全排除了非土地因素的干扰，我们认为此方法可作为市地经济评价的基本方法。

二、评价因素分析

按第二种基本思路，因素选择将是城市土地经济评价的基础，只有真正把握具有举足轻重的影响因素及其因子，才能使评价结果更接近实际情况。根据实践经验，这些评价因素应包括四种（图1）。

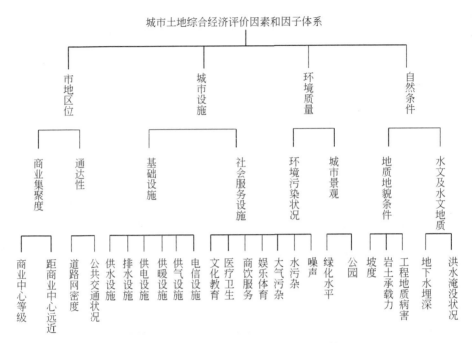

图 1　城市土地综合经济评价因素和因子体系

（一） 市地区位

市地区位除解释为空间几何位置外，还包括该地与周围环境事物的相互关系。当论及上海外滩的区位时，人们首先考虑到的是全市最繁华的商业、金融中心及交通、人流的集散点，其次才是它位于黄浦江畔的地理位置。

关于区位对城市土地的影响，早在 19 世纪，西方许多著名的经济学家如英国的李嘉图（David Ricardo）、德国的杜能（Johann Heinrich Von Thünen）都曾作过深入地研究，并提出相应的模式。现代城市的功能、结构要比当时的情况复杂得多，区位因素对市地质量的影响主要表现在两方面。

（1）土地区位的通达性（accessibility）近代交通的发展改变了时间与空间的观念，距离、运费已不再是影响生产的唯一因素，节约生产流通过程的时间，提高生产效率和生活质量变得日益重要。而区位的通达性则是把距离和时间作为一个统一的有机整体，既要求通行的距离短，以节省运费；同时又要具备发达的交通道路系统，把出行时间减少到最低限度。

（2）市地的集聚效益及互补性某些城市职能按一定的原则组织在一起，可以获得更多的收益，其中又以商业的集聚最典型。一个由众多商店及服务设施组成的区位，由于商品繁多，项目齐全，可供选择余地大，顾客到此绝不只光顾一家商店，而是"综合利用"，他们在商业中心既能买到满意的物品，又节省了时间和交通费用。这就是为什么商业集聚中心吸引的顾客及盈利要比分散布置的商店高得多的原因。在城市中，绝大多数商业服务中心同时兼具通达性良好的区位，因此，在评价因子选择时，商业繁华程度和距离商业中心的远近便成为衡量区位优劣的重要标志。

（二）城市设施配套程度

处于自然状态的土地或农地，无法满足生产、生活等城市基本功能需要，只有按规划建设的要求，不断投入技术、资金和劳动，修建道路、交通、给水、排水、电力、电信等城市基础设施，才能成为有效的建筑地基。在居住区建设中，仅有住宅，缺乏必要的学校、商店、医疗、文化娱乐等生活服务设施，也会给居民生活带来极大不方便。这两类设施都具有为城市服务的共性，可统称为城市设施。

需要指出，有部分城市设施虽然不直接创造社会财富，但它们投资比例的大小，可以直接影响市地的使用价值。因此，城市设施的完善及配套程度，便成为直接反映投入市地物化劳动量的重要因素。

（三）环境质量

在工业化社会，环境问题不仅困扰城市的发展，危及居民切身的利益，同时也直接影响土地的使用。西方国家城市中，凡污染严重、环境质量低劣的区域，地价普遍下降。伦敦两个机场由于噪声的干扰，使附近房地产平均贬值20%。

在市地经济评价中，不应把环境质量局限于污染状况，实际上森林、绿地、水面也是城市生态系统的重要组成部分。开阔的空间、充足的阳光、清新的空气、大片的水面和绿色植物，为居民提供了优美的城市景观，赋予市地更高的使用价值。

（四）自然条件

在城市建设中，自然条件的差异可以影响土地开发的难易程度及投资量，如在沿河地势低洼的软土层地带兴建房屋，需要修筑河堤，防止洪水淹没；同时还要加固地基基础、降低地下水位，从而增加了城市建设的投资。相反，有利的自然条件可以缩减土地开发的工程量，为城市各项职能提供方便的条件。在评价时，应选取影响较大的因子，如岩土的承载力、地形坡度、地下水埋深、洪水淹没状况等作为市地自然条件优劣的主要依据。

以上四个评价基本因素分别从经济、环境、自然等方面反映城市土地的性状，而且存在密切的内在联系，其共同点是每个基本因素均与投入土地的物化劳动相关。

图1归纳出每个基本因素所包含的若干评价因子。由于我国各城市的规模、自然条件、经济基础及发展方向差异颇大，可因城制宜选取评价因子，不必强求统一。

三、评价方法

在分析影响城市土地质量因果关系的基础上，运用多因素综合评价的一般程序是：①根据城市具体情况，选取评价因素和因子；②划分评价等级标准，拟定每个因素及因子的评判标准；③根据因素和因子的重要程度，确定其相应的权值；④按一定的原则，落实市地评价单元的规模和界线；⑤建立市地评价模型，并通过因子累加或复合运算，求出每个市地单元的评价数值；⑥根据评价数值大小，确定市地等级；⑦编制市地综合经济评价报告书和等级图。按以上步骤，下面重点探讨两种评价方法。

（一） 分值权重累加法

假设市地评价中选取 m 因素，每个因素包含 n 个因子，市地评价单元内某因素的评价值等于各因子分值累加之和，即

$$P_i = \sum_{i=1}^{n} F_{ij} \times W_j \tag{1}$$

式中，P_i 为 i 因素的评分值；F_{ij} 为 i 因素中第 j 因子的分值；W_j 为第 j 项因子的权重值。

又设 P 为市地评价单元的总评分值，W_i 为第 i 因素的权重值，则市地评价单元的总分值可由各因素分值累加求得，即

$$P = \sum_{i=1}^{n} P_i \times W_j \tag{2}$$

分值权重累加法的主要优点是简明易懂，运算方便，容易在中小城市推广，目前我国一些城市正在用此法开展市地经济评价的试点。

（二） 模糊综合评价法

城市土地经济评价涉及的许多因素和因子没有明确的外延边界，具有很大的"模糊性"。用传统方法确定评价因子的分值或等级，有时会人为夸大它们之间的差异，影响评价精度。针对这一问题，作者在评价山东济宁市用地时，运用了模糊评判方法，其基本思想是：在确定因素、因子的评价等级标准和权值的基础上，运用模糊集合变换原理，以隶属度描述各因素及因子的模糊界线，构造模糊评判矩阵，通过多层次的复合运算，最终确定评价地域单元所属等级。

设有 n 个评价等级，m 个评价因素，每个因素又包含 K 个评价因子，并用 U、V、V_i 符号表示其评价论域，即

$$\text{等级论域 } U = \{u_1, u_2, \cdots, u_n\} = \{ I, II, \cdots, n\} \tag{3}$$

$$\text{因素论域 } V = \{V_1, V_2, \cdots, V_n\} \tag{4}$$

$$\text{因子论域 } V_i = \{v_1, v_2, \cdots, v_k\} \tag{5}$$

由于 U 与 V 之间存在模糊关系 $\underset{\sim}{R}$，可表示为模糊矩阵形式：

$$\underset{\sim}{R} = V \begin{matrix} V_1 \\ V_2 \\ \vdots \\ V_m \end{matrix} \overbrace{\begin{bmatrix} r_{11} & r_{12} & \cdots & r_{1n} \\ r_{21} & r_{22} & \cdots & r_{2n} \\ \vdots & \vdots & \vdots & \vdots \\ r_{m1} & m_{m2} & \cdots & r_{mn} \end{bmatrix}}^{U \atop I \quad II \quad \cdots \quad n} \tag{6}$$

式中，r_{ij} 为第 i 个评价因素 V_i 隶属于 j 等级的可能程度，即隶属度，其值可通过隶属函数求得。

因评价因子涉及面广，在评判中，我们把因子分为以定性为依据的软指标和可用定量标准评判的硬指标；故隶属函数相应也分为两类：

当评价因子为软指标时，其隶属函数为特征函数，即

$$\mu(x) = \begin{cases} 1 & \text{当 } x = U_i (i = 1,2,\cdots,n) \\ 0 & \text{当 } x \neq U_i (i = 1,2,\cdots,n) \end{cases} \tag{7}$$

U_i 为评价等级标准。

当评价因子属硬指标，即某数值处于两个等级标准之间时，需要按隶属关系求出它分属两个等级的比重。

设 $A = (a_1, a_2, \cdots, a_k)$，称因子的权重，通常可用层次分析法（AHP 法）或德尔菲法确定。又设 $B = (b_1, b_2, \cdots, b_n)$，为评价等级的隶属度。当已知因子权重 A 和模糊矩阵 R，则

$$B = A \square R \tag{8}$$

鉴于城市土地经济评价包括因素和因子两个层次，模糊矩阵须按不同层次进行复合运算。已知因子集 A 和评价集 B，设模糊评判矩阵 $R = (r_{ij})_{m \times n}$，第一层次运算可用式（9）求出每个市地评价单元内单因素诸因子的隶属度。

$$B = A \square R = \begin{bmatrix} a_1 \\ a_2 \\ \vdots \\ a_m \end{bmatrix}^T \begin{bmatrix} r'_{11} & r'_{12} & \cdots & r'_{1n} \\ r'_{21} & r'_{22} & \cdots & r'_{2n} \\ \vdots & \vdots & \cdots & \vdots \\ r'_{m1} & r'_{m2} & \cdots & r'_{mn} \end{bmatrix} = (b_1, \ b_2, \ \cdots, \ b_n) \tag{9}$$

第二层次指对每个市地评价单元内诸因素进行合成运算，最终结果为综合隶属度。设 $A = (A_1, A_2, \cdots, A_m)$ 为综合因素权重集，$B = (B_1, B_2, \cdots, B_n)$ 为评价等级集，$R = (r_{ij})_{m \times n}$ 为模糊评判矩阵，合成运算公式为

$$B = A \square R = \begin{bmatrix} A_1 \\ A_2 \\ \vdots \\ A_m \end{bmatrix}^T \begin{bmatrix} r_{11} & r_{12} & \cdots & r_{1n} \\ r_{21} & r_{22} & \cdots & r_{2n} \\ \vdots & \vdots & \cdots & \vdots \\ r_{m1} & r_{m2} & \cdots & r_{mn} \end{bmatrix} = (B_1, B_2, \cdots, B_n) \tag{10}$$

合成运算结果是一组等级隶属度数值。按模糊数学的最大隶属度原则，取其中最大的隶属度为市地单元的评价等级。

四、研究实例——济宁市城市土地综合经济评价

济宁市位于山东省西南，靠近著名的微山湖，京杭大运河贯穿市区，历史上有江北"小苏州"之称。新中国成立后济宁由一个商业－手工业城市逐渐发展为以轻纺工业为主的综合性工业城市，1987 年城市人口 22 万，建成区面积 22km² 是鲁西南主要经济中心之一。

城市布局以老城为中心，主要功能为商业、居住区，这里人口密集、商业繁华，城市设施齐全。城市外围及边缘主要是工业、仓库区，布局较散乱，土地利用率低，基础设施与社会服务设施较差（图 2）。鉴于济宁市具有我国中小城市一般的共性，本研究的选点有一定的代表意义。

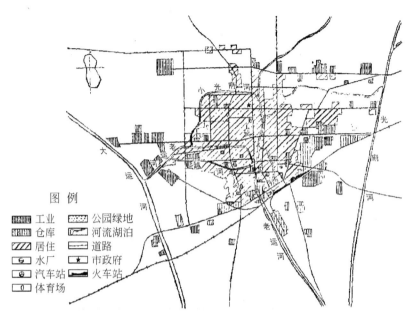

图例

- ⬚ 工业   ⬚ 公园绿地
- ⬚ 仓库   ⬚ 河流湖泊
- ⬚ 居住   ═ 道路
- 🅦 水厂   ★ 市政府
- 🅐 汽车站   🅡 火车站
- ⓢ 体育场

图 2   济宁市城区用地现状图

（一） 因素和因子选择

济宁市土地经济评价中，共选择了 7 个参评因素、17 个参评因子（表 1），这与图 1 中所列的评价因素、因子体系的项目基本相同。

表 1   济宁市土地评价因素、因子及等级标准

因素（F）	因子（S）	评价等级				
		I	II	III	IV	V
自然条件	地基承载力/（kg/cm²）	≥2.5	1.7	1.4	1.2	≤1.0
商业中心关系	距市级商业中心/m	≤500	1000	1500	2000	≥2500
	距区级商业中心/m	≤300	500	1000	1500	≥2000
人口分布	人口密度/（人/hm²）	≥250	200	1.50	100	≤50
通达性	公交线路/条	>3	3	2	1	0
	公交站点/个	>3	3	2	1	0
	道路宽度/位	>40	24~40	13~24	7~13	<7
	道路网分布形式	主干道与主干道相交	主干道与次干道相交	次与次	主与居住区道路相交	次与居
城市基础设施	给水设施	到户	大院	供水站	水压不足区	无给水
	排水设施	暗管	盖板沟	明沟	排水不畅区	无排水设施
	煤气设施	管道煤气	液化气	蜂窝煤	自制煤球或煤砖	薪柴

续表

因素（F）	因子（S）	评价等级				
		I	II	III	IV	V
社会服务设施	距中小学/m	≤250	500	1000	2000	≥2500
	距医院门诊所/m	≤30.0	500	1000	1500	≥2500
	距影剧院/m	≤500	1000	1500	2000	≥2500
	距公园/m	≤500	1000	1500	2000	≥2500
	距火车、长途车站/m	≤1000	2000	3000	4000	≥5000
环境质量	环境质量综合评价	清洁	较清洁	轻度污染	中度污染	重污染

但考虑到济宁属平原城市，自然条件中的坡度、地下水埋深等因子对土地影响差异不大；此外，调查中发现人口密度与商业繁华度呈正相关，对市地使用价值有一定影响；根据因地制宜原则，我们将参评因素、因子作了适当调整。

（二）评价等级确定

考虑到济宁市属中小城市，建成区面积也不算大，评价等级不宜划分过细，采用五个评价级已满足需要。

（三）评价单元划分

采用 $200m \times 200m$（$4.0hm^2$）纵横方格网作为评价单元，覆盖建成区土地。全市用地共划为320个方格。

（四）因素和因子权值的确定

使用层次分析法将表1列举的因素与因子，请多个经济学、城市规划、土地管理和经济地理等方面的专家填写判断矩阵，再经微机处理，得出各因素和因子的权值见表2、表3。

表2 因素层权值计算结果

因素代号	F_1	F_2	F_3	F_4	F_5	F_6	F_7	$\sum_{i=1}^{7} F_i$
权值	0.0330	0.3894	0.0781	0.1758	0.1642	0.1279	0.031*8	1

表3 因子层权值计算结果

因子代号	S_1	S_2	S_3	S_4	S_5	S_6	S_7	S_8	S_9
权值	0.033	0.3295	0.0599	0.0781	0.0586	0.1172	0.083	0.0272	0.0275

因子代号	S_{10}	S_{11}	S_{12}	S_{13}	S_{14}	S_{15}	S_{16}	S_{17}	$\sum_{i=1}^{17} S_i$
权值	0.0186	0.0078	0.033	0.0662	0.0097	0.0100	0.009	0.0317	1

（五）运算过程举例

实用中，发现普通矩阵运算的结果与实际情况更吻合，故济宁市的土地经济评价采用普通矩阵的相乘和相加进行合成运算。下面以 260 号评价单元为例，阐述运算过程。

第一层次运算：确定单因素的评价等级。欲求"社会服务设施"（F_6）的所属等级，首先按第二类隶属函数式，分别求出 F_6 中的 5 个因子的隶属度，构成 $\pmb{R}$，见表 4。

表 4 社会服务设施中五个因子隶属度

编号	评价因子	评价等级				
		I	II	III	IV	V
S_{12}	距离中小学	0	0.6	0.4	0	0
S_{13}	距离医院门诊所	0.8	0.2	0	0	0
S_{14}	距离影剧院	0.4	0.6	0	0	0
S_{15}	距离公园	0	0	0.8	0.2	0
S_{16}	距离火车、长途车站	0	0	0.8	0.2	0

已知因子权重值 $A = (0.03, 0.0663, 0.00997, 0.01, 0.009)$，则

$$B_6 = A \square R = \begin{bmatrix} 0.033 \\ 0.0662 \\ 0.0097 \\ 0.01 \\ 0.009 \end{bmatrix}^T \begin{bmatrix} 0 & 0.6 & 0.4 & 0 & 0 \\ 0.8 & 0.2 & 0 & 0 & 0 \\ 0.4 & 0.6 & 0 & 0 & 0 \\ 0 & 0 & 0.8 & 0.2 & 0 \\ 0 & 0 & 0.8 & 0.2 & 0 \end{bmatrix} = (0.057, 0.039, 0.028, 0.004, 0)$$

$$(11)$$

按最大隶属度原则取值（0.057），则 260 号单元中"社会服务设施"因素相应列为第 I 级。依次可算出 F_1，F_2，…，F_7 各因素所属的等级。

第二层次运算：用已求出的 7 个因素的隶属等级值组成新的评判矩阵 $\pmb{R}$，再与因素权重集 A 进行矩阵合成运算，最终确定每个单元的综合评价等级，即

$$B = A \square R = \begin{bmatrix} 0.033 \\ 0.3894 \\ 0.0781 \\ 0.1758 \\ 0.1642 \\ 0.1279 \\ 0.0318 \end{bmatrix}^T \begin{bmatrix} 0 & 0 & 0.033 & 0 & 0 \\ 0 & 0 & 0 & 0.198 & 0 \\ 0 & 0 & 0 & 0 & 0.0781 \\ 0 & 0 & 0 & 0 & 0.176 \\ 0.035 & 0 & 0 & 0 & 0 \\ 0.057 & 0 & 0 & 0 & 0 \\ 0 & 0 & 0 & 0.0318 & 0 \end{bmatrix} = (0.013, 0, 0.0011, 0.0781, 0.037)$$

$$(12)$$

经正规化处理后得 $B = (0.10, 0, 0.01, 0.60, 0.29)$。取 B 中最大隶属度值（0.60）为评价等级，结果，第 260 号单元为第 IV 级用地。依同样方式，分别计算出每个单元的综合评价等级后，将同一级别的地块合并，即可绘制出济宁市土地综合经济评价图

（图 3）。

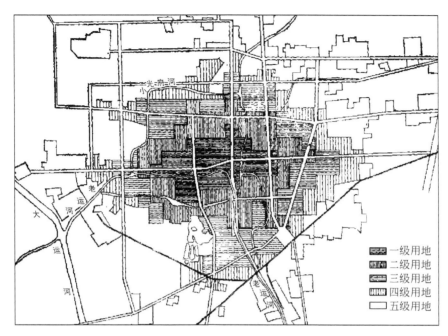

图 3　济宁市城市土地综合经济评价图

五、结　语

（1）济宁市土地经济评价结果比较符合实际情况。土地使用价值最高的Ⅰ级地主要分布在老城区太白中路两侧，这里位置居中，开发历史早，投入的物化劳动最多，各方面条件俱佳。值得注意的是，城市土地级别由中心向外递减并非按同心圆状的空间结构，而是沿道路呈放射状式的级差结构，这表明道路与区位的通达性对土地质量有重要影响。

（2）通过评价，我们发现济宁市区土地利用不尽合理。例如，一些非经济职能部门和收益较低的企业占据着最优等的土地，市中区和郊区所属政府机构，以及齿轮厂都位于太白中路的一级土地之上，且占地面积很大，不利于充分发挥土地经济效益。从长远考虑，城市规划应对土地利用现状作适当调整。

（3）城市土地经济评价是一项涉及面广、综合性强的研究课题，本文在理论和方法上的粗浅探讨，旨在抛砖引玉。模糊综合评价方法只在中等城市作了试验，对建成区面积大、影响因素复杂、土地分级要求较细的大城市还需作实际验证和进一步完善。

参 考 文 献

冯长春.1988.城市土地区位与城市土地收益分析.北京大学学报（哲学社会科学版）（6）：75-80
汪培庄.1983.模糊集合论及其应用.上海：科学技术出版社
伊·莫尔豪斯.1982.土地经济学原理.北京：商务印书馆
赵洪才，董黎明.1985.城市土地经济评价初探.城市规划，5：12-16

Goldbery, Chinloy M P. 1984. Urban Land Use Economics. Canada: John Wiley & Sons

Rhind D, Hudson R. 1980. Land Use. Landon and New York: Methusen

A Preliminary Study on Theory and Methodology of Economic Evaluation of Urban Land

Dong Liming   Feng Changchun

Department of Geography, Peking University

Abstract: Chinese government decided to levy a tax on the land users according to land quality last year. This is an important reform on the system of Chinese urban landuse. In this paper, the authors attempt to look into some theories and methods about economic evaluation of urban land.

There are two ways of evaluating urban land. One is to classify urban land based on the differences of rent level, of which main problem is that it seems impossible to get all necessary data of rent in the city built-up area. The other is to appear land value by a series of factors such as land location, infrastructure, environmental quality, physical condition etc. This factors reflect the characters of urban land from economic, social, as well as environmental aspect and their evaluations an cover the whole city. Comparing these two methods, the second one, multifactor urban land evaluation have more advantages, and can be used as a main way.

Among the many factors which affect the land values, location is the most important one. For the land value reglects rent level, and the different rent reflects in turn the variation of location. A good urban land location means first high accessibility, that is, less travel time and transport cost; Secondly, some activities such as commerce, trade and services can be benefit from agglomeration. In this paper, the authors put forward an evaluation system which consists of 4main factors and 22 sub – factors.

The main steps of economic evaluation of urban land by these factors are as follows: ①Choose the evaluating factors based on different situation; ②Determine the evaluating ranks and standard of evaluating factor for each rank; ③Give a weight to the factors according to their importance; ④Decide the size of evaluating cells in accordance with some principles; ⑤Develop a model of evaluation and calculate the evaluating value of every cell; ⑥Grade urban land into several ranks and ⑦Draw the evaluation map of urbanland.

The method mentioned above was applied in the study of urban land evaluation in Jining City, Shandong Province in 1988, and the results turned out to be a success.

Key words: urban land; evaluation; evaluation factor; fuzzy set; land location

南平市土地等级的划分[*]

摘要： 本文以南平市为实例，详细论述了如何建立影响土地的因素、因子评价体系，从而确定和划分城市土地的等级区划，以适应土地商品化的需求。

在改革开放的形势下，合理利用城市土地的关键是实行土地有偿使用，即运用经济杠杆，按土地质量的好坏安排、调配、转让土地。这就要求迅速开展城镇土地分等定级工作，即从土地的自然、经济性状入手，根据一定原则揭示市地（城市土地）的差异，并按土地质量的优劣，将其划分为不同的等级。

一、市地分等定级的基本理论方法

城市用地分等定级工作的基本思路和工作方法是：从经济、自然、社会、环境等影响土地的基本因素入手，按一定标准赋予每种因素、因子不同的分值和权重，然后对诸因素的影响程度逐一评价，累加后得出综合评分值，作为市地分级的主要依据。如何选择评价因素、因子，并将其组成多层次的评价体系，将是市地分级工作的核心。我们认为影响市地质量的基本因素有四个。

1. 市地区位

市地区位不应简单理解为空间几何位置。其主要内涵是指某地段与周围环境事物的相互关系。就土地经济效益而言，区位因素的影响主要表现为两个方面：①土地区位的通达性（accessibility），某个地点越靠近城市经济活动中心，交通越方便，则土地区位的通达性越佳；②市地的集聚效益及其互补性，城市的某些职能如商业、工业，按一原则集聚在一起，可以获得比分散布置更多的收益。

2. 城市设施的配套程度

城市设施包括基础设施及生活服务设施，当不断投入人力、技术、资金，配套建设必要的道路、供水、排水、电力、电信等基础设施以及住宅、商店、学校、医院等生活服务设施，这样市地的使用价值显著提高。在一般情况下，单位面积土地投入的物化劳动越多，相应的产出率也越高，土地区位因此也得到改善。

---

* 董黎明，冯长春，邓锋.1990.南平市土地等级的划分.城市规划.5：18–22

3. 用地建设的自然条件

有利的自然条件既能创造优美的城市景观和生活环境，又可直接减少土地投资，节约土地开发经营费用。反之，为了克服不利自然条件的影响，建设部门被迫采取一系列工程措施去平整土地，加固地基基础，降低地下水位、防洪排涝等，从而提高了开发费用。

4. 环境质量

作为评价土地的环境因素主要包含两个方面的内容，一是环境污染状况，二是自然景观、绿化水平等。

以上四个影响土地质量的基本因素又可分化为若干个派生的子因素，每个子因素又由若干因子组成，形成一个多层次的因素因子评价体系。

二、南平市土地等级的划分

我们应用上述理论方法，于 1989 年在福建南平市进行了土地分级的初步尝试。该市位于闽北山区闽江河畔，是一座人口只有 14 万的新兴工业城市。

1. 因地制宜选择评价因素因子

南平最突出的特点是相对高差大，这不仅增加土地开发投资，亦影响道路的通达性，给居民出行带来不便，因此地形坡度就成为自然条件最关键的因素。南平市区用地狭窄，大部分人口集中于河谷地带，中心区人口密度高达 2.8 万人/km²，而边缘地区人口又十分稀疏。人口分布的不均衡性在一定程度上反映了市地利用效率、土地区位繁华度以及环境质量的差异，故在此也被增列为评价因素。而城市基础设施中的给水、排水、电力等因子虽然对市地使用价值有重要影响，但他们在南平建成区的分布是均一的，不能反映土地质量的差异而未被选入。根据以上原则，共选择了 6 个主因素，13 个子因素和 30 个因子，组成三个层次的因素因子评价体系（图 1）。

2. 确定因素因子权重值

鉴于影响土地分级诸因素因子的重要性有较大差别，我们采用层次分析法（AHP）确定它们的权重，另用特尔菲法和穆迪优先图表法加以校核。根据图 1 构造的因素评价层次体系，以表格的形式分送南平市有关部门，请各类专家对表中因素因子进行两两比较，填寄各因素相对重要性的权重比，构成 AHP 评判矩阵，使用 IBM-XT 微机计算权重，经一致性检验通过后，进行总排序，即可得出表 1、表 2 评价因素权重值（因子权重值在此从略）。

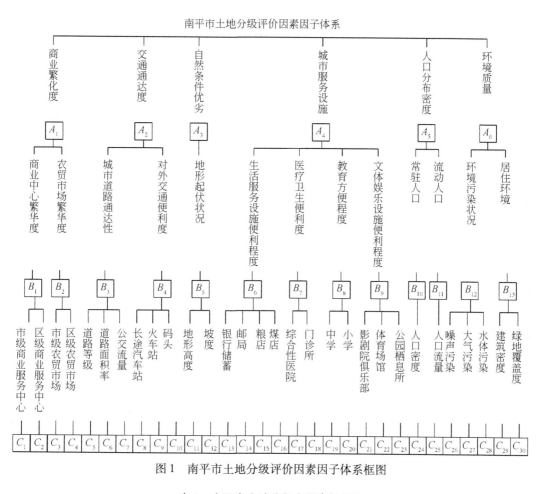

图1　南平市土地分级评价因素因子体系框图

表1　南平市土地分级主因素权重值

因素代号	A_1	A_2	A_3	A_4	A_5	A_6	$\sum\limits_{i=1}^{6} A_i$
权值	0.36	0.23	0.15	0.12	0.07	0.07	1.00

表2　南平市土地分级因素权重值

因素代号	B_1	B_2	B_3	B_4	B_5	B_6	B_7	B_8	B_9	B_{10}	B_{11}	B_{12}	B_{13}	$\sum\limits_{i=1}^{13} B_i$
权值	0.26	0.1	0.16	0.07	0.15	0.04	0.02	0.03	0.03	0.04	0.03	0.04	0.03	1.00

在表1所示的6个因素中，与土地区位有关的商业繁华度与交通通达度的权值独占鳌头。

3. 拟定评价标准及评分值

从当地情况和现有技术经济水平出发，把每个处于最佳功能条件下的因素因子的评价值规定为100分，条件越差，分值越低。下面以道路等级（C_5）为例。

　　道路等级是城市道路通达性的重要因子，其功能的优劣可用货车流量、客车流量、非机动车流量、人流量、车行道宽度和道路纵坡 6 项指标综合量度。欲得到每条道路的功能评价指标，首先应通过调查，搜集主要道路的数据资料，经标准化的处理后，将原始资料变为表 3 实测标准化数据。为便于累加，通过式（1）把具有不同量纲的 6 项指标变为无量纲的功能评价值，即

$$B_{ij} = B_i / B_{i\max} \times 100 \qquad (1)$$

式中，B_{ij} 为 j 路 i 项目的基本功能指标；B_i 为 i 项目实测标准数值；$B_{i\max}$ 为 i 项目实测最大标准值。

表 3　南平市主要干道实测标准化数据表①

道路名称	货车流量 C/（标准车/h）	客车流量 B/（标准车/h）	非机动车数 N/（标准车/时）	人流 P/（人/h）	车道宽 L/m	陡坡率 S/%
中山南路	89	149.4	2108	2951	10.5	0
中山北路	18.5	115.7	2295	2951	10.5	0
八一路	438	441	1541	870	9.3	37.43
解放路	2.5	2.02	1752	3402	9.3	0
横排路	350.4	307.1	1987	651	7.0	0
东教路	248.9	228.6	958	183	7.5	20

①表中仅列出南平主要干道数值，其他道路数值在此从略，表 4 同。

　　按式（1）的计算结果，将各道路 6 项功能指标加权平均，用系数将加权平均的最大值调为 100 后，相应得出各道路基本功能指标值（表 4）。作为评价不同地段市地道路通达性的依据之一。需要指出，道路交叉口的通达度显然要高于单向的路段，因此在计算道路功能分前还要确定各交叉路口的功能分，具体算法从略。同样，其他因素、因子的评分值也可根据上述思路、方法获得。

表 4　南平市主要干道基本功能指标值

道路名称	$C/C_{\max}$	$B/B_{\max}$	$N/N_{\max}$	$P/P_{\max}$	$L/L_{\max}$	$S/S_{\max}$	$\sum_{i=1}^{6} B_{ij}/6$	基本功能综合指标
中山南路	20.32	33.88	91.85	97.01	100	100	73.84	99.14
中山北路	4.22	26.24	100	97.01	100	100	71.25	95.66
八一路	100	100	67.12	28.02	38.57	62.57	74.48	100
解放路	0.58	0.46	76.36	100	93.33	100	61.79	82.96
横排路	80	69.64	86.56	21.4	66.67	100	70.71	94.94
东教路	56.83	51.84	41.75	6.02	71.43	80	51.31	68.89

4. 划分评价单元

　　评价单元是区分市地等级的基本空间单位，每个单元的面积视城市规模而定。南平属小城市，建成区有限，单元划得小些可以提高工作精度。在确定其具体界线时应遵循以下原则：①单元内的土地质量比较均一，单元之间的差异较大；②保持土地使用相对完整，

同一权属单位使用的一宗土地尽量不要分割为不同的单元；③可利用明显的地形地物作为单元的边界；④每个单元的面积要考虑分级精度和工作量的大小，一般在繁华的市中心区，单元规模可适当划小，建成区边缘和近郊相对独立的单位则可加大。据此，共划分出133个土地分级评价单元，其中面积最大者14.3hm²，最小1.15hm²，平均3.79hm²。

5. 计算单元评分值，并按分值高低划分市地等级

每个评价单元都按图1列举的因素因子，逐一对其进行评分，经加权求和，最后得出各单元的总分值，即

$$F_j = \sum_{i=1}^{G} F_{ij} \cdot W_i, j = 1,2,\cdots,133 \tag{2}$$

式中，F_j 为 j 单元总评分值；F_{ij} 为 j 单元 i 因素得分；W_i 为 i 因素的权重值。根据级间差异最大，级内差异最小的原则，按分值由高到低的顺序，将南平市土地分为5级。把相同级别的单元归并后，便可在地形图的基础上作出南平市区土地级别图（图2）。

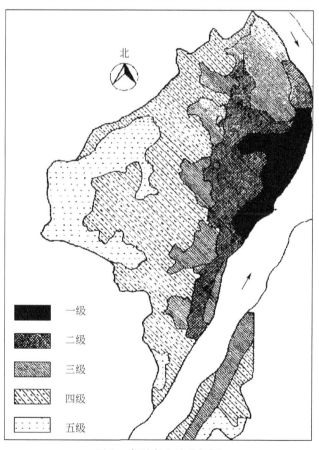

图2　南平市土地分级图

6. 按分级的成果测算各级市地级差收益

土地级差收益是指企业因土地区位不同所获得的超额利润。在统计中，因这部分收益

并非独立存在，而是属于企业的总利润中，因此其测算方法通常以对土地区位最敏感的企业为对象，研究影响企业利润的诸因素及其相互关系，建立相应的数学模型，通过回归分析，便可得到土地等级、级差收益和企业利润之间的相互关系。

南平市以商业作为测算对象。鉴于其利润实际上是资金、劳动力、土地三要素共同创造的，故采用柯布－道格拉斯函数作为测算模型，即

$$P = A \cdot K^{\alpha} \cdot L^{\beta} (1 + r)^{n} \tag{3}$$

式中，P 为该式中表示单位土地面积利润；K 为单位土地资金占用量；L 为单位土地活劳动投入量（工资额）；n 为企业所在的土地等级；r 为利润级差系数；A 是常数项；α、β 分别为与资金及活劳动投入有关的影响系数。经回归分析，得到

$$P = 1.279 \cdot K^{0.175} \cdot L^{0.453} (1 + 0.386)^{N}$$

以上关系表明，在资金和工资不变的情况下，土地级差收益为企业利润总额的 34.21%；土地等级每提高一级，级差收益平均增加 0.386 倍，由此可测算出南平市各级土地的级差收益（表5）。

表5　南平市土地级差收益

土地等级	1	2	3	4	5	总计
面积/km²	1.296	2.026	0.780	0.635	0.287	5.024
单位土地级差收益/(元/m²)	7.91	12.81	29.18	47.71	77.52	22.22
土地级差总收益/万元	1025.1	2595.0	2333.2	3027.7	2227.2	11208.2

三、运用经济杠杆，合理利用城市土地

进行城市土地等级划分无疑对城市土地有偿使用及促进城市土地的合理利用具有重要的作用。

我国已开始征收城市土地使用税，依据土地等级划分的成果，可以严格按土地质量等级制定不同的税率。沿海部分城市通过多种方式实行土地使用权的有偿转让，在土地分级基础上测算的级差收益，实际上为市地的合理估价奠定了重要基础。规划管理部门应充分利用市地分级的成果，按优质优用、劣质劣用的原则组织城市功能，合理安排各项用地。在旧城区的改造中，实行多占地，多交税；占好地，赋重税的政策，通过经济法则促使某些不宜留在城区的单位迁往适宜的地点。此外，在分区规划或详细规划中，有关建筑层数、建筑容积率的确定，也要充分考虑土地质量的差异。

参 考 文 献

董黎明，冯长春 . 1989. 城市土地综合经济评价的理论方法初探 . 地理学报，44（03）：323 – 333

冯长春 . 1988. 城市土地区位与城市土地收益分析 . 北京大学学报（哲学社会学版）（6）：75 – 80

雷利·巴洛维 . 1989. 土地资源经济学 . 北京：北京农业大学出版社

伊·莫尔豪斯 . 1982. 土地经济学原理 . 北京：商务印书馆

因地制宜推行城市土地有偿使用的"双轨制"*

自1978年深圳特区率先实行土地使用权的有偿转让之后，我国城市土地利用开始出现行政划拨与有偿出让土地使用权的两种体制，所谓"双轨制"。近年的改革实践表明，虽然我国土地有偿转让的面积和比重仍十分微小，但其发展势头却处于不断上升的趋势。问题在于，后者能否最终取代的土地的行政划拨体制？要回答这一问题，必须从我国国情出发，研究这两种体制形成发展的机制和转换的条件。

一、必须解决土地行政划拨大量地租流失的问题

众所周知，长期以来推行的土地行政划拨、无偿使用的体制不仅产生浪费土地等多种弊端，而且在经济上造成地租流失、国家投入城市土地的资金无法回收，影响社会主义扩大再生产等恶果。如果仔细分析地租流失的渠道，国家在这一方面蒙受的损失是十分惊人的。

1. 由农地转化为城市土地的地租流失

城市土地是人口和第二、三产业高度集聚的场所。与分散经营的农业生产相比，城市土地利用的集约程度和产出率远远超过农地。据统计，我国400多个城市建成区面积只有12 474km²。1988年共创社会总产值15 243亿元，土地产出率高达12 200万元/km²。相比之下，同年全国耕地创造的农业产值3277亿元，每平方公里农地产出率为342.4万元，两类土地产出率相差35倍，这一特征，决定了农地被征用转化为城市土地后，因用途发生了变化，改变了其使用价值，即使尚未大兴土木，其身价就已倍增。资本主义国家的房地产商正是利用这一转机，窥测城市用地扩展的范围，先以低价大量购入待开发的农地，一旦城市在此开拓，就以高价卖出，从中渔利，大发横财。台湾省的土地投机商甚至通过贿赂手段，买通地方政府官员，将土地商手中的农地改为城市用途，从中获取大量地租。凡此种表明，各类土地（包括未开垦的荒地）改变用途转化为城市用地后，都有一个大幅度增值过程，这部分额外收入，理应由城市土地的占有者所有。

在城市化过程中，我国主要通过征地的途径。将包括农地在内的各类用地划为城市建设用地，由于采用行政划拨手段，这一环节同样造成大量地租流失。按现行的体制，作为国家代表的政府征地机构，将集体所有制的土地变为国有土地，即无偿划拨给使用单位，

---

* 董黎明. 1992. 中国土地经济问题研究. 北京：知识出版社，193～199

后者仅支付给农民征地补偿费（相当于农地或低于农地价格）。从表面上看，国家似乎不付任何代价，便取得了土地所有权。但实际上，随着城市用地规模日益扩大，为了维持城市生产和生活的正常运转，国家每年要花费大量资金投入城市新区的基础设施和社会生活服务设施的建设。这些投入，使被征用地的农地的使用价值和经济收益逐步提高。在这一过程中，土地使用者除花费微小的征地代价后，便从土地转化过程中得到越来越多的好处。这是我国地租流失的重要途径之一。

2. 土地是一种有限、稀缺的资源，对于我们这样一个人多地少、耕地后备资源不足的国家来说，土地供需的矛盾更为尖锐

这一原因导致土地不断增值，也就是说，一块新征的土地，即使没有任何的投入，过了几年之后，地价也会不断上升。特别是在土地紧、城市用地需求量大的情况下，其增幅度远远超过物价增长速度。这种现象，自然也存在于已承载建筑物的原有城市土地。在行政划拨的体制下，土地增值的收益显然也流入土地开发公司或土地使用者的手中，国家仍一无所获。

3. 在城市中，由于土地区位差异产生了级差地租

根据近年一些城市的测算，最好的一级土地与级别最低的土地要相差几倍到十几倍。在现行的体制下，这部分超额利润虽然有一部分通过其他税收等形式上缴国库，但仍有相当数量被企业留下。

以上三方面的地租流失渠道均可从厦门经济特区的土地开发中得到印证。

首先，厦门市自建立特区以来，城市发展十分迅速。在特区建设的头五年中，土地开发通过行政划拨的方法，共征用土地1325hm²，分给各房地产公司经营。其中最主要的三片开发区情况如下：湖里工业区征用土地260.1hm²，其中农田180.5hm²，支付补偿费670万元，平均2.6元/m²。员当新区征地623.88hm²，付补偿费1010万元，平均3.1元/m²。征地代价最高的是厦门东区莲花新村建设用地，三期建设工程共征地174.1hm²，支付各种补偿费3489万元，平均20.1元/m²（表1）。

表1 厦门主要开发区征地补偿费（1981~1987年）

开发区名称	征地面积/hm²		征地补偿费/万元				平均元/m²
	合计	其中农田	合计	土地+青苗	劳力安置	其他	
湖里工业区	260.1	180.5	679	227	294.0	158.0	2.6
员当新区	623.8	132.9	1954.6	1042.3	876.8	35.5	3.1
莲花新村	174.1	87.2	3497.9	2334.2	897.0	284.7	20.1
累计	1058	400.6	6131.5	3603.5	2067.8	478.2	5.8

资料来源：厦门市房地产志编纂委员会.1988.厦门房地产志.厦门大学出版社，84~88。

从表 1 中看出，通过行政划拨，各开发公司仅以平均 5.8 元/m² 的代价，就取得土地开发使用权。如果加上平整土地，小区基础设施配套等土地开发投资（约每平方米 80 元），熟地的成本仍低于 100 元/m²。厦门各开发区新建房屋的售价（按标准住宅计算），在 1990 年度平均在 1000 元/m² 左右。采用剩余法将房屋售价扣除建筑成本，银行贷款利息、税收、开发公司正常利润等因素，隐藏在房价中的地价高达 400~500 元/m²。这部分收益，显然没有完全归国家所有。

其二，自 1985 年以来，厦门商品房的售价上涨幅度很大，以湖里工业区为例，在短短的 5~6 年间，该区住宅平均售价由 1984 年 200 元/m² 上升到 1990 年 800 元/m² 左右，增长了 300%；同期随着物价的上涨，建筑成本虽也有所增加，但涨幅顶多只有一倍，表明房价上涨包含了土地增值的部分。这一巨额的收益现为房地产开发公司所得。

最后，厦门各开发区因地理位置的差异，商品房的出售价格也有较大的差别。在相同的建筑类型和开发条件下，接近新的市中心区的员当小区的普通住宅，平均售价 1500 元/m² 左右，而处于城市边缘的湖里南小区、槟榔东区，平均房价 800~1000 元/m²。这种差别，实际反映级差地租的分布状况。在土地无偿使用的体制下，意味着占据着有利地段的开发公司，可以比位置欠佳的公司获得更多的超额利润。这种情况，既有损于国家，同时也不利于房地产业的公平竞争。

上述种种地租流失的弊端已成为城市发展和特区建设的重要障碍。从 1988 年开始，厦门实行土地使用权有偿转让的改革。到 1990 年 9 月，全市通过协议、招标、拍卖等方式共出让土地 102 幅，总面积 112.34hm² 地价总收入 2.82 亿元，其中完全按市场机制拍卖的土地共 17 幅，7.15hm²，累计售价 1.23 亿元，平均每平方米 1714 元。这部分地产收入，通过各种渠道，又返回特区的城市建设，使基础设施的配套建设的投资环境得到迅速改善，进一步增强对海外投资者的吸引力。这种促进特区经济发展的良性循环，正是试行土地使用权有偿转让的结果。可以设想，如果在全国范围内继续扩大土地使用权商品化的比重，我国的国民经济的发展将获得更佳的预期效果。

二、全面实行土地有偿转让的可能性

既然行政划拨的体制对土地收益的分配和合理利用产生一定的消极后果，那么，是否应遵从商品经济的规律，全面实行土地使用权的有偿转让呢？要回答这个问题，必须看到，影响土地使用制的因素是多方面的。在改革中，我们既要纠正过去忽视土地经济属性的倾向，同时还要从我国的国情出发，认真研究我国经济体制、城市用地结构、地区经济差异等因素的综合影响。据此，笔者认为在今后较长的时间内，土地有偿使用的两种体制将继续并存，主要原因有五方面。

（1）一方面，城市不完全是经济实体，同时也是社会实体、一定地域范围的政治、文化、科技中心。这一性质，决定了城市职能及土地利用多样性的特征，即城市既有经济职能，相应分布有工业、商业、交通、仓储等生产用地，另一方面也存在大量的非经济职能如住宅、科技、文化教育、行政管理、军事等。生产用地的优劣可以用货币的形式表示，在利用上受经济规律制约；非生产用地的使用价值侧重丁社会效益和环境效益，很难用经济的尺度评价。例如，位于北京市中心区的天安门广场，其主要功能是全国的政治中心和全国人民节假日纪念活动的重要场所，土地价值纵以千金，也无法斗量，更不宜与前门、王府井、西单等商业中心相提并论。既然城市中的非生产用地不产生直接的经济效益，其土地使用权也就没有必要进入土地市场进行有偿转让。相反，根据计划，采取行政划拨的方式，可以更好地发挥城市非经济职能的作用。

（2）我国是社会主义国家，经过多年实践，终于形成了以计划经济为主，以市场经济为辅的经济体制，这对于我国土地使用具有深远的影响。具体来说，在我国，人民大众是城市真正的主人，城市土地利用必须从实际出发，充分满足国家和人民政治、经济、文化多方面的需要，这就要求土地利用要有一个科学的规划，把经济效益、社会效益和环境效益统一协调起来。最近经七届全国人大常委会通过的城市规划法明确指出："编制城市规划应当贯彻有利生产，方便生活，促进流通，繁荣经济，促进科学技术文化教育事业的原则"，"应当注意保护和改善城市生态环境"。

（3）国有土地的使用完全依据经济原则，用市场调节土地的供求关系和布局，固然可以进一步提高土地的经济效益、节约用地、增加国家财政收入，但如果离开政策、计划的指导，过分依赖市场经济，就有可能步西方国家的后尘，把城市的发展引入歧路。像纽约、伦敦等西方国家的大都市，城市土地利用完全服从于少数人的经济利益，由于市中心区地价昂贵，每平方米高达数万甚至数十万美元，令人生畏，即便是金融巨昂，为了减少楼面地价，不顾合理的环境容量，也竞相修建超高层的摩天大楼，最终变为"城市峡谷"或"城市沙漠"。这里的街道除中午短暂的时间外，整日见不到阳光，找不到一块绿地。这种畸形病态的城市景观，绝不是社会主义城市合理利用土地的标志。如按这条轨道走下去，我国城市中的非经济职能因缺少财力，在土地利用中无法与盈利高的生产部门竞争，必将出现"身无立锥之地"或被排挤出市区的局面。而城市一旦失掉这部分职能，无异于得了贫血症。这与本文前面提及的社会主义城市规划的目标完全背道而驰。

（4）从我国的财力和企业承受能力分析，全部采用土地使用权有偿转让的单轨制，实施起来会遇到很大困难。目前我国全民所有制单位每年基本建设投资总额为 1500 亿元。其中投入城市的有 1000 亿元左右。又有其中 2/3 用于生产性的建设项目。随着城市建设事业的发展，全国城市建设用地每年需新增 500km² 左右，如全部按有偿转让的原则出售，每平方米售价按 200 元计算，基建单位为取得土地使用权，每年累计要支付地租 1000 亿元，相当于全国城市基本建设的投资总额。这笔巨额地租，且不说城市的非经济职能部门无力承受，就是生产经营单位，也力不从心。我国大部分企业都有一个扩大再生产的过程（扩大生产规模、增加用地），其资金来源除银行贷款外，主要靠企业留利的一部分作为生产基金。据统计，1988 年全国企业留利总额只有 324 亿元，若扣除职工的奖金、福利之后，更所剩无几。这点资金，尚不够买地皮，更谈不上更新技术设备，购置固定资产了。何况企业中还有一部分因为体制和管理不善等原因，处于亏损状态，如厦门市 1989 年就有近 40% 的国有企业亏损，沿海特区城市尚且如此，内地，特别是边远少数民族地区的企业的经济效益和扩大再生产的能力就更差了。显然，实行土地使用权的有偿转让后，并非对所有企业的发展都有利。

（5）退一步讲，采用行政划拨的体制，也可以通过某些途径逐渐改变以往土地无偿使用的弊病，尽量减少地租流失。例如，开展城市土地分等定级工作，严格按照土地的级别征收土地使用税。使多占地、占好地的使用者向国家交纳更多的税金。新中国成立初期，上海市收取的地税占全市财政收入38%，就是很好的例证。又如对现有土地的自然增值，也可通过收取土地增值税的办法，减少这部分地租的流失。对于新开发区的土地，国家或地方政府通过测算，可向房地产公司收取城市基础设施和生活服务设施配套费，尽量把国家对土地的投入收归国有。如果上述措施得以实现，也是变土地无偿使用为有偿使用改革的重要一环。

三、关键是贯彻因地制宜的原则

通过以上分析可以看出我们对城镇土地的有偿转让和行政划拨两种体制的相互关系，可以简单归纳为以下几点。核心问题是从中国国情出发，贯彻因地制宜的原则。

（1）以计划经济为主、以市场调节为辅的经济体制是我国十年改革的重要成果，也是土地有偿使用改革的依据。只要这个基本经济制度长期不变，土地有偿使用的双轨制也会并存下去。但我们不应简单地把计划经济与土地的行政划拨相提并论。计划经济指导下的土地利用，不仅包含根据国家需要合理划拨分配土地资源的内涵，即使在土地使用权商品化的过程中国家计划对土地市场仍起着控制、调节的作用。

（2）随着各级土地市场的逐步开拓，对外开放领域的不断扩大以及住房等其他改革的深入开展。我国应在城市用地中增加生产、金融、住宅用地有偿出让的比重，上述用地约占全部城市用地面积的60%左右。实现这一目标，我国城镇土地有偿转让的覆盖面将超过行政划拨的面积而成为主要的轨道。

（3）我国地域辽阔，各地情况千差万别。国有土地有偿转让的覆盖面应该有多大？各地基准地价如何确定？各地城市土地税率应该相差多少？必须贯彻因地制宜的原则，不要强求一致。总的来看，土地有偿转让的覆盖面和基准地价、地税等标准，沿海地区应高于内地；大城市应高于中小城镇；经济发达地方要高于经济落后地区和少数民族地区。具体的方案步骤需要国家土地管理部门在大量调查研究的基础上，制定规划和分区指导的土地政策。

中国城市土地有偿使用的地域差异及分等研究[*]

摘要：城市土地的级差收益不仅存在于城市内部，而且在城市之间也有反映。本文以级差地租理论和区位论为基础，分析了影响城市土地收益地区差异的主要因素因子，采用多因素综合评价的方法，把全国的城市分为七个等级，为国家制定土地有偿使用的宏观政策提供依据。

关键词：城市土地有偿使用；级差地租；城市区位；城市间土地分等

1. 城市土地有偿使用改革所提出的新问题

近年来，随着经济体制改革和对外开放政策的不断深化，我国城市土地有偿使用的改革也从理论探讨转入了大规模的实践阶段，主要标志是：①从 1988 年 11 月开始，国家对所有的市镇和工矿区开征土地使用税，初步改变了土地长期无偿使用的某些弊端；②我国许多城市已通过协议、招标、拍卖等形式，有偿出让土地的使用权，为运用经济杠杆全面调节土地使用打下了良好的基础。

我国自然、经济存在的明显地域差异决定了城市之间土地利用方式和地价的巨大差别，因此，各地城市土地有偿使用的税收、价格标准应与城市的等级和土地利用水平保持一致。问题在于，目前因缺乏宏观的土地有偿使用调控政策，各地自行规定土地有偿转让标准，以致地价忽高忽低，与实际相差悬殊，不仅使属于国家的地租大量流失，而且也会贻误土地开发的有利时机。解决这一问题的重要途径之一是从研究我国城市土地利用的地域差异入手，应用一定的理论方法，把全国城市分为不同的等级。这样，就可以据此制定宏观的税收、地价政策，把城市土地有偿使用的改革引入科学的轨道。

2. 城市间土地分等的理论依据

实行土地自由买卖的资本主义国家，利用土地市场大量的信息资料，不难揭示各地城市之间地租、地价水平的差异。但我国情况有别，20 世纪 50 年代以来城市土地一直采用行政划拨、无偿使用的体制，国家法律不允许买卖转让土地，城市土地也就无价可言。近年我国部分城市虽将一些国有土地作价有偿转让，但从全国范围看，仍未形成完善的土地市场，

* 董黎明，李向明，冯长春，等．1993．地理学报．1：1－10

因而也就无法借鉴国外的方法分析城市之间土地收益和地价的差异。在此情况下，划分城市土地有偿使用等级可运用地租理论和区位论的思想，建立评价城市间土地收益模型，通过多因素加权叠加的方法予以解决。实践表明，这一理论方法同样可以达到预期目标。

关于地租理论，早在资本主义的发展上升阶段，西方许多著名的经济学家如威廉·配第（1623～1687年），亚当·斯密（1723～1790年），大卫·李嘉图（1772～1823年）等，都曾对地租做过大量研究，形成所谓古典的地租理论。马克思继承和吸收了上述古典经济学大师地租理论的有益部分，发展了科学的地租理论。时至今日，这一理论，特别是级差地租理论，对于分析评价土地质量和地租的差异以及制定土地有偿转让标准仍具有重要意义。

首先，马克思将地租从形式上分为绝对地租和级差地租。他认为级差地租"的条件不过是土地等级的不同"，换言之，只要客观上存在着条件不同的各类土地，不论农地和城市中的不同建筑地段，都存在级差地租。那么，在一个较大的地域范围内，如果把每个城市的建成区视为一块土地，城市之间是否也存在地租的差异呢？虽然近代古典的地租理论和马克思都没有提到这个问题，但答案应该是肯定的。从我国的情况分析，受自然条件、资源、经济基础、劳动力等诸因素的影响，我国城市发展的条件和土地产出率存在明显的地域差异，根据1988年的资料，位于东部沿海苏、浙、沪的城市，单位城市用地第二、三产业的国内生产总值、单位工业用地的净产值和城市百元资金创造的利税，分别是条件较差的甘、宁、蒙省区城市的3.5倍，2.75倍和1.9倍。由此表明，区域发展条件不同的各级城市客观上也存在着级差地租。

其次，级差地租又可分为级差地租Ⅰ和级差地租Ⅱ。如果将范围扩大到城市之间，是否也同样存在这两种级差地租的形式呢？

所谓级差地租Ⅰ是指由于土地肥力和位置的差异，等量资本投在相同面积不同地块上产生的超额利润。对两块位置不同的农地来说，距农产品市场近的土地要比远离市场的另一块农地节省更多的运费，从而产生这一形式的级差地租。对城市而言，同样也存在原料产地、产品市场等方面的区位差异。许多西方学者正是通过对城市区位的大量研究，形成了一套完整的区位理论，如20世纪初A.韦伯发表的工业区位论，是以企业生产的最低运费为基本原则来选择厂址；以后A.廖什又侧重从市场入手，以获取最大利润为基本原则确定企业最佳区位；著名的城市地理学家W.克里斯泰勒创立的中心地理论，系统地分析了区域城镇体系各级中心地的分布格局与市场、服务门槛、交通网络、行政区划等多种区位因子的相互关系。由此可以看出，城市区位的内涵要比一块农地的位置更为广泛，它除反映城市与产品市场的空间关系外，还包括资源、劳动力、经济腹地、交通网络等多种因子。由城市区位差异产生的土地超额利润，显然属级差地租Ⅰ的范畴。

级差地租Ⅱ是在同一块土地上连续追加投资，使该土地具有更高的生产率所产生的超额利润。大量研究表明，我国城市之间在其他条件相同的情况下，投入强度的大小与城市土地经济效益呈正相关。因为对城市的投入越多，一方面可以迅速改善城市发展条件如基础设施、生活服务设施、环境质量等，从而提高劳动生产率，增加城市对外的引力；另一方面是可以加快城市的产业集聚，在单位土地上充分发挥规模经济的集聚效益。因此，城市土地通过连续不断投入产生超额利润，实际相当于级差地租Ⅱ的形式。

3. 影响城市间土地分等的因素分析

影响城市间土地收益水平的因素十分复杂，概括起来，城市区位、集聚规模等 6 个因素最为重要，现分述如下。

3.1 城市区位

城市区位属于宏观区位的范畴，是指城市与周围地区的相互关系及其对外联系的通达性。作为一定地域的政治经济中心，城市总是与其依托的地区保持密切的社会经济联系。城市既需要从外部地区输入原料、能源、副食品和劳动力，又要依靠广大地区作其消费市场。因此，城市周围地区的状况不仅影响其性质规模，也决定城市土地的产出率和地租水平。还要看到，城市作为一个流动中心，它的对外联系强度在很大程度上取决于交通运输条件。便捷的交通网络可以缩短物品流通的时间，减少原料产品的运输成本，从而使单位城市土地获得更多的超额利润。例如，广州与北海均为我国沿海对外开放城市，前者依托经济高度发达、商品生产活跃的珠江三角洲地区，具有四通八达的交通运输网，为华南最大的经济中心，土地有偿转让的标准较高；相反，广西的北海市经济腹地相对贫困落后，城市至今尚未通铁路，港口年吞吐量不足 100 万 t，这一区位条件迫使其地租水平相应降低。

从全国范围分析，沿海地区的城市处于对外开放的前沿地带，又是内陆城市通过海上对外联系的重要口岸，距海外原料产地和产品市场最近，因而成为海外投资的热点。这一区位优势在城市分等研究中应给予足够的重视。

3.2 城市集聚规模

一方面，由于城市中各产业之间、各社会群体之间相互依存、相互补充的性质，当人口和产业在城市集聚到一定程度，便可形成规模生产和经营，产生集聚效益。另一方面，城市本身又是一个劳动力市场和产品消费市场，城市规模越大，越可以形成齐全的城市设施和巨大的商业购物中心，吸引更多的流动人口，在金融、流通、消费领域中也产生集聚效益。例如，表 1 中日本的东京、大阪和名古屋三大都市圈的土地面积只占全国总面积 10%，但集中了 45% 的人口，55% 的工业，70% 的商品批发额。这些城市地区因经济高度集中，就业机会多，职工平均收入高，用地需求激增，地价水平居全国之首，反之，北海道因人口稀少，城市规模小，故地价较低。

表 1　日本几个地区城市土地价格

地区	住宅用地	商业用地	工业用地
东京圈	96 300	444 900	44 400
大阪圈	82 200	362 800	60 100
名古屋圈	39 300	140 600	27 900
北海道	23 600	116 400	13 500

资料来源：日本国土厅，赵换，1989。

3.3 城市基础设施

城市基础设施包括能源、水源、交通、通信、环境绿化、防灾等系统，它是城市发展、土地开发不可缺少的物质基础。城市基础设施的完善程度和设施水平反映了国家对土地的投入强度。大量的事实表明，基础设施越完备，城市经济的运转效率越高，投入土地资本的收益也相应提高，由此产生的级差地租Ⅱ是促使地价上升的重要因素。在城市开发区中，通常把拥有齐备基础设施的土地称为熟地，无任何城市设施的土地属生地。在其他条件相同的情况下，生地与熟地的价格往往相差数倍甚至十多倍。

3.4 城市用地潜力

城市化的过程也是大量土地转化为城市用地的过程。由于土地属于紧缺的不可再生的资源，城市的用地潜力实际上取决于城市郊区土地资源的数量和人口密度。人均耕地水平直接影响土地市场的供给状况从而也影响地价的高低。日本是发达国家中人口密度最高、人均耕地面积最少的国家之一，地价普遍高于美、英、德等国。1990 年东京银座商业区的公布地价每平方米 25.8 万美元，创世界地价最高记录。

我国同属人多地少的国家，由于各地自然条件和社会经济条件的不同，人均耕地和占用城市土地的指标相差颇大，亦造成征地费用和土地有偿转让金的巨大差别。例如，温州和大连均为沿海开放城市，单位城市用地提供的国民收入又基本相同，因温州是我国人口密度最高、土地资源最紧缺的城市之一，市域农业人口平均耕地面积不到 0.033hm²，只及大连市平均水平的 1/3，1989 年温州出让的 6 块生地价格为 1683～2235 元/m²；同期大连经济技术开发区出让的 9 块熟地的价格却都为 350～525 元/m²。两市有偿出让的地价如此明显的差异也许还有其他因素的影响，但城市用地潜力是一个不可忽视的因素。

3.5 城市产业结构

我国是以计划经济为主的国家，资金、劳动力等生产要素在行业之间缺乏流动性，加之价格体系的倾斜，轻工业产品和第三产业的劳务产品价格通常高于重工业和原材料生产行业，不能形成行业之间的平均利润，从而影响了城市工业用地的产出率。再者，因行业特点不同，在土地使用集约性方面也有巨大的差异，如服务性行业和轻纺工业具有占地少、投资回收快的特点；石油工业和化学工业具有资金密集、利润率高的特点。以上两类企业均能产生更多的地租，而以煤炭等原材料生产为主的城市则正好相反，许多占地面积大的矿山甚至支付不起土地使用税。

3.6 政策因素

首先，国家宏观的区域和城市发展政策直接影响基本建设投资导向。20 世纪 50 年代和 60 年代，国家从均衡分布生产力和国防安全的角度出发，投资主要放到内地和边远地区，减弱了沿海地区的区位优势。改革开放以来，国家的经济政策向沿海地区倾斜，不仅使该区获得大量建设资金，而且通过对经济特区、沿海开放城市的各种优惠政策，吸引了大批海外投资和技术设备，使其经济和房地产业获得迅速发展。

其次，城市不仅是经济中心，也是一定地区的政治中心。在现实生活中，不同行政等级的城市在社会经济上享受不同的待遇。城市行政等级越高，通常单位土地获得的建设资金越多，城市基础设施的水平也越高，这在一定程度上影响城市的级差地租。

4. 城市间土地分等的评价指标体系

目前，多因素综合评价方法已广泛用于我国城市内部的土地定级工作中。若将其推广到城市等级的划分，两者运用这一方法最大的差别反映在选取的因素因子评价指标体系方面。为此，本文舍掉多因素综合评价方法的一般环节，侧重讨论城市间土地分等的评价指标体系。

如前所述，城市间土地质量等级是上述 6 个主要因素共同作用的结果。这些因素相互影响，每个因素又包含有多个因子，构成有序的层次结构体系。根据统计资料与影响因素的相关性和资料的易获性，我们选择了 6 个方面共 17 项指标，建立了多因素综合评价指标体系。

从图 1 可以看出，城市区位、城市集聚规模、城市基础设施、城市用地潜力等 4 个主要因素均有相应的评价指标。至于城市产业结构，因目前我国尚缺乏完整的第二、三产业分行业的资料，无法直接量化，但通过一些间接评价指标，仍可在一定程度上反映其影响程度，如我国煤矿工业城市，由于工业品价格体系的扭曲，城市用地产出水平明显低于轻纺工业城市。此外，政策因素的影响也难以用现有的统计指标衡量，本文采用的单位用地基本建设投资（x_{15}）和单位用地外商投资（x_{16}）旨在从经济的角度反映政策的导向，根据我国当前的对外开放政策，特区城市、对外开放城市和省会城市由于得到较多的政策优惠，无论国家基本建设投资和外商投资都要比一般城市高。

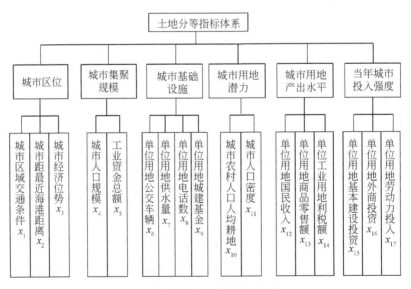

图 1　城市间土地分等的指标体系

在采用的 17 个评价指标中，绝大部分指标含义明确，并直接来自城市统计年鉴，其中只有反映城市区位条件的三项指标需要解释。

（1）城市区域交通条件指数（x_1）：综合反映城市对外交通的便捷度，其评分值根据各种交通方式的效率和地位给分，即城市每有一个方向的铁路干线得 1 分，支线 0.5 分；每一方向干线公路 0.5 分；年吞吐量 3×10^7t 以上的港口得 4 分，$1 \times 10^7 \sim 3 \times 10^7$t 得 3 分，$5 \times 10^6 \sim 1 \times 10^7$t 得 2 分，$1 \times 10^6 \sim 5 \times 10^6$t 得 1 分，小于 1×10^6t 得 0.5 分；航空运输则按航空港的级别分别赋 3、2、1 和 0.5 分。将各种交通方式得分累加，便得到城市区域交通条件的评分值。

（2）城市距最近海港的距离（x_2）：我国港口众多，只有吞吐量大的港口才具有广阔的腹地和区位优势。据此，我们选取了全国年吞吐量超过 1.0×10^7t 的海港作为起讫点，以全国 434 个城市为基点，用最短路径原则逐个求出城市距最近海港的距离。

（3）城市经济位势（x_3）：反映某个城市与城镇体系中其他城市相互作用强度和城市周围地区的经济发展水平，计算公式为

$$x_3 = \sum_{j=1}^{n} \frac{\mathrm{NI}_j}{D_j} \tag{1}$$

式中，NI_j 为第 j 个城市的国民收入；D_j 为某城市到城的距离；$n = 434$，为城市数量。该式的含义是，如果某市附近拥有经济实力强大的另外一些城市，通过城市的辐射作用，该市的经济发展必然具有较大的潜力，并有利于提高城市土地的产出率。反之，经济落后、城镇体系不完善的地区，城市的影响力和发展潜力就小，这种差异主要是由城市区位引起的。

5. 中国城市间土地有偿使用分等结果

用以上评价指标和相应的方法，我们计算出资料齐备的 336 个城市的得分。按分数高低的位序排列，分数最高的前 10 位城市是上海、杭州、北京、南京、无锡、苏州、青岛、福州、广州和沈阳，它们全为分布在沿海地区的大城市。反之，分值最低的阿勒泰、畹町、阿图什等市都是位于偏远地区的小城市。评分结果与前面理论分析基本一致。据此，按分值高低将我国城市初步分为七个等级。

同时也要看到，由于行政区划和统计口径等因素的影响，也有少数城市的得分与相应的等级不完全相符。例如，天津市得分偏低，主要是统计年鉴计算市区的范围，除中心区外还包括塘沽、汉沽等郊区，由于后者土地利用效率低，使天津市单位用地的各项指标偏低。此外，我国的特区城市建成区扩展迅速，流动人口占有很大比重，单用 1988 年的统计资料难以概括其全貌，评分结果普遍低于上海、北京等市。针对统计指标的某些误差，我们按实际情况或用其他资料校核，对少数得分与等级明显不符的城市进行调整，并用类比的方法将资料不全而未能定量评价的城市（多数为近年新设的县级市）分别并入相应的等级，得出全国 434 个城市土地有偿使用分等的初步结果。

第一级：北京、天津、沈阳、大连、上海、南京、无锡、苏州、杭州、厦门、青岛、广州、深圳和汕头；

第二级：石家庄、长春、哈尔滨、徐州、常州、南通、宁波、温州、绍兴、福州、泉州、南昌、济南、郑州、洛阳、武汉、长沙、佛山、东莞、成都、重庆和西安；

第三级：太原、鞍山、抚顺、本溪、丹东、锦州、吉林、连云港、扬州、镇江、嘉兴、湖州、金华、合肥、芜湖、蚌埠、漳州、淄博、烟台、潍坊、安阳、新乡、宜昌、襄樊、韶关、珠海、江门、湛江、中山、南宁、梧州、贵阳、昆明、咸阳、兰州和乌鲁木齐；

第四级：唐山、秦皇岛、邯郸、邢台、保定、承德、大同、营口、辽阳、盘锦、锦西、延吉、大庆、牡丹江、淮阴、盐城、常熟、义征、江阴、衢州、马鞍山、阜阳、南平、枣庄、东营、济宁、泰安、黄石、沙市、株洲、衡阳、岳阳、肇庆、潮州、柳州、桂林、海口和泸州；

第五级：张家口、沧州、涿州、廊坊、阳泉、长治、榆次、侯马、呼和浩特、赤峰、阜新、铁岭、朝阳、海城、四平、通化、泰州、张家港、丹阳、东台、兴化、宜兴、椒江、余姚、舟山、瑞安、萧山、慈溪、淮南、淮北、铜陵、安庆、涂州、莆田、三明、邵武、景德镇、萍乡、九江、新余、上饶、宜春、威海、新泰、临沂、菏泽、莱芜、胶州、莱阳、开封、平顶山、焦作、许昌、三门峡、南阳、十堰、鄂州、枝城、湘潭、邵阳、益阳、郴州、茂名、惠州、北海、玉林、钦州、贵港、三亚、自贡、德阳、绵阳、内江、宜宾、达县、遵义和宝鸡；

第六级：任丘、晋城、忻州、临汾、包头、通辽、瓦房店、兴城、辽源、白城、桦甸、龙井、齐齐哈尔、佳木斯、阿城、宿迁、淮安、丽水、临海、海宁、江山、义乌、东阳、奉化、黄山、宿州、巢湖、宣州、龙岩、永安、石狮、宁德、临川、吉安、赣州、德州、聊城、日照、青州、龙口、诸城、莱州、滕州、文登、荣成、鹤壁、商丘、周口、驻马店、信阳、孝感、丹江口、仙桃、安陆、广水、常德、冷水江、资兴、永州、梅州、汕尾、河源、阳江、清远、攀枝花、广元、遂宁、乐山、万县、涪陵、南充、华蓥、雅安、江油、广汉、都江堰、安顺、都匀、凯里、个旧、开远、曲靖、铜川、延安、汉中、渭南、商州、天水、西宁和银川；

第七级：南宫、辛集、定州、泊头、衡水、沙河、武安、运城、古交、溯州、乌海、集宁、二连浩特、海拉尔、满洲里、乌兰浩特、牙克石、东胜、扎兰屯、锡林浩特、临河、霍林郭勒、铁法、北票、开原、浑江、公主岭、图们、敦化、梅河口、洮南、扶余、珲春、集安、大安、九台、鸡西、鹤岗、双鸭山、伊春、七台河、绥芬河、绥化、肇东、安达、黑河、北安、五大连池、同江、富锦、铁力、尚志、双城、密山、兰溪、六安、亳州、贵池、鹰潭、井冈山、丰城、樟树、滨州、临清、曲阜、乐陵、濮阳、漯河、义马、汝阳、济原、禹州、辉县、卫辉、邓州、荆门、老河口、随州、恩施、咸宁、应城、蒲圻、石首、麻城、利川、洪湖、天门、武穴、枣阳、潜江、当阳、醴陵、湘乡、耒阳、津市、娄底、冷水滩、怀化、洪江、吉首、大庸、涟源、汨罗、沅江、凭祥、合山、百色、河池、通什、西昌、峨眉山、六盘水、铜仁、兴义、东川、大理、昭通、玉溪、楚雄、保山、畹町、拉萨、日喀则、韩城、榆林、安康、嘉峪关、金昌、白银、玉门、平凉、临夏、武威、张掖、酒泉、西峰、敦煌、格尔木、德令哈、石嘴山、吴忠、青铜峡、克拉玛依、石河子、吐鲁番、哈密、昌吉、奎屯、伊宁、塔城、阿勒泰、博乐、库尔勒、阿克苏、阿图什、喀什和和田。

对图2和表2的结果进行初步分析，可以看出我国城市的地租等级具有明显的地域差异。此外，它还与城市的集聚规模有较密切的关系。

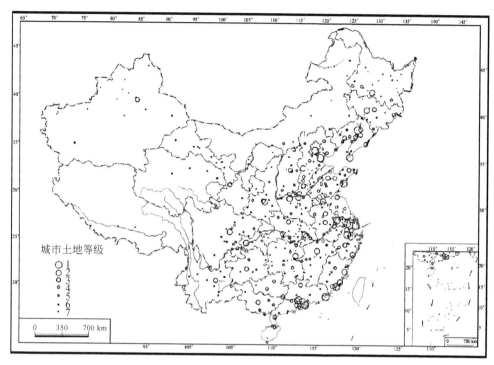

图 2　中国城市土地等级图（初步方案，不包括台湾省）

表 2　各等级的城市在三个地带和不同规模组的分布

等级	地带	城市数量/个	城市人口规模组/万人			
			>100	50~100	20~50	<20
I	沿海	14	9	3	2	
	内地					
	边远					
II	沿海	12	2	4	4	2
	内地	10	9	1		
	边远					
III	沿海	22	2	5	12	3
	内地	12	2	3	7	
	边远	2	2			
IV	沿海	26	1	2	18	5
	内地	12		3	8	1
	边远					
V	沿海	101		2	71	28
	内地	38		1	24	13
	边远	2		1	1	

续表

等级	地带	城市数量/个	城市人口规模组/万人			
			>100	50～100	20～50	<20
Ⅵ	沿海	34			2	32
	内地	51	1		10	40
	边远	5		2	3	
Ⅶ	沿海	37			4	33
	内地	75		3	5	67
	边远	45			4	41

注：本文采用国内传统划分三个地带。内地包括黑、吉、晋、陕、湘、鄂、皖、赣、川、贵诸省；边远地区包括内蒙古、新、藏、甘、青、宁诸省区。

如果以沿海地区、内地和边远地区三大地带作为宏观的地域单元，按各等级的城市分布频率计算，则沿海地区的城市在较高等级的分布频率高于内地，而内地又高于边远地区。例如，位于最高等级的 14 个城市全部分布在沿海地区；次一等级的 22 个城市，有 12 个在沿海，10 个在内地，边远地区为零。相反，低等级的城市的分布频率由西向东递减，如边远地区竟有 80% 以上的城市属于最低一等，而内地、沿海地区的频率分别为 38% 和 20%。由此可见，我国城市土地等级的地带性是与我国人口、经济分布规律基本一致的。

再把城市按人口规模分为特大城市、大城市、中等城市和小城市四个规模组，统计各级城市在这四组中的分布。总体上看，特大城市大多分布在前三个级别，小城市则集中于低级别，其中在第七等级的占到 50% 以上。这一现象，实际反映了由于城市集聚规模不同，在城市基础设施、土地使用的集约程度和土地产出水平等方面的差异。需要指出的是，由于城市区位等因素的影响，也有一部分大城市和特大城市分属较低的等级，而处于东部沿海的中小城市中的佼佼者，则分布在较高的 2～4 等级内。

综上所述，城市之间土地质量的差异是地域分异和城市集聚效益两种规律共同作用的结果。因此，我国城市土地的有偿使用也必须遵循这一规律。

6. 结　语

以上，我们结合中国国情，应用级差地租理论和区位论的思想，采用多因素分析评价方法，初步揭示了影响我国城市地租、地价的因素及其地域差异。为检验城市分等成果的科学性和可靠性，使之具有广泛的应用价值，笔者又通过有关部门广泛征集了十余个省市的意见。反馈的信息表明，各地对这一成果持肯定态度，同时也对少数城市的等级提出了有益的建议。

即便如此，我们仍然认为，由于我国地域辽阔，运用统计分析的方法获得的结果很难完全反映城市之间土地质量的差别，因此这一成果还需要经过改革实践的验证。

参 考 文 献

董黎明，冯长春. 1989. 城市土地综合经济评价的理论方法初探. 地理学报，44 (03)：323-333

国家统计局城市社会经济调查总队编 . 1989. 中国城市统计年鉴（1989）. 北京：中国统计出版社

国家统计局城市社会经济调查总队编 . 1988. 中国城市统计年鉴（1989）. 北京：中国统计出版社

陆大道 . 1988. 区位论及区域研究方法 . 北京：科学出版社

中共中央马克思恩格斯列宁斯大林著作编译局 . 2008. 马克思·恩格斯全集，第 25 卷 . 北京：人民出版社 . 743

日本国土厅，赵换 . 1989. 国土利用白皮书 . 北京：中国展望出版社，178

杨吾杨 . 1989. 区位论原理 . 北京：科学出版社

周诚 . 1990. 土地经济学 . 北京：农业出版社

Rhind D，Hudson R. 1984. Land Use. New York：Methuen

A Study on Regional Difference of China's Paid Urban Landuse System and Grading

Dong Liming　Li Xiangming　Feng Changchjn（Peking University，100871）

Hu Cunzhi　Liao Yonglin

（State Land Administration Bureau, Beijing，100081）

Abstract：At present，paid urban landuse system is one of the most important economic reforms in China. In the other words，landuse right can be transferred and land users must pay the rent to the state according to the quality of land. It is necessary. to apply the theory of rent and location to the economic appraisal of urban land.

China is vast in territory. Its geographical condition and economic development vary from place to place，so does the urban land value. In order to reveal the difference of land value between different cities，the following method is used. ①Analysing the factors and elements that affect the quality of urban land. Six factors including 17 elements were selected in this paper：macrolocation of a city，benefit of urban aggregation，infrastructure investment，output value of urban land，potential of urban land，and investment intensity. ②Deciding the weight and value of each factor. ③Appraising each element separately. ④Accounting the value of all factors and getting the total appraisal score of each city. ⑤Grouping the 430 Chinese cities into seven categories according to the appraisal values.

The result shows that all the cities in the category with the highest land output values are in the coast belt，whereas most cities in the inland and outlying areas are belong to the category with low rank. For example，87% of the cities in the outlying regions are belonging to the lowest rank. Although there is some relationship between the size of cities and urban land rank Generally speaking，the larger the city，the higher the urban land rank. In fact，the locational condition is the most important factor which influences the rank of urban land-use.

Key words：paid urban landuse system；differential rent；urban location；grade urban land between different cities.

加强宏观调控机制、提高土地使用效率[*]

摘要： 在国家宏观调控措施的干预下，房地产开发热已开始降温，但其经验教训仍值得注意，那就是开发区房地产热是否是改革开放的必然结果？在社会主义市场经济条件下，如何利用宏观调控机制合理规划利用土地？在城市规划领域中，怎样利用级差地租的经济杠杆，进一步优化城市土地利用结构？分析这些问题，无疑对转变观念、深化城市规划的改革具有十分重要的意义。

一、充分肯定土地有偿使用改革的成果

20 世纪 80 年代初，我国城市土地有偿使用的改革还处于理论准备阶段，进入 90 年代，它已在全国蓬勃展开。通过大量实践，人们终于认识到土地在城市建设中的价值，即一旦土地使用权通过有偿转让进入市场经济的轨道之后，不仅可以打破长期资源配置吃大锅饭的局面，而且通过地租进入国家生产和积累的良性循环，还可大大加快城市化和经济发展的步伐。

首先，自 1987 年深圳在全国率先有偿出让土地使用权以来，以协议、招标和拍卖三种形式进行土地有偿转让的城市和地区已从沿海几个少数城市的试点扩大，遍及全国各省区。土地出让的第一年，只有 5 幅，累计 15.7hm^2，收取出让金总计 3515 万元。1992 年，全国出让的土地已多达 2800 多幅，是前四年累计的两倍；面积 21 890hm^2，是前四年的 7 倍；土地出让金 520 亿元，相当于国家财政收入的 1/10 左右，是一笔十分可观的数字。

其次，自 1988 年开始，国家对城镇和工矿区征收土地使用税，每年税收超过 30 亿。虽然地税与现有存量土地实际产生的地租仍有较大差距，其意义在于结束了新中国成立以来土地长期无偿使用的历史。今后任何单位和个人要占用国有土地，必须按质按量付出相应的代价。

以上事实表明，从无视土地的价值规律到自觉动用土地的经济杠杆，是改革中的一个质变。但是，如果片面理解社会主义市场经济的作用，把土地作为发财致富的资本而盲目开发，也会将改革引入歧途，最近的开发区、房地产热就是一个突出的例子。

---

* 董黎明.1994.加强宏观调控机制、提高土地使用效率.城市规划汇刊，2：21－25

二、开发区热剖析

1992 年小平同志南巡讲话后，我国经济出现大幅度增长的势头，开发区犹如雨后春笋，遍地开花，上至大中城市，下至乡镇，都争先恐后圈地办开发区。在这一热浪下，房地产业异军突起，骤然膨胀，仅开发公司就由 3000 多家迅速扩大到 12 000 多家，成为国民经济的一个大热点。

首先，表面上看，各类开发区无不以"优惠"政策为手段，"筑巢引凤"，吸引外商外资到此投资，似乎与改革开放的目标完全一致。问题在于，在缺乏国家宏观调控政策和规划指导下一哄而上、盲目发展的开发区，由于不顾条件是否具备，不看市场是否需要，不讲土地价值规律，只能在现实生活中被无情的事实否定，最终给国家经济和改革开放事业带来巨大的损失。

但开发区要成为吸引外资和引进海外先进技术的窗口，仅公有土地优惠政策是不够的。一个成功的开发区，必须具备有利的地理位置，便捷通畅的内外交通和信息交流条件，完备的基础设施，雄厚的技术力量，明确的产业导向，科学严谨的管理体制。上述条件不是任何地方、每个城市都具备的。因此，我国早期各类开发区，常依托经济实力和科技力量较强的沿海开放城市或大中城市。反之，把开发区视为灵丹妙药，到处普及推广，是不可能引入资金项目的。笔者曾在一些条件很差的地区沿公路看到鳞次栉比的地方级开发区，除了奠基的牌楼和标语之外，至今仍一无所有，这就是适得其反的结果！

其次，只要在宏观上稍加分析，开发区发展过快也是脱离中国国情、违反基本建设规律的。根据以往经验，一个开发区从征用土地、"七通一平"、项目开发、直到正常运行，每平方公里需投资 20 亿～30 亿元。1992 年我国开发区数量近万，占地 1.5 万 km²，面积已超过全国现有城市建成区面积（1.34 万 km²）的总和，按现有国力，全部开发少则几十年，多则上百年。当然，完全依靠外商开发也是极不现实。据香港中华商报的资料，1992 年上半年海外对大陆投资总额 147 亿美元，按现行汇率，即使把全部外资都投入开发区房地产开发，每年至多只能开发数十平方公里，何况这些资金还有相当部分用于其他项目。对于这种遍地"筑巢"的分散建设现象，一位香港学者指出，"大陆搞这么多开发区，也不算算香港的投资能力有多大，我们哪里有这么多钱去填满这些开发区"。事实的确如此，1992 年全国已完成开发的土地只有 230 多平方公里，不到开发区占地面积的 2%，大量的土地闲置晒太阳，造成资源的巨大浪费。据农业部门统计，我国耕地面积在保持了两年的基本稳定后再度锐减，1992 年共减少耕地 1131 万亩，比上年多减 376 万亩，人均占有耕地面积已降至 1.22 亩的低谷。

最后，如果用市场经济的尺度衡量开发区土地的有偿转让，开发区地价过低、地租大量流失的现象也是十分惊人的。众所周知，我国人多地少、国土与耕地资源十分紧缺，供需矛盾一向尖锐。根据"物以稀为贵"的市场法则，我国土地有偿转让应体现土地资源稀缺性的特点，以便用价格这支经济杠杆控制土地开发的总量。与此同时，国家从土地转让中又可获以足够的地租，用于基础设施和城市建设的再投入，使整个国民经济实现良性循环，滚动发展。但是，在不少地区的开发政策中，却把土地廉价出让，甚至无偿转让作为招商的最重要的优惠条件，而且地价完全由当地领导决策，各开发区为争夺投资项目，甚至相互压价，慷慨将国家的土地资源拱手让出。有一个小城市将一处环境最美的河心小岛公园以 55 万元的低价出让给一个开发区公司搞"封闭性的赌城"，且不说这一开发项目严重违反城市规划规定的用地性质，剥夺了全市居民休息游乐的正常权利，从经济上讲，该用地经园林部门长期经营，累计投资已达到 140 万元，得不偿失。类似这种赔本买卖的例子比比皆是。其最终结果，一是地租源源流失，国家受损，吃了大亏，据国家土地管理局负责人估计，各地开发公司每年因没有补足地价而导致国家地租流失的数量 200 亿 ~ 300 亿元；二是，不少海内外的房地产开发商利用土地出让政策的混乱局面，大肆进行炒卖地皮的活动，顷刻成了大款或暴发户。

对于风行一时的炒买炒卖现象，尽管一些舆论认为有助于活跃房地产市场。但实际结果却是肥了个人，坑了国家，只能说是开发区房地产热的一个误区。

三、进一步完善宏观调控体系，将土地开发引入正确的轨道

如前所述，所谓房地产热，实际上表现为开发区热，即土地开发失控、开发公司过滥、开发项目分散等方面。采取宏观调控措施，消除上述弊端，不仅不会使改革开放的实践倒退，而且还可促进城市建设、房地产业沿着规范的道路持续稳定发展。笔者认为，这些措施应包括以下四个环节。

1. 以规划为龙头，认真清理现有开发区

在社会主义市场经济中，计划、规划仍然是资源配置的重要手段，尤其是在协调生产力的合理布局、重大建设项目的优选方面，其优越性比市场调节更大，因为市场调节带有盲目性和滞后性。对于现有开发区的调节，可考虑分两个层次进行：

第一个层次是计划、国土规划部门应根据需要与可能，从宏观上控制开发区的数量、规模、产业方向及在全国范围内的布点，对于开发条件好、基础实力雄厚的重点开发区，国家应给予更多的倾斜政策，保证其充分发展；反之，对未经国家批准市县以下的开发区，尤其是那些既无规划、又无资金项目的"三无"开发区，要坚决清理压缩。

在此基础上，各级政府要认真审核各开发区的规划及其实施情况，只有那些符合国家要求，其发展与城镇总体规划协调一致的开发区，才能批准施工建设；对于规模过大、开发方向不明确的开发区，有必要重新调整修订规划，进一步落实开发项目；对于某些打着开发旗号、实为炒卖地皮的"开发区"，应连同"皮包公司"一起彻底清除，收回土地，充实农业基础。

2. 严格把关，控制土地开发规模

土地资源是人类赖以生存的必不可少的物质基础，如何加强对土地资源合理利用和管理，无论中外各国，都极为重视。日本的法律明文规定城市规划区以外的农业用地，原则上不许转为它用。美国土地政策管理法指出，如果出售国有土地的面积超过 2500 英亩（1 英亩 = 4046.86m²），必须由内政部长报国会批准。新中国成立以来，我国对占用土地进行

建设一向控制较严，在土地管理法中也明确规定："国家建设征用耕地 1000 亩以上，其他土地 2000 亩以上的，由国务院批准"。……"征用耕地三亩以下，其他土地 10 亩以下的由县级人民政府批准"。上述法规，明确无误，问题是：为何在开发区热中，一个地方政府动辄批地数百亩，上千亩，甚至数十平方公里土地而未报经国家批准竟无人问津呢？

看来，要保持宏观调控机制的正常运转，不仅需要制定一套完整的法律法规，但更重要的是应加强各级干部的法制观念，加强执法的监督检查机构，这样才能保证法律法规的严肃性和权威性，使决策行为永远受到法律的约束。这一点，不仅对土地资源的合理配置必不可少；同时也是进一步扩大改革开放、引进外资的重要条件。

3. 根据中国国情，调整房地产业开发结构

从投资建设项目分析，开发区房地产热的另一表现是脱离我国国情，盲目发展花园别墅、高档写字楼、高级公寓和形形色色的游乐设施。据羊城晚报披露，1992 年广东掀起的高级别墅开发热，一下子推出别墅 7 万套，其中 6.5 万套拟面向香港市场，由于各地也竞相开发别墅，以致供过于求，目前广东被迫调整计划，在建的别墅只有 1 万套。北京市仅一个郊区县，就搞了 16 个别墅开发区，累计占地 7500 亩，建筑面积达 150 万 m^2，也出现显著过剩的迹象。

我国仍是一个经济相对贫困落后的国家，目前还有 8000 万人尚未解决温饱问题。不断提高城乡居民的住房水平，仍然是房地产业当前肩负的首要任务。经济技术开发区的主要宗旨是引进海外先进的技术和设备，促进工业生产的迅速发展。很明显，市场最需要的物业是大量廉价的商品房和具有先进技术装备的产业。针对国情，开发区的产业结构调整方向是通过资金、政策、规划等手段，大力压缩供过于求的花园别墅、豪华住宅的规模，把开发建设的重点放在高新技术产业，以金融、信息为主的第三产业，以内销为主的中低档商品房等方面。使产业结构与我国改革开放的目标趋于一致。

4. 建立宏观的房地产指导价格体系

在市场经济中，价格是调节生产和消费的杠杆，随着价格的变化，可使房和地的社会供求总量和结构大体保持平衡，由于商品房的价格包含地价和建筑成本两部分，地价成为决定房价的基础。

根据马克思的地租理论，地价的本质是地租的资本化。城市土地因经过人类长期的改造，土地与土地资本高度融合，因此土地价格应包括土地开发成本和从土地上产生的超额利润——地租。我国当前土地转让价格普遍偏低，有种种原因，值得注意的是许多地方只将土地开发成本（征地费及七通一平）作为出让底价，认为只要"保本"就不会吃亏，这是导致地租大量流失的重要原因。除此之外，地价过低，还会刺激对土地资源的过量消费，为炒卖土地的投机活动大开绿灯。

为了迅速扭转各地地价偏低、出让标准混乱的现象，国家和各级地方政府应及早制定宏观的地价调控政策，其内容包括：①各类城市商业、住宅、工业的基准地价标准。它的作用是揭示城市之间土地平均价格的差异，防止各地相互攀比，作为因地制宜有偿出让的依据。②各类城市土地出让的最低限价。一般来说，土地最低限价的标准通常低于基准地

价，其目的在于既为地方采取优惠政策提供依据，同时又防止出让金额过低的现象。因此，最低限价的标准除考虑土地开发成本外，还应包括一部分地租。

四、运用级差地租杠杆，提高城市土地使用效率

在计划经济体制和土地行政划拨、无偿使用体制的影响下，长期以来城市规划工作也存在忽视土地经济规律的倾向，以致土地使用效率不高。例如，我国城市人均用地约 $75m^2$ ，仅人均工业用地一项就达 $20m^2$ ，占据城市总用地 1/4 以上，而西方发达国家的城市用地结构，工业用地通常只占城市总用 8%～10%，说明我国城市工业用地仍有很大潜力可挖。

在社会主义市场经济体制下，土地的有偿使用，土地使用权可以在商品市场中转让，是一项最重要的调节功能。通过级差地租的调控可以使城市土地结构更为合理，土地利用效率进一步提高。面对这一新的形势，城市规划部门、城市规划师应该转变观念，以提高土地使用效率为核心，把城市土地有偿使用改革的成果引入城市规划领域，包括四个方面。

（1）开展城市土地经济评价，为合理利用土地提供依据。传统的城市规划虽然包含了城市建设用地适用性评价的内容，但评价原则主要侧重于工程地质和自然条件，评价结果不能完全解决城市用地的合理布局。城市土地经济评价即土地分等定级是指以地租理论和区位论为基础，应用多因素综合分析的方法揭示城市之间和城市内土地经济性状的差别，按评价分值的高低将土地分为不同的等级，在此基础上测算各级土地地租和基准地价。这项成果不仅是城市土地有偿转让的重要依据，对于提高土地使用效率也有重要参考价值。

（2）根据"优质优用"的原则，调整城市土地利用结构与布局。传统的规划思想在土地利用方面主要遵循功能协调的原则，其最终结果只能保证城市有序发展，但不能达到最佳利用的目的。城市中土地价值最好的用地，并非经济效益最高的部门使用。要改变这种状态，应该在满足其他要求的前提下，按土地质量等级安排使用功能，根据优质优用的原则，将产出率高、占地少的项目布置在区位最佳的地段；反之，对土地使用效率低、占地数量多的部门如仓库、高等院校、大型工矿业等，宜安排到地租最低的城市边缘，使地尽其用，整体效益最佳。

（3）运用级差地租的经济杠杆，促进旧城区改造。我国大部分城市的旧城区具有人口密集、功能混杂、危旧房多、土地级别高的共同特点。在布局上，旧城许多"黄金地段"被大量行政机构、住宅和企业占据。改革开放之后，许多第三产业的部门如金融、贸易、旅游、外事机构需要在中心区集聚，组成商务中心（CBD），但这里土地已分配完毕，要调整土地使用功能，单用行政手段难以实现。解决这一问题的新思路应从级差地租入手，充分利用价值规律，实行优质土地高租金、高税收的政策。那些占地多、效率低的企事业和住宅因无法支付如此高的租金，只得迁往地税相对低廉的地段，最终实现旧城土地利用布局的调整。

（4）根据土地级别和质量，合理安排城市不同地段的建筑层数和容积率。城市是三维

空间，土地利用既要考虑功能的平面组织，也要规划各类建筑垂直方向的空间组合。土地有偿使用后，业主为了提高土地利用强度，通常要求增加地段的容积率，从而加深了规划与业主的矛盾。从土地经济效益出发，今后对于区位好，地价昂贵的"黄金地段"，应适当提高建筑层数或容积率，否则将增加使用部门的地价负担；反之，等级低、租金少的土地，宜降低建筑层数和密度，增加活动空间和绿地面积，以改善城市环境。

以内涵为主的城市土地开发初探[*]

摘要： 从我国人多地少、耕地后备资源有限的国情出发，我们能否处理好城市化的发展与耕地保护的关系，使 21 世纪社会经济、城市化持续发展的同时，我国仍有足够的耕地以满足人口增加、人民生活水平不断提高的需求。文章指出：要实现两者兼得的目标，除了要制定实施严格的耕地保护政策法规外，在城市土地利用方面也要转变观念，将传统的以外延为主的开发利用转化为以内涵为主、内涵与外延相结合的开发模式。

关键词： 城市土地开发；开发模式；内涵与外延

城市化不仅是产业和人口在城市中的集聚，也是大量农地转化为城市用地的过程。改革开放以来，我国的经济和城市化处于加速发展的阶段，"八五"期间，全国经济平均增长率达到 12.3%，城镇人口每年平均净增 1000 万人，1995 年城镇人口已占全国总人口 28.9%，在面向 21 世纪的发展历程中，这种高速的发展势头将会持续下去。

1. 城市土地外延开发利用的回顾与反思

城市土地的外延开发利用是指以增加新的建设项目、占用大量农田去实现城市化的目标。从空间关系看，外延拓展必然使城市建成区不断向外蔓延，如同"摊大饼"一样，越滚越大。在城市化初期，由于城市基础薄弱，郊区地价低廉，为了满足新增的产业、人口对空间的需要，采用外延为主的开发利用模式，新中国成立以来我国城市基本循着这一方向发展。

需要指出，外延式的开发往往强调数量，忽视使用效率；只抓开发，忽视科学的经营管理。与土地的集约开发相比，实际上是一种粗放的开发经营模式，存在诸多弊端。特别是 20 世纪 90 年代初期在我国出现的开发区热和房地产热，更使其问题暴露无遗。

1.1 建成区面积和城镇人均用地面积大幅度增加

虽然城市化的结果不可避免地使城市人口和用地面积相应增加，但两者的增长幅度理应基本一致才算合理。然而，外延开发的结果则表现为城镇用地的扩展速度远远超过人口的增长速度。据 1981～1994 年，此期我国城市非农业人口由 1.02 亿人发展到 1.77 亿人，总计增长 0.74 倍，城市建成区面积却由 7438km^2 增至 17 940km^2，增长 1.41 倍。因土地

---

[*] 董黎明．1997．房地产经济与管理．北京：中国人民大学出版社，181-189

增幅远远超过人口增幅，致使人均城市用地面积也由 72.7m² 提高到 101.6m²。反之，如能充分挖掘土地使用潜力，使人口与土地的增长大体保持一致，则城市化可少占 5000km²（750 万亩）土地。

1.2 争投资，争项目，盲目发展，重复建设，大搞圈地运动

一些地方的决策者认为，似乎只要引进大量的投资和项目，就能将经济搞上去，而"引资"的途径又往往采取简单的"以地生财"、"筑巢引凤"的方式，即大搞各种类型开发区，以廉价的土地换取外来的项目资金。南方某个小城市，从 1992~1993 年一下子就搞了 10 个开发区和 11 个享受开发区待遇的单位，圈占土地达 44.64km²。实践表明，经济的发展受多种条件制约，土地资源只是其中之一，在其他条件不具备的情况下盲目地进行土地开发，并不能以地生财，反而要大量占用宝贵的土地资源和资金，留下重复建设、积压浪费等种种恶果。上面提到的这个城市，每年实际开发的数量只及已划拨土地面积的 1/30；在报建的项目中，别墅、办公、商住和商铺占总量的 96%，工业、仓储的比重不足 4%。投资结构的失衡，必然产生大量的无效劳动产品，该市商品房的空置率高达 60%~70%，就是一个突出的例子。

1.3 求大、求新、求洋，大城市思想重新抬头

在最新一轮城市规划修编或城市社会经济发展战略规划中，许多城市超越自身的发展条件，不切实际地扩大城市规模。一些十几万、二十几万人的中小城市，在短期内竟然要发展为百万人的大都市，而现有的大中城市则纷纷追求成为国际性的城市，似乎规模越大，城市地位越高，冠以国际性大都市的标签，才会引入更多的外资。事实上在一个完善的区域城镇体系中，等级高、规模大的中心城市总是少数，不存在大量中小城镇都演变为大城市的可能性。人为地扩大城市人口规模，城市在空间上就要拉大架子，占用大量郊区的农田。南方某市 1992 年非农业人口仅 12.1 万，城市规划要求 2010 年规模达到百万人，实际上该市在 1995 年人口仅发展到 14.5 万人，每年净增不到 1 万人，而同期基本建设占用的耕地高达 33km²。

1.4 城市不断向外"摊大饼"，生态环境质量下降

当今许多大城市普遍存在的城市问题：交通堵塞、水源紧缺、城郊用地矛盾尖锐、城市环境质量下降等，虽然有多种复杂的原因，但追根溯源，则是城市不断扩大用地规模，向外蔓延的结果。北京市中心区新中国成立初期建成区面积只有 109km²，当时既无道路立交桥，也无地铁，城市交通堵塞的状况并不像现在这样严重，进入 20 世纪 90 年代，北京外延发展使建成区面积比原来扩大 4 倍，由于每天有大量的人流、车流进出三环路以内的中心区，虽然规划和交通管理部门采取了种种措施疏导市内交通，立交桥数量居全国首位，但交通堵塞的路段和交叉口反而不断增加，平均车速越来越低。可见，如果不转变观念，扭转城市盲目外延扩展的趋势，仅仅依靠治标的办法，难以解决当代大城市固有的弊端。

2. 内涵与外延开发相结合—现阶段我国城市土地开发的方向

如前所述，城市土地的外延开发虽然是城市化初期的一种主要开发模式，对城市发展具有一定的推动作用，但其低效率的开发和粗放的经营方式对城市产生的负面影响也是不可忽视的。现阶段我国城市发展必须打破传统观念，走以内涵为主、内涵与外延开发相结合的道路。

首先，我国人多地少的国情决定了集约用地是城市发展的必然道路。众所周知，我国以占世界7%的耕地要养活世界上22%的人口，无论从人地关系还是农业生产来说，都是一个沉重的负担，今后不可能像美国、俄罗斯、加拿大等一些人少地多的国家那样，为城市化提供大片农地。从发展趋势看，西方的一些主要资本主义国家人地关系的矛盾虽不如我国突出，由于外延发展和城市无限蔓延出现了问题，从20世纪70年代开始，也将提高城市土地使用效率、把开发重点转入旧城提到议事日程上来。例如，美国的一些州掀起所谓"城市增长管理"运动，提出限制城市蔓延的增长边界，鼓励在边界内提高开发密度，以减少对农地的占用。1988年在东京召开的"近代城市规划100与21世纪的展望"国际研讨会上，提出了城市土地要"高强度混合开发"的观念，标志着西方国家的城市开发也逐渐转入以内涵为主的轨道。

其次，从我国经济改革的长远目标看，为了进一步促进国民经济持续健康的发展，国家在"九五"计划和2010年远景目标纲要中明确提出在今后15年中，经济增长方式要"从粗放型向集约型转变"，即经济增长由追求数量、产值转变为强调质量、效益；生产要素的结合方式由劳动密集型转为资金和技术密集型；从依靠铺新摊子、在低层次大搞重复建设转向加强企业改造、全面提高企业素质和经济效益。城市土地作为经济活动重要的载体，其开发模式必然要与新的增长方式相适应。可以预计，随着企业的改造和经济结构的调整向更高更深层次推进，城市土地的开发利用也会朝着集约、高效的方向发展。

最后，我国城市土地低效率的使用现状为城市土地内涵开发提供巨大的潜力。在传统的计划经济和土地无偿使用体制的影响下，我国城市土地的结构和空间组合很不合理，工业用地和机关大院不仅比重大，而且占据了市中心区不少区位优越的地段；反之，产出率高的商业、金融等第三产业长期得不到应有的发展，优质用地的效益难以发挥。企业办社会"大而全"、"小而全"的体制使得城市大院套小院，不仅造成土地使用功能混杂，布局混乱，而且院内还保留大量空地长期闲置不用，这也是造成我国城市存量土地使用效率普遍低下的主要原因。一份调查资料表明，经济特区深圳市与香港在地理上仅一河之隔，1996年深圳国内生产总值950.04亿元，相当于885.98亿港币，每平方公里城市建设用地产出2.95亿（港币），同期香港生产总值11 953.15亿港币，单位土地产出率74.2亿港元/km²，相当于深圳市的25倍。经济相对发达的深圳尚且如此，内地一般城市的差距就更大了。

除了建成区的土地有较大的潜力可挖之外，20世纪90年代初"开发区热"圈占的大量土地和房地产开发过程中大量半拉子工程遗留的用地，也需要通过合理的规划进行调整消化，不断提高其效率。

现阶段强调以内涵开发为主，是否意味着城市停止外延发展，或者城市不得再增加新的用地了呢？

应该看到，在城市化过程中，外延扩展和内涵开发始终是相辅相成的两种开发模式，两者的作用不可相互代替，不能人为地将它们割裂开来，非此即彼。在新形势下，城市土地适度外延也是内涵开发的必要补充。因此从事物运动的普遍规律和城市化的全过程看，城市的发展和空间的拓展是连续不断的，但是土地使用潜力的提高却是有限的。根据土地报酬递减规律，适当增加土地的投入和使用强度，提高建筑的容积率可相应提高土地的边际收益；一旦土地的投入和使用强度超过临界限度，就会出现适得其反的结果。另外，影响城市土地使用的因素是多方面的，并非建成区内所有的空地和低容积率地段都可成为挖潜对象，城市中也需要保留一定数量的公共绿地和居民的活动空间。

我国是发展中国家，城市化刚刚起步，为了实现 21 世纪社会经济持续发展的战略目标，在相当长的一段时间内还必须适量增加新的建设用地，才能满足经济、人口不断增长的需求。可见，以内涵开发为主、内涵与外延相结合的发展道路，不仅反映城市发展的内在机制，也完全符合我国长远的战略发展目标。

3. 城市土地内涵开发的框架与构想

城市土地内涵开发的核心是提高现有土地的使用效率，在规划的引导下，通过产业结构的调整，用地配置的重构，土地级差地租的经济杠杆等多种途径，充分挖掘土地的潜力，在整体上取得最佳的综合效益。即城市用地结构合理，功能完善，生产生活高效率；土地使用强度适量，最大限度地节约用地；城市土地投入产出比大，边际收益高；最终的开发结果有利于社会经济的持续发展。显然，这种开发思路与过去旧城改造中的"见缝插针"有本质的差别。实现上述构想，需要从以下四方面入手。

3.1 严格控制新区开发规模，鼓励旧城挖潜改造

新区开发和旧城改造是城市开发的两个侧面。长期以来我国旧城改造不受重视，甚至成为"老、大、难"问题，关键在于现行的政策、体制和管理措施对鼓励旧城区的再开发倾斜不够，经济负担过重已成为旧城区挖潜改造的重要障碍。举例来说，旧区再开发不仅土地出让金比新区高得多，房屋拆迁安置费更使开发成本居高不下，目前北京市每户平均高达 30 万元。除此之外，旧区再开发还涉及拆迁居民的安置、整体基础设施的改造、文物古迹的保护等一系列复杂的问题，难度要比新区开发高得多。

要实现开发重点由新区转向旧城区的目标，一方面要通过行政、经济、法律等手段，严格控制新区的开发规模，今后特别要强化城市近郊区或城乡交接带的规划管理。只有堵住滥占城郊农地的源头，才能将有限的资金集中于城区内的开发改造。与此同时，另一方面结合旧城区的产业结构调整、安居工程、危旧房改造等工作，应制定一整套相互衔接的有利于旧城挖潜改造的政策措施。市场经济的规律表明，只有开发者看到旧城区的改造有利可图，才会在这一领域付诸行动。

3.2　优化城市用地结构，提高土地综合使用效益

受传统的计划经济体制影响，我国城市用地结构和空间组合不尽合理，一些占地大、产出率低的用地如工业、行政机构不仅比重大，而且还占据了部分城区中价值最高的地段，即使经历 10 多年的改革，1995 年我国城市工业用地的比重仍占总用地的 23.5%；人均工业用地 22.8m²，比 1986 年反而增加 1.7m²。相比之下，工业高度发达的美国其工业用地的比重只占城市总用地的 7%，人均工业用地的面积也比我国低。这表明：要提高城市整体的土地使用效率，必须在规划的指导下，运用级差地租的经济杠杆，从调整旧城区的产业结构入手，逐步完善、优化城市的用地结构，合理组织用地功能，按照"优质优用"的原则安排物业。

近来，不少城市根据"退二进三"、"优二兴三"的思想，将分布在市中心区的部分工业外迁，腾出的用地发展商贸等第三产业，这无疑是十分可取的方向。值得注意的是，产业结构和用地功能的调整还必须符合市场的有效需求并满足城市综合功能的需求。例如，按用地最佳使用原则，城市中心区的黄金地段虽然适宜发展商业、金融、高级写字楼等产业，但也需要配置一定数量的行政管理机构、道路广场、绿地和其他服务设施，才能体现其最佳组合。如果不根据市场需求盲目搞清一色的建设，就会造成大量的商厦写字楼积压浪费，同样会降低土地的使用效率。

3.3　在环境容量许可的条件下，适当提高城市土地的使用强度

城市土地使用涉及三度空间，同样，挖掘城市土地使用潜力除了要考虑平面布置、建筑密度外，还要研究地上地下空间的合理利用。众所周知，当用地面积不变，如果容积率提高一倍，一块土地的效益可变成两块地。因此，适当提高土地的使用强度是城市内涵开发的重要途径之一。

受多种因素影响，我国城市土地使用强度普遍偏低，若以容积率作为评价指标，1990年我国 400 多个城市的平均容积率只有 0.31，即使一些大城市或用地紧张的城市，容积率也不算高，如上海为 0.69，北京为 0.44，温州为 0.54，可见我国大多数城市提高土地使用强度还有很大潜力。现在问题的焦点是：有部分规划师担心提高容积率会导致交通拥挤、环境质量恶化等问题，从而对提高容积率采取以限制为主的消极态度。笔者认为，当前我国城市土地使用的强度不是偏高而是很不充分，况且城市面临的交通、环境问题，影响因素复杂，并非都是提高容积率引起的，在此情况下，只要建设项目符合规划要求，适度提高容积率不仅是必要的，也是可行的。

3.4　因地制宜，分类指导，重点控制小市镇建设用地的规模

我国地域辽阔，城市类型多样，城市土地利用既有共同性的问题，在某些方面也存在较大的差异。城市用地的内涵开发应从实际情况出发，根据不同的城市类型和每个城市的具体情况，各有侧重性地制定相应的挖潜改造措施。

小市镇是我国数量最多、发展最快、土地使用潜力最大的城市类型。从人均城市建设用地分析，1995 年人口 20 万以下的小城市人均用地 152m²，已远远超过建设部规定的

105～120m²/人的高限指标。这类城市除了存量土地超标外，还有大量已开发未利用的闲置土地，土地经营管理粗放，使用效率低下。今后提高土地使用潜力的主要途径应从加强土地的规划管理、严格执行土地法规入手，控制新增土地的数量。对人均用地已超标的城市，近期原则上就地消化，用好存量土地，逐步提高使用效率，不再外延扩展。

对于大中城市、特别是人口规模超过百万的特大城市，在严格控制城市人口规模的同时，应该运用行政、经济手段，盘活存量土地，优化城市的产业结构、房地产投资结构和城市用地结构，结合安居工程、危旧房成片改造等建设项目，适当提高建筑容积率和土地使用强度，从整体上提高土地的使用效益。

从城市的性质和职能看，我国还有近百个历史文化名城和古都城，其共同特点是文物古迹丰富，具有独特的景观风貌。对这类城市，旧城区的内涵开发要考虑历史文化遗产和整体风貌的保护，城市可适当向外延拓展。

土地使用制度改革与北京城市地域结构的优化[*]

城市地域结构是指构成城市的各功能要素、各物质实体的空间组织形式。它由城市的经济活动、社会文化生活在一定地域范围内具体化、物质化所组成，一方面由于城市建设成果的积累具有历史继承性，另一方面又由于不断的更新改造而呈现出时代特色。鉴于城市地域结构的优劣决定城市布局的合理与否，因此，研究改革开放以来新出现的因素，特别是土地使用制度的改革对城市空间结构的影响，对合理利用土地具有十分重要的意义。

北京作为国家的首都，综合性的特大城市，历史文化名城，空间地域结构具有一定的特殊性，在发展中遇到的问题较为复杂，更有研究的必要。

一、北京城市地域发展历史回顾

研究北京的城市地域结构不可能脱离北京作为古都的城市基础与格局。北京完整的城市面貌最早形成于明永乐年间，后又于明嘉靖年间增修了外城，呈"凸"字形格局，一直保持到新中国成立初期。城内以紫禁城为中心，有南至永定门、北到钟鼓楼的 8km 长的中轴线，两旁建筑井然有序，空间层次规整庄严。62km² 的城区内基本为棋盘式路网所划分。青灰色、平缓伸展开的四合院群落衬托着金碧辉煌、巍峨醒目的宫殿建筑群，体现着封建统治者君临天下、至高无上的威仪。由于社会生产水平的限制，内城没有成片的工业用地，仅在外城有小规模的手工业作坊。作为一个消费型城市，商品供应仅靠东四、西单、前门等几个有限的商业街区。这一时期可以视为北京城市地域结构发展的第一阶段。

新中国成立以后，北京作为全国的首都，建成区的扩展速度很快，城市地域结构的发展进入第二阶段。

在"把消费城市转变为生产城市"的方针指引下，北京建设了许多新的工业区，包括东郊通惠河两岸工业区、酒仙桥电子工业区、南郊铁匠营工业区、石景山衙门口工业区、清河毛纺工业区等。新工业区的建设使北京成为工业门类较齐全的综合性工业城市，规划市区内工业用地比例高达 24%，远远超出其他国家首都城市的同类指标。

为了防止外围工业区与老城区连成一片，北京市于 1959 年提出"分散集团式"的规划原则，即把城市中心地区外围分隔成几个相对独立的组团，组团之间，组团与中心地区之间以菜地、园圃、林地等分隔，保持城市良好的生态环境。以分散集团式作为正在扩展

---

* 董黎明，孙颖，许学强等.1998. 中国乡村－城市转型与协调发展. 北京：科学出版社，24－30

中的北京的规划指导原则，对完善城市空间结构无疑是有远见的。

"文革"期间，北京城市建设指导思想混乱。重重工业、轻轻工业，一再上马占地多、污染严重的工业项目，如炼油厂、化工厂等。重生产、轻生活，在城区见缝插针地建起1400多家"五·七"工厂和仓库，包括木材加工厂、油库、粮库等，破坏了传统民居的城市面貌，带来噪声等污染。商业用地则不断萎缩，1957～1982年，全市零售商业网点减少78%。在这一阶段，工业成为影响城市空间结构的决定性因素，北京城市的个性逐渐丧失。

二、土地使用制度改革下北京城市地域结构的变化

20世纪80年代中期以来，北京城市经济体制改革不断深化，逐步向社会主义市场经济过渡，市场逐渐成为配置资源的主要手段。各方面的改革直接或间接地导致用地结构的调整，而土地使用制度的改革为这种调整创造了经济动力。北京城市地域结构的演变进入了第三个阶段，城市各部分的功能结构发生了前所未有的变化。

1. 中心区及其附近地区：第三产业集聚

传统的北京中心区是指明城墙（现二环路）以内62km²的旧城区。二环与三环之间的区域则是新中国成立后中心区扩展的结果，今日也已是城区的主体。由于特定的历史环境，北京的中心区与其他大城市中心区有很大的不同：其一，北京的中心区云集了大量的文物古迹，是历史文化名城最重要的组成部分，故宫居中，占据着旧城最重要的位置。旧城区由于保护历史文化名城的需要，建筑高度和形式受到诸多限制。与一般大城市的中心区相反，北京中心区的建筑高度和容积率是最低的。其二，北京旧城集中了大量国家级行政机构，是全国政治中心最集中体现的地方。其三，旧城区中存在大量的四合院。长期的土地无偿使用和低租金的住房制度，使旧城区的居民不愿往外搬迁。同时，从1949～1990年，面积有限的旧城区又新建了1240万m²的住宅，使旧城更加拥挤。其四，北京旧城区集中了全市主要的商业中心，原有三个市级商业区——王府井、西单、前门都位于旧城内，但建筑陈旧，设施落后，不适应现代化商业中心的要求。

改革开放以后，土地的价值逐渐被人们所认识，级差地租作为调节土地利用的经济杠杆，在中心区用地布局的调整和改革中已开始显露出来。据此，北京市政府在1992年组织力量对北京市8个城近郊区的地价进行了调查评估，最后，将全市的基准地价划分为10个等级，揭示了不同区段基准地价的巨大差异。资料表明，在商业基准地价中，全市有35个区段每平方米在15 000元以上，除秀水街、海淀路北段位于二环路之外，其余的33个区段都位于旧城区。其中王府井大街南段、大栅栏、西单北大街、隆福寺街地价最高（每平方米25 000元以上），是全市地价最昂贵的黄金地段。同样，住宅基准地价最高（每平方米超过4000元）的区段全部都位于二环以内的老城区。鉴于中心区的商业地价超出住宅地价3～4倍，根据土地最有效使用的原则，在中心区发展商贸等高产出的第三产业，单位土地面积的经济收益最佳，这就是近年外商独资、中外合资开发机构纷至沓来，大力发展商贸、写字楼、旅馆、酒店等行业的原因。这一新的因素，在某种程度上改变了中心

区传统的布局结构。

1）商业购物中心的多元化趋向

长期以来北京的商业中心一直集聚在旧城的中心。王府井、西单、前门三足鼎立的格局成为商业最突出的特征，几十年不变。近几年来，随着城市规模的日益扩大和购物人数增加，这种过于集中的布局已不适应商品经济的发展和人民生活的需要。

中心区商业设施布局的变化主要表现在：原有的商业购物中心利用黄金地段的优势，通过原地改造，面貌为之一新，如西单商场、西单购物中心、隆福大厦等更新改造后，营业额显著上升。更大的变化是在旧城以外的其他地段，又新建了许多大型的购物中心和商业一条街，如以经营高档商品著称、设施现代化的燕莎、赛特购物中心，面积庞大、物品齐全的当代商城、城乡贸易中心、蓝岛大厦、长安商场、东大桥百货商场、双安商场等。上述商厦的面积都超过著名的王府井百货大楼，新的购物中心主要位于三环路和二环路之间的交通方便地带，区位条件优越，接近新建的居住区。不仅改善了居民的购物环境，同时也减轻了旧城区人流、交通过于集中的压力。从今后的发展趋势看，沿三环路与城市对外放射主干道交汇的复外公主坟、海淀双榆树、朝外东大桥、永外木樨园等地，都有可能成为新型的大型购物中心。

2）多功能商务写字楼的兴起与集聚

北京作为 12 亿人口大国的首都和国际交往的中心，在改革开放的新形势下，与国内外的政治、经济联系日趋频繁。一方面从国内看，各省、市、区的许多事务，都必须与在京的中央机构打交道，从而促使外地驻京办事机构大量增加，目前经国务院和北京市政府批准的外省市、省地级政府驻京办事处和联络处就多达 400 余家，县以下的机构、企业不计其数，需求大量的办公用房。另一方面，北京又吸引了大量的境外游客和公司、企业，1994 年已批准的外商驻京机构达 3200 家，外商及其雇员 40 万人左右，加上每年接待的200 万名境外游客，必然促使旅馆、酒店和多功能高档写字楼的兴起。

目前，这类产业已形成了集聚的雏形，其主要集中在建国门外大街以北、东直门外斜街以南、东二环和东三环路之间的涉外地区。初步统计，这里四星级以上的高级宾馆就多达 20 家，位于本区的京广中心、京城大厦、长富宫、中国国际贸易中心等大厦，都是拥有办公、会议、娱乐、购物、展览、住宿多种综合功能的豪华建筑。众多的高级写字楼、酒店在此集中，除了接近使馆、交通方便等因素外，由于位于旧城之外，较少受建筑高度的限制也是一个重要原因。从今后的发展趋势看，建国门外至东大桥一带将有可能形成未来北京市的商务中心区，这与北京总体规划的设想基本上是一致的。唯一不足之处是北京以银行、保险为主体的金融中心位于城区偏西的阜成门大街和复兴门大街上，两地相距甚远，联系不够方便。

综上所述，第三产业在中心区及其周围地区有集聚，符合地价分布的基本规律，增加了城市的活力。现在需要探讨的问题是：北京的市中心区，既是政治活动的心脏地带和古都风貌的精华所在，又是发展第三产业的黄金地段，在用地上如何正确处理两者关系，即第三产业的用地比重应该多大？旧城区适合发展哪类产业？在建筑上采取何种形式？比较理想的发展地段在哪里？

2. "优二兴三"：工业外迁扩散

经历了 1958 年、1967 年两次大办工业的群众运动之后，城区大批大型工业夹杂在居住区中，其中不少属于严重污染扰民的企业。从 20 世纪 70 年代开始，规划部门就协同工业等有关部门，制定了工业布局的调整搬迁计划。但是在旧的经济体制下，单纯依靠行政手段，工厂本身并无搬迁的要求和积极性，因而工业企业调整的步伐缓慢。1986 年三环路内仍有工厂 1390 个，旧城区有 790 个，并未解决工业在城区不合理布局的状态。

土地使用制度的改革，从经济上促进了中心区域工业的外迁。根据级差地租的分布规律，在市中心商业金融用地支付地租的能力超过住宅，而住宅又高于工业。鉴于工业在此无力支付高昂的地租和地价，必然要转向地价相对低廉的郊区。这一经济杠杆，已逐渐上升为推动市区工业外迁的主要动力。从当前的发展趋势看，用经济手段调整城区工业用地的形式主要有两种，一种是通过土地的有偿转让实现搬迁，如北京玻璃厂、北京火柴厂等 12 家企业利用这一方式，腾出城区用地 24hm^2；第一机床厂和北京印染厂等国营大厂，也通过这一途径将部分车间或项目外迁，把原有沿街用地发展为第三产业。第二种方式是实现企业之间的兼并，最典型的例子是东安商业集团兼并效益欠佳的手表二厂，并在该厂原址兴建了双安商场，许多工业职工转到第三产业中，增加了收入。而东安集团则增加了用地，增加了竞争实力，兼并双方皆满意。

在此需要强调的是，采用经济的手段实现工业外迁不能取代规划的龙头作用。种种迹象表明，在工业向郊区的搬迁扩散过程中，一些企业为了获取更多的廉价土地，往往通过"联营"的方式私下非法取得土地，这不仅造成土地资源的巨大浪费，同时也易产生布局分散、污染搬家、破坏城乡生态环境等种种问题。

3. 城市边缘：人口扩散和住宅建设的重要地区

进入 20 世纪 90 年代，市区的城乡常住人口已接近 600 万人，如果加上流动人口，在 1026km^2 的市区范围内就有 800 多万人居住，对城市是个巨大的负担。

从用地条件分析，旧城区面积仅 62km^2，除了传统的四合院民居之外，还集中了大量的国家、市级机关单位和文物保护单位，近年又成为第三产业的集聚区。地价地租昂贵，加上建筑高度的限制，在此发展住宅的潜力极为有限，今后即使将所有的危房和旧房进行改造，至多只能安置原有居民（实际上仍有许多人口需外迁）。因此，新的住宅用地只能寻求离城近、交通方便、基础设施完善、地价相对低廉的边缘地带。

20 世纪 80 年代初，北京掀起了住宅建设的高潮，1980 ~ 1990 年，全市累计竣工的新建房屋面积达 5718 万 m^2，平均每年 520 万 m^2。新建的住宅中，3/4 以上位于近郊区，具体来说，主要分布在三环路内外。这种沿环路向四面八方扩展的模式，实质上就是所谓的"摊大饼"。进入 20 世纪 90 年代，三环路两侧基本布满建筑，新的居住区如望京、安翔东里、周庄子、安慧北里、鲁谷等，又进一步向四环路两侧拓展。此外，在离市区较近的卫星城：黄村、通州、顺义、良乡也都在开拓新的居住区，这些居住区的房价一般在 2000 ~ 2500 元/m^2，虽然比三环、四环之间的房价低一半左右，但由于交通等基础设施还未完全跟上，对市区居民的吸引力不大，预计进入 21 世纪后，四环路两侧的土地相继被填满，市区的居民迟早要跨越隔离绿带，到市区的边缘地区或最近的卫星城定居。

住宅是居民生活的基本场所。从这个角度分析，新建住宅分布状况实质上决定了市区人口的移动方向和分布状况，特别像方庄、望京等一些规模巨大的居住区，本身就相当于可容纳 10 万~20 万人左右的小城市，它们以良好的设施和居住环境吸引了大量的城市居民。因此 20 世纪 80 年代以来，市区人口空间分布最突出的变化，表现在城区四个区的人口增长已明显减少，个别的区甚至出现零增长或负增长；相反，四个近郊区的人口增长十分迅速。统计资料表明，在 1981~1993 年的 12 年间，城区四个区人口净增合计只有 9.5 万人，同期四个近郊区累计净增 107.1 万人，其中 1989~1993 年净增 30.7 万人，年均增加了 7.7 万人，是城区的 13 倍。这种现象从市区范围看，确是一种人口扩散，即人口密集的旧城区向近郊地带（四环路一带）扩散。若从市域更大的范围分析，实际上仍是人口在市区集聚的过程，其结果只能使市区越滚越大。我们认为：要创造一个合理的空间结构，还需创造条件，引导市区的居民迁往远郊的卫星城镇。

4. 城乡结合部：绿色空间急剧减少，违法建设严重，外来人口集中

城乡结合部没有明确的界线，从行政区域看，它是近郊农村地区与建成区边缘的交接地带；从空间要素的功能分析，城乡结合部现状是以乡村为主，兼有城市部分功能的混杂地区；远期规划则是绿化隔离地区，起着分隔中心地区、边缘地区和远郊卫星城镇的作用，以改善城市生态环境。实际上，现状城乡结合部除了一定的农田菜地和片林外，还有相当数量的农村居民点、乡镇企业、城市市政场站、部分合法或非法建设的城市单位和住宅。由于该区离城最近，区位条件优于远郊，土地价格又明显低于市中心区，因此在城市用地十分紧缺的情况下，城乡交接地带就成为各方都想占用的一块"宝地"，特别是在市场经济的冲击下，其变化更为复杂。

第一，从土地产出率分析。受城乡经济剪刀差的影响，确实存在种粮不如种菜，种菜不如务工，务工不如经商的现象。这种现实使近郊区的产业结构发生了巨大变化。过去，朝阳、海淀、丰台三个区负责了全市主要的蔬菜供应，而目前乡镇企业已成为农村经济的主要支柱。1990 年京郊乡镇企业收入已占农村总收入的 81%。靠近城市建成区的十几个乡更高达 90%。10 年前，海淀区蔬菜产量 12.3 亿 kg，而现在不到 2 亿 kg。近郊已不再是市区蔬菜的主要供应基地，其地位已被远郊的大兴、通州、顺义等县份所取代。

第二，京郊农村集体所有土地由于地价低廉、规划管理薄弱，极易流入隐形市场，被各类建设占用。不少单位无视城市规划法，私下与农村集体签订协议，大兴土木。对农村集体来说，将一亩菜地稍加改造作商业用地，每年就可收取租金 6 万元左右，既高于种蔬菜的收入，也比单纯的征用转让有利。在经济利益的驱使下，城乡结合部大量的农田实际上已慢慢地被蚕食，改为工业、三产、仓库、住宅等建设用地。

第三，外来人口聚居区出现在城乡结合部，进一步增加了土地使用的复杂性。1994 年，北京市流动人口已达 329.5 万，其中务工经商者 200 多万，他们中人多数人选择长期居留。外来人口由于无力支付城区昂贵的租金，所以集聚于租金相对低廉而交通比较便利的城乡结合部，形成了所谓"浙江村"、"河南村"、"新疆村"等十分特殊的外来村落，其中位于丰台南苑乡的"浙江村"人口规模达到 6 万~7 万。他们除了参与北京市的经济

活动外，在"村落"内还办有专为外来人口服务的诊所、托儿所、交易所，甚至还想兴建学校等，在此长期安营扎寨，可见，这类人口与常住人口已无本质的区别。

城乡结合部的巨大变化既有积极影响的一面，同时也存在不少问题。从有利的方面看，近郊乡镇企业的发展加速了城市化的进程，缩小了城市与乡村的差距，增强了城乡的经济实力；大量的外地人口入京从事各项经济活动，弥补了北京第三产业的缺口，活跃了商品市场，以上可视为改革开放的成果。当然，郊区城市化也存在不少负面影响，最突出的问题是：随着建设用地的蚕食，规划的绿化隔离地带面积日趋缩小，直接威胁北京"分散集团式"的格局。如不采取有力措施，无需很长时间，市中心地区有可能与某些边缘集团联成一体。大规模的外来人口在缺乏管理的情况下自发地向城乡结合部渗透，普遍存在"脏、乱、差"的现象，这些新产生的"棚户区"，不仅环境卫生条件恶劣，有损首都形象，同时还产生大量的治安、犯罪问题，是社会不安定的因素之一。

5. 远郊区：卫星城镇发展的新机遇

北京远郊的十个区县土地辽阔，环境容量较大，但经济基础和城市化水平较低，在整个北京的发展战略中，一直是城市扩散和重点发展的地区。在历次编制的总体规划中，都设想把市区的工业、人口扩散到卫星城镇中去，以此控制市区的人口和用地规模。可以说，规划方案本身是很好的，问题在于在计划经济体制下，各项建设的投资渠道都是以部门（条件）为主下达的，而发展卫星城属于综合性的建设，这笔投资来源无法落实；至于卫星城的基础设施建设，由于市区本身的建设任务也十分庞大，市政府也很难抽调大量资金用于改善卫星城镇的各项设施。可见，当国家和城市的经济实力还不够强大的时候，单靠计划拨款去建设郊区卫星城是难以实现规划目标的。

近年郊区卫星城镇发展的经验表明，现阶段卫星城镇的发展首先应依托原有的县城居民点，依靠地方的经济力量，采取滚雪球的方式使其规模逐步扩大，功能日趋完善，以增加对市区人口外迁的吸引力。改革开放以来，北京远郊区县农村商品经济和乡镇企业的蓬勃发展，迅速壮大了县一级的经济实力，进一步缩小了远近郊区之间的差距。

如果选取国内生产总值这一综合性的经济指标进行比较，1993年近郊区人均5615元，远郊区为5238元，差距只有7%，其中远郊区有三个县：顺义、通州、昌平人均国内生产总值已超过近郊区，它们的第二、三产业之和已占整个经济的80%左右，传统的第一产业已降到次要地位。产业结构的变化显然有利于卫星城镇和其他小城镇的发展。

20世纪90年代初在全国范围掀起的建设开发区的热潮，也给远郊卫星城镇的发展注入新的活力。据统计，全市经国务院和市政府批准的各类开发区有29个，除5个位于城市边缘和近郊区外，其他由于在远郊区地价低廉，工业用地每平方米仅130~350元，因此绝大部分开发区都定位于远郊区，并纳入县域规划和县城总体规划，成为远郊卫星城镇有机的组成部分。至1995年年底，进入各开发区的项目和企业已达780个，平均每个开发区27项；引入内外资金200多亿元，平均每个引入7亿元。实践表明，开发区作为一项新生事物，只要发展得当，对解决远郊区工业化的项目和资金来源，引导城区工业外迁具有十分重要的作用。

展望21世纪，随着社会主义市场经济体系的逐步形成，远郊区城市化水平的进　步提高，城乡差别逐步缩小。区域城市基础设施不断完善，远郊区的卫星城镇还会有较大的发展，特别是位于城市东南发展主轴上的通州镇、亦庄和黄村，完全有可能发展成 40 万人的中等城市，其余的卫星城也将达到 10 万 ~ 20 万人的规模。这一新的发展趋势，对于完善市域城市体系的空间结构、改变市中心区过于庞大拥挤的格局，具有十分重要的意义。

三、优化北京城市地域结构的建议

在改革开放和土地有偿使用等因素的推动下，北京的城市地域结构朝着合理的方向迈进了一步，但距完善优化的程度尚有一段距离。还要看到，影响城市空间结构的因素是多种复杂的，土地经济仅是其中之一，要造就一个良好的符合北京城市特色的空间地域结构，还需要通过政治、经济、法律等综合的手段进行调整引导，充分发挥城市规划的作用。基于以上分析，笔者认为今后可从以下四方面继续充实完善北京的城市地域结构。

（1）加大改革力度，充分利用级差地租的经济杠杆，合理利用土地。目前我国城镇土地使用仍实行行政划拨与有偿出让的双轨制，北京市行政划拨的土地甚至占很大的比重，如果不继续加大改革力度，扩大有偿出让这部分土地的数量和覆盖范围，就很难发挥级差地租在全市范围的调节作用。建议进入 21 世纪后，凡具有收益性的土地（包括住宅用地）都要实行有偿出让；对市中心区的黄金地段，要提高土地使用税税率，促使低收益的产业往外搬迁；城乡结合部的绿化隔离带在规划引导下可拿出部分土地兴办旅游、高新技术等产业，用土地出让金投资绿地建设，"以绿养绿"，避免大片绿地被蚕食。

（2）根据城市性质，确定城市布局调控方向。经济手段只是调节土地利用的方式之一，即使在完全市场经济的国家，由于市场调节的局限性，很多用地安排也要通过城市规划来实施。北京作为全国的政治中心，全球驰名的历史文化名城，其空间地域结构首先应反映出这一本质的特征。因此，中心区的土地利用，要通过科学的分区和详细规划，妥善地处理政治职能、文化历史遗产保护和土地经济效益的关系，防止片面追求经济效益而牺牲城市特色的倾向。

（3）加强郊区的基础设施和生活服务设施的配套建设，为实现城市郊区化创造条件。虽然郊区地价和房价远低于市中心区，但由于交通不便，各项设施配套欠缺，仍是城市居民和工业外迁的最大障碍。建议土地出让所得应集中投入郊区各项设施的建设，解决搬迁职工的通勤和其他生活问题，以加速郊区化的进程。

（4）开展京、津、唐区域规划，从更大的空间范围完善北京地域结构。大量实践表明，一个完善的城市空间结构必须建立在合理的区域空间结构的基础之上。北京作为京津唐城镇体系的重要组成部分，必须妥善安排北京与周围其他城市的合理分工和协调发展。这就需要用更高层次的规划来完成这一使命。

参 考 文 献

北京城市规划设计研究院 . 1992. 北京城市总体规划

董黎明 . 1994. 加强宏观调控机制，提高土地效率 . 城市规划汇刊，90：21 – 25

柯焕章.1994.坚持"分散集团式"布局,制止城市带状发展.北京规划建设,6:1-4

宋春华.1995.房地产业发展与城市规划调控.城市规划,2:3-6

吴良镛.1994.北京旧城与菊儿胡同.北京:中国建筑工业出版社

薛洪江.1995.北京房地产价格评估.北京:中国人民大学出版社

周聿贞.1994.运用市场经济规律,合理利用城市土地——以北京市区土地利用为例.北京规划建设,5:
　　11-13

集约利用土地——
21 世纪中国城市土地利用的重要方向[*]

摘要：随着经济和城市化的迅速发展，我国城市土地利用的问题和矛盾也日益突出尖锐，特别是 20 世纪 90 年代初"房地产热"和"开发区热"大量圈占浪费土地的现象，已向我们敲响了警钟。针对这一问题和人多地少的国情，21 世纪我国城市只有走土地集约利用的道路，才能保证经济的繁荣和城市化的进一步发展。土地集约利用的核心是提高城市土地的使用效率，因此它是经济、社会高水平发展的标志，集约与发展不仅没有矛盾，而且是相互促进的。要实现城市土地集约利用的目标，首先应从调查研究入手，应用科学的方法对我国城市土地利用的程度和使用潜力进行评价，在此基础上制定土地集约化利用的相关政策和管理措施。

关键词：城市土地；集约利用；使用效率

1. 回顾与反思

城市化不仅是产业和人口在城市中的集聚，同时也是大量农地转化为城市用地的过程。目前，我国的经济发展和城市化都处于加速发展阶段，20 世纪 90 年代，我国城市化率平均每年增长 0.5 个百分点，城市用地每年净增 850km^2（127.5 万亩），到 1998 年，全国城市化率已突破 30%，城市建成区累计面积达到 21 380km^2。如果将 1.8 万个建制镇的用地计算在内，我国市镇用地面积已超过 20 万 km^2，相当于江苏、浙江两省国土面积的总和。

需要指出，城市化是世界各国社会经济发展的必然过程，这一阶段一部分农田转化为城镇用地也是不可避免的现象。问题在于，城镇用地增长的速度和数量是否符合我国国情？原有的存量土地和新增的城市土地是否得到合理、高效的利用？回顾 20 世纪 90 年代之后我国城市土地开发和转换的模式，有许多经验教训值得反思。

1.1 建成区面积和城镇人均用地面积大幅度增加

1981 ~ 1998 年，我国城市非农业人口的数量由 1.02 亿发展到 1.99 亿，增长 0.95 倍；而同期城市建成区面积净增 13 942km^2，总量增长 1.87 倍。因土地增幅远远超过人口增幅，以致人均城市用地面积大幅度提高；1981 年为 72.7m^2/人；1998 年上升到 107.4m^2/

---

* 董黎明，袁利平.2000.集约利用土地——21 世纪中国土地利用的重要方向.中国土地科学，5：6 - 8

人。如果这一增长势头得不到有效的控制，今后我国城市用地的人均水平很有可能突破城市规划用地的最高限额——120m² （我国城市规划人均用地指标分 4 级：60.1 ~ 75m²/人；75.1 ~ 90m²/人；90.1 ~ 105m²/人；105 ~ 120m²/人）。在不到 20 年的时间，人均城市用地的数量猛增 35m²，显然不完全是按照规划改善城市用地功能，完善城市结构的结果，其主要根源是城市盲目开发，无序发展，粗放经营造成的。

1.2　求大、求新、求洋，大城市思想抬头

严格控制大城市规模，一贯是我国城市发展的重要方针，但在最近一轮城市规划的修编和城市社会经济发展战略规划中，许多城市超越自身的发展条件，不切实际地扩大大城市规模，一些十几万人的中小城市，短期内要发展为百万人的大都市，这一思想导致城市建设大架子，盲目扩大用地范围，我国南方某个城市 1992 年编制规划时非农业人口只有 12 万人，2010 年要求人口规模达到 100 万人，实际上 1998 年城市非农业人口仅发展到 19 万人，每年净增不到 1 万人。如果按新增 1 人平均城市用地增加 100m² 匡算，这几年只需要增加用地 7km²，而同期实际占用的耕地却多达 33km²。此外，在城市建设中盲目追求"大手笔"的思想，结果出现了许多脱离实际的大马路、大广场、大商店等，导致土地低效的利用。

1.3　争投资、争项目、重复建设、大量占地

一些地方的决策者认为，有了大量的投资的项目，就能把经济搞上去，而"引资"的途径又往往采取"以地生财"、"筑巢引凤"的方式。20 世纪 90 年代初大量圈占土地，全国遍地开花的"开发区热"，就是十分典型的事例。一项调查报告指出，到 1994 年，全国共兴办各类开发区 2800 多个，其中 78% 是盲目设立的。经过清理整顿，仅将闲置土地还耕于农的就有 200 多万亩之多。截至 1996 年年底，在全国非农基本建设的闲置土地中，开发区的闲置土地仍占 35% 左右。至于在经济建设中盲目上马、重复建设产生的积压资金、浪费土地、房屋空置等问题，至今仍未解决。

1.4　城市外延开发，忽视内涵挖潜改造

由于城郊地价低廉，城区再开发和改造成本较高，导致城市普遍采用不断向外"摊大饼"式的外延开发模式，不仅占用了郊区大片农田菜地，同时也给城市的交通、生态环境等方面带来巨大的负面影响。北京市在新中国成立初期建成区面积只有 109km²，当时既无道路立交，也无地铁，城市交通堵塞状况并不像现在突出。进入 20 世纪 90 年代，北京外延发展使建成区面积比原来扩大了 4 倍，城市规划确定的分散集团式的布局由于大量农田、绿地被蚕食挤占，维护城市的绿色屏障已逐渐消失，致使生态环境日趋恶化；此外，由于每天有大量人流、车流由三环、四环以外的住地拥入市中心区，造成交通堵塞，平均车速下降，居民上下班的通勤时间越来越长，生产生活效率下降，这实际上是城市外延扩展留下的后遗症。

综上所述，我国当前城市土地利用重数量轻效率，重开发轻管理，重外延轻挖潜的趋向，背离了土地利用的基本国策。走集约化利用的道路，正是克服上述弊端的重要途径。

2. 我国人地关系状况决定了集约利用土地大方向

如果将资源的分配引入人口因素，我国无论在世界上还是在亚洲，都是土地资源十分贫乏的国家。在全球 4 个国土面积最多的国家中，20 世纪 80 年代中期我国的人均国土面积只及美国的 1/4，前苏联的 1/8，加拿大的 1/40；在人口相对稠密的亚洲，我国的人均耕地面积只及印度的 1/2，泰国的 1/4。正是人口众多这一特殊的国情，长期以来我国的农业土地利用保持着精耕细作、集约经营的传统，并创造出用占全球 7% 的耕地供养占全球人口 22% 的奇迹。

同样，我国人多地少的尖锐矛盾，也决定了在城市化的过程中，必须坚持在城市发展中也要提高土地使用效率，集约利用土地。特别是我国城市化正处于加速阶段，根据粗略预测，到 2020 年我国城市化率将达到 50% 左右，全国将有 7.5 亿人口在各级城镇生活，即使按现状的人均用地水平计算，未来 20 年还要新增城镇建设用地 3.75 万 km^2（5625 万亩），其数量已超过台湾省的土地面积。展望 21 世纪，我国的城市化率将达到发达国家的现有水平（70% ~ 80%），届时还要拿出更多的土地供城市使用。从土地资源的供求关系看，显然是十分尖锐的矛盾。如果现在我们对此熟视无睹，仍在大手大脚地使用有限的土地资源，今后未必能同时实现国家社会经济的可持续发展和高度城市化的双重目标。

退一步讲，即使有充足的土地资源供应，从促进经济持续、快速发展的要求出发，今后城市发展也应大力节约资源，狠抓管理，大幅度提高土地、水源、能源的利用效率。为了保证这一战略的实施，我国制定的《中华人民共和国国民经济和社会发展"九五"计划和 2010 年远景目标纲要》强调，今后我国经济增长方式要由粗放向集约型转变。城市土地既是经济活动的载体，也是经济发展必不可少的生产资料，要做到集约型的经济增长方式，必然要求集约型的城市土地利用方式。

3. 土地集约利用与经济发展、城市化的目标是完全一致的

在论及城市土地集约化利用时，一些人因对其内涵缺乏认识，往往将集约利用与发展对立起来，认为强调集约化利用就是控制城市用地规模，城市用地少了就会拖了经济发展的后腿，从而对此采取消极的态度。

一方面，众所周知，经济增长无非两种模式，一是依靠大量增加劳动力、资金和土地取得收益的外延式发展模式。这种模式由于忽视质量，经营管理粗放，生产效率低下，最终只能取得"广种薄收"的效果。第二种则是通过科学的经营管理，充分发挥集聚效益，不断提高劳动生产率和土地使用效益推动经济发展的模式，即内涵的集约化的经营管理模式。大量的实践表明，由于将大量的科学技术转化为生产力，显著地提高了劳动生产率，因而成为推动经济增长的主要方式。举例来说，我国的香港、上海均是人均用地最少的城市之一，但其经济的贡献在国内却是最高的；然而在我国的开发区中，海南省洋浦经济开发区占地面积达 27km^2，是我国最大的开发区之一，但是 1998 年地均工业产值只有 500 万元/km^2，仅为天津开发区的 1/50，宁波开发区的 1/250。可见，单纯依靠扩大土地面积的

外延发展，并不能促使经济的快速发展，只有走集约利用的道路，才能实现经济、城市高速稳定发展的目标。

另一方面，强调城市土地集约利用，并非冻结城市规模，不再增加一分新的用地；也不是盲目地在城市中搞"见缝插针"，任意加大建筑密度和容积率。因为这种举措既违背经济发展和城市化的基本规律，同时也会造成环境质量恶化、基础设施超负荷运转、交通压力增大等负面影响，反过来又导致整个城市生产、生活效率的降低，这也是与土地集约利用的目标不相符的。

4. 开展城市土地集约利用潜力评价，为制定城市土地利用政策提供依据

我国人地关系的尖锐矛盾和 20 世纪 90 年代初城市用地供给失控等问题，已引起国家领导人、土地管理职能部门和广大土地科学工作者的高度重视，不仅在舆论上对土地集约利用作出反应，而且在土地管理法和土地利用总体规划中也有所体现。由于城市土地集约利用是一个十分复杂的问题，涉及资源、政策、规划、经济、环境等一系列内容，因此在贯彻实施这一战略时，首先应从调查研究开始，结合新一轮国土资源大调查，认真摸清我国城市土地利用的状况。只有认识到我国城市土地利用的特点和存在问题，才能找到挖掘存量土地使用潜力的途径，制定集约利用城市土地的相关政策。

具体来说，该项工作可以选取具有代表性的少量城市做试点，分析研究城市土地资源和自然、经济的特点；改革开放以来城市用地的发展方向和用地数量的变化状况；从城市的性质、城市布局、用地结构等方面分析影响土地集约利用的因素。在此基础上，从城市土地的投入数量、使用强度、使用效率等方面，制定一套符合我国国情的城市土地利用潜力评价指标体系。通过评价，基本掌握我国城市土地利用的现状和存在问题，指出城市中利用效率低、潜力较大的用地范围，从而为土地管理、土地利用总体规划和城市规划的编制修订提供科学的依据。

目前，城市土地集约利用的研究尚处于探索阶段，有许多具体问题有待于通过大量实践逐步得到解决。我们相信，只要坚持这一方向，在 21 世纪就能实现以高效利用城市土地的方式推动城市化发展的目标。

参 考 文 献

董黎明 . 1994. 加强宏观调控机制，提高土地效率 . 城市规划汇刊，90：21 – 25

董黎明 . 1997. 以内涵为主的城市土地开发初探 . 房地产经济与管理 . 北京：中国人民大学出版社，180 – 189

丰雷 . 2000. 我国成片土地开发经济效率研究 . 北京：中国人民大学出版社

李元 . 1997. 生存与发展 . 北京：中国大地出版社

刘维新 . 1996. 大陆经济发展对土地利用模式的影响 . 见：中国土地学会办公室编 . 海峡两岸土地学术讨论会文集 . 北京：中国土地学会办公室

我国不同职能类型城市的用地水平分析[*]

摘要：城市人均用地水平的高低受多种因素影响，城市性质和职能的差异就是一个重要因素。本文利用城市地理的研究成果，将全国设市城市按职能分成 6 种基本类型，采用 1990 年和 1998 年的统计数据，研究各类城市的职能特征，分析比较各类城市人均建设用地面积的差异及其原因，并指出今后土地集约利用挖潜的方向，为建立评价城市土地集约利用潜力的指体系提供科学依据。

关键词：城市人均用地；土地集约利用

1. 城镇职能类型的划分

城市职能分类的研究开始于 20 世纪 20 年代，迄今为止，在划分的理论方法上虽积累了不少经验，但由于影响城市职能的因素复杂多样，大部分城市又兼有若干种城市职能类型，相互交织在一起，增加了职能分类的难度；加之有些分类指标难以量化，因此我国目前对城市的职能尚无统一的分类标准。本文对城市职能划分的基本思路是：首先将城市分为两大类，一类是以综合职能为特征的中心城市，以下再进一步分为区域中心城市和地方中心城市；第二大类是由于资源开发、交通区位或某种专门化产业发展而形成的专业化城市，然后又根据专门化职能的差异，再细分为采掘、重工业城市，轻工业与加工工业城市，交通、贸易城市和旅游城市。在具体划分时，笔者以顾朝林等人编写的《中国城市地理》一书中的城市分类结果为基础（顾朝林，1999），进行适当调整后，将 1998 年我国 667 个城市分为 6 个不同的职能类型。具体情况如下。

（1）区域中心城市：指一个较大区域范围内具有综合职能的政治、经济、文化中心。除了北京、上海、天津、重庆 4 个直辖市和大连、宁波、厦门、青岛、深圳计划单列市之外，还包括省会城市和自治区的首府，共 36 个。其数量虽少，但因绝大多数都是经济实力雄厚、区域辐射力强的大城市，建成区面积大，它们的用地水平对全国城市人均用地面积具有重要的影响。

（2）地方中心城市：较小地域范围的政治、经济、文化中心。从职能结构看，它与区域中心城市都属于综合性的城市，其差别在于，地方中心城市的经济实力弱，影响力和腹地小，职能强度和职能等级低，即使具有综合性的职能，在职能的数量和组合上也没有区域中心城市复杂。这一差别直接影响到两者土地利用的特点和效率。该类城市共 377 个，

---

[*] 袁利平，董黎明 . 2001. 我国不同职能类型城市的用地水平分析 . 中国土地科学，3：35-38

包括一部分专门化职能不明显的地级市，如保定、张家口、金华等；大多数则是县级市，如河北省的涿州、定州、三河、冀州、安国等，它们大多数是由县域中心城镇发展起来的，是我国数量最多的城市类型。

（3）采掘、重工业城市：具有十分突出的重工业专门化职能，包括职能比较单一的煤炭工业城市（大同、阳泉等）；石油工业城市（大庆、东营等）；冶金工业城市（鞍山、本溪等）、化学工业城市（辽阳、泸州等）；此外，唐山、柳州、洛阳等属于综合性的重工业城市，累计共 102 个。上述城市又以采掘工业城市的比重最大。

（4）轻工业、加工工业城市：该类城市的职能主要以轻工业的职能和机械加工职能为主，前者包括食品、纺织、森林、皮革和造纸工业，如许昌、湖州、伊春、佳木斯、南平、宝鸡等；后者指机械制造和电子工业，代表城市有：苏州、无锡、常州、绵阳等，共 92 个。其共同特征均为原料的加工而非原材料生产，在土地利用方面有一定的共性。

（5）交通、贸易口岸城市：其共同特征是城市的主要职能为流通领域服务，第三产业发达，工业不占重要地位，规模多为中小城市。该类城市进一步又可分为铁路枢纽，如株洲，衡阳；港口城市，如营口、秦皇岛、温州、北海、芜湖；贸易口岸城市：丹东、凭祥、东兴、绥芬河等。城市数量 45 个。

（6）旅游城市：改革开放以来，旅游业的发展促进了一大批旅游城市的发展。当前我国旅游城市大体上可分为两种类型，一类是旅游职能十分突出、其他城市职能相对薄弱的城市，如桂林、承德、黄山、张家界、大理等，共 15 个。另一类是旅游职能很强、但又兼具其他重要城市职能的城市，如北京、杭州、苏州、西安、青岛等。后一类城市在分类时已分别列入其他的城市类型，在此不按旅游城市对待。

2. 分 析 方 法

本文采用统计分析方法分析我国不同职能城市的人均用地水平。应用这一方法的前提是统计资料准确，统计口径相同，具有可比性。据此，本文的数据资料全部来自建设部正式出版的《中国城市统计年报》。对数据的分析处理需要考虑以下三个问题。

（1）我国反映城市用地的指标通常有两个：建成区面积和城市建设用地面积。两者的差别在于，一部分城市的建成区内除包含全部城市建设用地外，还包含一些非建设用地，如山丘、河流和小片农田；而有的城市的建成区则全部都是城市建设用地。因此，采用建成区面积作为分析数据对所有城市来说缺乏可比性，故我们只采用人均建设用地的指标。

（2）在市场经济条件下，随着大量农民进城务工，城郊农民离土从事第二、三产业，采用非农业人口的数据反映城市的人口规模已偏离现实，应采用常住人口——建成区范围内的非农业人口、农业人口和长住这里的外来人口作为统计口径。由于当前我国还没有常住人口的统计数，这次分析只能沿用老的办法。

（3）在处理数据时还发现，由于种种原因，一些城市的统计仍有疑点，如 1998 年上海市区建设用地的面积竟超过建成区面积 1 倍，不合逻辑；此外，同类城市人均用地面积的极大极小值相差 10 余倍，也难以解释。为了排除非正常因素的干扰，本文除根据原始数据进行分析外，又用方差的统计方法，将超过或不到每类城市人均用地的平均值两个方差的城市剔除，再进行分析比较。具体做法见表1和表2。

表1 全国不同职能类型城市的用地状况

职能类别	人均建设用地/（m²/人）								1990～1998年人均建设用地增长比例/%
	1990年				1998年				
	平均值	最大值	最小值	均方差	平均值	最大值	最小值	均方差	
区域中心城市（省级及其以上行政中心）	62.22	365.14	32.12	56.61	83.6	395.48	56.5	57.23	34.36
地方中心城市（地级及其以下行政中心）	92.02	344.44	17.92	52.28	125.46	569.51	36.75	71.47	36.34
采掘、重工业城市	90.12	460.98	19.59	70.92	104.6	718.9	49.59	79.30	16.07
轻加工工业城市	91.36	250	29.52	41.65	112.23	317.54	52.17	47.55	22.84
交通贸易城市	86.04	250	25.81	141.69	106.8	318.32	70.99	57.97	24.13
旅游城市	90.33	1900	46.32	503.69	118.9	340.28	72.96	65.94	31.63

注：表中数字由1990年和1998年《城市建设统计年报》整理而得，1990年共467个设市城市，统计了455个城市的数据，1998年全国共有668个设市城市，统计了667个城市的数据。

表2 剔出特殊城市后的不同职能类型城市用地水平

职能类别	人均建设用地/（m²/人）		1990～1998年人均建设用地增长比例/%
	1990年	1998年	
区域中心城市（省级及其以上行政中心）	60.9	76.77	26.06
地方中心城市（地级及其以下行政中心）	87.17	109.07	25.12
采掘、重工业城市	80.93	88.84	9.77
轻加工工业城市	75.22	94.6	25.76
交通贸易城市	81.27	99.55	22.49
旅游城市	75.52	109.88	45.50

3. 各类城市人均用地水平分析

表1的分析数据所示，1990～1998年，我国城市人均用地面积由81.4m²上升到103.3m²，8年中净增近22m²；而20世纪80年代的相同时间内，人均用地净增只有6m²左右。相比之下，90年代的城市用地显然这是一个过快的增长速度，而且6类城市的用地水平都在迅速增长，其中地方中心城市的增幅达36.4%，是用地膨胀最快的类型，其次为区域中心城市和旅游城市。若按表2的统计分析方法，增长最快的是旅游城市（45.5%），次为区域中心城市（26.6%）。不论用何种方法，其总体增长的趋势是一致的。由于性质、职能的影响，6类城市的人均用地水平的确存在较大的差异，用表1的资料，1990年人均最大相差30m²，而1998扩大到42m²。表2的分析结果虽然差距缩小了一些，也达到33m²，各类城市人均用地的具体情况如下。

3.1 区域中心城市——土地使用效率最高

该类城市规模大，辐射和影响范围广，城市职能综合性强，多样复杂，拥有一般城市没有的特殊职能，如国际航空港，地下铁道，高技术开发区，科研、教育基地、各种大型的公共服务设施、国内外的各种办事机构等，上述功能必然要求增加相应的城市用地。但实际情况相反，区域中心城市人均用地水平在6类城市中最低，土地使用效率高是最直接的原因。众所周知，区域中心城市土地资源紧缺，人地关系矛盾突出，房价地价很高，这一特征决定了城市发展必须提高土地开发强度，增加容积率，同时他们的经济实力和技术力量也能建造大量的高层建筑，从而达到降低开发成本增加土地产出率的目的。1998 年，我国城市的平均容积率为 0.34，而上海、北京、重庆、沈阳、深圳、福州等市的容积率达 0.5 ~ 0.6，显著高于其他类型的城市，从而节约更多的用地。

1998 年，36 个区域中心城市人均建设用地 83.6m²，比全国城市同期人均建设用地面积低 20m²。其中最低的沈阳市为 56.5m²/人；人均 70m² 以下的城市还有南京、武汉、重庆、济南和深圳；北京、天津和青岛的人均用地面积也低于 80m²。此外，上海 1990 年人均用地水平只有 32.1m²，是当时我国大陆人均用地最少的城市。

3.2 地方中心城市——人均用地数量最多

在以上 6 类城市中，地方中心城市是人均建设用地面积最高、用地使用潜力最大的城市类型。1998 年该类城市人均用地面积达到 125.5m²，比全国平均水平高出 22m²，同时也超过我国城市规划用地标准的最高限额——人均 120m²。不少城市用地惊人，如潞西、日喀则、德兴等市人均用地都在 500m² 以上，远远高于欧美国家同类城市的用地水平。地方中心城市一般规模小，职能类型简单，一般无大型企业和大的城市设施，为何人均建设用地面积如此之高？初步分析，造成这类城市用地偏高的主要原因有两方面。

（1）大多数城市为县级市，基本上是由县城发展起来的。与区域中心城市相比，县城周围土地资源较为宽裕，地价低廉，城镇居民习惯使用中低层的房屋，因此土地的使用强度和容积率很低，多在 0.3 以下。

（2）城市规划和土地管理水平较低，城市建设带有一定的盲目性，近年普遍存在不切实际的求大、求新、求洋和相互攀比的现象。20 世纪 90 年代初的"房地产热"和"开发区热"，由于用地管理不善，造成郊区大量土地被圈占、城市用地骤然膨胀的现象。值得注意的是，最近不少地方中心城市不从实际出发，又掀起一股兴建大广场、大马路的热潮，也是用地数量迅速增加的原因之一。

通过分析不难发现，如果针对上述问题采取严格的规划管理措施，地方中心城市的用地还有很大的潜力可供挖掘。

3.3 采掘、重工业城市——统计数偏小

采掘、重工业城市的数量约占全国城市总数的 1/7。其主要特征是专门化职能突出，工业用地在城市用地结构中占有很大比重。1998 年全国城市工业用地占城市总用地的比重为 22%，而几个著名的重工业城市本溪、鞍山、抚顺和唐山，其工业用地的比重分别达到

47.7%、38.5%、36.5%和34.8%。究其原因，重工业、采掘工业城市除生产厂房占用土地之外，还有许多辅助设施，如选矿、厂内运输、原料燃料存放、矸石废渣堆场、工业卫生防护地带等，也都要占用大量土地。因此，这类城市的人均用地水平比一般工业城市略高一些，属于正常现象。但统计结果与上面的分析有很大出入，该类城市人均建设用地均值104.6m²，在6类城市中倒数第二，甚至比轻工、加工工业城市的用地水平还低6m²。

笔者认为，这一令人困惑不解的问题实际上是由统计口径的差异引起的。我国采掘工业城市——煤炭开采和石油开采工业城市的数量在该类城市中约占一半左右，实地调查发现，这类城市的采掘工业区比较分散，往往又与城市建成区分离，保持一定间距，《中国城市统计年报》未将这部分工业用地完全计入；相反，在矿区工作的职工因户口落在市区，又全被计入市区人口，最终导致统计误差，影响了人均用地状况的客观真实性。例如，煤炭工业城市阜新、鸡西和七台河；石油城大庆、东营和盘锦，它们的工业用地比重分别为15.5%、14.2%和18.4%；21.2%、17.1%和18.9%。反而低于全国22%的平均水平，就是统计误差的明显例证。

3.4 轻工业、加工工业城市——用地潜力较大

该类城市与重工业城市的共同之点是都有较强的工业职能，工业用地占较大比重。例如，江苏的著名加工工业城市苏州、无锡、常州，其工业用地占城市总用地的比重分别达到27.8%、27.5%和38%。都超过全国城市的平均值。但加工工业一般原材料和能源消耗少，不必设置庞大的附属设施场地；此外，有些工业门类如电子、食品、服装等，还可使用多层车间，更有效地利用土地。据此，其人均城市建设用地水平应低于重工业城市和其他类型的城市。

1998年其人均用地平均值为112.2m²，在6类城市中处于中等偏高的水平。如果排除超过均值两个标准差的22个城市的"特殊"样本，再取剩下的70个城市的均值，则该类城市的人均用地水平为94.6m²，属于用地水平较低的城市类型。与理论分析的结果基本一致。展望未来，随着城市产业结构的调整与优化，工业用地的比重逐步下降，我国加工工业城市土地的集约利用潜力还可进一步提高。

3.5 交通、贸易口岸城市——与全国平均水平相近

交通枢纽和贸易口岸的城市职能虽有一定差异，但两者之间又有密切联系，并在用地结构方面有一定的共性。我国许多贸易口岸城市本身就是区域商品流通集散中心，要实现区域的物资交流，必须借助方便的交通运输条件才能实现。因此，不少贸易港口本身就是交通枢纽；而交通城市以其有利的流通条件，也吸引大量的物品在此集散。从用地特征分析，交通、贸易口岸城市因对外交通职能突出，该项用地占城市总用地的比重较高，1998年株洲、衡阳、鹰潭、秦皇岛等市对外交通用地的比重分别为10.4%、11.5%、16.1%和11.3%，而全国城市对外交通用地平均值只占6.1%。

该类城市1998年的人均用地106.8m²，略高于全国103.3m²的平均水平。从发展趋势看，我国的交通运输和商业贸易职能今后还会进一步强化，而一些大型交通运输设施，如铁路编组站、港口码头和机场，都具有占地大的特点；此外，大的贸易中心和口岸除了交

易市场需要较多用地外，还要配备一定数量的仓储用地，因而人均用地的水平还有可能上升。

3.6 旅游城市——用地水平相差最大的城市

我国以旅游城市用地的特征是：其一，旅游作为一种"无烟工业"，城市发展的基础是丰富的旅游资源。因此，在城市用地结构中，以绿地为核心的风景区和旅游服务设施用地占有较大的比重，工业用地居次要地位。旅游资源用地的大小，往往决定城市人均用地的水平。例如，撤市前的五大连池市1990年人均城市用地面积高达1900m^2，为当年全国城市人均用地之首，主要原因除该市人口少外，面积广阔的风景区在城市用地中占有巨大的份额。其二，旅游城市的主要服务对象为外来人口，但这部分流动人口又未被统计在城市人口之内；相反，包括旅馆、休疗养所、度假村等主要为外来人口服务的旅游设施用地却被计入城市用地。

统计上的缺陷直接导致该类城市人均用地水平偏高的现象，1998年我国旅游城市人均用地118.9m^2，仅次于地方中心城市的人均用地数量。如果排除上述因素的影响，旅游城市的实际用地水平应低于统计数值。

4. 结   论

（1）由于各类职能对用地的要求和使用状况的差异，我国6类城市人均用地水平不完全相同。其最大差距可达42m^2/人，即使排除超过两倍均方差的统计样本，人均用地水平的最大差距仍达32m^2/人，这表明城市的性质与职能对用地水平的高低具有重要影响。

（2）同一职能类型的城市，由于受自然条件、城市规模和各种社会经济因素的影响，城市之间的用地水平也不尽相同。说明影响城市用地水平的因素十分复杂，今后还需要扩大研究的领域。

（3）20世纪90年代我国各类城市人均用地面积普遍增长过快的势头，在一定程度上反映了城市发展脱离我国国情的盲目性。如果不采取严厉的规划、调控管理措施，走集约利用和内涵发展的道路，将直接危及城乡可持续的发展。

（4）当前我国城市统计口径还存在一定缺陷，今后需要进一步完善才能更客观地反映城市用地的实际状况；在这一问题未得到解决之前，还应加强定性分析的研究，用以修正统计分析的不足。

参 考 文 献

顾朝林.1999.中国城市地理.北京：商务印书馆，180-214

新世纪北京建设用地扩展与控制[*]

周一星 (1996) 利用人口普查资料对北京城市空间扩散和集聚进行深入研究，认为 1982~1990 年北京已经进入离心扩散的近域郊区化阶段。刘盛和等 (2000) 采用 GIS 空间分析技术，利用 1982 年、1992 年和 1997 年北京市 1:10 万土地利用现状图，对 1982~1997 年北京城市土地扩展的时空过程进行空间聚类和历史形态分析。宗跃光等 (2002) 根据 1985~2000 年遥感影像和 1992~2000 年 2000 多个土地开发样本资料，在以 GIS 的支持下，对比北京 20 世纪八九十年代城郊化空间特征，并概括出城市用地五种扩展方式和廊道效应作用下的波浪式扩展过程。然而对北京建设用地扩展与耕地变化和土地使用效率之间联系的研究则鲜有问津。本文利用 1996~2002 年北京土地利用现状变化的资料，对北京建设用地扩展及其成因进行深入分析，并探讨北京建设用地扩展与经济发展土地使用效率变化之间的关系，试图为北京建设用地供应和土地资源的合理配置提供建议。

一、20 世纪 90 年代以来北京城市发展的成就

20 世纪 90 年代以来，北京市进入经济的高速发展期，GDP 年均增长率达到 10% 左右，2002 年人均 GDP 达到 3355 美元，城市面貌发生了翻天覆地的变化，具体表现在三个方面。

(一) 中心区人口得到疏散，郊区开始欣欣向荣

2002 年北京市共有常住人口 1423.2 万人，比 1991 年增加 329 万人，年均增长率为 2.4%。虽然北京市总人口呈现快速增长，但是每个区域人口增长速度却不尽相同，中心城区人口自 20 世纪 80 年代开始出现负增长以后，近 10 年来下降的速度为 1.0%，明显高于 1982~1990 年的年均下降速度 0.4%。但是，近郊区朝阳、丰台、石景山和海淀人口却急剧膨胀，而远郊区县的人口增长比较平缓。10 个区县之间的差别很大，门头沟、密云、延庆、平谷等山区县人口基本处于负增长或零增长，而顺义、大兴、昌平三个区的人口增长很快。

* 黄大全，董黎明. 2005. 新世纪北京建设用地扩展与控制. 中国房地产，5：30 - 34

（二）北京市生态环境得到明显改善

近 10 年来北京市相继组织实施了一系列生态环境建设工程，生态环境建设取得了突破性进展，环境保护和生态建设成效显著，可持续发展能力明显增强。从北京市环保部门了解到，北京市空气质量 5 年提升了 28.2 个百分点，2003 年市区空气质量二级和好于二级的天数已经超过 60%。

（三）北京市经济建设取得巨大成就，产业快速转型

20 世纪 90 年代以来，在培育和建设社会主义市场经济的时代背景下，北京市在"八五"、"九五"两个五年计划执行期内，通过强化第三产业，优化调整第二产业，积极发展高新技术产业等一系列措施，产业结构发生明显转变。2001 年北京市三次产业结构的比重为 3∶36∶61，远远领先于全国的平均水平 15∶51∶34。

二、北京建设用地扩展及成因

北京城市建设在取得辉煌成就的同时，也引发耕地迅速减少，建设用地过度扩展，城市蔓延，城市发展空间受限及其相关的一系列问题。

（一）耕地剧减，建设用地剧增

1996～2002 年北京市各类土地资源面积发生很大变化，土地用途发生很大程度的转移。面积增加的地类为居民点及工矿用地、交通用地、林地、园地和水域；面积减少的地类是耕地、牧草地、水利设施用地和未利用土地。从变化的绝对量分析，耕地变化最大，净减少 68 150.5hm²，6 年全市耕地减少 1/5，耕地锐减的势头让人担忧。林地增加明显，6 年林地增加 7.9%，净增加 49 611.9hm²，土地利用现状变化也证实了北京生态环境建设取得的成就。居民点及工矿建设用地急剧扩张，6 年增加 16.7%，净增加 36 740.4hm²。北京内城 4 区土地总面积约为 87km²，到 1949 年新中国成立时还未全部填满，即北京三千年的建城史，建成区扩大仅为 87km²。20 世纪 90 年代初，根据北京市统计局公布的资料，北京城市规划市区范围内建成区面积约为 400km²，即新中国成立 40 年北京城市建成区也仅增加 313km²，而进入 90 年代中后期，6 年北京建设用地就扩大了 3367km²，超过新中国成立 40 年北京城市建成区的扩展面积。经济的发展，城市的扩展是必然的，但如此快速的扩展，其合理性值得深入考究。

（二）建设用地扩展是耕地减少的主要原因

根据北京市 1996～2002 年土地利用变更调查数据，对耕地减少和流向进行分析，各类用地共占用耕地 107 490.5hm²，其中农业结构调整占用耕地 68 027.5hm²，占耕地减少量的 63.29%；灾毁退化为未利用地占用耕地 5104.8hm²，占耕地减少量的 4.75%；建设用地占用耕地 34 358.2hm²，占耕地减少量（107 490.5hm²）的 31.96%，耕地净减量（68 150.5hm²）的 50.4%。

对建设用地增加的来源作进一步分析，建设用地增加主要来源以占用耕地占主导优势。1996～2002 年建设用地增加占用耕地 33 924.04hm²，占非农建设用地增加量的 60.27%；开发利用未利用地 11 639.04hm²，占非农建设用地增加量的 20.68%；两者合计占建设用地增加量的 80.95%。因此建设占用耕地是耕地减少的主要原因。

（三） 工业用地无序蔓延是建设用地扩展的主要原因

居民点建设用地根据城乡土地利用现状分类，可以分为城市建设用地、建制镇建设用地、村庄建设用地、独立工矿用地和特殊用地等。1996～2002 年独立工矿用地面积增加 21 156.9hm²，增加 28.2%，占居民点建设用地增加量（36 740.4hm²）的 57.6%，每年增加 3526.2hm²，1994 年国务院批准北京（亦庄）经济技术开发区，面积仅为 15km²，10 年后的今天，项目还没有全部摆满，而 1996～2002 年独立工矿用地平均每年增加 2.4 个北京（亦庄）经济技术开发区。另外，建制镇面积增加 9855.3hm²，增加 106.1%，占建设用地增加总量的 26.8%，每年增加 1642.6hm²。城市建设用地增加 4199.5hm²，增加 18.1%，占建设用地增加总量的 11.4%，每年增加 699.9hm²；与此同时，村庄用地 6 年来基本保持稳定。因此独立工矿用地的超常规的增长成为北京建设用地扩展的主要原因。

三、建设用地的扩展超出经济和人口增长的合理需求

考察建设用地增长是否合理，应与经济发展、人口增加和土地使用效率提高挂钩。北京作为我国首都，土地利用具有高效和集约的特点。对土地的资本和劳动投入得越高，价值越高。因此随着北京人口和经济的增长，土地的物资资本和活劳动投入将不断增加，土地利用向高效集约利用方向发展。现实的情况却相反，建设用地的增长超过经济发展的合理需求，并表现为建设用地增长超过人口的增长，土地使用效率的下降和工业园区的无序竞争。因此，北京建设用地的扩展超出了经济和人口增长的合理要求。

（一） 建设用地增长超过人口增长

1996～2002 年北京包括居民点和交通等各类建设用地净增加 42 929.23hm²，年均增加 7154.87hm²。而北京市总人口仅增加 164 万人，年均 27.33 万人。与人口进行对比，近年来北京市建设用地的增加量是人口增加量的 2.6 倍。根据城市化和土地利用特点的差异，北京郊区可以划分为三个明显差异的地区，即城市边缘区、平原城市化地区和远郊山区。具体分析各个区域，城市边缘区人口用地弹性为 0.5，即人口增加 1 倍，用地仅增加 0.5 倍，土地利用朝集约利用方向发展；平原城市化地区和远郊山区的人口用地弹性为 1.27 和 2.96，用地增长超过人口的增长，城市发展主要以外延扩展为主。这其中有合理的一面，随着经济的发展和人民生活水平的提高，适当增加居住用地面积和城市基础设施用地面积合乎经济发展的要求，但是北京平原地区和远郊山区居民点用地达到 250～550m²/人，郊区城市发展呈低密度蔓延态势，远远超过国家城镇 120m² 和农村 150m² 的人均标准，不符合中国和北京人多地少的基本国情，也超出了北京土地资源的供给能力。另外，

郊区城市的低密度蔓延并没有带来土地利用效率的提高，城市边缘区人均用地为 85 ~ 130m²/人，土地产出率为 1500 万 ~ 9000 万元/km²，远远高于平原城市化地区 500 万 ~ 1200 万元/km² 和远郊山区 120 万 ~ 480 万元/km² 的土地产出率（表 1）。

表 1　北京郊区土地利用与城市化的基本特征

土地利用分区	行政区域	土地资源数量	城市化和土地利用特征
城市边缘区	朝阳、海淀、丰台、石景山	土地面积 126 940.3hm² 其中农业用地 51 085.9hm² 耕地 19 957.8hm² 建设用地 72 936.1hm² 未利用土地 2918.4hm²	1. 1990 ~ 2000 年人口增长率 6.02% 2. 人口用地弹性 0.5 3. 土地产出率 1500 ~ 9000 万元/km² 4. 人口密度 4000 ~ 5100 人/km² 5. 人均居民点用地 85 ~ 130m²/人
平原城市化地区	大兴、通州、顺义、昌平	土地面积 434 380.1hm² 其中农业用地 294 599.9hm² 耕地 145 227.3hm² 建设用地 124 481.3hm² 未利用土地 15 298.9hm²	1. 1990 ~ 2000 年人口增长率 2.32% 2. 人口用地弹性 1.27 3. 土地产出率 500 ~ 1200 万元/km² 4. 人口密度 400 ~ 800 人/km² 5. 人均居民点用地 300 ~ 550m²/人
远郊山区	房山、门头沟、延庆、怀柔、密云、平谷	土地面积 1 073 462.3hm² 其中农业用地 794 094.3hm² 耕地 122 450.1hm² 建设用地 85 849.8hm² 未利用土地 193 518.4hm²	1. 1990 ~ 2000 年人口增长率 0.35% 2. 人口用地弹性 2.96 3. 土地产出率 120 ~ 480 万元/km² 4. 人口密度 100 ~ 400 人/km² 5. 人均居民点用地 250 ~ 340m²/人

（二）居民点建设用地使用效率呈下降趋势

考察居民点建设用地使用效率的变化，我们选择第二、三产业的就业密度和新增居民点单位面积固定资产投资额两项对比指标。1996 ~ 2002 年北京市第二、三产业的居民点就业密度由 26.67 人/hm² 下降到 23.79 人/hm²；同期新增居民点用地单位面积固定资产投资额由 1997 年的 2446.8 万元/hm² 下降到 2002 年 140.8 万元/hm²，新增单位面积土地的资本和劳动投入逐年减少（表 2）。目前北京建设用地开发利用主要以外延拓展粗放利用为主，违背了土地集约经营的原则，经济的发展主要是通过土地替换资本，而不是通过对同一土地追加投入获取级差地租 II，土地使用效率呈下降趋势。

表 2　北京市土地使用效率变化趋势

年份	新建固定资产投资总额/万元	第二、三产业就业人数/人	居民点用地面积/hm²	新增居民点用地面积/hm²	第二、三产业就业密度/(人/hm²)	新增居民点用地单位面积固定资产投资额/(万元/hm²)
1996	1 456 493	5 877 049	220 380.19		26.67	
1997	1 441 386	5 857 086	220 969.27	589.08	26.51	2446.8
1998	1 638 524	5 507 065	222 969.61	2 000.34	24.70	819.1
1999	1 596 842	5 440 542	224 938.12	1 968.51	24.19	811.2

年份	新建固定资产投资总额/万元	第二、三产业就业人数/人	居民点用地面积/hm²	新增居民点用地面积/hm²	第二、三产业就业密度/（人/hm²）	新增居民点用地单位面积固定资产投资额/（万元/hm²）
2000	1 695 082	5 463 691	227 487.12	2 549.00	24.02	665.0
2001	1 516 108	5 577 996	238 934.5	11 446.93	23.35	132.4
2002	2 561 497	6 115 867	257 120.39	18 186.34	23.79	140.8

（三）低工业地价导致各类工业开发区恶性竞争和城市的无序发展

根据 2000 年 50 个工业项目用地出让资料显示，工业用地平均地价为 300～400 元/m²，仅相当于北五环海淀段的征地补偿标准，无法满足对"五通一平"或"七通一平"等基础设施的投入要求。这种低地价、零地价甚至负地价导致在工业项目用地上政府的随意圈占耕地短期行为，以及企业由于获得土地的低成本尽量多占土地的路径依赖。各级政府为招商引资竞相设立开发区，根据 2003 年全国土地市场整顿的数据，北京市有各级、各类经济开发区、工业区超过 470 个。既有国家的高新技术产业园区中关村科技园区，也有区县办的工业区，乡镇办的工业小区，甚至村办的工业大院。工业用地是北京建设用地扩展的主要原因，各类工业开发区形成恶性竞争，在城镇建成区扩展的同时，大量的耕地被占用，再发展空间面临严重威胁。

四、控制北京建设用地不合理扩展的对策

人多地少是中国的基本国情，更是北京城市发展的一大限制。根据生态适宜性分析，北京平原地区适合城乡建设的用地仅有 2200～2400km²。因此十分珍惜合理利用土地是北京实施国际化战略的关键。针对北京建设用地扩展的特点和存在问题，提供下列措施以满足北京城市发展的合理用地需求和城市的可持续发展。

（一）控制各类工业开发区的建设

工业区无限制的扩展是北京城市扩展的主要原因，工业区之间的恶性竞争导致城市的无序发展。目前北京工业区的建设水平参差不齐，北京经济技术开发区平均每公顷土地吸引投资 1180 万美元、创造工业产值 1.98 亿元、实现税收 913 万元，成为全国投入产出比最好的开发区之一，而大量区县、乡镇自办及村办的工业小区和工业区却是圈而未用，土地闲置，基础设施配套不足，环境污染严重而造成土地资源的极大浪费，进一步加重北京土地紧缺的压力。另外我国已经加入世贸组织，工业开发区是城市的特区，特区的地价税收减免等优惠政策不符合世贸组织的公平竞争原则，常常成为世贸组织其他成员国反倾销攻击的对象，不利于企业参与国际竞争。因此控制各类工业开发区的建设，是缓解北京土地供需矛盾，改善北京城市发展环境的重要举措，北京工业的发展关键在于质量，而不在于数量和面积的无限扩大。

（二）推进集体土地使用制度改革

导致城市蔓延的另一重要因素是北京建制镇建设用地面积的迅速扩大，2002 年北京建制镇建设用地比 1996 年增加一倍多，这其中包括行政建制的变化而使得建制镇建设用地扩张，但更重要的是集体土地的非法入市导致城市的无序蔓延。国有土地自 20 世纪 80 年代土地有偿使用制度改革以来，已经逐步形成规范的土地市场。受法律的限制，集体土地禁止进入市场，但在巨大经济利益的驱动下，集体土地隐形市场普遍存在，引诱集体农业土地非法转为建设用地进入土地市场，非法建设厂房出租，以及进行房地产开发，一些乡、镇、村甚至出现每年一次土地利用变更的速度赶不上违法占地的速度，导致建设用地的扩展，城市的蔓延和土地资产的大量流失。因此加快集体土地使用制度改革，同时加大土地执法的力度，规范集体土地市场，是控制城市蔓延的重要措施。

（三）加大农村居民点的整理

北京作为首都，是中国发展最快和最具吸引力的三大都市圈之一，2003 年外来人口已经超过 400 万人。一方面，随着人口的增加，城市的扩大，北京城市建设的可用空间愈加紧张。另一方面随着北京郊区城市化，郊区农民向城市集中，将在郊区出现大量废弃农村居民点。根据土地整理典型样区的调查，2003 年平谷镇城区 7 个村共有居民 4300 户，居民住房占地 146.3hm^2，对原居民采取按原住房、宅基面积综合评估的办法，扩大比例配给楼房，利用剩余的面积供城市建设，经过测算 7 个城中村的居民移居楼房后，可节约住房占地 119.6hm^2。根据北京市土地开发整理潜力测算，未来 10 年北京郊区农村居民点整理潜力 22 518hm^2、相当于目前北京主城区面积的一半。通过对近郊的"城中村"的改造和对郊区住宅新区与农村居民点的整合，缓解城市用地的紧张压力，同时也缓解耕地被侵占的压力，推进农村城市化和增加城市建设用地，控制城市的蔓延。

进入 1990 年后北京经济进入快速的发展时期，经济的发展带来旺盛的用地需求和城市的高速扩展。通过对土地利用与经济发展变化的深入研究，发现经济的高速发展并没有带来北京土地使用效率的提高，相反由于北京建设用地的过度扩展，导致耕地面积的急剧减少，基础设施的投入不足和土地使用效率的降低。

参 考 文 献

北京市统计局 . 2004. 北京统计年鉴 1996～2003. 北京：中国统计出版社
刘盛和，吴传钧，沈洪泉 . 2000. 基于 GIS 的北京城市土地利用扩展模式 . 地理学报，55（4）：407－415
周一星 . 1996. 北京的郊区化及其引发的思考 . 地理科学，16（3）：198－205
宗跃光，周尚意，张振世等 . 2002. 北京城郊化空间特征与发展对策 . 地理学报，57（2）：135－142

第四部分 | 房地产

中国的人地关系与住房政策[*]

在城市化进程中，城市人口的急剧增长，使住房供给短缺的矛盾尖锐化。据估计，即使到 21 世纪，绝大部分国家尤其是第三世界的发展中国家，仍然要面对这方面的严峻挑战。

解决城市住房问题，不仅仅要投入大量的资金，而且还要有足够的用地。在制定我国的 21 世纪住房发展战略及政策措施时，必须充分考虑这一点。

1. 基本国情：土地资源的贫乏

众所周知，按国土资源的绝对量，中国仅次于俄罗斯和加拿大列世界第三位，属土地资源大国。如果考虑土地利用的潜力和人口数量两大因素，我们又是世界上土地最贫乏的国家之一。

首先，在我国 960 万 km^2 的土地上，山地、高原和丘陵就占了 69%，适宜于农业、城镇发展的平原仅占 12%。由于高原、山地比重大，至今尚未利用的土地面积占 31.3%，其中沙漠、戈壁、石质山地、高寒荒漠等难以利用的土地约 177 万 km^2，远远超过现有耕地、城镇工矿和交通用地的总和。

其次，从土地后备资源的潜力分析，也不容乐观。经过几千年长期开发，我国大部分可利用的土地已被不同程度的利用，目前可供开发的土地后备资源为 76 万 km^2，其中可开辟为耕地的仅 1388 万 hm^2，无法弥补人口持续增长、城市化水平提高带来的耕地损失。

据记载，从公元 2 年的西汉到新中国成立，在这漫长的近两千年的岁月中，我国人口数量由 5000 多万缓慢地发展到 5.5 亿，平均每 400 年才增加 1 亿人。但从 1949~1989 年的 40 年间，全国的人口就翻了一番，达到 11 亿人，平均不到 8 年就净增 1 亿人。由于现在人口基数大，即使能有效地实施计划生育政策，预计到 2000 年我国人口还要净增 2 亿。即使现有耕地数量不变，随着人口的不断增加，我国人均耕地面积也会不断下降。1949 年全国人均耕地面积 0.18hm^2（2.7 亩），1985 年下降到 0.12hm^2（1.8 亩），预计 2000 年将继续降至 0.94hm^2（1.4 亩）的低水平。人口因素已成为我国人均耕地远远低于世界平均水平的主要原因。

就表 1 可见，我国人均国土面积只及世界平均值的 1/3，人均耕地水平不到一半。若与美国、苏联相比，这两项指标的差距分别为 4~8 倍；即使与世界人口第二大国印度相

* 董黎明. 1994. 中国的人地关系与住房政策. 住宅与房地产，6；4–7

比，我国人均耕地占有也只及它的 55%。

表 1　中国人均土地资源与一些国家的比较（1985 年）　　（单位：hm²/人）

项目	世界平均	中国	美国	苏联	加拿大	印度
人均国土面积	2.7	0.9	3.9	8.0	39.2	0.4
人均耕地面积	0.29	0.12	0.79	0.82	1.84	0.22

资料来源：据联合国粮农组织生产年鉴 39 期整理。

土地资源紧缺的国情固然可忧，但对土地的乱占滥用则更加危险。远的不说，20 世纪 80 年代我国农村开始的建房高潮，加上其他的原因，使 1980～1985 年全国耕地面积陡然净减 230 万 hm²（约 3500 万亩）左右，5 年用掉了相当于整个浙江省的耕地。1992 年一哄而起遍及全国的"开发区热"，其圈占的土地超过 1 万 km²，而实际利用不足 2%。这种大手大脚使用土地的现象，迫使我们从现在起就应采取强有力的措施，去保护和利用好有限的不可再生的土地资源。

2. 21 世纪：我国的土地供求

21 世纪，随着国民经济的发展，人民物质文化水平的提高，我国的土地资源是否有可能既解决 10 多亿人的吃饭穿衣，同时又要发展城镇，建造住宅，创造比 20 世纪更舒适的居住环境？要回答这个问题，需要结合人口发展，对土地的供求关系作一个概略的分析。

1990 年我国大陆人口 11.4 亿，按国家现行计划生育政策预测，2000 年总人口将突破 13 亿，2020 年总人口缓慢上升到 15 亿，到 21 世纪的 40 年代将出现零增长，人口最高峰值为 15.5 亿～16 亿。

城市化是农业人口不断向城镇集聚的过程。按人口普查的统计口径，我国 1990 年的城市化水平为 26% 左右，随着经济的发展，2000 年将提高到 30% 以上，2020 年达到 45%，21 世纪中叶可超过 60%。届时，我国大约有 10 亿人生活在城镇。

城市化也是农业用地不断向城镇用地转化的过程。1990 年，我国经过普查核实的耕地面积有 1.24 亿 hm²（18.6 亿亩）。按人均综合用地 100m² 估算，到 20 世纪末，我国需要新增城镇用地 110 万 hm²（1650 万亩），如果考虑农村人口的自然增长，乡村居民点也要新增 100 万 hm² 用地。假定两者占用土地的 70% 为耕地，2000 年我国城乡建设约需占用耕地 150 万 hm²，其中城镇占耕地 77 万 hm²，相当于现有耕地总量的 0.6%，此项数据表明，包括住宅建设在内的城镇占地不算很多。如果不出现滥用土地的浪费现象，2000 年耕地总量保持 1.22 亿 hm²、人均耕地不低于 0.09hm² 的目标是可以达到的。

展望更远的未来，即 21 世纪 50 年代，我国城镇人口净增 6 亿，相应地要增加 600 万 hm²（9000 万亩）城镇用地，但到那时，由于乡村人口已大量进城，可以节省出部分用地。这样，我国耕地面积仍能保持在 1.13 亿 hm²（17 亿亩）的水平。根据我国研究部门不同角度的测算，上述耕地具有生产 8000 亿 kg 粮食的潜力，可基本上满足 16 亿人的粮食消费。

3. 住房发展与用地政策基点

改革开放以来，我国在住宅建设方面取得的成就是十分突出的。但由于起点低，和发达国家比，我国的居住水平还存在相当大的差距。据联合国人居中心和世界银行对 52 个国家的调查，世界人均住房使用面积平均值为 $18m^2$。土地宽裕、经济发达的国家在 $30m^2$ 以上，最高的美国达 $65.6m^2$。在发展中国家，我国属中下水平（9.4），与印度（8.6）相当，低于泰国（16.4）、新加坡（20.0）等。需要指出，人均住房面积除了受经济因素影响外，还要受土地资源的制约。像日本这样的发达国家，由于土地供给不足，高昂的地价提升了房价，抑制了居民的住房消费，致使其人均使用面积也只 $15m^2$ 左右。

我国属于经济欠发达国家，加上土地资源的制约，即使人均居住面积只提高 $1m^2$，也是十分艰巨的任务。按国家发展计划，2000 年全国城镇居民人均居住面积的目标是 $8m^2$（相当于使用面积 $12m^2$），比 20 世纪 90 年代初提高了 $1m^2$。按本文的城市化水平估算，需累计建房 20 亿 ~ 22 亿 m^2。设想 2020 年人均住房面积达到现在的世界平均水平，在 21 世纪的头 20 年还要累计建房 100 亿 m^2 以上。为实现上述目标，除要继续贯彻改革开放的基本路线和方针外，还要有相配套的政策措施，其中土地政策是重要的一环。笔者认为，政策的基点应从我国国情出发，正确处理人口、经济、土地、住房的关系，充分挖掘现有土地潜力，运用级差地租等经济杠杆，合理利用有限的土地，为居民提供一个舒适、良好的空间场所。

4. 建议一：调整结构与用地挖潜

我国 500 多个城市的占地面积约为 1.4 万 km^2，其中居住用地占 1/3 以上，是城市最主要的用地类型。受土地资源和经济发展的制约，无论是人均城建用地、人均居住用地或人均居住面积的指标，我国在世界上均属较低水平。而城市用地结构的缺陷，更加剧了居住用地不足的矛盾。因此，解决城市居住用地的途径，固然要讲追加增量，而更要讲的是调整存量。

我国城市用地结构存在的问题可通过中美两国的比较反映出来。虽然两国对用地的分类和统计口径不完全一致，但若经适当加工后，仍然是可以借鉴的。

从表 2 中的人均城市用地面积总计，中美两国之比为 86.5:248.5。笔者以为，此项差距可主要归因于两国土地资源的差异。真正的问题在，我国居住用地比重和人均居住用地面积两项指标显著低于美国：第一项指标，我国为 34.3%，美国为 44.5%，二者相差 10 个百分点，以致人均居住用地之比为 29.7:110.5，差距达 2.7 倍。反之，我国工业化刚刚起步，工业用地的比重却高达 25%，人均工业用地占有量甚至比工业发达的美国高出近 2 成（$3.5m^2$）。结构的不合理，使本来就不宽裕的居住用地更显捉襟见肘。究其原因，是过去计划经济体制下我国城市发展贯彻的"先生产，后生活"方针——优先发展生产，导致工业占地面积过大，使用效率低下，而居住、道路、绿化等用地因属生活设施范畴，往往被当做"节约用地"的对象不断压缩。改革开放后，观念的转变有助于城市用地结构的合理化，如 1980 ~ 1990 年，我国城市居住用地的比重上升 3 个百分点，但仍然偏低。

表 2　中美两国城市用地结构

国别	用地类型	总计	居住	工业	公共设施	绿地	对外交通及道路	其他
中国	人均用地面积/（m²/人）	86.5	29.7	21.7	7.5	4.8	10.3	12.5
	比重/%	100.0	34.3	25.1	8.7	5.6	11.9	14.4
美国	人均用地面积/（m²/人）	248.5	110.5	18.2	39.7	18.6	61.5	5
	比重/%	100.0	44.3	7.3	15.9	7.5	24.8	0

　　资料来源：《中国城市用地结构》，据林志群文《1991 年我国城市建设用地分类统计的初步分析》；《美国城市用地结构》据 *Handbook on urban planning*，280 页。笔者对上述资料作了适当加工。

　　以上比较给出的启示是：在我国土地资源不太富裕的情况下，要实现居住水平的小康目标，不一定完全依靠扩大人均城市用地指标的手段。在现阶段，通过规划布局的调整，采取工业外迁、技术改造等手段，适当压缩工业用地，逐步增加居住用地，改变城市用地结构，就能在很大程度上达到增加住房和居住用地的目的。

5. 建议二：加强村镇居民点规划

　　我国 8 亿农民受分散生产的影响，农村居民点布局分散，土地使用效率不高。据统计，1985 年全国村镇居民点占地 1258 万 hm²，人均用地超过 150m²，比城市人均用地高出一倍左右。展望中国的城市化进程，到 20 世纪末，虽会有大量农民转入城镇劳动，但由于人口的自然增长，农村仍然要增加大约 1 亿人口。农村家庭结构的变化，逐渐由三代同堂传统的大家庭转化为以青年夫妇为核心的小家庭，又会增加农户数量。此外，原有老农户在经济富裕后也会提出改善居住条件的要求。这些都将构成扩大农村居住用地的动因。

　　农房建设主要靠农民积累资金，不花国家一分钱，这本是件好事。值得注意的是，近年许多富裕起来的农民在建房中"比富"，盲目追求高标准、大面积，从而造成土地资源的巨大浪费。1993 年，笔者在人多地少的长江三角洲无锡顾山镇调查得知，1982 年该镇人均住房面积就达到 25m²，20 世纪 90 年代起始，农民继续建新房，10 年人均住房面积提高了一倍，已达到人均 53m²；另一个古塘村，明文规定每户住房可占地 330m²，显然脱离我国国情。

　　针对当前问题，村镇住房建设首先要搞好居民点的规划布局，因地制宜拟定住房和用地控制指标，加强服务设施的配套建设。实践表明，凡普遍开展村镇规划并按规划统一建设的地区，都取得了节约用地的良好效果。到 1991 年，我国已有 95% 的集镇和 73% 的村庄编制了规划，据 16 个省市的统计，规划后的村镇比规划前的，要少占土地 133 万 hm²（2000 万亩）。四川省农村人均宅基地在规划前为 55.8m²，规划后为 44.78m²，节约了 20%。

　　我国城镇是有规划建设用地控制指标的，下一步应研究农村居民点的用地指标及建房标准。考虑到农民生产生活方式的特殊性，再加上南北地理条件的差异，村镇规划的住宅用地标准可适当高于城市，甚至可以有较大的弹性。但不宜以户为单位划拨宅基地，因农村每户人口数相差额大，以户计算缺乏可比性，漏洞也多。

针对当前农房还存在一个只注意扩大屋内小空间、忽视周围大环境的问题，村镇住宅的规划设计在室外应留有足够的用地，保证道路、绿化必要的生活服务设施的配套建设，以不断提高村镇的居住环境质量。

6. 建议三：分类指导的土地和住房政策

在市场体制下，级差地租这一经济杠杆对住房供求能起到有力的调节作用。例如，在土地行政划拨、无偿使用的体制下，北京市任何区位的房费都一样，导致大量居民集聚在密度很高的中心区，不愿向郊区疏散，卫星城镇规划也就难以奏效。自从开辟房地产市场后，受级差地租影响，北京城区商品房的售价每平方米 5000～7000 元，同类型的房屋在市郊大兴、通县等卫星城只有 2000 元左右。这意味着居民以相同的支付，住在郊区可获得比市区多 2～3 倍的面积。许多单位已开始在郊区购房。在经济杠杆而不是行政手段的调节下，近年北京城区人口已呈减少趋势。

住房售价主要由建造成本、平均利润和土地价格构成，前两项变化不是很大，房价的高低很大程度上取决于土地价格。一些城市土地定级估价资料表明，不仅城市范围内的土地存在明显的级差地租，而且城市之间（因其宏观区位条件、经济水平等方面的差异）地价差异也很大。表 3 列举的 10 个不同类型的城市里，上海和石河子的一级土地基准地价就相差 50 多倍。因此，制定全国范围的地价、房价的指导政策必须考虑级差地租的分布规律，根据城市的等级划分不同的标准。在进行房地价格横向比较时，只有处于同级水平的城市才具有可比性，否则毫无意义。

表 3　我国部分城市基准地价　　　　　　　（单位：元）

城市	年份	级别							
		1	2	3	4	5	6	7	8
上海	—	35 920	24 090	15 840	10 095	6 090	3 300	1 355	—
天津	1993.7	6 310	4 356	3 006	2 074	1 412	988	682	—
成都	1992.7	3 150～15 178	2 426～7 720	1 620～4 557	1 515～4 226	882～1 774	837～1 583	784～1 073	
长春	1993	3 652	2 614	1 170	770	541	358	286	124
石家庄	1993.7	3 500～5 500	2 000～4 500	1 000～3 000	500～1 500	300～700	100～400	—	—
常州	1992.10	1 800～2 400	1 300～1 800	900～1 300	500～900	300～600	—	—	
保定	1992.10	1 800～2 300	1 300～1 900	800～1 400	400～900	100～500	—	—	
柳州	1993.10	3 000～4 500	1 800～3 300	1 200～2 000	700～1 000	400～800	100～500	—	
乌鲁木齐	1993	1 636	1 187	696	444	217	111	96	
石河子	1993	630～850	440～630	270～440	50～270	—	—		

资料来源：根据部分城市定级估价报告整理。

房屋售价还取决于居民购买能力，即使我国城市住房十分紧缺，若房价远远超过居民的支付能力，也不可能将住房迅速推入市场。据联合国调查，世界各国房价和每户家庭年收入之比的平均值为1:5，我国为1:14，是比差最大的国家。城镇每个家庭将14年的全部收入积攒下来才能购买一套住房，面对如此高昂的房价，居民当然会望之却步。

解决这一难题无非两条途径。一是大幅度提高工资，缩小收入与房价的差距，在我国目前需要更多资金投入扩大再生产的条件下，这一作法既不可取也不现实；二是降低房屋售价，并采取若干相配套的金融政策，使低工资和中等收入的家庭，也能承受这笔开支，目前国家倡导的康居工程，采取的就是这套作法。当然，少数先富起来、经济效益较好的企事业单位以及海外的企业和个人不属于这个范围，应按市场价格购买商品房。于是，实行房价多轨并行的体制，就成为分类指导政策的重要内容。进而，欲降低房屋售价，关键是降低地价及附加于土地开发的各项费用。于是，我国土地使用制度必然也要多轨并存。例如，为"解困"目的而开发的廉价住宅用地，只能采用传统行政划拨的手段，部分企事业自筹资金为本单位职工兴建的房屋，可考虑以较低的地价协议出让土地使用权，而完全进入市场的商品房，则宜采用招标拍卖的形式收取土地出让金。

根据我国地域辽阔、经济水平差别较大的特点，在推行土地、住房多轨制的分类指导政策中，对经济较发达的地区，应适当增加土地有偿转让中拍卖、招标的比例，相应扩大市场商品房的销售数量，土地使用应强调提高使用效率，提高开发强度，增加容积率等，以节约宝贵的土地资源。相反，在经济相对落后的贫困地区，当前的主要任务仍是脱贫致富，解决温饱问题，土地和房改的步伐不应强求与发达的地区完全一致，只能待条件成熟后，再加大改革的力度。

加强研究建立我国房地产估价的理论方法体系[*]

大量事实表明，估价师能否做到公正、客观、科学的评估，是房地产估价事业能否健康持续发展的关键。它除了要求估价师具有好的职业道德外，还需要有丰富的实践经验和扎实的专业理论基础。要达到这样的水准，必须在认真研究国外经验的基础上，总结出一套符合我国国情的房地产估价的理论方法。

有人认为，房地产估价的理论方法在市场经济发达的西方国家已十分成熟，近年来，我们也做了许多引进和介绍，似乎在这一领域已没什么好研究的了。这种看法有失偏颇。诚然，房地产业的发展及估价的理论方法有许多带有共性，我国房地产估价起步晚，首先应积极学习外来的有益经验，以便使我国的估价业务能很快与国际上接轨。但如果只停留在这一阶段则是远远不够的，因为各国、各地区的社会制度、经济体制、历史文化和地理环境不尽相同，影响房地产价格的因素及相应的估价方法就有差异。就经济体制而言，我国实行的是社会主义的市场经济，这与实行资本主义市场经济的西方国家在市场这个问题上虽有共性的一面，但在其他方面又存在一定的差别，这表明并非所有的"外来品"都适合我国国情，有不少带有特殊的问题，仍需要我们进一步去探索和研究。退一步讲，即使是完全实行市场经济的国家和地区，房地产估价的理论方法实际上也没有达到完全统一。例如，在运用路线价评估方面，英、美和日本对标准深度的确定、深度百分率表的制作等就各搞一套，甚至连最常用的收益还原法中有关还原利率的确定，国外也没有一套科学、完整、可操作性强的理论方法。如果我们不分青红皂白、不加选择地将别人的东西统统搬来，必然要导致混乱的局面。目前我国一些房地产估价书籍和教材中出现不规范和相互矛盾的现象，看来与此有一定关系。

因此说，我国房地产估价的理论建设任重道远，要迅速提高我们的估价水平，除借鉴海外的经验外，还有一个消化、探索，中外相互结合的过程。其中的关键是要从研究我国国情入手，融各家的理论方法为一炉，创立具有中国特色的房地产估价理论体系。

1. 房地产估价需要研究中国政治经济体制的特点

正确地分析和把握影响房地产价格的因素，是房地产估价的重要前提。影响房地产的价格因素复杂多样，我国政治经济体制的特殊性无疑是个重要因素。

* 董黎明，冯长春.1996. 加强研究建立我国房地产估价的理论方法体系. 中国房地产，1. 50－54

如前所述，我国是社会主义国家，实行社会主义的市场经济体制。这种体制既有别于传统的计划经济，也不完全与资本主义的市场经济类同。从房地产市场的角度分析，我国政治经济体制的影响主要表现在以下三个方面。

首先，我国的土地资源是公有的。作为国有土地的所有者，国家对土地的地租、土地资源的供求、分配、用途具有直接的控制权，牢牢地垄断土地开发的一级市场。根据《城市房地产管理法》，国家对供应的土地，既可采取土地使用权划拨的方式，也可推行土地使用权出让的方式。这种"双轨"并存的方式，直接影响土地市场的发育和地价的构成。同一块土地，如果属于划拨性质，这块土地则没有使用年限，土地使用者支付的补偿、安置费也不代表土地真实的价格，未经政府批准，其使用权不得转让进入土地市场。反之，如果通过使用权出让和转让，它不仅有明确的使用年限、租金，在市场交易过程中还能反映出本身的实际价格。现阶段，由于我国经济体制改革在许多方面还没有完全配套，土地使用权划拨的数量仍占有很大的比重，土地市场需要经历长期的培育，才能达到比较完善的程度。这点与资本主义国家房地产市场相当发育的状况有很大差别。

其次，在生产资料私有制的资本主义国家，政府对经济、价格的调节和干预能力十分有限。相比之下，我国是以生产资料公有制为主体的社会主义因素，政府职能部门可以充分运用各种手段对房地产业的发展和市场行为进行有效的调控，并对房地产价格施加直接间接的影响。1992年我国房地产业的发展一度出现开发规模过大，结构失衡，交易行为失律、房地价格飙涨等问题。如果政府无力干预，完全由市场经济的规律自行调节，恐怕要经历漫长的时间，才能扭转这一势头。实践表明，1993年以来我国采取的宏观调控措施，如颁布《城市房地产管理法》等一系列政策法规，整顿了开发区和金融秩序，加强了土地的规划和管理，提出新的产业政策等，这些调控措施，不仅及时地把房地产业引导到正确的发展轨道中来，同时也抑制了房地价格过猛的上涨势头。

最后，我国的社会制度决定了房地产业的发展应面向广大的劳动人民，不断改善城乡居民的住房条件，使居者有适当的房屋。但在现实生活中，广大的工薪阶层受经济条件的制约，无力按市场价格购买商品房；同时，不少国有企业也难以承受城市地租的重负。针对现阶段矛盾的特殊性，无论国有土地使用权的出让，还是房屋的销售，国家均采取多轨的房地产价格政策。这样，收入低的居民和效益差的企业在购置非营利的房地时，就能受到适当的照顾和保护。例如，我国的法律明文规定："土地使用权的出让，可以采取拍卖、招标和双方协议的方式"，这意味着，同一块土地，究竟采用何种出让方式，地价差别很大。一般情况下，公开拍卖的方式要比协议的地价高得多；同样，房屋出售，也有成本房价、微利房价和商品房价之分，三者的价格差异也十分显著。这种多轨的房地价格，既考虑了多数劳动群众的切身利益，同时又适应了市场经济的需要，在相当长的一段时间内不会发生变化。这种价格体系在海外也是不曾有的。

以上提及的只局限于我国政治经济体制对房地产价格体系的影响。实际上，由于经济发展不均衡产生的地域差异，也会影响沿海、内地不同类型地区的房地产价格。因此，研究房地产估价的理论方法绝不能脱离我国的国情。

2. 进一步完善我国城镇土地估价的理论方法体系

房地产估价的核心是土地估价。因此，建立中国特色的房地产估价理论方法体系，其突破口应选择地价评估。如何根据我国国情，探索一套科学性强、易操作的土地评估理论方法，是摆在我们面前又一项艰巨的任务。

从 20 世纪 80 年代中期开始，我国房地产界的理论和实际工作者，结合城镇土地有偿使用的改革，在北京、上海、广州、深圳等城市应用级差收益的测算方法，探索城镇土地的级差地租，为我国基准地价的评估打下了初步基础。此后，为了在宏观上掌握城镇土地质量及相应的地价水平，为土地出让和收取土地使用税提供依据，在缺乏市场交易资料的情况下，我国土地科学工作者通过大量的城镇土地定级估价实践，总结出一套具有中国特色的地价评估方法。其基本思路是：运用多因素加权叠加的方法在均质地域单元上划分土地质量等级；以土地定级为基础，土地收益为依据，市场交易资料为参考，评估各级土地的基准地价（或在划分土地均质地域的基础上直接用市场交易资料评估基准地价）；在基准地价的基础上，利用系数修正法评估宗地地价。与此相应，一个适应政府宏观调控和微观管理的地价体系也正在逐步形成，它大体包含四大类不同含义和作用的地价，即基准地价、标定地价、出让底价和实际交易地价。事实表明：我们自己探索的基准地价估价的方法已在广大城镇得到初步应用，并在土地出让、土地管理等方面发挥了积极的作用。例如，北京市明文规定把基准地价修正法作为土地估价的基本方法之一，我国《城市房地产管理法》第三十二条明确指出："基准地价、标定地价和各类房屋的重置价格应当定期确定并公布"。表明上述基本成果已得到国家的正式确认。

另一方面也应看到，由于实践和探索的时间较短，这套土地估价的理论方法还有许多缺陷，国内理论界对此也存在不同的看法。例如，土地的定级是否与土地估价存在必然的内在联系？级差收益的测算结果，是否能客观反映城市的级差地租？如果级差收益测算的方法不可取，在我国房地产市场尚不健全的条件下，完全利用不同口径的土地交易资料估算基准地价是否具有科学性和代表性？另外，在对基准地价和标定地价内涵的认识以及评估的技术路线方面，目前也没有完全取得一致的认识。以上的问题和歧见，恰好说明任何新生事物的出现都有一个由不完善到完善的过程。对此，既不能满足于现状，原封不动地承袭；更不能采取随意否定的态度。最好的办法是继续通过实践的检验和修正，通过广泛的学术研究使之更加完善。

3. 当前值得研究的若干问题

房地产估价理论方法体系的建立，有大量的问题值得研究，当前普遍遇到的几个具体问题是：如何界定基准地价的定义和作用？怎样根据我国的情况确定还原利率？如何理解、正确计算投资回报率？怎样定量分析建筑容积率与地价的关系？如何规范房地产估价中的名词概念。

3.1 关于基准地价的正确理解

基准地价是我国房地产出让、转让、抵押和出租时的评估基础。如何确定基准地价和标定地价，必须首先对它们的内涵有一个统一认识和界定。当前的问题正是对基准地价、标定地价的含义和内容解释不一，从而影响到基准地价和标定地价评估的思路、技术路线和评估方法。现在理论界对基准地价的解释主要有：①基准地价是对城镇各级土地或均质地域及其商业、住宅、工业等土地利用类型评估的土地使用权单位面积的平均价格；②基准地价是在某一城市的一定区域范围，根据用途相似、地段相连、地价相近的原则划分地价区段，然后调查评估出各该地价区段在某一时点的平均水平价格。由于此两种定义不同，基准地价的评估程序也不一样。前者是在首先分析影响城市土地质量因素的基础上，划定土地级别，再根据土地级别，抽样调查和评估样点地价，最后把样点地价整理归并得到级别基准地价。这种方式目前在我国采用较多。后者是在划分地价区段的基础上，抽查评估宗地地价，再计算和确定区段基准地价，北京等城市的基准地价评估采用了这一方式。究竟哪一种方法评估基准地价更规范、更科学？问题的焦点集中在对一些问题的认识。例如，对当前我国房地产市场发展情况的估计；基准地价在房地产市场管理中所起的作用；基准地价反映的空间地域差异的尺度；基准地价反映的是现状土地利用状况下的平均价格还是在最高最佳利用下的平均价格等有不同看法。如果能把这些问题搞透彻，对基准地价的内涵就会达成共识，也将有利于基准地价的评估、公布和应用实施。

3.2 关于还原利率

目前，运用收益还原法评估房地产价格时，各地确定还原利率的方法归结起来有不下八种之多，究竟选用何种方法为佳？使人难以适从，包括：

（1）选择银行存款利息率为还原利率；

（2）选择银行贷款利息率为还原利率；

（3）选择存款和贷款的平均利息率为还原利率；

（4）选择社会平均利润率为还原利率；

（5）选择资本增值率为还原利率；

（6）选择资本投在有息证券上的利息率为还原利率；

（7）选择实质利率为还原利率，即以银行的年期存款利率为基础，再用物价指数修正得到还原利率；

（8）选择房地产收益和价格的比率作为还原利率。

上面几个例子表明，还原利率的确是运用收益还原法遇到最难的一个问题，也是国内外房地产评估中没有很好解决的问题。可见，结合房地产自身的特点，根据我国房地产市场的实际状况，深入探讨确定还原利率的依据和方法，是提高房地产估价水平的重要课题之一。

3.3 关于建筑容积率与地价的关系

一般认为建筑容积率与地价呈正相关关系，即容积率越高，地价越高。根据郎振亮等

（1995）的研究：这一规律对熟地价来讲是基本相符的。从建筑售价与地价的角度分析，容积率越高，开发价值扣除开发成本后的余值也相应增高，因此，地面地价因容积率增高而增高。但对生地价来说，这一规律就不一定存在，这是因为生地价是从熟地价中扣除土地开发费及其他费用而得到的，而土地开发费用不论容积率的高低，是实实在在发生于土地的费用，不会随容积率的变化而有所变动。因而，容积率与生地价之间不存在确定的相关性。

另外，从建筑经济学的角度来看，有人认为8、11、17层为最经济，也有人认为9、12、16层为最经济的楼层数。这表明，在房地产的边际收益、边际成本和层数即容积率之间存在着复杂的"门槛关系"，并不是层数越高越经济，其效益和效用越好，引申到与地价的关系上，容积率与地价曲线并不是一条平滑的正相关曲线，可能是一条锯齿状的升降曲线。因此，需要从建筑经济学的角度、环境生态学的角度以及人们心理、生理行为需求等方面综合研究建筑层数、容积率与地价之间的相互关系，以便在地价评估中正确地运用容积率这一参数。

3.4　关于投资回报率

投资是产业发展最初的启动环节，而收益是投资的根本动力，研究当前我国城市房地产投资的回报率，不仅涉及房地产开发商的利益，而且关系到国有土地资产收益得失的问题。在房地产开发项目可行性研究和采用假设开发法评估地价时，投资回报率的确定是一个影响很大的评估指标。当前，国内的有关论述大多局限于单个项目的核算，方法也过于简单粗糙，不仅缺乏统一的标准和操作规范，而且现有的核算方法大多沿用原来产品经济下传统的基建投资模式，既不符合市场经济的要求，更不便于不同区位条件下开发项目收益水平的比较。刘洪玉和李宁衍（1994）在《房地产开发中的投资评估分析》中对房地产投资折现现金流量的分析及投资预期回报率与风险之间的关系曾作出了定量描述，其研究的方法思路值得借鉴。今后仍需进一步根据我国房地产市场情况，对不同区位条件下，不同物业的投资回报率进行深入的研究；同时，对房地产投资的主要财务指标还需进行规范化的界定，以避免出现不必要的重复和混乱。

3.5　关于一些基本理论概念的规范化

当前在我国还没有成熟的房地产估价理论和技术方法之时，为了适应这一工作的开展，我们引进港台及国外的一些估价理论方法，是十分必要的。但由于在消化容纳方面的欠缺，致使一些理论概念、名词术语五花八门，很不统一规范，如将房地产称为物业，把贷款称为按揭，房屋称为楼宇、楼盘，土地有生地、素地、熟地之分。各地对某些概念的理解也不一致，如对生地价：有的地方规定为出让金加基础设施配套费，有的地方则单指农地或荒地的征用价；另外，不少论著对一些概念相互关系的论述不十分清晰，经常混淆使用，不仅使一些刚刚涉足估价行业的人员摸不着头脑，甚至连有经验的估价师也不得其解。如果这种混乱的局面长此下去，必然影响到房地产估价的质量水平，甚至也影响房地产估价师的考核。亟须将有关名词统一，界定概念，以保证我国估价事业的健康发展。

4. 几 点 建 议

由上，我们给出几点关于我国房地产估价的建议：

（1）组织编制权威性、规范性的高质量房地产估价书籍和教材；

（2）积极开展学术研究交流活动，对房地产估价中遇到的难点问题，开展专门的定期的学术讨论，同时，加强与国际的交流与合作，继续吸收消化国外先进的房地产估价理论方法；

（3）加强在岗估价人员的培训；

（4）结合我国实际情况，制定房地产估价的技术标准和规范，对房地产估价的工作程序步骤、估价的理论依据和基本准则、基本名词概念、主要的评估方法、技术参数以及估价报告的格式、内容等作出系统的规定，供估价师参照统一执行。

参 考 文 献

郎振亮，王晓梅，张飞虎.1995.北京市地价构成及地价评估中几个问题的探讨.北京房地产，1：36－39

刘洪玉，李宁衍.1994.房地产开发中的投资评估分析.建筑学报，2：24－27

容积率与房地产价格[*]

容积率既是城市规划的一项控制指标，又是影响房地产估价结果和衡量城市用地使用强度的重要因素。在房地产开发过程中，开发商为了追逐高额利润，降低开发成本，往往要求最大限度地提高容积率；而规划师偏重于城市环境、景观的协调，对容积率则进行严格的控制。由于双方的出发点和价值观念的差异，在实际工作中经常发生矛盾冲突。在市场经济条件下，如何正确地认识容积率的内涵，合理地制定容积率的指标，不仅是规划师需要重新研究的课题，而且对房地产估价师来说，也是一个十分值得探讨的问题。

20 世纪 90 年代，随着我国房地产业的崛起，对容积率的研究也逐步展开，主要内容有：容积率的内涵（邹德慈，1994）；容积率与地价的关系（林坚，1994；余彤舟、欧阳安蛟，1996）；容积率的计算模式和指标体系（朱晓光，1992；何强为，1996）等。在上述研究的基础上，本文重点探讨容积率的内涵及其与房地产价格的关系。

1. 容积率的内涵

容积率是指城市某地块上各类建筑面积的总和与该地块面积之比，是一个无量纲的正值，容积率的使用主要是在城市化的过程中，为了防止建筑密度过高、土地使用强度过大，致使环境产生问题而制定的一项控制指标。最早见于 1917 年美国纽约颁布的土地分区管理法，此后，英、日等国也将其用于城市规划的用地管理中。美、日等国和我国台湾地区称容积率为 FAR（floor area ratio），英国和我国香港则用 Plot Ratio 表示。容积率在我国的应用较晚，1987 年在民用建筑设计通则（JGJ37—87）开始列有"建筑容积率"指标，1994 实施的《城市居住区规划设计规范》对容积率的指标也有明确的规定。

1.1 容积率的基本公式

按容积率的定义，其计算公式为

$$FAR = \frac{S_C}{S_L} \qquad (1)$$

式中，FAR 为容积率；S_C 为总建筑面积；S_L 为地块面积。

对于 S_C 的取值，目前各国各地区尚未一致，主要分歧在于地下建筑面积是否计入总建筑面积。笔者认为，鉴于我国土地资源紧缺，为了鼓励房地产开发商充分利用城市地下

---
* 董黎明，叶向忠．1998．容积率与房地产价格，中国房地产估价师，2，15－18

空间，容积率作为规划的控制指标，不应将地下建筑面积计算进去。但在进行估价时，则要进行具体分析，若地下部分的建设有收益（如商业），应将其计入总地价中；无收益的地下建筑不必计算。

关于 S_L 的取值，各国各地也不尽相同。美、日和我国台湾地区是按所有的用地面积，即地块（plot）计算，这些地块多为规划划分出来，比较规则完整。我国香港的计算方法是从用地中剔除公共通道的用地，所得的近乎"净"的地块面积。在大陆，上海是按规划批准的用地面积计算，广州的计算方法与香港相同。从具有可比性和可操作性出发，并与房地产估价的计算口径一致，我们认为地块面积应采用规划给予的红线范围内的用地面积为宜。

由此看来，我国对容积率的内涵不仅需要一个精确的定义，同时对计算参数也应有明确的界定，方能科学地指导城市规划和房地产估价工作。

1.2 容积率的内涵

从表面上看，容积率与建筑密度、建筑高度一样，是反映土地使用强度的一项控制指标，但其深层的内涵远非如此。本文通过对容积率某些特征的分析，进一步探讨容积率与社会、经济、环境等方面的相互关系。

1.2.1 容积率的社会性

如果将与人口有关的指标考虑进去，容积率的公式可表述为

$$\text{FAR} = \frac{S_C}{S_L} = \frac{P \times R_r}{S_L} = D_r \tag{2}$$

式中，P 为总人口；R_r 人均建筑面积；P/S_L 人口密度。

式（2）表明，当人口密度不变，容积率与人均建筑面积成正比；同样，人均建筑面积不变，容积率与人口密度成正比。它表明随着居民生活水平的不断提高，人均拥有的建筑面积总是在增加，在城市再开发中，如果不考虑迁出人口，就必须提高容积率，以增加总建筑面积；反之，如果保持容积率不变，就要迁出部分人口，降低人口密度，同时也意味着在城市郊区增加大量土地安置外迁人口。鉴于我国土地资源紧缺，目前城市化处于人口向大、中城市集聚阶段，采取外延式的开发不可取，因此适当提高容积率就成为我国城市开发的必然趋势。这就是容积率的社会内涵。

1.2.2 容积率的经济内涵

从房屋销售的角度出发，容积率又可用下式表达：

$$\text{FAR} = \frac{S_C}{S_L} = \frac{P_C}{R_C \times S_L} \tag{3}$$

式中，P_C 为建筑总售价；R_C 为单位建筑面积售价。

对于某个具体的项目来说，S_L 不变，R_C 在短期内也不会发生变化，式（3）可以看到，包含利润在内的建筑总售价直接受容积率的影响，即容积率提高之后，同一块土地的建筑总售价和开发利润亦相应增加。这一点正是房地产开发商追求的目标，同时也是提高城市土地经济效益的重要途径之一。在社会主义市场经济条件下，为了充分发挥土地经济杠杆的作用，必然会促使容积率的整体水平不断提高。

1.2.3　容积率的环境内涵

将反映某一区段的环境质量的相关指标进行变换，可引申出下式：

$$FAR = \frac{S_C}{S_L} = \frac{S_b \times N}{S_L} = D_C \times N = (1 - D_g - D_p - D_s) \times N \qquad (4)$$

式中，S_b 为建筑基底面积总和；N 为平均层数；D_C 为建筑密度；D_g 为绿地率；D_p 为停车场覆盖率；D_s 为空地比例。

对于居住小区和某一地段来说，居住空间越开阔，绿地、停车场等设施的比重越大，整体的环境质量越高；反之，高楼过于密集，绿色空间不足，环境质量下降。从式（4）中可以看到，地块面积不变时，容积率与建筑密度和建筑的平均层数成正比，也就是说，容积率提高后，由于建筑总量的增加，必然会提高人口密度，并压缩活动空间，于环境不利。同样，在建筑的平均层数不变时，容积率与绿地率、停车场覆盖率、空地率成反比。即降低容积率，不仅相应减少人口密度，还可以增加人们的各种活动空间，使环境质量得到改善。随着人民生活水平的不断提离，对环境质量的要求也将越来越高。从这个角度看，容积率宜低不宜高，这也是规划师传统的价值观念。

上述分析表明，容积率具有丰富的内涵，其要素既有密切的内在联系，同时又相互制约。从理论上讲，只有在社会、经济和环境三者处于协调的状态时，才可能得到最佳的容积率。

2. 容积率对房地产价格的影响

从容积率的经济性中可知，一般情况下，容积率的提高可为开发商带来更多的利润。现在需要讨论的问题是，在规划控制的条件下，容积率的变化对地价的影响如何？

2.1　对一块土地的影响

对一个面积为 Sm^2 的地块而言，没有容积率控制时，其房地产价格由市场的供需关系确定。图 1 中曲线 D_0D_0 代表房地产需求，曲线 S_0S_0 代表房产的供给，横坐标表示建筑面积或容积率，纵坐标为房地产单位售价。两曲线相交于 E_0，表明在市场经济条件下，供给量为 Q_0 时房地产价格为 P_0；由于进行容积率控制，当其位于 F_0 时，致使总建筑面积下降，从而使供给曲线发生变化，在 Q_1（F_0）处变为与纵坐标平行的直线，即 S_0TL。这时因供给量减少，房地产单价从 P_0 上升到 P_1；同理，当容积率提高促使供给量增加时，房地产单价应低于 P_0。

图 2 表示容积率与地价的相互关系。在没有容积率控制时，土地开发的边际成本（包括正常利润）和边际收益价格曲线分别为 MC、MP。MC 最初随着容积率的增加而下降，达到某一门槛后由于地基、结构处理和电梯、防火等配套费用的增加，曲线上扬；边际收益曲线则相反，先升后降，两曲线相交于 C，即 MC = MP，此时房地产商可获取最大的利润，ABC 所包围的面积是开发商愿意支付的最大地价。F_1 成为经济效益最好的容积率，当容积率继续上升时，因边际成本超过边际收益，总的开发利润和地价反而降低。可见，容积率提高取得的经济效益是有一定限度的，并非容积率越高经济效果越好。再看实行容

积率控制的结果：多数情况下规划师确定的容积率要低于 F_1，如 F_0，由于容积率下降，使同一块土地房屋供给量减少，单位房地产价格上升，边际收益曲线亦上移至 MP′，因此，容积率 F_0 时开发商能支持的最大地价为 ADEG 所包围的面积。当 ADEG 的面积大于 ABC 时，则容积率降低可促使总地价增加；反之，前者若小于后者，容积率控制后总的地价下降。

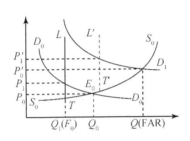
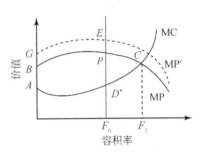

图 1　控制客积率对房地产供需和单价的影响　　图 2　客积率与地价的相互关系

还要指出，如果容积率控制不影响当前房地产供给，也不会影响房地产价格，但如果消费者考虑到未来对房地产的需求会增加，这种心理作用会促使现状需求的增加，当需求曲线从 D_0D_0 变化到 D_1D_1（图 1），则会引起房地产单价上涨，对消费者不利。

2.2　对相邻地块的影响

假定在城市中有若干块区位相邻、用途和容积率相同、具有一定替代作用的土地，如图 3 所示，在市场经济条件下，它们的供给曲线（S_0S_0）和需求曲线（D_0D_0）都一样，由于供给量同为 Q_0，其价格均为 P_0。实行容积率控制后，假定每块地的容积率不同，其上允许的建筑量分别为 Q_1、Q_2、Q_3、…、Q_n，从而导致各地块的房地产单价发生变化，由 P_0 分别增加到 P_1、P_2、P_3、…、P_n（$P_1 > P_2 > P_3 > \cdots > P_n$），但由于相互间有替代作用，

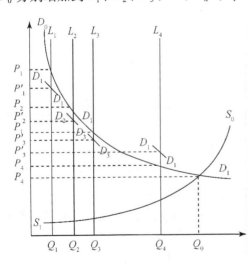

图 3　控制客积率对相邻地块的影响

最终使各自的需求曲线发生变化，分别为 D_1D_1、D_2D_2、D_3D_3、…、D_nD_n，房地产价格相应变化到 P_1'、P_2'、P_3'、…、P_n'，结果不仅土地的单价发生了转移，地块间价格的差距缩小了。从图中可以看到，容积率低的地块（Q_1、Q_2、Q_3）单位地价水平有所降低，（$P_1' < P_1$，$P_2' < P_2$，$P_3' < P_3$），而容积率较高的地块 Q_n 的土地单价反而上升（$P_n' > P_n$）。显然，开发容积率高的地块 Q_n 所获得的利润和能够支付的总地价要超过容积率低的其他地块。

综上分析，容积率控制对房地产价格和房地产开发的影响可概括为：①对一宗土地来

说，限制容积率实际上等于减少了房地产供应量，当需求不变时，开发商只有通过提高房地产单位面积售价实现预期利润；②边际成本和边际收入曲线不变时，容积率的控制将使一块土地总地价下降；如果边际收益曲线相应上升，总地价存在升、降的两种可能性；③多块用途一致、容积率不同的土地由于存在地块间的价格转移，容积率控制较严的地块总的收益和地价水平下降，这种情况解释了像北京这类城市为什么对旧城区容积率的严格控制会促使外围和近郊房地产业的较快发展。

3. 合理确定容积率指标的基本思路

容积率指标既然对房地产价格和土地的收益具有举足轻重的影响，同时又涉及社会、经济、环境等诸多问题，在城市规划和房地产开发中，如何兼顾各方利益，科学地应用这一指标有效地使用土地，本文就此提出了一些思路。

从人多地少的国情出发，逐步提高城市土地的使用强度。我国耕地后备资源有限，21世纪既要解决10多亿人的吃穿问题，又要为城镇的发展提供必要的用地，唯一的办法就是充分挖掘土地使用潜力，在现有基础上提高容积率的整体水平。这一点应作为确定容积率指标的指导思想。

因地制宜，根据不同类型的城市的性质、特点制定容积率控制指标，不搞一刀切。首先，影响容积率的因素复杂多样，城市之间又千差万别，没有必要在全国搞统一的容积率控制指标，或在城市之间进行比较。例如，一些港商在大陆投资房地产，往往要求大陆的城市套用香港的高容积率指标，就不具可比性。其次，城市内不同功能用途的用地对容积率的要求也有较大的差别，一般情况是商务＞办公＞居住＞工业，风景区和文物保护范围内的容积率控制最为严格。即使同一类使用性质的用地，在城市的不同区域和地段，由于自然条件，环境容量、土地价值等方面的差异，容积率的控制指标也不一样，如香港在制定住宅容积率控制指标时，首先将城区分为三类密度区，各区允许采用的最大容积率分别为3.0、6.6和10.0，每区又按三类地块依据不同的建筑层数规定容积率的界限。

根据城市不同的空间层次，制定具有可比性的容积率控制指标体系。众所周知，地块是一个抽象的概念，我们既可把整个城市视为一块土地，而一栋房屋占据的地盘也是一块土地，在制定容积率控制指标时，只有将其划分为不同的空间层次，并根据每个层次影响容积率的主导因素制定控制指标才具有现实意义。从我国的实际情况出发，可按地块的空间范围将容积率分为三个层次。

（1）基准容积率，指城市建成区范围内的总建筑面积与总建设用地面积之比。它反映一定城市人口规模下大范围的土地利用强度。这一指标侧重考虑的因素是城市性质、人均用地水平和环境容量。鉴于城市中分布有大量的道路、广场、绿地等空旷用地，基准容积率一般小于1.0（我国城市中最高的基准容积率在上海，为0.61），中国城市规划师、房地产估价师宋启林（1996）认为，我国城市基准容积率控制为0.4~0.5为宜。

（2）区段容积率，指城市某一居住小区和某街区路段内建筑面积与用地面积之比，表示城市局部范围土地使用强度的平均状况。该项控制指标除了依据城市基准容积率的水平和功能要素的要求外，应侧重考虑区位条件和环境、景观等因素。如在居住区的开发建设中，容积率的高低主要取决于土地级别（与区位和基准地价有关）、人口密度、建筑密度、建筑高度、绿地率等指标。

（3）宗地项目容积率。城市区域和地段进一步可细分为更小的地块，以满足土地出让和具体项目建设的需求，因此，宗地项目容积率是对一宗出让土地允许建设的限制容积率，即房地产估价时采用的容积率。该项控制指标应满足两个基本条件：首先应符合城市规划的要求，其次应达到开发商预期最低收益的要求，否则项目无人问津。据此，规划师在确定宗地项目容积率时，应掌握房地产估价的基本方法，通过定量方法测算预期最低利润时的容积率。

在现实生活中，影响容积率的主要因素无论是环境量还是开发利润都是有弹性的，这就决定了作为控制指标的容积率不应是一个固定不变的数值，而是一个范围值。从理论上讲，其上限不能超过环境容量最低的限度；下限应满足房地产开发可以接受的经济效益，实质上就是规划师和开发商不同价值观念的有机融合。

参 考 文 献

何强为.1996. 容积率的内涵及其指标体系. 城市规划.1：25－27

林坚.1994. 地价容积率城市规划. 北京规划建设，4：39－42

宋启林.1996. 从宏观调控出发解决容积率定量问题——城市土地利用与城市规划研究之二. 城市规划，2：21－24

朱晓光.1992. 控制性详细规划的指标确定. 城市规划汇刊，1：31－37

邹德慈.1994. 容积率研究. 城市规划，1：19－23

中国住房分配制度的机制转换[*]

住房分配货币化的核心是彻底摒弃旧的实物分配制，通过国民收入分配方式的转换，以货币的形式显化居民的住房收入，建立起市场机制对居民住房供给和需求的有效调节，最终实现住房生产社会化和住房消费商品化。有理由相信，作为分配领域内的又一次重大变革，住房分配货币化正在为中国经济的新一轮起飞创造条件。

但是，新旧分配体制的转换是一个十分艰巨复杂的过程，由于住房消费涉及方方面面的利害关系，客观上存在着许多制约因素，往往牵一发而动全身。要做好政策设计，首先应从理论上认识分配体制转换的机理，分析它与房改以及整个经济体制改革的相互关系；然后针对改革的难点，选择现阶段实行住房分配货币化的目标和突破口。

1. 住房分配货币化的意义

住房分配货币化实际产生的效果是：理顺了职工获得住房消费的资金渠道，保证他们应得的利益，免除单位建房、分房、管房之虑，并通过刺激居民的投资意愿，吸引其他渠道的储蓄投入住房领域，加大住房建设，最终扩大社会积累。

1.1 住房分配货币化是实现房改最终目标的必要手段

住房制度改革的最终目标是实现住房商品化，住房的生产和消费都受市场机制调节。住房商品化是指将住宅作为商品出租或出售，使商品形式的住房成为社会住房财富的基本形式，运用租金、价格等市场手段调节其生产和消费。它意味着：住宅的租金和价格要遵循价值规律；住宅和其他消费品一样，居民通过自己的劳力收入选购并归个人所有；作为个人自有财产的住房可以自由流通。实现住房商品化，从供给来说，必然要求住房建设社会化，通过社会化的生产和市场提供类型多样、价格合理的商品房，保证居民选购的自由性和广泛性；从需求来说，则要求居民消费商品化，根据自己的支付能力到市场上购买合乎所需的住房商品，使住宅建设由从前的供给驱动转为需求驱动。而住房分配货币化则是联系住房建设和消费的纽带，是居民得以自由选购商品住房的必不可少的前提。它将职工劳动收入中应包含的住房消费含量以货币工资，而非实物福利的形式体现出来，通过提高居民的住房支付能力实现供需双方的动态平衡，从而建立起良好的资金运行机制。只有这

---

  * 董黎明，林坚 . 1999. 中国住房分配制度的机制转换 . 见：成思危 . 中国住房制度改革——目标模式与实施难点 . 北京：民主与建设出版社，359-395。本文精简了其中部分内容

样，住宅建设才能真正成为新的经济增长点，带动国民经济的发展。

住房商品化与住房分配货币化又是一对相互依存的"双胞胎"。没有广泛的住房商品化，货币难以转化成实物，居民的住房消费无法实现，住房分配货币化也就失去了存在的意义。没有住房分配货币化，住房的实物福利分配体制不改变，住房也就永远不可能成为真正意义上的商品出售给居民。住房分配货币化既是住房商品化的基本目标之一，也是其必要条件。在近20年的房改探索中，虽然居民住房消费商品化的观念已逐步培养起来；自主经营、自负盈亏的房地产开发企业也已逐渐成为住房供给领域的主体，按照价格等市场信号组织生产。但目前的状况却是住房供给领域的市场调节机制与住房消费领域的实物分配制度并存，供给需求不对称，住宅市场的运行不规范，市场信号失真，使住房供给领域也出现了严重问题：大量的商品房积压空置，同时又存在众多的无房户和缺房户。因此，要发挥市场对住房资源的有效配置功能，进一步推进住房商品化，对分配领域的变革已是刻不容缓，可以说，此时出台的停止福利分房，实现住房分配货币化正是建立在前20年房改渐变基础上的一次突破。

1.2 住房分配货币化有助于建立行之有效的社会保障体系

住房分配货币化并非是政府为"卸掉包袱"，将居民推向市场之举。相反，它在增强宏观经济活力的同时，能建立起更为行之有效的社会保障措施。所谓社会保障，是指以社会的力量保证全体社会成员至少都能达到最基本的生活水平所形成的分配关系。在社会主义市场经济条件下，社会保障是由社会保险、社会福利和社会救济三部分相互补充构成的。

（1）社会保险实行统一的社会统筹与个人账户相结合的新制度，由用人单位和个人共同缴纳，既有利于增强用人单位和个人的社会保险意识，又有利于保障个人的生活，其覆盖面也将扩大，把各种经济成分下的从业人员都包括在内。

（2）社会福利作为社会保障的一部分，实际上是一种工资的附加，需要通过工资制度的改革和社会福利体制的改革，使相当一部分社会福利合并到工资之中，使工资的调整正常化。政府虽然不直接规定企业工资标准，但也应当促使企业建立正常的工资制度，尽可能把企业给予职工的各种补贴纳入工资。另外，社会福利涉及不少人的切身利益，改革现行体制的难度较大，需要稳步进行。

（3）社会救济是针对社会上某一部分居民（如低收入家庭、残疾人等）的特殊生活困难而采取的特殊补贴，在任何时期政府都负有社会救济的责任。

需要强调的是，社会福利与住房福利分配制是两个有区别的概念，前者的目的是保障居民基本住房消费需求得到满足，体现了公平的原则；而住房福利分配制虽然也包含某些社会福利的成分，由于住房供给不足，易造成分配不公，反而出现了大量的社会问题，往往使真正需要住房的职工得不到社会福利保障。住房分配货币化则对立于住房福利分配制，其政策设计参照社会保障体系的结构进行。首先，政府在推行住房商品化的同时将住房消费纳入职工的收入中，促使多数职工通过货币可购买所需的商品房，其中对高收入职工家庭则完全将其推向市场；对中等收入职工家庭提供带有一定社会保障性质的经济适用商品住房；政府集中力量实现社会保障，通过建造廉价、廉租房的途径，专门解决低收入职工的住房问题，从而达到"居者有其屋"的社会目标。其次，为了更好地保障居民有支付能力的住房需求，应该参照社会保险的操作办法，建立住房公积金，由单位和个人共同缴纳，建立个人账户，日常运营时遵循安全性和增值性的原则，在居民住房消费时予以支持。

1.3 住房分配货币化是培育住宅业成为国民经济新增长点和消费热点的必要条件

住房分配体制的改革不仅要纠正分配不公、国家企业负担沉重等弊端，更重要的是要建立健康的社会主义市场经济秩序，促进国民经济的发展。众所周知，生产和消费的状况是反映一个国家经济形势的重要标志。改革开放以来，由于党和国家的各项方针政策调动了广大生产者的积极性，居民的消费需求旺盛，我国的经济长时期保持两位数的高速增长。但受国际金融危机的影响，出口对国民经济增长的贡献受到相当程度的限制，1998 年我国的外贸进出口总额比上年下降了 0.4%。国内市场因国有企业改造和产业结构调整等原因，导致大量职工暂时下岗；加上特大自然灾害等因素影响，造成消费需求疲软，产品相对过剩，经济运行处于紧缩的状态。国民经济发展的主要矛盾由供给转向了需求，1998 年我国商品零售价格总水平比上年下降了 2.6%。在这一大的宏观经济背景下，究竟采用何种办法去扩大内需，刺激国内消费市场，对推动国民经济的可持续发展具有举足轻重的作用。

在采取的种种调控措施中，国家选择将住宅业培育为国民经济新的增长点和消费热点是完全符合我国国情的。首先，从我国城镇居民消费结构演变的趋势看，衣、食、用等方面的消费正趋于饱和，消费结构和产业结构都面临着升级换代的压力。而目前我国城镇居民的住房消费支出比重较低（表1），远远低于国际上同等类型发展中国家 12% 的平均水平，与汽车等其他消费选择相比，住房消费将成为城镇居民在未来很长一段时间内的消费热点，市场潜力巨大，有助于发挥需求导向的作用，促进经济结构的调整。其次，作为房地产业主体的住宅业理应在国民经济中占有重要地位，海外一些发达国家和地区如日本，房地产业占 GDP 的比重达到 10% 以上，而我国 1998 年的比重只有 1.8%。事实上我国每年竣工的住宅面积将近 3 亿 m²，如果都以商品房的形式推向市场出售（每平方米 1700 元），仅此项就可以创造产值 5000 亿元以上，这是其他产业所不能比拟的。而且，除住宅业自身创造的价值外，还与 50 多个行业有密切的关联，能带动建筑材料、钢铁、木材加工、化工、家具、家用电器等行业的发展。此外，住宅业又是劳动密集型的产业，它的发展，对于增加就业机会，减轻职工下岗产生的社会问题所发挥的作用亦是不可忽视的。

表1 中国城镇居民住房消费支出比重 （单位:%）

年份	1985	1988	1990	1991	1992	1993	1994	1995	1996
住房支出比重	0.95	0.70	0.68	0.69	0.78	1.04	1.01	2.92	3.16

然而，要实现这一目标也非易事，虽然政府决策部门和国内理论界提出了许多政策建议，如加速经济适用房的建设，从供给渠道为中、低收入的职工提供廉价的住宅；减少、降低房地产开发过程中的不合理税费，限制房地产开发商的高额利润，进一步降低房价；

采取各种措施消化现有的空置房屋，及时将其转化为消费品；扩大房地产金融，放宽购房贷款的条件，支持广大的居民贷款购房。但是，上述政策措施如果不与传统的实物分配制决裂，没有住房分配货币化作为基础，就不可能充分发挥作用，试想，在职工仍然可以从单位那里分到一套住房的情况下，又有谁愿意花自己的钱到市场上购房？如果居民不愿购房，又从何扩大内需？这个关键问题不解决，国家投资建设的房屋越多，国家赔得也就越多，最终住宅业非但成不了国民经济新的增长点，反而变成一个大包袱。据统计，1978 年人均居住面积 3.6m² 时，国家和单位支付的人均年房租补贴 28.08 元，1995 年人均居住面积 7.9m²，人均年住房补贴 1960 元，相当于人均年生活费收入的 50.3%，成为最大的福利暗补收入。由此可见，我国目前的财政支出分配仍在相当程度上沿袭了过去与计划经济体制相适应的供给制分配方式，明显滞后于经济形势的变化，不仅扭曲了分配关系，而且加重了财政投资。只有改革实物福利分配制度，切断单位分房后路，加快住房分配货币化的进程，将住房消费用货币的形式注入职工的劳动所得中，才能激起其消费欲望，扩大商品房的有效需求，使住宅业真正成为启动国民经济的支柱产业和消费热点。

2 我国住房分配货币化的实践与基本模式

2.1 实践与探索

虽然住房分配货币化的决议迟至 1998 年才在新的房改政策中正式提出，但在此之前，我国已有少数城市先行一步，以多种形式对住房货币分配进行了大胆的探索，对全面突破传统的住房分配体制，最终建立市场经济条件下新的分配体制，起到了破旧立新的探索、实验和奠基的作用。主要有三种类型：

2.1.1 住房公积金

住房公积金是单位和个人按固定比例缴存的专项用于住房的义务性长期住房储蓄。作为职工劳动报酬的一部分，住房公积金是住房实物分配向货币分配转化的基本形式之一。上海是我国最早成功实施公积金制度的城市。其公积金使用和管理经验的本质是以"管委会决策，公积金中心运作，银行专户，财政监督"，也就是说，设住房委员会统一领导、统一管理和统一使用公积金；房委会下设公积金管理中心，具体管理和使用公积金；公积金在银行设立专户，只用于建房、买房和维修住房；财政对公积金进行监督和审计。上海市公积金管理中心负责全部公积金的汇集、管理和使用。从 1995 年以来，全市已有 200 亿元以上的公积金用于住房建设和住房消费，其中 88 亿元作为职工住房抵押贷款。上海市住房公积金的经验迅速在全国推广，目前已覆盖了全国 31 个省、市、自治区，35 个大中城市，223 个地级以上城市都已全部建立住房公积金制度，覆盖职工范围约占在职职工总数的 65%。1998 年年底，我国住房公积金归集总量已达到 1200 亿元，占当前城镇住房建设资金总量的 40%，发放住房贷款 830 多亿元，其中个人住房贷款 122 亿元，成为政策性住房资金的最重要来源。目前住房公积金的运行还很不平衡，我国东部地区覆盖面高，而西部地区住房公积金的覆盖面仅 50% 左右。在使用方面，全国住房资金利用率仅为 58%，而部分省、市甚至低于 5%。这表明我国住房公积金在资金的筹集、管理、使用等方面还需要加大改革的力度。

2.1.2　住房补贴

住房补贴是当前我国住房分配货币化的基本形式和重要突破口，但这项改革早在1988年就开始在一些城市实践。当时烟台、唐山等市以"提租增资"、"变暗补为明补"为指导思想，在提高公房租金的同时，也给租住公房的职工发放补贴，提租额与补贴额在总量上持平。由于单位之间住房和资金的不平衡，难以在全国普遍推广。此外，深圳市利用特区的有利条件，将住房消费一次性地理入职工的工资中，对推动住房的商品化和解决职工的住房问题具有重要的作用。显然，这也是最彻底的住房分配货币化的形式。但深圳模式涉及工资制度的改革，短时间内难以全面推广。1998年以来，我国又有广州、中山、顺德等沿海城市根据按劳分配的原则确定补贴标准，采用一次性和按月发放的方式，对缺房或无房的职工发放住房补贴。上述种种实践，为全面推行住房货币化积累了丰富的经验。

2.1.3　货币还迁

与一般意义上的住房分配货币化不同，货币还迁存在于危旧存量住房向增量住房转换的过程中，补偿的不是居民劳动收入的扣除，也无须理入工资，而是居民因拆迁而导致的住房消费的损失，通过一次性补贴方式让居民自主选择居所。货币还迁实现了住房资金流程的合理化，有利于住房消费商品化的确立，符合制度转换的根本目标。它不仅是一种有效的拆迁安置方式，也是住房分配货币化的一种特殊形式。在目前我国大中城市广泛面临着旧城改造和大量危旧房改造任务的阶段，货币还迁对推动住房商品化和住房分配货币化具有深刻意义。

天津市从1994年以来开始大规模的旧城危陋住房改造，面临"资金不足，市场不畅"两大难题，旧的实物补偿方法在原地还房，周转期长，净出房率低，开发商和原住居民都不满意，政府改造资金难以筹措。实行货币还迁政策解决了以上问题，使大批居民获得货币补偿，得以购置住房，并推动了住房商品化，引导了住房消费，同时缓解了商品房积压的问题，实现了危改和房改的结合，使居民购入自有住房。天津"房改和危改结合，还迁住房实行货币化分配"的模式有两种：一是货币还迁、自行购房；二是实行还迁住房"只租不售"。至1998年年底，共还迁住房183 452户，出售商品住房总面积1215万 m^2。

上海市在1994年对南市、卢湾等旧城区的危棚简屋区改造试行货币化分配方法。并于1998年新制定了《上海市危棚简屋地块居住房屋拆迁补偿安置方式试行办法》，在考虑与房改政策结合的基础上，提出明确的标准：货币安置款＝四级地段空置商品房的平均售价×在四级地段安置应得的房屋建筑面积×80％。

上海在长宁区苏家角西南块的拆迁中采用了货币化安置与实物安置并举的措施，受到欢迎，在530个安置户中有142户采用了货币化安置的方式，占协议户数的27％。

上述两大城市货币化还迁的实践经验目前已在我国许多城市中推广。

2.2　住房分配货币化的基本模式

从我国改革的实践可以看出，许多模式的雏形是在新旧体制转换过程中形成的，只有对比分析两种体制的本质特点，才能深入理解符合中国国情的住房分配货币化的运行模式。与传统的住房分配制度相比，货币化分配制度的基本特征主要体现在五个方面。

（1）前者必须经过国民收入的二次分配取得住房投资，住房建成后以实物福利的形式无偿分配给职工；后者则是适应劳动成本真实化的要求，在国民收入的初次分配中以货币工资的形式分配给职工应得的住房消费资金，但从公平的目标出发，国民收入的二次分配将以贴息、提供廉租屋等转移支付的形式对初次分配的结果进行调节。

（2）传统的住房分配制度是计划经济的产物，房地产市场不发育，消费受供给驱动，房屋虽然分到职工手中，产权却属机关单位，除使用外，职工无权处置居住的房屋；住房分配货币化直接与市场经济挂钩，在市场机制下，房地产市场发育通过供需双方的相互作用配置住房资源，职工用货币从市场购买的住房拥有完全的产权，可以自由支配。

（3）从住宅产业的资金循环来看，在传统的住房实物福利分配制度下，住宅建设者为国家或企业，住宅资金来源于国家预算和企业利润等多渠道且不稳定，住宅资金难以形成良性循环，住宅融资机构是按计划而不是按市场规律经营，无法形成与市场运行相配套的融资体系；住房分配货币化则要求住房建设和管理社会化，建设资金由房地产企业在预算约束下自行筹措，通过住房销售回收居民的住房消费资金，建立资金的良性循环机制。

（4）从分配过程看，旧体制是封闭式的分配，职工始终处于被动的状态，不知道何时能分到住房？分到什么样的住房？容易出现分配不公的现象；新的住房分配体制由于在职工的劳动收入中显化了其应得的住房工资，因此整个过程是公开、公正、主动的。职工只要有一定的经济能力，就能自己决定究竟是买房还是租房？在何时、何地购（租）何种类型的住房。

（5）从分配结果看，传统的住房福利分配制导致国家负担越来越重，职工的住房越来越紧张；住房分配货币化则直接将消费者推入市场，刺激住房消费，不仅能加快"居者有其屋"的进程，还可减轻国家和企业的负担，刺激国民经济的发展。

从我国经济体制改革和住房制度改革的长期性可以看到，住房分配货币化的实现也需要一个漫长的过程。在此过程中，其形式和内容是多种多样的，归纳起来有以下几种：一是在职工的工资中完全包含住房消费的成分，如我国深圳市以及外企职工的劳动所得，均包含了住房消费的货币成分。这是一种最直接、最彻底的货币化分配形式。二是职工住房补贴金。仅限于职工购房时使用，如广州等地试行的分配方式，它也是一种较彻底、但有一定限制性的住房货币分配形式。三是住房公积金，是一种带有强制性的住房储蓄。公积金的一半从职工的工资中提出，另一半则是国家单位给予职工的住房补贴，职工可将其用于购、租和维修房屋，并可以用公积金申请贷款购房。住房公积金的货币化程度取决于收缴额和占职工工资的比重。四是职工原有工资、奖金或其他额外收入中包含的住房消费成分，这是一种不明朗、不均衡的货币化分配形式。另外，当前我国试行的集资建房、货币还迁也属于两种分配体制转换过程中的过渡形式，包含了货币化分配的成分。

3　住房分配制度机制转换的策略

3.1　指导思想

住房分配制度改革涉及面广，制约因素多，既是现阶段房改的突破口，又是改革的难点。必须充分认识机制转换的长期性和艰巨性，只有统筹兼顾，正确地处理各方面错综复杂的关系，进行全方位的改革，才能达到预期的目标。从进一步补充国家的住房分配政策出发，在思想上有必要明确以下几个基本问题。

3.1.1 符合国家经济体制改革和可持续发展战略的需要

住房制度改革是国家经济体制改革的一个组成部分，其目标和进程应与国家总体的战略保持一致。在这一前提下，房改政策的选择并不完全取决于其本身的理想发展模式和运行轨迹，还要从一定时期我国社会经济发展和体制改革的全局出发，作出安排。

从当前我国改革和发展的战略要点看，整个国家的社会经济仍处于不断调整、完善的阶段。经济结构的调整，金融秩序的整顿，大型国有企业的改造，各级政府机构的精减，大量下岗职工的再就业，需要有一个相对稳定的社会环境，包括住房改革在内的各项改革，都要服从这个大局。例如，大幅度提高房租，同时在职工的工资中给予相应的补贴，这本是住房分配制度改革的一个很好的经验，国外也不乏先例。但这项改革在我国操作起来因涉及面太大，目前难以在全国范围内实施。

另一方面，我国选择住房分配货币化作为住房体制改革的切入点和突破口，这与我国所面临的国际、国内经济背景和社会发展环境有着极其密切的关系。1998 年国家经济增长 7.8%，基本实现了预期目标，但是国家仍需通过扩大内需来刺激消费，促进经济增长，保持社会稳定和可持续发展，其必要性和重要性已不用多言。为此，住房货币化的机制转换应牢牢紧扣这一政策，实现国家将住宅产业培育成国民经济新的增长点的目标。

3.1.2 符合我国国情，与经济发展水平协调一致

一方面，我国是发展中国家，无论是经济发展，还是城市化进程，仍处在较低的水平，1996 年我国人均国民生产总值不到 700 美元，与发达国家的差距近 20 倍，人均居住水平比西方国家大约落后 30~40 年；另一方面，我国要用只占世界 7% 的耕地，养活占世界 22% 的人口，这是任何一个大国不曾有过的重负。再看城市居民的住房需求：当前我国城市化的水平虽然只有 30%，但城市人口的绝对数已达 4 亿人，下个世纪初如果城市化水平提高到 50% 左右，国家就要解决 6~7 亿人口的住房问题，从拓展住房市场潜力的角度看，虽然未必是一件坏事，但对政府承担的社会责任而言，要实现居者有适当住房的目标，其难度远远比其他国家大得多。

面对上述国情，我国住房制度的改革也不能超越社会经济发展的历史阶段而提出过高的目标和要求，如从住房分配的供应体系来说，当前面向大众的经济适用住房每套面积定为 60m^2 是符合我国国情的，对一个 3 口之家的普通住户，这一标准相当于人均 20m^2 建筑面积（10m^2 居住面积）与我国政府制定的 2000 年城市人均住房 9m^2 的目标是基本一致的。一些地方建房擅自提高标准，显然背离现阶段我国的国力财力。同样，一旦实行住房分配的货币补贴，给职工的补贴额的数量也要量力而行，应与现有的经济水平相一致，否则欲速不达，反而拖后了改革的进程。

3.1.3 立足"破旧"，着力"立新"，使机制转换与市场经济体制变革相衔接

将传统的住房实物分配转换为货币化的分配，本质上就是一个"破旧立新"的过程。但是，在以往的政策设计中，一直未能变革国民收入的分配体制，政府（或单位）和个人之间因住房实物分配形成的纽带无法割断，结果在不少城市导致所谓"逆商品化"现象，

即机关和企事业单位用钱到市场上购买商品房，然后用传统的办法分配给本单位的职工，新建的房屋从市场上又回流到旧的实物分配渠道。如果长此下去，我国住房制度改革的目标永远不会实现。因此，新一轮房改成败的关键就在于能否有效地打破旧有的分配体制格局，真正让政府（或单位）有计划、有步骤地从建房与分房系统中脱钩，彻底切断形形色色住房实物分配的后路，以新的思路、新的方法引导各种利益主体进入新的房改轨道，实现整个房改进程和社会主义市场经济体制的有效对接。

3.1.4. 机制转换的目标方向一致，实施方案的具体措施因地制宜

1998 年《国务院关于进一步深化城镇住房制度改革加快住房建设的通知》为我国各级城镇实施新的住房分配制度指出了明确的方向，这项改革的目标对任何地区、任何城市都是完全一致、必须坚决贯彻执行。

但是，该项改革方案又具有强烈的地方性。它与某一地区的经济发展程度，居民的收入水平，现有的住房状况，房价与职工家庭的收入比以及地方的财政补贴能力等方面都有十分密切的关系，而我国社会经济发展的不均衡性和地域差异性，决定了在实施的过程中不可能有一个完全相同的模式和统一的标准，必须根据因地制宜的原则，允许各地形成符合地区发展条件、多种类型并存的政策模式，不能搞"一刀切"。

还要看到，作为一项错综复杂的系统工程，推进住房分配货币化的进程非常漫长。应该充分认识到在相当长的过渡期内，各地推进的速度也不完全相同，有的地区和单位甚至可能出现新旧体制"双轨"并存的现象，因此需要将住房分配货币化政策整体推进的连续性和不同地区具体目标的阶段性有机地结合起来，使其在不同的地区都有可操作性。

3.1.5 兼顾效率和公平原则，力争取得社会各界的认同

任何一项新政策的推行，其社会、经济、政治的可行性是衡量成败得失的先决条件。因此，住房分配体制能否转换的关键，就是看能否正确处理效率和公平的相互关系，妥善解决不同部门、不同地区和不同群体的利益分配，使"人民安心、中央放心、有利稳定、促进发展"。

从住房分配的供应体系看，首先应协调开发者和消费者之间的利害关系。在现实生活中，特别是大多数城镇居民尚不富裕的情况下，消费者的购买意向总是希望以最少的代价获得最满意的住房，而开发者则以最大的盈利为其经营目标。因此，如何确定合理的房价，就成为协调两者利益的关键。

从住房的分配渠道分析，目前仍有大量尚未分到公房，或分到公房但面积未达标的职工希望能赶上住房实物分配的"最后一班车"，而那些分房无望的新职工，则期望政府或单位能发放更多的住房补贴，否则新老职工之间的住房就会出现很大的反差。为此，如何理顺新老职工的关系，合理地、实事求是地确定住房补贴的数量，也是机制转换过程需要认真解决的问题。

还要看到，在住房消费的群体中，仍有不少企业的职工属于既分不到房，现阶段又不可能得到住房补贴的困难户，以及下岗职工、离退休人员等。从居者有适当的住房这一公平原则出发，政府对他们应给予特殊的政策照顾，逐步纳入由政府提供的社会福利保障体系。

3.2 住房分配货币化的目标

从我国住房制度改革漫长的历程可以看出，即使停止了传统的住房实物分配制，要实现机制的彻底转换，在全国范围内完成住房货币化分配，仍有一个较长的过程，我们设想大约需要 20 年左右。根据积极稳妥、近远期相结合的原则，参照国内外的发展经验，拟提出分三个阶段逐步实现住房分配货币化的建议。此举既体现了改革的长期性、艰巨性和政策的连贯性；同时又反映机制转换的过渡性和阶段性。每个阶段达到的具体目标如下：

3.2.1 近期目标

用大约 5 年时间（1998～2002 年）通过住房补贴或其他形式，初步实现将住房消费理入公务员的劳动收入，首先促使这部分群体进入住宅市场。与此相应，理顺不同收入家庭的住房供应渠道，逐步形成以经济适用住房为主体的住房供应体系。为此，应完成对城市居民家庭收入状况的调查，建立家庭住户收入的申报和审查制度，明确不同地区、不同城市高、中、低收入的划分标准，以便"对号入座"。

与此同时，进一步加大住房公积金归集力度，平均缴交率由现在的 5% 提高到 10% 左右，归集率达到 80% 以上。随着住房建设速度的加快，我国城市人均居住面积达到 $10m^2$，实现住房小康的目标。

3.2.2 中期目标

到 2010 年，基本理顺国民收入分配渠道，实现住房消费进入各类职工的劳动收入，通过工资改革，初步建立包含住房消费在内的工资制度。完成存量公房的出售和转化，完全开放二级、三级住宅市场，形成以居民个人消费为主的市场体系。继续扩大社会保障覆盖面，住房公积金缴交率提高到 95% 以上，缴交额占职工工资的 15%～20%。

在住房分配货币化和商品化的推动下，居民的住房消费能力明显提高，职工住房消费支出的比例达到家庭收入的 15%，初步实现居者有其屋——城市居民人均一间居室，基本达到世界平均的住房消费水平。住宅业真正成为推动国民经济发展的增长点和支柱产业。

3.2.3 远期目标

到 2020 年全部实现住房分配体制的转换，形成完善的住房市场体系、住房的社会保障体系和住房金融支持体系。我国城市居民的住房水平不仅在数量上，而且在质量上已接近或达到中等发达国家现在的水平（人均居住面积 15～$20m^2$，使用面积 22～$30m^2$）。

4 近期实现机制转换的核心内容

4.1 总体构想

俗话讲，"万事起头难"。要实现近期住房分配货币化的目标，必须对实施的内容设计一套完整的、具有可操作性的政策。纵观住房政策的国际经验，针对住房制度机制转换的难点，以及从我国地区、城市的现实条件各异，不可能并肩同行等特殊的国情出发，我们认为：要实现现阶段住房分配货币化的目标，在尽可能顾全各方利益的前提下，政策的具体操作要慎重稳妥，逐步实现平稳过渡。据此，将"增量起步，梯次推进，形式多样，综合配套"作为近期由传统住房分配制向货币化分配制过渡的核心内容。

4.1.1 增量起步

增量起步是指住房分配货币化应首先从"新房"和"新人"开始，然后逐步扩大范围；另一方面，随着改革力度的加大，旧体制下的存量房屋和家庭通过货币化的分配渠道，像滚雪球一样越来越多地进入新的住房分配体制，最终实现分配体制转换的目标。

对增量起步的理解首先要对"新房"、"新人"的内涵有一个科学的界定。所谓"新房"，不能简单地理解为新的住房，确切地讲是指进入新的住房分配体系的各类住房，包括两个方面。

（1）实行货币化分配方案之后新建的住房。根据国务院有关政策的精神，这部分住宅应实行新的住房分配制度，不允许再回到旧的住房分配体系。

（2）按实物分配制出售给职工的公房，他人腾退进入二级市场后，只要在新的住房制度下运转，也属于"新房"的范畴。

同样，"新人"是指新分配制度实施后参加工作的职工，此前工作的职工则为"老人"。两者相比，当前显然是"新房"和"新人"要比"老房"、"老人"少得多。现阶段住房分配货币化的对象主要是"新人"和"老人"中的无房户和住房未达标户。

增量起步的优点在于：

（1）国家和地方财政只对少量职工进行补贴，易于解决资金不足的困难；

（2）由于涉及面小，有利于社会的安定；

（3）如上所述，这一措施也间接地促使存量住房进入市场，逐渐纳入货币化分配的轨道，有利于加快房改的步伐；

（4）将货币化的补贴用于购买新房，迅速形成对住房的有效需求，促进了资金的良性循环，从而推动新的经济增长点的形成。总之，"增量"改革的总体成本较小，社会效益和经济效益高，可操作性强，易于为社会各阶层所接受，不失为现阶段一项较好的选择。从深圳的房改的过程看，其住房分配货币化实践的一个重要经验就是从"增量"改革起步，逐渐缩小以老体制运行的"存量"比重，最终实现住房商品化和社会化。

实施这一改革方案，关键是要协调在新旧分配体制下不同群体之间的利益。在停止实物分配后，客观上存在三类住房状况：获公房使用权的达标户；已获公房使用权未达标的缺房户；未分到公房的无房户。总的指导思想是逐步缩小这三类人的住房负担差距，采取"新房新办法，老房老办法"和"新人新办法，老人老办法"的方式进行操作。根据各地的实践，对"老人"采取一次性的补贴，对"新人"则实行按月补贴的办法。前者的优点方法简便，机动灵活，易于操作，能较快地解决他们的住房问题，在当前国家财力有限的情况下，一次性的补贴标准（按面积）应该严格掌握。

当前大部分的无房户是工作时间不长的青年职工。他们工资低，积累少，即使拿到了全额住房补贴，也难以在短期内购买一套新的经济适用住房。解决这一矛盾除依靠金融信贷的支持外，还有两个途径可供选择：一是改变当前经济适用住房只售不租的政策，政府可考虑拿出一部分经济适用住房租给无房的职工。根据初步测算，我国一套经济适用住房的平均售价约 6 万 ~ 7 万元，按月租售比 1:120 匡算，职工每月须支付房租 500 ~ 580 元。一个双职工家庭若两个职工同时获得住房补贴，每月实际支付的房租只有 200 ~ 280 元，相当于家庭月工资收入的 18% ~ 26%。与海外对照，属于合理负担的范围。另一途径是借鉴国外住房分配过滤体系的经验，获得住房补贴的缺房户和无房户，特别是刚参加工作的职工，可以到市场上购买价格相对低廉的腾退出来的旧房，从而较快地解决他们的住房问题。当然，这一途径有待于已售公房上市，搞活住房二级市场。

4.1.2 梯次推进

我国地理环境的空间差异不仅造成社会经济发展的不平衡，也导致房地产业发展存在显著的地区差别。统计数字显示，受各地人均收入、消费结构等因素的影响，各地区和城市的住宅售价、家庭收入与房价的比例均不相同。此外，机关单位之间，不同类型的企业之间，情况也十分复杂。这种客观存在的差异，决定了住房分配制度机制转换的进程不可能齐头并进，而应根据地域、城市以及城市中单位之间的具体情况，制定不同的策略。

1）地域和城镇

一方面，一个地区的经济发展水平，直接影响居民的收入、消费和房价。一般规律是：经济发达的沿海地区人均收入水平普遍高于中、西部地区。1997 年我国人均货币工资为 6470 元，东部地区两个最大的城市上海、北京分别达到 11 425 元、11 019 元，是全国平均水平的 1.7 倍；人均收入最低的均位于中、西部地区，如黑龙江省为 4889 元，江西省为 5089 元，陕西省为 5184 元。人均收入最高和最低的地区差异约 1 倍左右。另一方面，经济发达的地区，商品住房的价格也高，1997 年我国商品住宅的平均价格为 1790 元，房价最高的仍为东部的北京、广东、上海，依次为 5478 元、3150 元、2791 元。最低的江西、河南、贵州则分别为 723 元、877 元、908 元。房价最大的差距达到 3 ~ 6 倍。结果，出现了一个"奇怪"的现象：经济发达的地区和城市，其房价与家庭工资收入比反而普遍比中西部地区高，在东部的 12 个省、市、区中，房价收入比超过 6 倍的就有 8 个，其中北京为 14.92，海南为 11.57，广东为 9.74，占全国前三位；而中、西部地区，房价收入比超过 6 倍的省区只有 4 个，低于此数的多达 15 个。

同样，城市规模的大小对上述指标也有显著的影响。一般来说，大城市集聚效益高，经济基础好，居民的收入水平通常要高于中小城市；因其消费水平高，商品住宅的价格、房价收入比也远远超过中、小城市，如福建永安市是一个只有 9.6 万人的小城市，虽地处东部沿海地区，但房价收入比只有 4 倍左右。可见，即使同一地带，人口规模不同的城市也不能一概而论。

根据国家的现行政策，住房分配货币化的补贴的对象，其房价收入比应在 4 倍以上（按经济适用住房的标准计算）。鉴于我国东部地区的大城市房价收入比较高，而且经济实力雄厚，补贴资金易于落实，以此作为实施住房分配货币化的基点，然后逐步向内地或中小城市推进，是完全符合我国的实际情况的。

2）单位

选择哪些单位作为改革先行的对象，必须充分考虑操作的可行性和示范性。由于单位和企业经营状况差别很大，资金来源稳定的程度也不一样，若不区别单位之间的差异，不解决好资金来源，任何措施的推行都将面临极大的阻力，根据张家港港务局的试点经验，还可能牵涉到会计核算和税收制度等一系列改革的问题；另外，昆明的研究案例表明，由于该市部分企业经营状况不佳，下岗分流职工比重大，筹措用于住房分配货币化的资金比较困难，而行政部门、全额预算的事业单位由于有财政保障，改革所需的资金来源比较稳定。

目前，全国约有20多亿平方米的住房属于单位自管公房，在传统的实物分配体制下，单位逐渐成为建房、分房、管房的主体，由于各单位资金状况的差别，彼此之间的住房资源分布极不均衡。尽管在今后一两年内，本次"增量"改革的对象暂不波及这些住房，按照我们对"增量"的界定，庞大的现存公房也将有相当一部分纳入"新房新制度"的轨道。这些长期沉淀的资金，将是单位住房分配货币化重要的资金来源。因此，那些拥有公房较多的单位，今后应通过合理的公房出售途径，将不能移动的房屋资产盘活，为住房分配货币化提供足够的资金（表2）。

表2　1997年我国各省市房价收入比情况

地区	省、市、区	人均货币工资/元	商品住宅售价/元/m²	房价/家庭年工资收入
东部地区	北京	11 019	5 478.4	14.92
	天津	8 238	2 133.4	7.77
	河北	5 692	1 350.8	7.12
	辽宁	5 591	1 518.1	8.15
	上海	11 425	2 790.5	7.33
	江苏	7 108	1 352.1	5.71
	浙江	8 386	1 452.6	5.20
	福建	7 559	1 792.5	7.11
	山东	6 241	1 171.9	5.63
	广东	9 698	3 149.8	9.74
	广西	5 542	1 093.8	5.92
	海南	5 664	2 185.1	11.57
东部平均		7 680.25	2 122.42	8.01
中部地区	山西	5 320	1 009.9	5.69
	内蒙古	5 124	960.8	5.63
	吉林	5 664	1 207.7	6.40
	黑龙江	4 889	1 349.9	8.28
	安徽	5 492	961.6	5.25
	江西	5 089	723.3	4.26
	河南	5 225	877.1	5.04
	湖北	5 401	1 251.8	6.95
	湖南	5 326	928.5	5.23
中部平均		5281.11	1030.06	5.86

续表

地区	省、市、区	人均货币工资/元	商品住宅售价/元/m²	房价/家庭年工资收入
西部地区	重庆	5 502	1 016.9	5.54
	四川	5 626	1 070.5	5.71
	贵州	5 206	908.1	5.23
	云南	7 037	1 235.3	5.27
	西藏	10 098	138.6	0.41
	陕西	5 184	1 290.9	7.47
	甘肃	6 182	1 111.3	5.39
	青海	7 091	1 137.5	4.81
	宁夏	6 073	1 114.5	5.51
	新疆	6 644	1 288.5	5.82
西部平均		6 464.3	1 031.21	5.12
全国		6 470	1 789.8	8.30

从全国各地实施住房分配货币化的情况看，目前试行的单位主要集中在政府机关和事业单位，企业开展面较小。按照 1996 年的统计数，我国全部城镇职工总数 14 845.3 万人中，行政机关为 1037.6 万人，事业单位为 2635.4 万人，两者合计占全国职工总数的 25%，因只有房价收入比大于 4 的地区无房户和未达标户才可能进行住房补贴（这类区域约占全国省市 2/3），故实际能享受住房补贴的职工比例不超过职工总数的 15%。可见，在住房分配货币化的改革进程中，行政机关和全额预算的事业单位应先行一步，再逐步扩大范围，既便于操作，又可产生巨大的示范效应，有助于加快其他类型的事业单位和企业单位住房分配货币化的进程。

对于广大的国有企业，也可根据上述思想，结合企业不同的情况采取区别对待、分类指导的方针。那些经济效益好、住房补贴资金有保障的企业，同样可以先行一步，与机关单位的步调一致，实行货币化分配；反之，目前面临经济困难的企业和群体，一方面政府应考虑对其采取各种优惠政策，如减免税费、租金；另一方面，应放宽这部分企业住房分配货币化的时刻表，甚至允许他们用传统的老办法或其他过渡的办法解决职工的住房问题。

4.1.3 形式多样

在住房改革的实践中，我国已出现多种多样住房分配货币化的形式，这一局面在今后相当长的时期内还须延续下去，应逐步形成以住房公积金和住房补贴为主导，货币补偿为补充，多种形式并存的格局。

住房公积金作为一项义务性的长期储金，在新加坡的住房分配中已发挥了重要的作用。由于它同时涉及"新人"和"老人"，覆盖面远超过新一轮的"增量"改革对象，并已积累了较丰富的运作经验。在近几年的实践中，住房公积金在我国的部分城市也取得了很好的效果。北大、清华两校蓝旗营小区住房建设运用住房公积金贷款，解决了许多教师购房支付能力不足的燃眉之急，就是一个典型成功的实例，表明住房公积金的合理运用将

会带来显著的 社会和经济效应。伴随我国社会保障体系的逐步建立，虽然住房公积金的用途还可能进一步扩大，但在今后相当长的时期内，住房公积金仍将是住房货币化的主要途径。对此，政策设计的关键在于如何提高其交缴率和归集率，加强管理，使其真正有效地发挥货币化分配的作用。

在房价收入比超过 4 倍的地区，住房补贴已成为当前实施货币化分配的一种主要形式。作为一项"增量"改革，新的住房补贴将面对"增量"群体，因地区、城市、单位的客观条件所限，应该稳步推进，逐步扩大。从实践经验看，这项改革成败的关键是能否从当地具体情况出发，根据资金来源、住房消费水平、职工支付能力，兼顾地区社会经济发展的长远利益，实事求是地确定住房补贴的数量。为此，本项研究以全国的平均水平和指标为依据，试图就如何确定住房补贴提供一个方法思路。

1）一次性补贴

根据有关政策精神，普通职工的住房以一套 $60\mathrm{m}^2$ 的经济适用住房为标准，平均房价按每平方米 1111.4 元（本项研究测算的中值）计算，职工年均工资收入为 6470 元（1997年统计数），住房补贴额只考虑房价超过双职工家庭工资收入 4 倍的部分，则有

（1）每套经济适用住房售价 = 每平方米价格（元/平方米）×每套建筑面积

$$= 1111.4 \times 60 = 66\ 686\ （元）$$

（2）职工负担部分

= 平均工资×双职工家庭就业人数×房价收入比

$$= 6470 \times 2 \times 4 = 51\ 760\ （元）$$

（3）一次性补贴金额 = 每套经济适用住房售价 – 职工负担部分

$$= 66\ 686 - 51\ 760 = 14\ 926\ （元）$$

（4）补贴占房价比例 $= 14\ 926/66\ 686 = 22.4\%$

2）按月发放的住房补贴

设单职工现有工资收入为 6470 元，年补贴额为 X，补贴后双职工家庭年工资收入为 2（6470 元 + X），经济适用住房总价为 66 686 元，房价收入比为 4∶1，并假定今后职工收入和房价呈线性递增关系，以静态方式计算职工每月应得的住房补贴，则：

$$4 = 66\ 686\ 元\ /2(6470\ 元 + X)$$

$$X = 1866\ 元$$

$$月补贴额 = 1886\ 元\ /12\ = 157\ 元$$

从以上分析可以看出，实行住房分配货币化后，平均一次性补贴额约为 1.5 万元，占总房价的 22.4%，每个职工平均按月得到的住房补贴为 157 元，对有稳定资金来源、经济效益较好的企事业单位，应该说是可以承受的。但对某些房价收入比高的城市和地区，如北京、广东来说，这笔补贴金额要比全国平均数高得多，具体如何确定还要考虑各单位的承受能力，否则欲速而不达。一般双职工家庭要从多年的收入积累中拿出 5 万多元购房（某些地区还要远高于此数），也不是一件易事，要实现居者有其屋的目标，还要辅以住房公积金及金融上的支持。

借货币还迁作为城市建设过程中的一种拆迁方式，克服传统拆迁方式导致安置用房不断进入福利住房体系，政府和企业包袱日益加重的弊端，使一大批拆迁户获得货币补偿，

从而购买自有住房，直接进入商品住房市场，实现了住房分配货币化。按照我们以往的研究结果，住房安置费用在城市危旧房改造中将占到30%～50%的比重，实施货币还迁之后，整个开发成本将明显降低，相应比例也有所减小，极大地加快了城市更新改造的进程；此外，在天津市芥园西道的货币还迁试点中，$10m^2$ 的一间住房可得到4.2万元的补偿，而购买一居室的单元住宅，住户要再添2万～3万元，照此推算，仅货币还迁方式的实施，就能使国家、企业投入的资金带动 $1/2～3/4$ 的社会投资，这对现阶段扩大内需、促进投资和经济增长意义重大。据统计，我国现有3000多万平方米的危旧住房亟待改造，城市基础设施改造的规模也很庞大，实行货币还迁政策，将住房实物安置转为货币补偿，作为住房分配货币化方式的必要补充，既加快城市建设与发展的进程，也促使拆迁居民走入住房市场，克服了以往拆迁的住房越多、滚入老体制的住房数量越多的矛盾，从而带来难以估量的经济和社会效益。

4.1.4　综合配套

住房分配货币化主要是从住房的需求和分配层面入手，改变旧有的体制，促使住房资金的良性循环。但是，决定住房分配货币化能否顺利推行，与住房供应、住房金融、住房市场机制乃至社会保障体系都有着极其密切的关系。因此，新一轮房改需要全方位、多方面的配套政策支持，包括以经济适用住房为主体、面向不同收入阶层的多层次住房供应体系；培育完善、规范的住房市场；涵盖政策性和商业性贷款、保险等内容的金融配套支撑体系；产权明晰、二级市场活跃及社会化、专业化的住房市场服务体系；建立可靠的社会保障体系；实行将住房消费理入职工收入的工资改革。

4.2　机制转换过程中的过渡政策

在机制转换的过渡期，新旧体制的并存，新房、新人与老房、老人的交叉，各种利益集团的矛盾冲突，这些客观存在的现象都预示着住房分配货币化是一个长期的、复杂的、渐进的过程。实践表明，要处理好上述方方面面的关系，仅仅制定一步到位的政策是不够的，还应制定一系列过渡性的政策。以保障住房制度改革的可持续性和社会发展的稳定性。当前有必要保留和推行的主要过渡政策有两个。

4.2.1　单位集资建房

针对家庭不同的收入状况，我国提出了商品房、经济适用住房、廉租房的供应分配体系。这一政策实施的主要难点是：停止实物分配后，仍有许多家庭无力购买经济适用房，这种状况既存在于房价收入比高的地区，也出现在经济困难的企、事业中。而单位集资建房，由于房价普遍低于经济适用住房，从而为广大职工所接受。北大、清华两校在蓝旗营集资建房就是其中一例。北京目前区位条件稍好的经济适用住房售价每平方米4000元，包括高等学校教师在内的一般工薪阶层难以承受；蓝旗营住宅小区采取国家、单位、个人各分摊房价 $1/3$ 的办法，购房职工每平方米负担1800元，且可享受住房公积金贷款，因而购房者十分踊跃。据天津市调查，当地居民购房的支付能力是每平方米2000元以下的住房。可见，在我国东部地区的大城市中，一些区位条件尚可的经济适用住房的价格，对一部分居民来说仍是一个难以逾越的障碍。因此，某些无力发放住房补贴的企业，在符合城市规划的条件下，利用自己的土地集资建房，解决职工住房的燃眉之急，也是必要的。

总之，今后一段时间，完全有必要保留集资建房的分配方式。但是，为了有利于向货币化的分配方式过渡，今后集资建房应该逐步减少国家、单位的实物补贴的比重，并将这部分补贴转化为货币补贴，相应提高房价，直到与经济适用住房完全接轨。

4.2.2　公房出售、入市

我国城市存量住房中，大约还有一半在单位手中。实践表明，只有将单位的住房通过出售的方式转化给职工自有，并允许这些旧房进入二级、三级市场，才能建立完善的住宅市场体系。其优越性不仅可以使单位彻底与旧的分配体制脱钩，而且可以使职工、家庭在市场上有更多的选择范围，如货币补贴后买不起新房的家庭可以卖旧房；希望扩大住房面积的家庭可以卖掉旧房、添补资金购买更大的住房。

值得注意的是，以往公房出售的价格虽考虑了房屋的新旧、楼层等因素，但忽略了对房价具有重要影响的区位因素，以致公房入市后，会出现极不公平的现象，其中大城市尤为明显。假如北京某单位同时将市中心和位于城市边缘的面积相当的公房以成本价售给工龄相同的职工，按老办法这两类住房相差无几。问题在于，一旦公房入市后，市中心的每平方米房价高达 8000 元以上，后者不到 4000 元，职工之间的收益相差 1 倍以上。为了弥补这一缺陷，今后公房出售的成本价应适当考虑区位条件，尽量使公房的售价与市场状况一致。

此外，机制转换期间的过渡政策和措施还有：合作建房，增量住房租售并举，逐步提租和提高公积金的比例，对特别困难的企业、家庭实行降息或无息贷款等。

参 考 文 献

蔡宇平 . 1998. 居民储蓄超常规增长的原因分析 . 经济评论，6：27 - 29

程新生 . 1998. 广州市测定住房补贴标准的思路 . 住宅与房地产 . 5：4 - 7

耿庆海等 . 1997-12-12. 山东省委常委扩大会议提出加快住房制度改革建立住房新体制 . 载中国建设报

国家统计局 . 1998. 中国统计年鉴 1998. 北京：中国统计出版社

何伟，韩志国 . 1995. 分配经济学 . 北京：中共中央党校出版社

厉以宁 . 1997. 国民经济管理学 . 石家庄：河北人民出版社

李晓超 . 1999. 居民消费：1999 年宏观经济调控的着力点 . 中国财政，3：33 - 34

李琨 . 1998. 关于建立住房金融体系的思考与建议 . 经济改革与发展，8：31 - 36

刘志峰 . 1998. 刘志峰在部分省、市贯彻《国务院关于进一步深化城镇住房制度改革，加快住房建设的通知》座谈会上的讲话 . 中国房地产，12：4 - 8

上海公积金管理中心 . 1996. 上海公积金运营和管理 . 上海：上海科学普及出版社

田耀东，施振国 . 1998. 天津危改的货币安置，北京房地产，1

王育琨 . 1996. 中国城市住房制度改革理论研究评述 . 天津：天津人民出版社

张建 . 1998. 穗深两市住房货币化分配方案的比较评析 . 住宅与房地产，9：15 - 17

城市化与住房问题[*]

摘要： 本文运用大量的数据和资料并借鉴国外的经验，分析了中国的城市化与住房的相互关系，最后得到以下结论：①住宅的发展规模和居住水平与城市化的程度密切相关；②当我国人均居住面积实现 $9m^2$ 小康水平之后，住宅建设要从以追求数量、面积的导向转为以提高质量和改善住区的环境为主，以实现住宅的可持续发展；③受城市化和经济发展地域差异的影响，中国的住宅投资和消费水平也具有明显的东西差异与南北差异。

关键词： 城市化；居住水平；地域差异；有效需求

如果说，20 世纪大部分资本主义国家已进入了高度城市化的阶段，基本上完成了城市化的过程；21 世纪城市化的主角将是包括中国在内的一大批发展中国家。正因如此，1996 年在伊斯坦布尔召开的联合国第二届人类住区大会，将"人人享有适当的住房"和"城市化进程中人类住区的可持续发展"列为最重要的两个议题。

城市化与住房之所以成为一对孪生的"兄弟"，因为住房既是城市最重要的功能要素，同时又是城市居民必不可少的、最昂贵的生活资料。城市化促进大量的农村人口向城市集聚，同时也意味着要为他们建造相应的住房，最终结果必然是加速了城市的发展和住房消费。从某种意义上讲，一个国家和地区的住房市场潜力，很大程度上取决于城市化水平的高低。

1. 城市化与住房建设

从世界范围看，与工业化几乎同步的城市化大约经历了 150～200 年的时间，中外学者普遍认为整个城市化的过程可划分为三个阶段：①初期阶段：一方面，随着工业在城市的集聚，城市的数量和人口规模逐步增加，由于城市化增速较慢，城市人口的基数低，城市住房的压力不是很大；另一方面，较低的经济发展水平和城市物质基础，决定了大多数居民只能生活在较差的住区环境当中；②加速发展阶段：当一个国家和地区的城市化水平，即城市人口占总人口的比重达到30%之后，因工业化和经济发展已打下一定基础，受其惯性的推动，城市化的水平在短期内迅速提高，城市的数量和人口急剧增加，大城市骤然膨胀，对于突如其来的人口浪潮，城市的建房速度远远落后于城市人口的增长速度，从而出现住房紧缺的状况；③后期阶段：其主要标志是，城市化水平超过70%之后，城市人

---

* 董黎明．2001．城市化与住房问题．国外城市规划，3：21－24

口的增长速度趋缓，大城市中心区的人口向郊区扩散，出现所谓"郊区化"现象，工业对城市化推动的主导作用已被第三产业取代，整个区域形成大、中、小城市密切结合、联系紧密、分布有序的城镇网络。经过长期的建设积累，此期的城市已具有丰富的物质基础和很高的经济水平，住房的主要问题已由数量不足转化为社会问题。

以上分析表明，城市化发展的不同阶段，住房问题表现的形式不完全相同，住房矛盾的尖锐程度也不一样。从总体上看，城市化加速前后的一段时间住房问题最为突出。这一点可从中国城市化的过程中印证。

从新中国成立至今，我国的城市化已经历半个世纪。前 30 年由于政治因素的影响，无论工业化和城市化，大多数时间都处于曲折、迂回状态，1949 年全国城市化水平只有 10.6%，经过近 30 年的发展，1977 年仅达到 17.6%，城市化水平年均提高 0.25 个百分点，低于同期世界年均提高 0.34 个百分点的水平。与城市化的进程相比，在传统的计划经济和住房实物分配的体制下，住房建设的速度似乎比城市化的速度还要缓慢。从 1950 ~ 1975 的 25 年间，全国住宅竣工面积只有 4.4 亿 m^2。同期新增加的城市人口约 1.1 亿人，平均每人占有住宅增量建筑面积 4m²，折合居住面积人均只有 2m²，以致我国城镇居民的人均居住面积非但没有增加，反而由新中国成立时的 4.5m² 下降到 3.6m²。

需要指出，计划经济体制虽然对住房的建设速度和人均住房水平有一定影响，但并不是导致中国人均住房面积下降的主要原因。前苏联同样实行计划经济，人均住房面积随着经济发展和城市化水平的提高仍在缓慢提高。中国住房建设远远滞后于城市化的发展，主要受"先生产，后生活"、"先治坡，后治窝"的极左路线影响。如果没有一系列"运动"的干扰，即使按 20 世纪 60 年代中国城市规划偏低的指标——人均居住面积 6m² 作为计划经济时期住房建设的目标，这一阶段中国住宅竣工面积累计至少应达到 14.8 亿 m^2；换言之，到改革开放前夕，中国住房建设累计"欠账"约 10 亿 m^2，这个沉重的负担无疑增加了改革开放后中国住房建设的压力和住房问题矛盾的尖锐化。

改革开放以来创造的良好的投资建设环境，不仅全面推进城乡经济的发展，而且也加快了中国城市化的进程。在此后的 20 年间，全国城市化的水平由 1978 年的 17.9% 提高到 1998 年的 30.1%，平均每年增加 0.6 个百分点，而同期世界城市化的水平平均每年只提高 0.25 个百分点，城镇人口由 1.7 亿增至 3.81 亿人，平均每年净增 1000 万人，而 1949 ~ 1977 年平均每年城镇人口净增 380 万。以上数字表明，中国城市化的加速阶段实际上从 20 世纪 80 年代就开始了。对于突如其来的城市化浪潮，中国住房建设经受的压力远远超过其他国家。除此之外，本阶段中国城镇人口又净增了 2 亿人，几乎等于美国的人口总和。如果住房建设再滞后于城市化的速度，极其尖锐的住房问题将成为中国城市化最大的障碍（表 1）。

表 1　中国城镇人口占总人口的比重

年份	1949	1957	1965	1977	1980	1990	1995	1998
城市化水平/%	10.7	15.4	18.0	17.6	19.4	26.4	29.0	30.1

资料来源：根据国家统计局的资料汇编。

值得庆幸的是，经济体制和住房制度的改革，不仅使住房建设的投资由过去国家包下来的单一渠道演变为多元化的投资渠道，从而增加了住房建设的资金来源；住房由传统的实物分配制转变为货币化分配的改革，逐步将住房推向市场，从根本上促进了住房的消费，因此中国住房建设的步伐比城市化走得更快。据统计，新中国成立以来中国城镇新建的住房面积超过 40 亿 m²，其中 1979 年以来建设的住房累计达到 34.75 亿 m²，相当于前 30 年住房建设总量的 6.6 倍。从每年住宅的竣工面积分析，20 世纪 80 年代平均每年竣工量为 1.3 亿 m²，1991～1995 年为 2.1 亿 m²，1996～1998 年虽然受到世界金融危机的影响，但平均每年住宅的竣工面积达到 3.2 亿 m²。如果按每人居住面积 9m²（建筑面积 18m²）计算，目前中国每年建设竣工的住房可供近 1800 万城镇人口居住，这对世界任何一个国家来讲，都是一个奇迹（表 2）。

表 2　中国的住房建设量

年份	1950～1965	1966～1975	1976～1985	1986～1995	1996～1998
累计竣工面积/亿 m²	2.6	1.8	9.2	16.9	9.6
年均竣工面积/万 m²	1 746	1 800	9 153	16 895	32 000

资料来源：建设部.1997.《住区与发展》，中国建筑出版社；1996 年以后的数据来自国家统计局。

现在需要探讨的问题是：在 21 世纪初，中国住宅建设是否有必要仍然保持超前发展的速度？住宅建设选择何种速度和规模才能满足城市化的要求？要回答这个问题，必须进一步分析中国住房建设的标准、居住水平和居民的有效消费需求。

2. 城市化与居住水平

居住水平是衡量居民生活水平的重要标志，也是住区物质环境的综合反映。与城市化水平类似，居住水平有许多评价指标。为了便于比较，本文多采用人均居住面积、人均使用面积或人均居住建筑面积三项指标。

从世界范围看，居住水平的高低与一个国家、地区的国民收入和城市化水平密切相关。在城市化初期，只有将资金用于扩大生产才能满足大量乡村人口进城寻找工作的需求。加上资金积累有限，城市物质基础薄弱，政府建房资金贫乏，无力大量建房，以满足城市人口不断增加对住房的需求。再从住房消费分析，由于城市化起步阶段经济发展水平和工资低，居民收入中一半以上用于食品消费，即使市场上有足够的住房，也没有相应的住房消费有效需求。因此，从整体上看，城市化水平低的国家、地区，城市的居住水平必然也低。反之，经过长期工业化、城市化的积累，不仅为城市创造雄厚的物质基础和经济基础，由于居民收入水平相应提高，也扩大了住房市场的有效需求，加上城市人口膨胀的压力已基本消失，城市的居住水平必然会比城市化的初期大为提高。这一基本的规律可从以下统计数字得到印证。

联合国 1990 年曾对世界 52 个国家的城市进行一项住房调查，根据收入状况可将这些国家分为 5 组，即：①低收入国家，共 10 个，人均 GNP 低于 500 美元；②中低收入国家，有 10 个，人均 GNP 为 570～1260 美元；③中等收入的国家，11 个，人均 GNP 为 1420～2560 美元；④中高收入国家，9 个，人均 GNP 为 2680～11 490 美元；⑤高收入国家，12

个，人均 GNP 为 16 100 ~ 26 040 美元。鉴于经济水平于城市化水平高度相关，统计数据表明，这 5 组人均收入不同的国家也反映出城市化水平由低到高的差异（表 3）。

表 3　不同收入国家（地区）的居住水平

收入水平	人均居住使用面积/m²	每间房屋人数	永久性的居住建筑结构的比例/%	自来水入户的比例/%
低收入国家	6.1	2.47	67	56
中低收入国家	8.8	2.24	86	74
中等收入国家	15.1	1.69	94	94
中高收入国家	22.0	1.03	99	99
高收入国家	35	0.66	100	100

资料来源：United nations Centre fo Human Settlements，1996.

从表 3 可知，低收入国家无论人均居住使用面积、每间房屋人数、永久性的居住建筑结构和自来水的入户率都处于最低的水平；该组的人均住房使用面积只有 6.1m²（居住面积 4.6m²），只及高收入国家的 1/6，其中该组的孟加拉国（达卡），人均使用面积仅有 3.7m²，国家人均 GNP 为 200 美元，全国城市化水平 16%，这 3 项指标在调查的 52 个国家中，又属水平最低的国家之一。相比之下，高收入国家的各项反映居住水平和居住质量的指标均是最高的，其中美国（华盛顿）人均使用面积 68.6m²，每人拥有 2.5 间房屋，居住水平列各国之首。当然，调查中也有个别例外。例如，人多地少的香港和日本（东京）都具有较高的经济水平和城市化水平，但人均住房的使用面积分别只有 7.1m² 和 15.8m²。看来，除了经济发展和城市化水平两个重要因素外，土地的供给状况和地价水平也是影响居住水平的一个不可忽视的因素。

中国的情况全球城市化的发展趋势基本一致，但最近的住宅建设的发展势头和建设标准值得研究。如果用人均居住面积作为衡量居住水平的数量标准，新中国成立以来的前 30 年人均居住面积长期徘徊在 4m² 左右。从 20 世纪 80 年代开始，由于住宅建设的增长速度超过城市化的发展速度，全国人均居住面积以每年平均净增 0.28m² 逐年稳步上升，1990 年增至 6.7m²，这个水平折合为使用面积（8.9m²）已达到中低收入国家的居住水平。为此，中国政府在联合国第二届人类住区大会上提出："到 2000 年，全国城镇每户居民有一处住宅，70% 的家庭能居住一套使用功能基本齐全的住宅，人均居住面积达到 9m²。"这个小康目标，到 1998 年已提前实现。统计显示，1999 年中国城镇人均居住面积已达到 9.6m²，1995 ~ 1999 年均增长 0.43m²/人。

如果按当前城镇人均居住面积每年净增 0.4m² 的速度发展，中国在 2005 年之后，城镇居住水平就可超过中等收入国家 20 世纪 90 年代的平均水平；2020 年中国城镇人均居住面积将达到 17m²，已超过中高收国家 20 世纪 90 年代的居住面积，这显然是一个超前、超常规的发展速度。种种迹象表明，住宅建设超常规发展的势头仍有扩大的趋势。例如，1999 年全国住宅施工的面积已达到 6 亿 m²，而且住房建设标准越来越高，每套住宅的建筑面积越来越大，虽然国家对每套住宅的建设标准控制在 60m² 以内，但 1996 年竣工的商品住宅平均每户已超过 80m²，现在连经济适用住房的主要户型，也突破 90m²，商品住宅则达到 90 ~ 120m²。单纯按面积计算，当前中国住宅的建设标准已超过中高收入国家的居住水平，甚至已接近高收入国家的居住水平。

中国城镇人均居住平均面积的迅速提高，从解决住房问题来说是一件好事；住宅建设适当超前也符合住房消费的特点。但也要清醒地认识，按人均 GNP 和城市化水平计算，中国与亚洲的一些欠发达国家处于同一个档次（表4），如果过分强调扩大居住面积，住宅建设投资明显超越城市化和经济发展的阶段，将会给城市的发展带来许多后遗症，从可持续发展的观点分析，住宅建设要保持长期的高速发展也是不现实的。

表4　某些亚洲国家的城市化与住房面积（1990 年）

国家	中国	印度	孟加拉	巴基斯坦	泰国	印尼
城市化水平/%	26.4	27	16	32	23	31
人均 GPT/美元	370	350	210	380	1420	570
首都人均住房使用面积/m²	9.34	8.6	3.7	7.1	16.48	10.17

资料来源：同表3，作者对中国的城市化水平作了修正。

首先，根据中国有关部门预测，2010 年中国城市化水平将达到 45%，即全国有 6.3 亿人口在城市中生活。与 1998 年相比，城镇人口净增 2.5 亿，按人均居住面积 14m²（建筑面积 28m²）计算，要新建住宅 70 亿 m²；原有居民（3.8 亿）人均居住面积增加 5m²（建筑面积 10m²）需增加住宅面积 38 亿 m²；考虑每年有 1 亿 m² 的拆旧盖新，此期还要增加 12 亿的新住宅。以上 3 项相加，1999 ~ 2010 年，中国要新建住宅 120 亿 m²，即每年建 10 亿 m² 才能保持人均居住面积净增 0.4m² 的发展速度，这样的规模已超越了中国现阶段投资建设的承受能力。

其次，从住宅市场的有效需求分析。进入 21 世纪后，由于实行住房货币化分配，购房的主体已由单位转变为个人，新建住房能否被消化直接取决于家庭的收入和金融的支持。如果按静态的计算方法，当前我国商品房均价 1700 元/m²，经济适用住房均价 1100 元/m²，两者的建设比例为 3:7；到 2010 年，若城镇居民欲购买所有新建的住房需累计支付 15.34 万亿元。实际上，中国城乡居民银行存款总额只有 7 万亿元，即使按很高的比例取出其中 1/2（3.5 万亿元）作为首付款，余下 70% 靠银行贷款（8.2 万亿元），他们也无力购买如此巨量的住房。其结果，必然导致大量住房的空置。

还要看到，中国是一个人多地少的国家，土地资源十分有限。21 世纪初如果按每年 10 亿 m² 的住宅施工面积，平均容积率 1 供应土地，仅住宅建设一项每年就要占地 1000km²（150 万亩）。一般情况下居住用地占整个城市建设用地 1/3 左右，则中国城市建设用地每年达 3000km²（450 万亩），远远超过 1992 ~ 1994 年中国用地高峰年均 369 万亩的水平。可见，过快地增加居住用地背离了中国的土地政策。

在土地投放量有限的情况下，中国大陆能否走香港发展高层住宅、提高容积率的道路呢？笔者认为，香港的土地利用方式是一个特例，目前大陆土地资源状况尚未达到香港极度紧缺的程度，没必要普遍发展高层住宅；加之提高层数后涉及配置电梯等一系列设施，既增加建筑成本和售价，同时也提高了物业管理的费用，中国大多数城镇在经济上力不从心，无法效仿。至于依靠增加建筑密度、压缩住宅间距或发展无电梯的小高层（7 ~ 12

层）的方式来提高土地使用强度的方式更不可取，这种办法虽然可暂时提高人均居住面积，却牺牲了整个住区的环境质量，最终导致居住水平的下降。

3. 城市化与住宅业的地域差异

中国地理条件的巨大差异和经济发展的不均衡性，是导致城市化水平和住宅业发展空间分布不均衡的重要原因。这种现象既反映为东、中、西之间的差异，同时还有南北之间的差异。充分认识这一特点，对于制定住宅开发和分配的区域政策、特别是实施中国西部大开发战略具有重要的意义。

受自然、经济、科技文化和区位条件等多种因素的影响，中国东西之间至今在经济和城市发展等方面仍存在明显的差异。东部沿海地区虽然国土面积只占全国 13.6%，由于人口密集，经济发达，1996 年 GDP 的比重占全国 64.2%，工业产值占全国 69.7%，分别为西部地区的 5.8 倍和 8.5 倍。受经济发展的影响，东西部城市的发展同样很不均衡，从空间分布看，中国东部每万平方公里拥有城市 2.27 个，中部地区 0.87 个，而西部地区仅为0.22 个，东西之间相差 10 倍以上，建制镇的密度相差 8 倍。更重要的是西部地区缺乏像上海、北京、天津、深圳、大连、广州那样实力雄厚、辐射力强的中心城市，也就难以带动整个区域城乡经济的发展。中部地区的情况则界于东西之间。中国南北之间差异主要表现为经济结构和效率的差异。在计划经济时期，中国的东北、华北均为国家工业发展的重点地区，在工业化的推动下，城市化具有很高的水平。20 世纪 90 年代中期，东北与华北的城市化水平分别达到 48% 和 33.4%，超过全国平均水平。1999 年中国百万人以上的大城市共 37 个，东北、华北就分布有 15 个，占全国 40.5%。但在中国进入市场经济之后，由于北方城市的产业结构普遍偏重工业，生产设备老化，大量产品缺乏销路，其经济增长速度、生产效益远不及我国南方广东、江苏、浙江、福建等沿海城市。以上原因，无疑对我国的房地产业和住宅业的发展具有重要影响（表5）。

表5　中国东、中、西地区房地产业发展的基本状况

地区	城市人口/%	住宅投资规模/%	利用外资/%	房地产开发公司数量/%	商品房平均价格/（元/m²）
全国	100	100	100	100	1667
东部	46.4	78.2	89.5	66.4	1902
中部	32.5	12.9	6.1	20.8	1011
西部	21.1	8.9	4.4	12.8	1013

资料来源：根据全国房地产开发统计年报（1996）整理。

从表5可以看出，中国房地产和住宅业的东西差异甚至比城市化的差异还要突出。中国东部的城市人口不到全国 1/2，但住宅的投资和利用外资的数量分别占全国 78.2% 和89.5%，在东部地区住宅的投资又主要集中在上海、北京和广东，仅 3 省市的投资额就占了全国的 43%，而中西部 19 个省、市、区的总投资只及上海一个市的水平。这种过于集中的投资趋势如果继续下去，将进一步拉大东西部之间的差距，不利于实施西部大开发的

战略。

从住房的有效需求分析，中国沿海地区城镇职工工资收入同样也高于中西部地区。如果考虑工资以外的收入，中国职工实际收入的地区差异还会更大。鉴于沿海与内地商品住房的单价不同，1997 年中国商品房平均价格 1790 元，最高的北京每平方米达到 5478 元，超过 2000 元的省市还有广东、上海、海南和天津，而内地商品房的平均价格只有 1100 元 /m^2 左右，其中江西、河南、内蒙古、贵州、安徽、湖南等省、区不到 1000 元。其结果，中国沿海地区的房价与家庭工资收入比反而普遍高于中西部地区。如果按双职工家庭购买一套 60m^2 的商品房考虑，中国东部沿海地区除浙江、广西、江苏、山东外，共有 8 个省、市房价收入比超过 6，其中北京高达 14.9；反观中西部地区，在 19 个省级单位中，就有 15 个房价收入比低于 6。其中江西只有 4.3，青海 4.8。按中国住房分配货币化政策，职工住房补贴的范围是房价收入比超过 4 的部分。由于中国东部沿海地区房价收入比普遍高于中、西部地区，其职工享受的补贴反而超过经济欠发达的内地，显然是一种错位的、不利于内地住宅商品化的政策。究其原因，我们现在计算房价收入比时只计算职工的工资收入，而忽视了职工工资外收入。实际上中国沿海地区因商品经济发达，职工就业和从事第二职业的机会要高于中、西部地区，因其额外收入高，购房的支付能力自然就高。可见，只有将这部分收入计入家庭收入房价比，才能反映中国住房状况真实的地区差异，并制定出更合理的住房政策。

4. 结　语

城市化既是推动住宅发展的重要因素，也是产生住宅问题的重要根源。从可持续的发展观看，一个国家和地区的居住水平总是与其经济水平和城市化的阶段相一致的，否则就会引起各种经济关系和市场的失衡。因此，中国的住宅发展和建设规模也应符合现阶段的国力和居民的消费能力。21 世纪初中国平均每年进入市场的住宅保持在 5 亿～6 亿 m^2、即 800 万～900 万套的规模，有利于经济、社会、环境的协调发展。

在逐步提高中国人均居住面积的同时，当前更应强调提高居民的生活质量。21 世纪初的住宅和住区的规划设计，要避免相互攀比、盲目扩大建筑面积的倾向，应该把建设的重点放在小区居住环境，即开敞空间、绿化、基础设施配套和社区管理服务等方面，这才是提高中国的城市化的质量和居住水平的关键。

鉴于中国房地产和住宅的发展存在较大的地域差异，而中西部地区的住宅市场又有较大的发展潜力，今后中国制定的相关政策应以逐步缩小东西之间的差距为指导思想，不仅要积极引导各类企业投入内地住宅与房地产的开发，同时还要为培育该区的住宅市场创造更宽松的环境。

Abstracts: On the base of analysis of the relative date and experiences of foreign countries, the article analyses the relationship between China's urbanization and its housing market.

Keywords: urbanization; resident level; regional difference; available demand

参 考 文 献

包宗华 . 2000. 21 世纪上半叶我国住房建设和改革展望 . 中大房地产信息，3：6-8

成思危 . 1999. 中国城镇住房制度改革——目标模式与实施难点 . 北京：民主与建设出版社

胡兆量，王思涌，韩茂莉 . 1997. 中国区域经济差异及其对策 . 北京：清华大学出版社

建设部外事司，房地产业司 . 1997. 住区与发展 . 北京：中国建筑工业出版社

林志群 . 1993. 建立监控世界各国住房活动的综合指标体系——联合国"住房指标调研项目"成果简介 . 城市规划科技情报专题资料

张开济 . 1998. 香港模式是北京住宅建设发展方向吗 . 建筑学报，9：8 – 11

中国科学院南京地理研究所 . 1999. 中国城市发展报告 . 北京：社科文献出版社

United nations Centre for Human Settlements. 1996. An Urbanizing Worcol-Global. Report on Human Settlements 1996. UN-HABITAT

申奥成功与北京房地产业的发展[*]

2001 年 7 月 13 日对中国人民来说是一个难忘的日子，北京以绝对优势夺得了 2008 年奥运会的主办权。北京的申奥成功，无疑给城市和产业的发展带来了新的机遇。大量的信息、报道表明，早在今年上半年，众多的房地产开发商已提前将目标瞄准了北京，全市 6 月底累计新开工的住房面积已达 841 万 m^2，几乎比去年同期 453 万 m^2 的开工面积翻了一番。与此同时，北京的房价也以惊人的涨幅攀升。国家统计部门对全国 35 个城市的房地产市场进行的调查显示，今年二季度以来，商品房价比去年同期上涨 2.4%，而北京同期的涨幅高达 25%，为全国之首。商品房的平均价格达到 4771 元/m^2，高出全国均价（2304 元/m^2）一倍以上，房价之高，也居全国首位。

首都的特殊地位、居高不下的房价形成巨大的利润空间，再加上千载难逢的举办奥运会的机遇，将北京的房地产业推向了一个新的发展高潮。随着北京房地产业的急剧升温，自然会引起人们的思索：按这样的趋势发展下去，会不会重犯 20 世纪 90 年代初我国"房地产热"和"开发区热"盲目开发、结构失衡、规模失控的错误？从现在到 2008 年，北京的住房价格会不会持续上扬？要回答上述问题，还要从分析奥运对北京房地产发展的影响入手。

1. 奥运会给北京房地产业提供了新的发展机遇

根据国外若干城市的经验，奥运会对举办城市房地产业的发展可分为直接影响和间接影响。总体上看，间接影响比直接影响大得多。

1.1 直接影响

（1）为了迎接世界级的盛会，世界上除个别城市之外，历届获得举办奥运会资格的城市毫无例外都要大兴土木，建设大量的奥运场馆、奥运村，改善城市基础设施。同样，在 2008 年之前，北京需要建设 19 个新的运动场馆和为运动员集中居住的奥运村。其中，占地面积 35.5hm²、建筑面积 47 万 m^2 的奥运村与房地产开发有直接关系。根据计划，奥运会结束后，为运动员和官员建造的公寓将改变为高档次的社区，公开出售，与此配套的地下车库、餐厅、医疗中心、娱乐休闲等设施也属于社区的重要组成部分。毫无疑问，奥运村将成为带动周围房地产开发最亮丽的新星。

* 董黎明 . 2001. 申奥成功与北京房地产业的发展 . 中国经济论坛，10：74 – 78

（2）奥运期间，将有数百万来自全国和世界各地的观众云集北京，为了解决这部分人的食、宿问题，需要增加一些中、高档的旅馆、酒店。从现有的接待能力看，由于北京是全国最大的旅游中心和国际交往中心，已拥有档次比较齐全、数量众多的服务设施。目前，北京星级以上的饭店 392 家，客房 8 万间；此外，还有大量中、低档的旅馆、招待所供广大游客选择。上述设施已能满足奥运会的住宿要求。即使这样，仍计划 2008 年再增加 5 万间星级客房，连同附属设施，新建星级饭店的面积估计达到 150 万 m^2。

1.2 间接影响

早在北京申奥成功之前，首都的一位出租车司机曾对一位外国记者宣传：如果 2008 年奥运会在北京举办，北京将会加快城市建设和旧城改造的速度，北京人的居住条件会得到很大的改善。这一简单、朴素的语言，揭示了奥运会对北京房地产发展的间接影响。仔细分析，奥运会对北京房地产的间接影响有以下方面。

首先，在世界上北京已是一个相当知名的历史文化名城，目前每年接待海外游客超过 200 万人，旅游收入也位居全国首位。但是，与东京、巴黎、纽约、伦敦相比，北京要成为一个真正的国际性大都市，还有一定的差距。北京申奥取得的胜利和 2008 年在此举办的奥运会，再加上中国即将加入 WTO 的有利因素，这两笔巨大的无形资产，将使北京成为世界的焦点，进一步缩短其国际化大都市的进程。随着北京城市地位的变化，今后不仅会增加更多的海外游客，继续扩大旅游产业，也吸引大量海外金融、贸易、企业进入北京，从而扩大了旅馆、酒店、写字楼、高档公寓的需求。

其次，为了保证奥运期间城市交通的顺畅，为运动员和观众提供清洁、优美的环境，北京市计划投入 1800 亿元改善城市的基础设施和环境质量。众所周知，交通与环境是一个系统工程，其影响不仅仅局限于特定的范围，也会波及整个城市。例如，北京四环路的修通，不仅改善了沿路的交通状况，同时也将行驶在三环、二环的车辆分流到这条新的道路，减轻了原有道路的交通压力。根据规划设想，到 2008 年，北京的轨道交通将由现在的 2 条线路增加到 7 条，总长度 191.9km，以奥运为契机的快速交通系统的建设，将使北京任意两点间的通达时间缩短到 70min 以内。此外，北京还要新建 12 个污水处理厂，污水处理率达到 90%；"绿色奥运"工程的实施，将使远郊区的绿化覆盖率上升到 70%。总之，首都整体基础设施和环境质量的改善，为房地产业全方位的开发和再开发打下坚实的基础，这意味着未来新的房地产项目不一定都要云集在奥运村周围，在基础设施的辐射范围内，其他地区也有广阔的开发空间。

当然，由于亚运村以北是奥运工程，基础设施、环境工程集中建设的重点地区，在此开发的房地产项目"近水楼台先得月"，受益面最大。1990 年北京举办亚运会，北四环、中轴路等基础设施的建设，造就了一个建筑面积达数百万平方米的新型亚运村，就是一个很好的例证。同样，通过新一轮奥运基础设施建设的带动，将会形成一个规模更大、品位更高的奥运村。具体来说，为了把奥运中心的十多个比赛场馆与西北的高校、风景区的运动设施连接起来，今后将由四环、五环、轻轨、地铁和快速路构成一个高效的奥运交通系统，随着通达度的提高、环境质量的改善，上述交通线附近的房地产项目将成为新的消费热点。根据一些新闻媒体的报道，北京申奥成功两天内，亚北区的房价迅速上涨，涨幅达

$100 \sim 200$ 元/m^2，同时还掀起了一股销售热，倚林佳园两天预定了 100 套，深蓝华亭声称一天卖出了 138 套房。

最后，举办奥运会，还会给国家和城市带来可观的经济收入和就业岗位。例如，1988年的汉城奥运会，使当地扩大了 33.6 万就业人数；在 1992 年的奥运会带动下，巴塞罗那的地产工程量增加了 23%，酒店项目上升 5%，办公楼提高 12%；2000 年的悉尼奥运会，为其增加了 10 万个就业岗位，同时房地产的价格也上涨了一倍。借鉴国外的经验，北京的奥运工程也会拉动经济的发展，扩大建筑、房地产、旅游等行业的就业机会。

2. 奥运不能根本改变北京房地产的供求关系

在市场经济中，房屋作为一种特殊的商品，其发展速度和规模，很大程度上受供需关系的制约。近年全国和北京的房地产发展走势表明，当房地产的供求关系协调时，房地产也将进入健康、可持续的发展轨道；反之，供求失衡，如有效需求不足，房屋供过于求，就会导致房地产发展疲软，大量房屋空置，若供不应求，又会使房价攀升，直接损害消费者的利益。

影响房地产供求有诸多因素，那么，从 2001～2008 年这段时间内，奥运能否成为扩大房地产需求的决定性因素呢？从下面提供的数字可以看出：前面已提及，举办奥运直接需要新建的公寓、饭店加起来只有 200 万 m^2，目前北京每年新开工的商品房约为 1200 万 m^2，其中商品住宅 900 万 m^2，如果未来 7 年新开工的商品房规模不变，商品房的总开发量 8400 万 m^2，两者相比，奥运商品房开发量仅占北京 7 年预计开发总量的 2.4%，可见，过分强调奥运对北京房地产需求的拉动作用是不切实际的。开发商如果对此缺乏清醒的认识，乘奥运之机一哄而上，盲目开发，人为增加房屋供应量，就会重蹈 20 世纪 90 年代初"房地产热"的覆辙。今年上半年北京房地产的骤然降温，就是一个危险的信号。如果按此势头发展下去，北京全年新开工的商品房面积将达到 1900 万 m^2，其中住宅 1700 万 m^2，远远超过了居民的有效需求。

3. 住房的有效需求与经济发展水平相一致

从世界范围看，房地产的发展，住房有效需求的数量、居住水平的高低，与一个国家和地区的国民收入和城市化水平有密切关系。联合国 20 世纪 90 年代曾对世界 52 个国家地区的首府进行了系统的调查。在 5 组不同收入的国家中，人均 GDP 低于 500 美元的低收入国家，城市居民住房的平均使用面积只有 6.1m^2（合建筑面积 8.7m^2），相比之下，人均 GDP 收入超过 16 000 美元的国家，人均住房使用面积达到 35m^2（合建筑面积 50m^2）。可见，只有发展经济、不断提高居民的收入，才能扩大住房市场的有效需求。

我国是发展中国家，1990 年人均国内生产总值仅 370 美元，十年来随着经济的迅速发展，居民的收入水平显著提高，但人均 GDP 刚刚超过 800 美元，与经济发达的国家仍有很大差距。北京作为全国的首都，经济发展水平比其他地区相对高些，但人均 GDP 也只有 2000 美元左右，居民对房屋的有效需求不可能超常规地增长。根据初步统计，1990 年北京人均住房使用面积 9.34m² （合建筑面积 13m²），20 世纪末逐步提高到 14m² （合建筑面积 20m²），即 20 世纪 90 年代北京城市居民平均每年增加居住建筑面积 0.7m²。进入 21 世纪，如果按略高于 20 世纪 90 年代的增长速度人均 1m² 计算，则北京 900 万城镇人口每年需求新住房 900 万 m²；考虑到北京人口通过机械增长和自然增长的途径，每年增加 10 万人左右，按每人居住建筑面积 25m² 计算，每年平均需求量为 250 万 m²；此外，旧城改造按每年拆迁老房 150 万 m²，需要新的住房进行补充。上述 3 项住房需求，累计 1250 万 m²/a，比 90 年代增加 30% 左右。

以上分析表明，从现在到 2008 年，北京市商品住房的供应规模宜控制在 9000 万 m² 之内，过多、过少都会影响房地产的正常发展。

4. 奥运会不会提高北京整体房价的水平

虽然北京不是全国人均收入最高的城市，房价却居全国之首，每平方米商品住房的售价甚至比我国最大的城市上海高出 1000 多元。北京申奥成功，在短期内又掀起了一股涨价风潮，人们担心，这种趋势会不会持续到 2008 年？笔者认为，影响房价有多种因素，最基本的是：国家宏观经济形势，土地和房屋的供给能力，居民的收入水平与有效需求，国家的价格政策，以及投资者对未来的预期。在未来 7 年，只要上述因素不发生很大变化，就不会引起房价的巨大波动。

首先，在经济体制改革不断深化、产业结构的调整初显成效的形势下，我国的经济发展已进入可持续发展的良性轨道。"十五"期间，我国经济发展将稳定保持 7% ~8% 的增长速度，保障了城乡居民的收入水平和购买能力不断提高。由于吸收了 20 世纪 90 年代初房地产发展过热的教训，今后将不可能再重复房地产大起大落的局面，这对稳定房价具有重要的意义。

其次，再从供给分析，当前我国房地产的供给主要取决于土地的供给量。一方面，针对人多地少的国情，目前我国实行世界上最严格的耕地保护政策，对土地的供给实行总量控制。表面上看，国家的土地政策似乎减少了土地的供给，易引起房价上涨。实际上，我国土地供应量的依据是土地利用规划和城市规划，房地产开发项目只要符合规划，土地供应就有保障。另一方面，为了防止土地投机，北京市最近还建立了土地整理储备中心，从而使土地的合理利用和供给更有保障。

第三，国际上通常采用家庭收入与房价比和家庭住房消费占生活消费的比重衡量居民购房能力。在全国各省、市、区中，北京的房价是居民家庭收入的 15 倍，远远超过 1:6 的合理范围。另外，从合理消费的角度看，发达国家家庭住房消费一般占生活消费 15% ~ 25%，若按目前北京商品住房均价 4771 元计算，一个三口之家欲购买 90m² 的一套新房，就要花费 45 万元（包括税费），按 15 年住房贷款，首付 10 万元计算，这个家庭平均每月需还款 2800 元，而今年上半年北京城市居民月均收入也只有 963 元，这表明全家的收入还款后已一无所有。显然，在房价如此高昂的情况下，即使有银行贷款的支持，北京的普通居民也只能望房兴叹，若房价继续上涨，其后果更可想而知了。

第四，从国家房价政策上看，为了把住宅业培育为国民经济新的增长点和消费热点，各级政府已采取种种措施，如减少不合理的税费、增加经济适用房来平抑房价，可以预计，未来当更多的廉价经济适用房投入市场之后，普通商品房的价格必然会相应回落。

最后，对房地产投资者来说，对未来的预期充满信心，购房欲望强烈，往往是房价上涨的一个因素。对北京而言，围绕奥运工程，由于政府对亚北地区进行重点投资，显著改善了该区的区位条件和环境条件，最终导致房屋升值。因此，在这局部范围进行购房投资，造成房价上涨，是符合客观规律的，但不会影响整个北京房价的走势，因为奥运村周围的土地已所剩无几，奥运会本身也有一定的时限性，一旦该区没有了开发空间，2008 年之后奥运影响逐渐消失，房屋增值、房价攀升的条件也就不复存在了。

参 考 文 献

董黎明 . 2001. 城市化与住房问题 . 国外城市规划，3：21 – 24

范耀帮，董黎明 . 1996. 北京房地产业的发展和宏观调控 . 北京：中国环境科学出版社

中央报告编撰小组 . 2001-08-16. 北京 2008 年奥运会申办报告 . 北京晚报 . 第 18 版

从城镇土地分等定级到基准地价修正法[*]

摘要：本文以我国土地使用制度的改革为背景，探讨了城市土地分等定级的内涵、基本原理及其应用价值，在此基础上阐述土地定级与基准地价的相互关系，基准地价的评估方法。最后介绍基准地价修正法的基本原理和应用价值。这一整套工作都是我国广大估价工作者不断实践的产物和创新的成果。

关键词：土地分等定级；基准地价；基准地价修正法

在我国的房地产估价规范和城镇土地估价规程中，除了将海内外通用的市场比较法、收益法、成本法等作为估价的基本方法外，还有一种基本方法——基准地价修正法也赫然列在其中，实际上它已成为我国房地产估价方法体系中的一个重要组成部分，并且在土地估价中得到越来越广泛的运用。可以说，基准地价修正法是我国土地使用制度改革不断深化的产物，也是广大房地产估价工作者长期实践的结果。

1. 土地使用制度改革提出的新问题

20 世纪 80 年代初，我国理论工作者打破了城市土地无价值的禁忌，提出了在社会主义制度下，城市土地也具有使用价值、价值和地租的观点，从而为土地有偿使用的改革提供了重要的理论依据。

经过不断的理论探索和实践，1982 年深圳经济特区在我国率先试行征收土地使用费，收费的标准完全按主观判断，每平方米 1 ~ 21 元不等。1984 年 1 月，辽宁重工业城市抚顺作为国家土地有偿使用的试点，也全面开征城市土地使用费，全市将土地分为 4 级，收费标准为 0.3 ~ 0.6 元/m²。1987 年，深圳又一次突破法律的规定，首先将土地使用权的出让引入市场，通过协议、招标、拍卖三种形式，将 3 幅土地按 50 年的使用期限出让，获地价款 2300 万元。从此，城市土地的价值在我国不同的城市中开始显现出来。1988 年 9 月 27 日，国务院发布了《中华人民共和国城镇土地使用税暂行条例》，规定从该年 11 月起，开始对城市、县城、小城镇、工矿区按土地不同等级征收土地使用税，税率最低 0.2 元/m²，最高 10 元/m²。

上述一系列的改革实践，为推动我国房地产估价行业的形成发展奠定了重要的基础。因为在我国土地市场尚未形成、仍处于一片空白的时候，如何根据土地的价值、级差地租

---

* 董黎明. 2003. 从城镇土地分等定级到基准地价修正法. 中国房地产估价师，6：44 – 46

和市场的需求收取土地使用税费？在没有市场交易案例参照的情况下，通过何种途径，才能科学地确定土地使用权的出让、转让价格？这些问题，显然是当时摆在估价工作者面前最紧迫的任务。

2. 城市土地分等揭示了城市土地价格的地区差异

鉴于房地产的固定性和不可移动性，受区位、自然、社会、经济以及土地投入等多种因素的影响，不同地段的土地的质量及相应的价格不完全一样，这种差异的实质就是级差地租。众所周知，西方古典经济学家和马克思都在地租和级差地租的理论研究中作出了巨大的贡献，但是，由于受地域条件的限制，他们研究的重点是小范围内农地和城市土地的差异，对于大范围的地区之间、城市之间是否存在地租、地价的差别？在他们的经典著作中并没有回答这个问题。

我国的情况则与欧洲一些中小国家不同，由于国土辽阔，在地理上由东到西存在着平原、山地、高原三个巨大的梯级，从南到北跨热带、亚热带、温带、寒温带几个热量带；同样，我国东、中、西和南方、北方，单位土地的收益也存在巨大的差异。这种状况，也必然引起地租、地价巨大的落差。由此表明，除了城市内部存在级差地租外，在我国城市之间，同样存在级差地租。如果我们忽视地租、地价的地域差异，采取一刀切的办法制定房地产价格的调控政策或收取城市土地使用税费，对许多城市是不公平、不合理的。实际上，我国财政部门在收取土地使用税时，已考虑了城市之间的差异，根据城市规模的大小采用不同的税收标准。问题在于，按城市规模制定的税收标准并不完全反映城市之间土地质量和地租的地域差异。例如，上海和位于西部地区的乌鲁木齐同属于人口超过百万人的特大城市，但两市无论人均 GDP、房价、地价都相差颇大；此外，也不见得所有的中小城市的经济水平和地租、地价都低于大城市，浙江省义乌市中心区的地价每平方米高达数万元，就是一个例证。

在我国房地产市场还不完善的情况下，要科学地揭示全国各类城市土质量和土地收益水平的差别，必须从分析其影响的主要因素入手，通过加权平均的方法，将每种因素对城市土地价值的影响力进行叠加，计算每个城市的评价分值，然后按城市得分的高低，将城市分为不同的等别。此项工作即为城市土地分等。1990 年，我们首先将影响城市土地质量和地租的主要因素归纳为六个方面：即城市区位条件、城市集聚规模、城市用地潜力、城市基础设施水平、当年城市投入强度和城市用地产出水平，然后利用城市统计年鉴的数据，对全国 336 个城市进行评价，最终划分为 7 个等别。其中，属于最高等别（一等）的城市有上海、北京等 14 个，全部分布在东部沿海地区；第二等的城市 22 个，全部分布在中、东部地区，其中有 2 个是人口不到 20 万人的小城市。反之，土地等级最低的城市主要集中在中、西部地区，其比重占 80% 左右。2000 年，北京大学研究小组再度与国土资源部、国家土地整理中心合作，对全国 2000 多个市、县、区级单位进行范围更广的土地分等，同时应用了部分城市土地交易的市场资料检验分等的结果。考虑到市与县城的巨大差别，这次将所有的市、镇划分为 15 个等别。与 1990 年的分等结果相比，我国城市土地经济地区差异的总体格局没有发生变化。

两次城市分等的结果表明，城市土地的质量以及地租、地价与城市所在的区位和自然、经济状况有密切的关系。借助这一因果关系，在没有市场资料的情况下，通过城市土地的分等，也能把握全国城市土地经济性状的差别和分布规律，并为制定收取城市土地使用税和收取耕地占用费的标准提出科学的依据。此外，城市土地分等的成果还可用于区域房地产价格的分析研究，鉴于各地房屋建造的成本基本上是一致的，各地房价的差异实质上就是土地价格的区域差异。

3. 城市土地定级——制定基准地价的基础

城市土地分等定级是既有联系又有区别的工作。分等是揭示城市之间土地质量的差异，定级则是根据城市内土地质量的差别划分不同的土地级别，两者目的都是运用级差地租的经济杠杆，充分发挥土地的使用效率，为国家和各级政府制定各项土地政策和调控措施，为房地产估价、土地税费的征收提供科学依据。其中，土地定级与基准地价制定关系尤为密切。

城市土地定级的理论依据主要来源于级差地租理论。在城市中，由于土地区位条件不同引起地租量的差异，称为级差地租Ⅰ。在这里，城市土地区位的内涵除了包含土地具体的地理位置外，更重要的是指地段本身与周围的自然、社会、经济环境的相互关系。正是由于每个地段及周边环境条件的千变万化，才导致土地质量和使用价值的差异，最终产生不同的地租、地价。现在，国内外的房地产估价界已公认：土地区位既是影响地租、地价最重要的因素，实际上它也是划分城市土地级别的首选因素。在区位条件相似、面积相同的两宗城市土地中，对土地投入的不同，也可以导致土地质量和收益的巨大差异，由此带来的超额利润形成级差地租Ⅱ，它也是土地定级和房地产估价不可忽视的重要因素。从理论上讲，增加对土地的投入，如修建新的城市道路，进一步完善的城市基础设施，不断提高土地的环境质量，不仅可以使土地本身增值，同时还可改善土地的区位条件，促使级差地租Ⅱ向级差地租Ⅰ转化。

在缺乏系统土地市场交易资料的情况下，城市土地定级的基本思路和工作方法可归纳为：①分析城市土地利用的现状特点，确定评价的范围，收集土地定级的相关资料；②构建评价城市土地级别的因素、因子体系，确定每个因素、因子的评价标准，按各因素、因子对土地质量的影响程度，赋予其不同的权重；③根据均质性的原则，划分土地评价单元，要求同一单元内土地的质量、地租、地价应基本一致；④运用多因素加权平均叠加的方法，计算每个评价单元的分值；⑤按评价分值的高低，将分值相近的评价单元进行归类，划分城市土地的级别。可以认为，同一级别的城市土地，其土地质量、经济性状以及地租、地价的差别应最小，而不同等级的土地具有较大的级差。

从以上定级的内容和方法可以看出，科学地划分城市土地的级别，关键是正确选择影响土地质量的因素、因子。根据笔者对该项工作的实践经验，城市土地定级的基本因素可分为四大类即商业服务繁华程度、交通通达度、基础设施和生活服务设施完备度，以及环境质量优劣度。上述因素不仅从自然、社会经济等多个方面综合反映城市土地质量的优劣，同时，它们在房地产估价中也是影响地租、地价的重要因素。如果从级差地租的角度分析，商业服务繁华度、交通通达度和环境质量优劣度实际上反映地段的区位条件，由此产生的超额利润属于级差地租Ⅰ，城市基础设施和服务设施的完备度在很大程度上反映对土地投入的强度，与级差地租Ⅱ有密切的关系。这样，城市土地定级的4个基本因素完全覆盖了级差地租的内涵。

现在需要讨论的问题是：城市土地分等定级是否是权宜之计，只适用于地产市场不发育的情况？一旦我国形成完善的房地产市场体系，它是否就完成其历史的使命？对此，笔者认为，市场固然是调节土地资源配制的重要手段，也是决定房地产价格的重要因素；但市场并非"万能钥匙"，在"市场失灵"时候，仍需要政府通过行政的杠杆对地价进行调控，即国家的职能部门利用分等定级的成果更易制定合理利用土地、收取土地使用税费的政策，确定每个级别的基准地价，为土地的出让提供科学依据。当然，今后随着市场的完善和规范，城市土地分等定的工作还可借助大量的市场资料对土地级别进行验证，又进一步提高这项工作的效率和科学性。

4. 基准地价修正法——中国估价师的创举与贡献

所谓基准地价，是政府对各级土地或均质区域进行评估得出的土地使用权的平均价格。按土地使用性质，它又可分为综合基准地价及商业、工业、住宅用地的基准地价。

根据实践经验的总结，基准地价的评估一般有两条技术路线：第一种方法是在土地市场不发达的情况下，通过对各级土地上的商业、工业、住宅足够数据的调查，分别测算土地的级差收益，最后，根据一定的资本化率，利用收益法的公式将某一级土地上的土地收益还原为基准地价。第二种途径是在市场发育良好的城市，可以利用不同类型土地交易的样点资料，通过对样点数据的修正和处理，并根据样点的分布规律，选用简单算术平均、加权平均等方法，便可得到各级土地得的基准地价。此外，通过建立样点地价与土地级别各单元评分值之间的数学关系模型，求出各级别的级差系数，也可计算出各级的基准地价。不论采用哪种方法，由于基准地价是建立在城市土地定级的基础上，因此与土地的质量是一致的，土地的级别越高，与之相应的基准地价也随之提高。

如果我们的工作只停留在基准地价的评估阶段，并不能实现地价评估的预期目标，因为国有土地又通常以宗地的形式进行出让、转让，并非以整个级别的土地的出让、转让，基准地价既不能代表每一块土地的市场价格，也无法适应市场的变化的状况。因此，在均质区域内要评估出不同时点、不同微区位的宗地价格，还需要进一步对基准地价进行修正。根据这一客观需要，我国估价工作者在实践中又创造了基准地价修正法。

基准地价修正法的基本原理是评估宗地价格时，可将任何一宗土地的价格视为城市某一级别土地的"样点"地价。既然基准地价反映的是某级均质区域各样点地价的平均状态，那么宗地的地价，完全可以在基准地价的基础上，针对某宗土地的具体情况，经过若干方面的修正，即交易期日、容积率、区域因素、个别因素等方面的修正。最后将基准地价乘以修正系数，就成了某宗土地的价格。与基准地价相比，修正后的宗地价格更接近市场的状况，可作为土地出让、转让、出租、抵押贷款的依据。

与传统的估价方法相比，基准地价修正法更接近市场比较法。因为两者都是根据房地产估价的替代性原则，以某个或若干个相近的参照案例进行比较，两种方法需要修正的主要内容——期日、区域因素和个别因素修正，几乎完全相同。由于基准地价修正法有现成的、政府公开的基准地价作为修正的对象，无需再寻找一定数量相近的市场交易的案例，因而操作更为简便，迅速成为我国估价最常用的方法。当然，这一方法的前提是土地的分等定级和基准地价的评估，失掉了这个基础，基准地价修正法也就不存在了。

以上分析表明，我国房地产估价虽然起步较晚，在发展过程中仍存在不少问题。但在改革开放政策的推动鼓舞下，在实践中也有大量的创新，在土地分等定级——基准地价基础上推出的基准地价修正法就是其中的一例。我们相信，在不久的将来，我国的房地产估价行业在这一领域将会作出更大的贡献。

参 考 文 献

董黎明，冯长春．1989．城市土地综合评价的理论方法初探．地理学报，44（3）：323－333

董黎明，李向明，冯长春，等．1993．中国城市土地有偿使用的地域差异及分等研究．地理学报，48（1）：1－10

张瑜．1992．土地估价理论与实务．北京：北京企业管理出版社

中华人民共和国国家标准．1999．房地产估价规范．北京：中国建筑工业出版社

中华人民共和国国家标准．2000．城镇土地估价规程（送审稿）

经济适用房政策绩效评析[*]

摘要：利用帕累托最优和消费者（生产者）剩余理论对经济适用房建设的政策目标进行了经济学分析。依据我国31个城市的数据，通过测算价格、竣工量和空置率等指标，对城市经济适用房供给政策绩效进行了评价。研究结论可以为地方政府制定城市经济适用房政策提供依据。

关键词：经济适用房；政策目标；绩效评价；地方政府

1998年，国务院下发了《关于进一步深化城镇住房制度改革，加快住房建设的通知》。作为我国住房体制改革的纲领性文件，文件明确提出在停止住房实物分配的同时，要根据居民的住房经济承受能力和心理承受能力建立多层次的住房供应体系：高收入者购买或租赁市场价商品房，中低收入者购买经济适用房，最低收入者租用政府或单位提供的廉租房。

根据国家的宏观政策精神，各地陆续出台了经济适用房建设和销售管理办法，经济适用房正式成为我国住房供应体系中的一个重要组成部分。但是经济适用房政策自从提出之日起，学术界就对其作用存在不同的看法，而在实施过程中，各地在建设规模、定价方面也有较大的差异。为了准确评价经济适用房的政策绩效，本文依据国家统计局1999~2003年的《房地产开发统计年报》数据，就经济适用房供给政策进行了评析，以期为地方政府制定城市经济适用房政策提供建议。

1. 经济适用房建设的政策目标

按照国家统计局《房地产开发统计年报》的统计口径，居住物业包含住宅、别墅和高档公寓，以及经济适用房三部分。由于别墅和高档公寓的开发量相对较小，价格较高，对普通住宅和经济适用房市场的影响较小，因此本文研究所界定的居住物业市场由经济适用房市场和普通商品住宅市场构成。

经济适用房作为现阶段国家住房建设政策的重要组成部分，其政策目标主要是为了扩大住房供给、调节房地产投资结构和启动市场有效需求。另外，经济适用房建设承担了拉动城市经济增长和与城市普通商品住宅市场保持和谐发展的目标。虽然国家从宏观层面提出了一系列经济适用房建设和销售的指导性政策和法规，但是确定建设规模、价格、准购

---

* 龙奋杰，董黎明.2005.经济适用房政策绩效评析.城市问题，4；48－52

政策的是地方政府，地方政府在经济适用房供给政策方面发挥着更为重要的作用。

2. 经济适用房政策的经济学分析

按照住宅市场的一般均衡模型，在不考虑经济适用房建设时，普通商品住宅市场的均衡价格为P_0，供需均衡量为Q_0。当政府为了解决中低收入居民的住房问题而增加了$(Q_m - Q_0)$经济适用房供给后，市场的均衡价格为P_m，供需均衡量为Q_m，市场供需模型如图1所示。经济适用房政策的经济学解释包括帕累托最优及消费者（生产者）剩余理论。

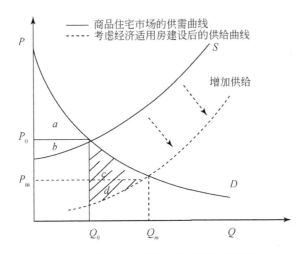

图1 经济适用房建设后的市场均衡模型

2.1 帕累托最优

意大利社会学家维尔弗莱多·帕累托（Vilfred Pareto）提出了帕累托最优标准，即一个人生活的改善，如不损害其他任何人，福利就提高了；当一个人的福利再作进一步的改善，就会损害其他人的临界点就是帕累托最优（Pareto optimality）。要达到帕累托最优，福利经济学家的建议就是政府进行干预。经济适用房政策的主要目的就是通过政府资助，不以损害高收入者的福利方式来改善中低收入者的居住条件。

2.2 消费者剩余和生产者剩余理论

消费者剩余是指消费者对某种商品愿意支付的价格与实际购买价格之间的差额。马歇尔从边际效用价值论演绎出"消费者剩余"概念，消费者剩余是衡量消费者福利的重要指标。而生产者剩余是生产者出售商品的实际价格与愿意出售价格之间的差额。产业的社会福利等于消费者剩余与生产者剩余之和。在没有经济适用房供给时，消费者剩余为图1中的a，生产者剩余为b。在有$(Q_m - Q_0)$的经济适用房建设后，增加了供给，启动了原本不具备购买能力的消费者的有效需求。此时，经济适用房建设的福利之和为$c+d$（图1中的阴影部分），主要由地方政府的税费补贴形成。地方政府依据家庭收入确定了经济适用房的购买对象和依据政府补贴（税费减免）确定了政府的资助强度后，可以依据图1所示的均衡模型确定经济适用房的供给规模和销售价格。

3. 样本城市和评价指标

对于宏观的房地产经济学研究，地域范围应该按包含受到相同经济条件影响的所有项目的原则来确定。国外（尤其是美国）是以通勤因素作为界定地域边界的标准，使用了MSA、CMSA、PMSA 等不同的地域统计标准。从我国的实际情况看，虽然有专家多次呼吁应该界定包括地域统计标准在内的一系列城市问题研究的基本概念，但一直未能得到足够的重视和实施，我国的各种数据仍然是以行政辖区作为统计口径，但对本研究而言，这种统计口径基本符合住宅市场地域范围的界定标准，可以满足本文研究的需要。

根据《房地产开发统计年报》中 35 个城市 1999～2003 年的统计数据，上海、深圳没有建设经济适用房，而宁波、广州 2001 年没有经济适用房竣工，为了具有可比性，将这四个城市从样本城市中剔出。这样构成本论文有效样本的 31 个城市见表 1。

表 1 经济适用房市场与住宅市场评价指标比较

城市	经济适用房				住宅				经济房与住宅售价比	经济房与住宅竣工量比
	竣工量年增长率/%	平均售价/(元/m²)	售价年增长率/%	三年平均空置率/%	竣工量年增长率/%	平均售价/(元/m²)	售价年增长率/%	三年平均空置率/%		
北京	25.40	2917	−3.19	3.13	24.7	4546	−2.76	17.77	0.64	0.14
天津	−14.40	2231	0.73	16.07	9.9	2372	1.84	20.93	0.94	0.35
石家庄	−7.80	1065	30.91	0.07	23.6	1677	−8.84	5.07	0.63	0.29
太原	−20.30	1227	−2.25	9.03	−5.4	2026	5.80	14.53	0.61	0.39
呼和浩特	−41.50	1120	−13.60	5.10	21.1	1270	−1.99	18.70	0.88	0.46
沈阳	−30.20	1932	−3.27	6.87	31.6	2653	2.84	23.40	0.73	0.12
长春	−6.10	1635	−6.06	18.50	8.2	2078	−5.08	27.57	0.79	0.40
哈尔滨	−34.10	1757	3.20	19.80	−14.7	2156	1.32	25.87	0.81	0.54
南京	92.30	1613	−11.73	6.70	4.2	2748	6.03	5.07	0.59	0.08
杭州	148.10	2664	12.47	0.03	34.0	3159	19.68	1.90	0.84	0.12
合肥	−16.50	1450	10.23	2.73	69.0	1676	12.06	7.20	0.86	0.20
福州	−42.50	1673	−9.92	2.40	7.7	2047	4.40	6.40	0.82	0.09
南昌	−21.00	1172	20.96	1.10	28.0	2078	12.08	7.77	0.62	0.23
济南	−33.70	1279	29.26	1.10	28.0	2078	12.08	7.77	0.62	0.23
郑州	−20.00	1274	4.09	4.83	49.6	1916	1.99	12.3	0.66	0.17
武汉	−11.20	1507	10.67	3.87	10.1	1895	7.97	13.00	0.80	0.18
长沙	69.90	1191	6.93	2.13	54.1	1724	1.44	8.13	0.69	0.35
南宁	58.20	1276	33.60	2.03	35.4	2119	3.29	9.70	0.60	0.11
海口	33.80	1321	1.70	23.77	26.4	1995	1.10	47.33	0.66	0.18

续表

城市	经济适用房				住宅				经济房与住宅售价比	经济房与住宅竣工量比
	竣工量年增长率/%	平均售价/(元/m²)	售价年增长率/%	三年平均空置率/%	竣工量年增长率/%	平均售价/(元/m²)	售价年增长率/%	三年平均空置率/%		
重庆	7.10	832	11.63	6.07	33.4	1245	8.43	10.63	0.67	0.13
成都	-12.90	1121	17.85	0.60	12.6	1777	7.89	6.50	0.63	0.19
贵阳	-24.60	1130	10.16	3.80	0.6	1520	14.02	5.17	0.74	0.22
昆明	31.10	1633	-4.85	3.23	30.4	2197	-4.33	9.43	0.74	0.19
西安	-28.80	1313	3.01	0.97	3.7	1900	1.95	5.03	0.69	0.41
兰州	-9.90	1432	20.46	6.53	-3.5	1585	2.25	16.50	0.90	0.35
西宁	-5.20	1330	2.55	5.70	44.7	1355	9.34	5.23	0.98	0.45
银川	44.90	1060	2.90	5.73	93.1	1719	6.10	19.10	0.62	0.17
乌鲁木齐	-7.50	1600	3.49	21.37	1.8	1821	2.63	20.63	0.88	0.52
大连	-6.00	2102	-0.65	4.23	1.9	2682	0.37	18.80	0.78	0.12
青岛	-36.20	2051	6.84	1.17	1.6	2065	12.73	6.37	0.99	0.15
厦门	-47.80	1718	18.35	4.33	0.7	2744	10.12	8.13	0.63	0.08

数据来源：根据 1999~2003 年国家统计局《房地产开发统计年报》计算。

描述房地产市场状况的指标很多，差异性分析一般包括总量差异、结构差异和价格差异几方面，其指标包括绝对指标和相对指标两大类。基于各地的社会、经济发展情况差异较大，本文研究以相对指标分析为主。作为城市间的研究，本文忽略了城市内部经济适用房项目和住宅项目的区位差异性，并假设对购房者没有准购政策的限制。也就是假设消费者是理性的，他们根据住房效用和购买支出进行自由选择。因此本文选择以下指标作为分析的基础。

3.1 空置率

由于房地产市场属于非均衡市场，供给与需求通常难以达到均衡。空置率是指某一时刻房屋空置面积占全部房屋面积的比率。从国外空置率的研究和应用来看，不论对住宅、写字楼还是其他用途的物业，基本上都是针对出租市场。空置率包括合理空置率和实际空置率两个概念。1990 年，贾德给合理空置率所下的定义为：不会给业主带来调整租金诱因的空置率。因此，合理空置率是一个长期的、理想的比率。实际空置率是物业可出租的实际空置面积与总的可出租面积的比率。

目前我国政府统计中的空置商品房，是指报告期末已竣工的商品房屋建筑面积中，尚未销售或出租的部分，包括以前年度竣工和本期竣工可供出售或出租而未售出或租出的商品房屋建筑面积，而空置率指标的应用还不规范。从 1999 年开始，国家统计局对空置面积的口径、范围等作了初步的研究与修订。参照以上修订，本文对空置率的定义为"空置房屋占近三年竣工房屋的比率"，按经济适用房和住宅分别进行计算，其计算公式为

$$空置率\ i = \frac{空置量\ i}{近三年竣工总量} \times 100\% \tag{1}$$

式中，$i = 1、2、3$，分别对应年度 2001 年、2002 年和 2003 年，年均空置率为三年空置率的算术平均值。

3.2 建设规模类指标

经济适用房建设规模指标以城市年度经济适用房的竣工量作为测算基础。

1）经济适用房竣工量年增长率

经济适用房（住宅）竣工量以 2001～2003 年国家统计局《房地产开发统计年报》中各城市这三年经济适用房（住宅）的竣工量为原始数据，按经济适用房和住宅分别进行计算，计算公式为

$$竣工量年增长率 = \frac{竣工量_{2002} - 竣工量_{2002}}{竣工量_{2001}} \div 2 \times 100\% \tag{2}$$

2）经济适用房与住宅竣工量比

该指标是通过分别计算 2001 年、2002 年和 2003 年经济适用房与住宅竣工量之比后，再取其三年的算术平均值。竣工量比是反映居住物业市场结构差异性的指标。

3.3 价格类指标

1）经济适用房（住宅）售价增长率

以 2001～2003 年国家统计局《房地产开发统计年报》中各城市这三年经济适用房（住宅）的平均售价为原始数据，按经济适用房和住宅分别进行计算，公式为

$$售价年增长率 = \frac{售价_{2003} - 售价_{2002}}{售价_{2001}} \div 2 \times 100\% \tag{3}$$

2）经济适用房与住宅售价比

该指标是分别确定 2001 年、2002 年和 2003 年经济适用房与住宅售价比之后，再计算三年的算术平均值。

样本城市上述指标的计算值见表 1。

4. 经济适用房政策的绩效评价

通过对上述评价指标的比较分析，可以发现以下规律。

（1）在居住物业市场处于景气阶段时，经济适用房市场与住宅市场的表现趋同，经济适用房供给并不能抑制住宅价格的上涨，其政策绩效难以单独评价。区位条件、社会经济发展状况的地域差异性引致城市房地产市场存在巨大的差异性。根据国家统计局的数据测算，2003 年与 2002 年相比，住宅价格的涨幅，南昌和上海等城市超过了 20%，而银川和长春却分别下跌了 8.52% 和 4.41%。从表 1 数据可以看出，在南昌、杭州、合肥、贵阳这些住宅价格快速增长（住宅售价年增长率 >13%）的城市，经济适用房价格也有明显的增长。住宅和经济适用房价格的同步上涨，表明城市总体社会经济发展状况是住房需求的

基本驱动力，相对于这些城市的社会、经济发展状况，居住物业市场的总体供给不足。

（2）经济适用房竣工量增长率和经济适用房与住宅平均销售价格之比（售价比）以及经济适用房与住宅年竣工量之比（竣工量比）存在显著的相关性。在经济适用房竣工量为正增长的城市中，基本满足售价比小于 0.7 且竣工量比小于 0.2。在竣工量为负增长的22 个城市中，售价比大于 0.7 或者竣工量比大于 0.2 的城市有 19 个。因此可以初步认为售价比 0.7 和竣工量比 0.2 是经济适用房供给政策的临界点，地方政府经济适用房的建设规模和定价政策应以此为标准。

（3）从供给结构的差异性来看，较高的经济适用房供给比例对住宅价格的抑制作用较大。经济适用房政策的主要目标是扩大住房供给、调整供给结构和启动市场的有效需求。根据附表中"经济适用房与住宅年竣工量比"指标的数据来看，其数据范围为 0.08 ~ 0.54，经济适用房供给比例相对较高（该指标≥0.4）的城市，如哈尔滨、呼和浩特、西安、长春，住宅的价格普遍涨幅较小（售价年增长率≤2.63%），只有西宁的住宅价格年增长率较高，其根本原因在于经济适用房的售价偏高，经济适用房与住宅售价比达到 0.98，导致经济适用房的空置率（5.70%）高于住宅市场的空置率。较高的经济适用房供给比例能够显著抑制住宅价格的上涨。

（4）经济适用房空置率明显低于住宅空置率是衡量经济适用房政策绩效的关键指标。对于空置率的合理范围，学者们给出了不同的判别标准。刘洪玉和阮萍（1999）认为住宅的合理空置率应该为 8% ~ 12%。国外学者认为西方发达国家住宅市场保持 3% ~ 5% 的正常空置率是必需的，而在发展中国家，为维持住宅市场的有效运作，4.5% ~ 5% 的空置率被视为是必需的。但是由于这些判别标准缺乏足够的定量分析，难以获得公认。对经济适用房的空置率就更不可能有一个大家认可的范围。从理论上讲，经济适用房的空置率应该明显低于住宅的空置率，甚至接近于零。刘洪玉和阮萍（1999）认为经济适用房的合理空置率应该为 4% ~ 6%。虽然笔者力图利用数学模型进行测算，但未能如愿。以住宅和经济适用房竣工量年增长率、经济适用房和住宅售价年增长率基本一致作为判别标准，笔者通过对 31 个大城市的数据进行初步分析，认为经济适用房的合理空置率应该为 2% ~ 4%。在经济适用房售价和住宅售价基本保持平稳（-2% ≤价格增长率≤5%）时，经济适用房市场的空置率应该比住宅市场的空置率低 10% ~ 13%。这样的空置率差异说明经济适用房的政策目标是合理的，而且没有对住宅市场形成较大的冲击。

（5）经济适用房价格仍然是影响经济适用房市场吸纳能力最重要的指标。一般来说，经济适用房项目的选址与普通住宅相比有较大的差异，由于城市内部这种区位因素的影响，仅仅依据经济适用房与住宅售价比指标进行分析，并不能发现其规律性。但是经过对天津、长春、哈尔滨、呼和浩特等特定城市 5 年的时间序列数据分析可以发现，除了减少供给规模之外，降低经济适用房售价是降低空置率最有效的措施。这也说明，相对于中低收入者，这些城市经济适用房的平均定价依然偏高。

5. 结论与建议

经济适用房建设是一种住房补贴政策，从公共政策选择角度来看，从 20 世纪 80 年代末，越来越多的国家将政府住房补贴政策由"砖头"补贴（补贴住房建筑业务）转向"人头"补贴（补贴住房需求者），这是住房补贴政策发展的趋势，但经济适用房建设作为现阶段我国的住房建设政策，仍然发挥着积极的作用。除了区位因素外，地方政府确定经济适用房的供给规模时，首先，应从购买对象和地方政府能够提供资助的强度角度确定供给量和经济适用房的销售价格，价格按照售价比小于0.7，供给量按照竣工量比小于0.2为宜。其次，在制定经济适用房供给政策和监控经济适用房市场运行状况时，空置率指标的重要性要大于售价比指标。只要空置率在合理范围内，经济适用房的供给政策就是适当的，如果空置率指标出现异常，再通过价格和供给规模来调整则是最直接和最有效的。

Abstract：As the national housing policy, economical housing can adjust the housing structure and enlarge the effective housing demand. With the economic theories of Pareto optimality and consumer (producer) surplus, this paper explains the policy goals of economical housing. Based on the statistical data of 31 cities, the paper also analyses the impact of the economic housing on the commercial residential market and the policy performance of economical housing. The paper gives local governments some suggestion about economical housing.

Key words：economical housing；policy goal；performance evaluation；local government

参 考 文 献

丹尼斯·迪帕斯奎尔，威廉·惠顿. 2002. 城市经济学与房地产市场. 龙奋杰等译. 北京：经济科学出版社

李元浩. 1999. 商品房空置率的计算方法探讨. 统计研究，120：20 – 21

刘洪玉，阮萍. 1999. 关于各类型住宅合理空置率的研究. 城乡建设，7：24 – 25

龙奋杰，吴公樑. 2003. 城市人口对房地产投资的影响研究. 土木工程学报，9：65 – 70

马歇尔. 经济学原理. 1985. 北京：商务印书馆

王冰，申其辉. 2003. 论价格同盟对消费者剩余的影响. 云南社会科学，4：43 – 47

王勇，龙奋杰. 2002 中国城市住宅价格供需关系模型及其应用. 土木工程学报（建设管理分册），2：102 – 108

Struky R J. Understanding High Housing Vacancy Rate in a Developing Country：Jordan. the Journal of Developing Areas，22：373 – 380

后　记

2007年10月，我的学生集聚一堂，提前一年祝贺我70岁生日。在送给我的礼物中，最令我惊讶和高兴的是他们为我制作了一本《黎明集》，内有我在不同时期发表过的论文，虽内容还不算齐全，但已构成了本书的雏形。又过了几年，在我即将从教50周年之际，本科、硕士、博士期间一直跟着我做论文的林坚副教授极力支持我在原基础上出版一本反映数十年研究成果的文集。为此，他派硕士研究生肖丹同学在百忙中为本书的编辑做了大量的工作，包括论文的搜索、筛选、编排、校对、与科学出版社联系沟通等，她收集的文献资料和图件甚至比我本人掌握的还多。本书有关论文涉及多类科研项目的资助，尤其是国家自然科学基金项目的支持。科学出版社的同志精心校对，严加把关，对封面的设计就搞了三遍。特别使我感动的是，当我请求当年与我共同探索经济地理办学方向的魏心镇教授为文集写序时，他不顾85岁的高龄和需要他照顾的老伴，爽快答应。因此，没有以上老师、同学和单位辛勤的劳动与经济上的相助，这本著作是不可能在短期内与读者见面的。作者在此深表感谢。

本书最初设想用《黎明集》作为书名，将已有的一百三十多篇文章全部收入。后来之所以放弃这种方式，是因为文章内容过于庞杂，形式多样，长短不一，既无法展现作者主要的研究思路，也无法让读者及时掌握最基本的内容。于是对各类文章进行筛选，重点突出学术性的研究成果，故将书名改为《城市土地利用与规划》。在50年的教学与学术生涯中，我最期望的一件事就是探索如何将经济地理学的理论方法与我国的社会主义建设实践相结合。因为在改革开放的快速发展阶段，传统地理学只对地理现象的简单描述已远远不能满足经济社会发展的需要；同样，只揭示不同区域和城镇发展的差异和存在的主要问题，而拿不出解决问题的思路、方法和具体措施，也无法获得生产、建设和管理部门的认可。由此看来，经济地理学的生命力在于实践、创新、应用。根据这一思想，本书挑选的文章，均属于应用地理的范畴，主要涉及地理学在城市规划中的应用、城市规划、城市土地利用、房地产等方面的内容。

本书的另一个特点是在43篇论文中，约有一半是作者与经济地理专业的师生共同完成的，其中与本教研室先后合作过的老师就有杨吾扬、周一星、王缉慈、冯长春、孙胤社、杨齐、刘红星、魏心镇、林坚、楚建群等10人。他们与我一样，既是作者，也是探索地理学在城市规划、土地利用中应用的战友。因此这本文集可视为集体研究的结晶。

最后，作者感到欣慰的是，在我国经济改革和社会发展进入全新阶段的同时，地理学改革与实践仍在继续，其理论方法的应用范围越来越广；一批中青年教师和研究工作者在城市土地利用、城乡规划等领域探索取得的成果已受到国家和社会的关注，并在城乡规划、土地利用总体规划、开发区规划等方面得到广泛应用，希望他们继续努力，创造出更多、更辉煌的成绩。

董黎明

2011 年 12 月